# 新四军军部在土塘

中 共 南 陵 县 委 宣 传 部
中共南陵县委党史和地方志研究室
编

中国文史出版社

# 编 委 会

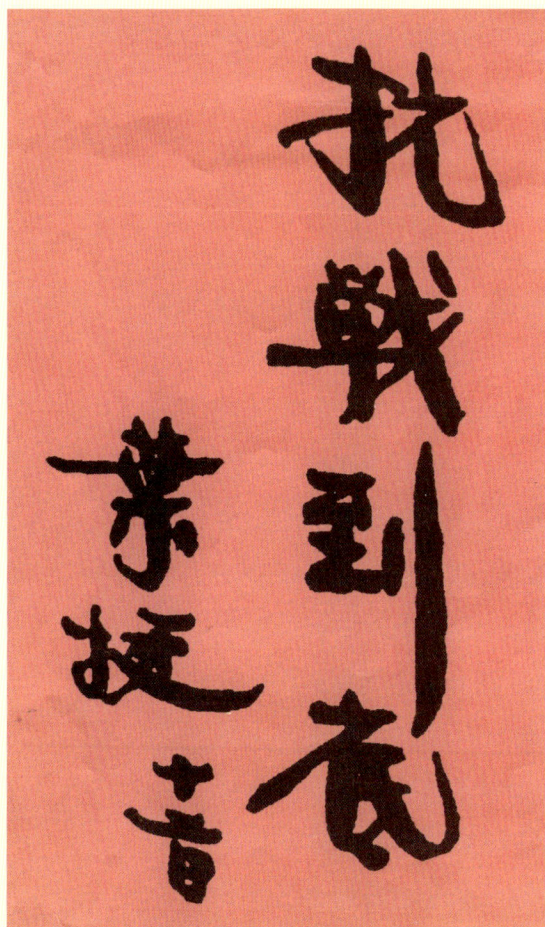

抗战到底 叶挺书

叶挺手迹

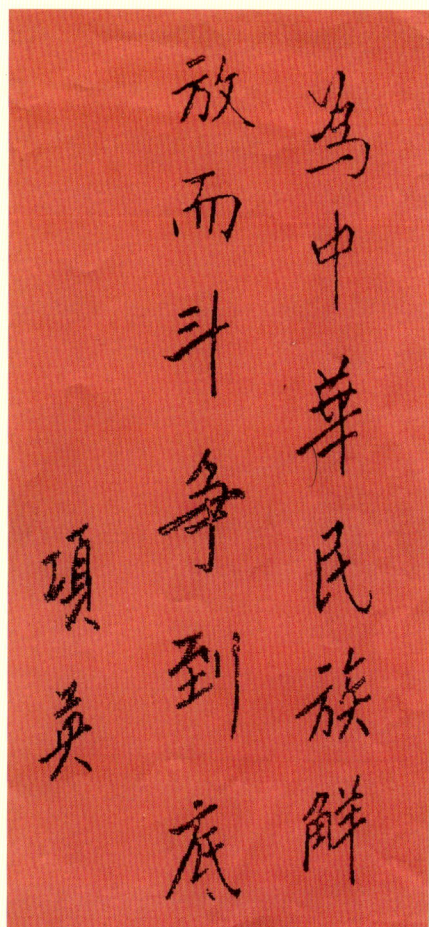

为中华民族解放而斗争到底 项英

项英手迹

袁国平家书手迹

1938年

1939年

1940年

1940年

1941年

1941年以后

1944年

1946年

新四军臂章

叶挺与战士促膝谈心

新四军部分干部在开会

新四军三支队在行军途中（叶挺　摄）

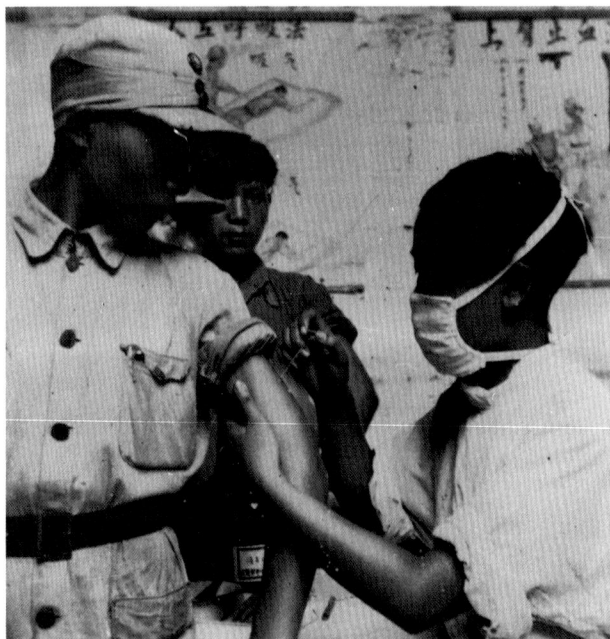

新四军女医生苏和为战士种牛痘（叶挺　摄）

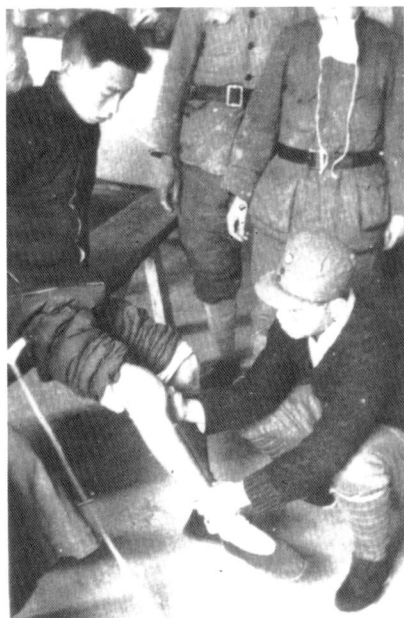

新四军在土塘为群众治疗腿部疾病（叶挺　摄）

女医生　左起：郑素文、赵国宝、张婉、金鼎、毛铮。她们都是朝气蓬勃的卫训队女学员（叶挺　摄）

新四军行军在土塘（叶挺　摄）

军民鱼水情（叶挺　摄）

军民一家亲（叶挺 摄）

打谷（叶挺 摄）

新四军战士帮助群众插秧（叶挺　摄）

洞口纳凉　军民话桑麻（叶挺　摄）

女子队组织的学习讨论会（叶挺　摄）

新四军战地服务团为战士演出文艺节目。这是在演出《插秧舞》（叶挺　摄）

新四军战士在进行操练（叶挺　摄）

新四军战士在军事训练（叶挺　摄）

挺进苏南敌后的新四军部队

新四军第一支队挺进苏南敌后，开辟以茅山为中心的抗日根据地

第一支队第二团的团、营领导干部：王必成（左二）、张铚秀（左三）、刘培善（左四）、郭猛（左六）、方震（左七）

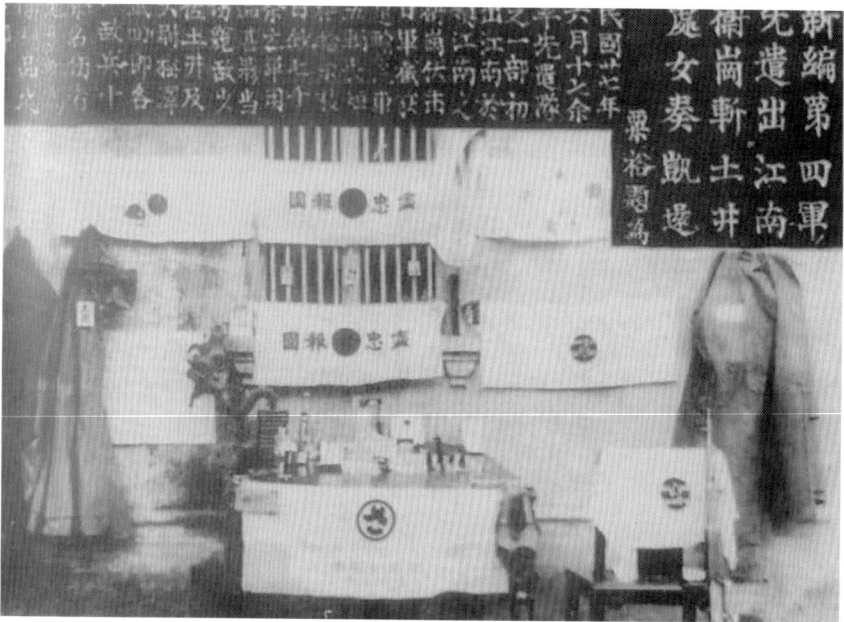

1938年6月17日，韦岗战斗在江南首战告捷，这是缴获的部分胜利品展

　　韦岗之战，江南人从新四军身上看到了抗战的希望。丹阳当地有正义感的名流主动与新四军联系，拥护新四军抗战。图为时任新四军一支队司令员的陈毅(右四)与江苏丹阳的当地社会名流合影

　　1938年7月，由管文蔚领导的丹阳抗日自卫总团改编为丹阳游击纵队，这是管文蔚在庆祝大会上讲话

　　1938年10月30日，日军在湾沚出动500余名步骑兵，分3路向新四军阵地进犯。早有准备的新四军一次次打退了敌人的猛烈炮击。11月3日，日军又出动了近千人，分4路再次西犯马家园，先是用大炮猛轰，后令骑兵进攻。新四军采取迂回战术，避实击虚，集中主力从三面包围马家园，对敌进行猛烈反攻。经过几次战斗，新四军收复马家园。敌伤亡300余人，新四军伤亡32人。图为马家园战斗前沿阵地一和阵地二

马家园战斗前沿阵地三和阵地四

新四军在丛林中阻击日军

部一之品利勝獲繳鬭戰嶺子父在隊部南江軍四新
——公曆一九四〇年五月十三日攝於上饒——

　　1940年4月26日上午8时，敌池田联队之步、骑、炮兵2000余人，向我父子岭一带阵地猛冲，遭到新四军第一支队第一团的伏击，战斗约8小时，新四军取得父子岭战斗胜利。敌军伤亡317人，新四军伤亡84人。图为新四军第一支队第一团在父子岭战斗中缴获的部分胜利品

新四军军部驻地——土塘村旧貌

新四军军部驻土塘司令部参谋处遗址

新四军司令部参谋处驻土塘无线电台架设发报遗址

新四军军部驻土塘卫生院遗址

新四军军部驻土塘大厨房遗址

新四军一支队老一团驻土塘遗址

新四军一支队老一团副团长江渭清驻土塘遗址

新四军军部驻地土塘村外祠堂旧址

今土塘村貌

今土塘铁军广场

今新四军土塘军部陈列馆

今土塘铁军巷

今土塘军民巷

今土塘叶挺故居

今土塘新四军使用过的房屋

今土塘新四军使用过的土房

今土塘村水洞前水潭，泉水上涌，经洞口向下流入地下河。新四军军部驻土塘期间，军马常在此饮水。

今土塘村涌珠泉泉眼进涌的泉水，状似珍珠

今土塘涌珠泉水潭。新四军军部驻土塘期间，叶挺将军常在水潭游泳和洗澡

今土塘村旱洞口。在1940年新四军两次反"扫荡"期间，老一团在第一时间组织村子里的老弱妇孺藏身旱洞

# 编写说明

为深入挖掘新四军军部在土塘的历史，弘扬铁军精神，传承红色基因，赓续红色血脉，中共南陵县委宣传部、中共南陵县委党史和地方志研究室特组织编写了本书。

本书第一编综述，重点阐述新四军军部在土塘的主要工作、历史贡献。第二编历史文献，为新四军电文和新四军战斗详报。第三编回忆录，为新四军将领、人物及友人的回忆文章。第四编家书诗抄，为新四军人物的家信和诗作。第五编人物传略，为新四军重要人物简介。第六编珍闻轶事，为新四军重要人物的往事、故事和在南陵的纪实。第七编大事记，为军部驻土塘时期的重要部署、决策、会议、战斗、活动和工作等史实。附录为国民党当局有关电文及国统区、沦陷区宣传报道。

本书编写主要依据中国人民解放军历史资料丛书编审委员会编《中国人民解放军历史资料丛书·新四军》系列丛书、《新四军战史》编辑室编《新四军征战日志》，中国新四军和华中抗日根据地研究会编《新四军的组建与发展》，中共南陵县委党史办公室编《南陵党史集萃》、《中共南陵地方史》（第一卷），南陵县档案馆馆藏党史资料等。

本书老照片来源于中国人民解放军历史资料丛书编审委员会《新四军·图片》，江苏省新四军和华中抗日根据地研究会编《老兵话当年》，阮家新、邢雁主编《叶挺将军摄影集》，新四军和华中抗日根据地研究会新四军图书馆馆藏影像资料之叶挺将军摄影集，南陵县档案馆馆藏党史类老照片相册。书中关于土塘各处的近照，均由安徽省摄影家协会会员、南陵县摄影家协会秘书长秦朝晖同志提供。

本书对所引用的史料都作了页下注，以说明史料的来源和出处，对史料作的原注都给予了保留，页下注后都省略了编者注、原注字样。

本书对新四军各支队番号和书中历史文献、国民党当局有关电文及国统区、沦陷区宣传报道涉及数字的，均采用或保留中文数字，其余一律用阿拉伯数字表示。

本书保持历史文献、重要史料的原貌，对电报电文均照录原件，凡必须改动的地方都留有痕迹：改正的字用"〔〕"标出，脱漏的字用"［］"标出，多余的字用"□"标出，无法辨认的字用"□"代替。原件无标点符号的均加了符号。对电报的标题统一了格式。需要说明的地方作了题注和简要注释。

本书的出版得到了中国文史出版社领导和责编程凤老师的大力支持。

因时间较紧，加之编者水平有限，书中不当和疏漏之处，敬请广大读者批评指正。

# 前言

2023 年 12 月 3 日，习近平总书记在盐城市考察新四军纪念馆时强调，新四军的历史充分说明，民心向背决定着历史的选择，江山就是人民、人民就是江山。这是开展革命传统教育、爱国主义教育的生动教材，要用好这一教材，教育引导党员、干部传承发扬不怕困难、不畏艰险，勇于斗争、敢于胜利的精神，紧紧依靠人民，把强国建设、民族复兴伟业不断推向前进。

南陵是一片被红色革命文化浸润的土地。红色土塘，曾是新四军军部旧址，在这里，军部曾指挥着一万余名新四军战士奔赴抗日前线，激情燃起中国南方抗日救亡运动的熊熊烈火；在这里，曾留下叶挺、项英、陈毅、谭震林等老一辈无产阶级革命家的光辉足迹。为赓续革命先烈拼搏奋斗的文化血脉，彰显南陵深厚的红色文化底蕴，中共南陵县委宣传部、中共南陵县委党史和地方志研究室在 2021 年全党开展党史学习教育中，就开始组织编写这本《新四军军部在土塘》。旨在系统梳理新四军军部在土塘的一段不容忘却的历史，弥补当今新四军史料对军部驻土塘期间记载的不足，拾遗补阙，以进一步高歌新四军的光辉历程。

1937 年 12 月 25 日新四军军部在武汉成立，1938 年 1 月 6 日移至南昌，4月5日移驻歙县岩寺，5月5日暂移太平县麻村，5月26日进驻南陵县土塘村，8月2日迁至泾县云岭村。新四军军部在土塘期间，确定了新四军的战略方针，所属四个支队迅速在大江南北实施战略展开，积极挺进敌后开展抗日游击战争；召开了全军第一次政治工作、第一次参谋工作会议；成立并召开了第一次新四军委员会；军政治部第一次举办民运工作培训班，第一次发布《敌军政治工作纲要》，推动新四军民运、抗日救亡和对敌工作如火如荼开展；陈毅在苏南成功创立了江南地区第一个抗日民族统一战线性质的政权性组织—镇（江）句（容）丹（阳）金（坛）四县抗敌总会，第四支队深入皖中敌后作战取得一系列胜利，为初创江南、皖中抗日根据地奠定基础，对华中抗日战争作出了重要贡献。

本书共分为七编一附录。第一编为综述。分述新四军军部的成立及部队组建、抗战初期的南陵县与土塘村、新四军军部移驻土塘过程、主要工作、历史贡献。第二编为历史文献。收集了新四军军部在土塘期间来往的13份电报、3份战斗详报、1份信件、1份言论、1份报告、1份论文、1份总结，同时收入了新四军皖南部队在南陵开展的六次对日作战详报、纪实。这些珍贵的电、文，较为全面地展现了在党的领导下，新四军军部在土塘期间的重大决策部署、重要会议以及新四军第一、二、三支队的战略展开；这些重要战斗介绍，真实还原了当年新四军英勇顽强、冲锋陷阵、舍身忘死、以弱胜强的战斗场景。第三编为回忆录。共收集了新四军将领和人物在军部驻土塘前后的11篇忆事、新四军友人关于当时合作抗日的1篇回忆文章。这些回忆文章和战斗回眸，客观反映了军部在土塘68天中，先遣支队、第1、第2、第3、第4支队奔赴江南和皖中敌后的艰难历程与胜利战斗，生动再现了抗战初期皖南、南陵抗日救亡活动和民运工作的蓬勃发展情景。第四编为家书诗抄。共收录了当时新四军人物袁国平家书三封，周子昆、沈尔七、刘宗歆家书各一封；诗抄收录了陈毅诗作 2 首，粟裕、杨采衡、毛英奇、杨帆、石平诗作各一首。这些家信和诗作，从不同侧面展示了新四军初入敌后艰苦卓越的抗战历程，新四军将领和人物舍小家顾大家的家国情怀，及卫岗初胜、皖南反"扫荡"胜利后的喜悦。第五编为人物传略。共选编了 11 位新四军重要人物传略，并在每位人物传中都编入了军部驻土塘那段时期的经历。此外，本编还选录了 6 位有关人物的简介。第六编为珍闻轶事。共选编了 12 篇军部驻土塘时的新四军往事、故事，及 3 篇新四军重要人物在南陵的纪实。这些往事和纪实，充分体现了新四军将领们爱党爱国爱军爱民爱兵的忠诚心赤子心拳拳心，全面反映了将领们开展政治、统战、民运工作与征战取得的重要成就，鲜活再现了当年新四军火热的抗战生活和军民团结一家亲的情景，为我们更好地了解当年新四军和新四军在南陵提供了多维视角。第七编为大事记。收集了新四军军部驻土塘时期，有关新四军的重要部署、决策、会议、战斗、活动和工作等史实。据不完全统计，军部在土塘期间，新四军在敌后开展对敌游击战 17 次，毙敌 215 人，毙伤敌 8 人，俘敌 3 人；发起对伪军的作战 10 次，歼灭伪军 203 人，俘伪军 159 人；消灭了 2 支盘踞苏南江宁、皖中舒城的为虎作伥恶贯满盈的土匪武装，歼匪 310 人，俘 344 人。这些战斗的胜利，狠狠地打击了日伪军的嚣张气焰，极大地鼓舞了广大民众的抗日热情，他们更加积极踊跃地支持和参加新四军，使新四军在对敌作战中不断取得新胜利。附录收集了国民党当局相关新四军的电文 7 篇，国统区、沦陷区对新四军的报道 7 篇。这些史料从不同角度反映和反证了抗战初期我新四军在极端复杂困难的条件下，坚决执行党中央东进北上战略，深入挺进敌后作战的英勇事迹；贯彻执行党的统一战线方针，团结友军共同抗敌的典型事例；灵活运用游击战术，抗击日寇的赫赫战果。本书后附参考书目。

《新四军军部在土塘》一书酝酿较早，经反复研究讨论，拟定编写提纲，经两年辛勤笔耕，写出初稿，又经中共安徽省委党史研究院组织五位专家集体审阅，六易书稿，终于2023年8月1日定稿。再经中共安徽省委党史研究院审读、中国文史出版社三审，现由中国文史出版社正式出版与大家见面了。

本书在征集新四军军部驻土塘的故事中，得到了中共三里镇党委、三里镇吕山村党总支和当地伍雪村、徐根生、徐道福三位老同志的热心帮助。本书在编写过程中得到了安徽师范大学历史学院教授、安徽省新四军历史研究会学术委员会副主任、常务理事房列曙的大力支持。本书在初审中得到中共安徽省委党史研究院领导和专家的精心指导，特别是该院学术和编审委员会主任朱贵平、副处长廖海业对书稿作了多次修改，保证了书稿质量。在此一并谨致谢忱！

编　者

2024年1月12日

# 目录

## 第三编　回忆录

## 第四编　家书诗抄

## 第七编 大事记

## 附 录

# 第一编　综述

　　本编为综述，由新四军（军部）成立及部队组建、抗战初期的南陵县与土塘村概况、新四军军部移驻土塘始末、新四军军部在土塘的主要工作和新四军军部在土塘的历史贡献五个部分组成。第一部分主要阐述新四军军部的成立，南方8省14个游击区40多个县红军游击队，战胜种种困难与险阻，胜利完成向皖南、皖西集结任务，新四军迅速集中和整编的历程。第二部分主要简述抗战初期南陵县社会状况与土塘村情，日寇在南陵的暴行，南陵的抗日救亡活动。第三部分主要叙述军部移驻土塘缘由与过程。第四部分主要讲述军部在土塘期间开展的重要工作。第五部分主要论述军部在土塘的五大历史贡献。综述后附新四军1938年5—8月组织序列表与各支队挺进敌后战略要图、军部在土塘机关分布图及军部变迁图。

# 新四军（军部）成立及部队组建[①]

新四军是在全民族抗战初期，为适应建立抗日民族统一战线，打败日本侵略者，挽救民族危亡而组建，由中国共产党领导的一支重要的抗日武装力量。

1934年10月，红军主力长征北上后，奉命留在江西、福建、广东、湖南、湖北、安徽、浙江和河南8省各革命根据地的红军游击队，依靠人民群众，采用灵活机动的战略战术，一次次挫败了数十倍于己的国民党军的疯狂进攻，经受了敌人血腥屠杀、层层封锁、移民并村、断粮绝盐等严峻考验，战胜了因挫折、失败、艰苦和敌人的分化瓦解而造成的严重困难，坚持了三年游击战争，顽强保存下来。

1937年7月7日卢沟桥事变后，全民族抗日战争爆发。8月1日，中共中央根据全国形势的变化，发出了《关于南方各游击区域工作的指示》，指出："为着实现党的新政策，开展统一战线工作"，南方各红军游击队"在保存与巩固革命武装，保障党的绝对领导的原则下""可与国民党的附近驻军或地方政权进行谈判，改变番号与编制以取得合法地位，但必须严防对方瓦解与消灭我们的阴谋诡计与包围袭

---

① 见南京陆军指挥学院、中国新四军和华中抗日根据地研究会编著：《新四军对日作战研究》，军事科学出版社2015年8月第1版，第2—8页。

击"。①"八一三"事变以后，蒋介石急于调动红军开赴抗日前线，在国共两党谈判中开始表现出较多团结合作的愿望。1937 年 8 月中旬，周恩来、朱德、叶剑英在南京与国民政府军事委员会军政部部长何应钦就南方 8 省红军游击队改编为抗日武装问题达成共识。

在此期间，周恩来在上海会见了怀着强烈抗日救国热情从澳门赶来的叶挺将军，请叶挺出面将南方红军游击队改编为抗日武装，肩负起民族抗战的神圣使命。被誉为"北伐名将"的叶挺，在参与领导南昌起义和广州起义后，在海外过了 10 年流亡生活，与共产党失去了联系，这时已不是共产党员。由他出面主持改编南方红军游击队，易为国民党接受。叶挺欣然接受，并在淞沪战役期间，通过第三战区前敌总指挥陈诚，向蒋介石提出将南方红军游击队改编为一个军并命名为新四军的建议，意在表示继承北伐战争时期第四军的优良传统和国共两党的再次合作。1937 年 9 月 28 日，蒋介石任命叶挺为国民革命军陆军新编第四军军长。10 月 6 日，又电告国民党江西省政府主席熊式辉：鄂豫皖边、湘鄂赣边、湘粤赣边②、浙闽边和闽西等红军游击队均编入新四军，由叶挺编遣调用。10 月 12 日，熊式辉转发了蒋介石 6 日电报。这是首次公开发布新四军番号。1939 年新四军成立两周年时，新四军军部确定 10 月 12 日为新四军成立纪念日。

1937 年 10 月至 12 月，国共两党先后在南京、南昌、武汉就新四军的建制、编制、干部、装备、经费等问题，进行了多次协商。在国共两党就改编南方红军游击队达成原则协议后，为了尽快把分散各地的红军游击队集中起来，组成新四军，开赴抗日前线。从 1937 年秋开始，叶挺、项英、陈毅等在中共中央领导下，进行了紧张而艰巨的组

---

① 《中共中央文件选集》第 11 册，中共中央党校出版社 1991 年版，第 304 页。
② 又说"粤赣边区项英部"。见中国新四军和华中抗日根据地研究会编：《新四军的组建与发展》，中共党史出版社 2019 年 5 月第 1 版，第 72 页。

织筹备工作。1937 年 10 月初，叶挺在南京同中共中央代表博古、叶剑英商谈南方红军游击队组编事宜。10 月 23 日从南京出发，经武汉，于 11 月 3 日抵达延安，向中共中央报告新四军筹建工作。在中国人民抗日军事政治大学举行的欢迎大会上，毛泽东代表中共中央欢迎叶挺担任新四军军长。叶挺在会上表示："一定遵照党所指示的道路走，在党中央的领导下，坚决抗战到底。"①

11 月 13 日，叶挺第一次以新四军军长的身份对报界发表谈话，揭露日本帝国主义侵略中国的罪行，表示"决心为抵抗日本帝国主义的侵略而奋斗到底"②。接着，叶挺又去南京，11 月 21 日与叶剑英一起会见蒋介石，协商新四军的编制及任务。11 月下旬返回武汉。遵照毛泽东"暂驻武汉，南昌、福州设办事处"③ 的指示，在汉口大和街 26 号筹建新四军军部。

1937 年 11 月 7 日，项英奉中共中央指示到达延安，与叶挺商谈新四军的组建问题。12 月 7 日，项英向中共中央写了《三年来坚持的游击战争》的书面报告，主要汇报了原中央苏区和赣粤边游击战争的情况和经验教训。接着，项英参加了 12 月召开的中央政治局会议，在会上就《三年来坚持的游击战争》的报告作了补充说明，并汇报了南方红军游击队改编为新四军的筹备情况。12 月 13 日，中共中央政治局作出《关于南方游击区工作的决议》，高度评价了项英等在红军主力长征后，坚持在南方游击区开展游击战争的历史功绩，同时指出了当前及今后一个时期所肩负的历史使命和战斗任务。

---

① 《中国人民解放军历史资料丛书》编审委员会编：《新四军·综述·大事记·表册》，解放军出版社 1993 年 11 月第 1 版，第 8 页。

② 《中国人民解放军历史资料丛书》编审委员会编：《新四军·综述·大事记·表册》，解放军出版社 1993 年 11 月第 1 版，第 162 页。

③ 《中国人民解放军历史资料丛书》编审委员会编：《〈中国人民解放军历史资料丛书〉·新四军·文献(1)》，解放军出版社 1994 年版，第 58 页。

12月14日，中共中央政治局专门讨论了新四军的编组方针、原则和组织领导等问题。为加强共产党对新四军的领导，决定撤销中共中央分局，成立中共中央东南分局和中共中央革命军事委员会新四军分会。东南分局主要做地方工作，以项英、曾山、陈毅、方方、涂振农为委员，项英为书记，曾山为副书记。1938年1月，增补黄道为东南分局委员。军分会主要做新四军的工作，以项英、陈毅、张鼎丞、曾山、黄道为委员，项英为书记，陈毅为副书记。

为加强新四军的工作，中共中央还决定从中央党政军机关和八路军陆续抽调干部到新四军工作。12月23日，项英到达武汉，与已在武汉的叶挺、张云逸等商讨新四军的编组工作。12月25日，在汉口召开了新四军干部大会，出席会议的除叶挺、项英等主要领导人外，还有部分游击区的领导人，中共中央派来新四军工作的第一批干部，共50余人。① 会上，叶挺、项英就抗战形势和新四军的任务讲了话。这次会议，标志着新四军军部的成立。

为了尽快建立新四军的领导机构，项英于12月27日致电毛泽东、张闻天，就新四军的编制和主要干部配备提出建议。12月28日，毛泽东复电项英，同意新四军编4个支队和支队以上干部人选。1938年1月8日，国民政府军事委员会参谋总长何应钦正式核定新四军编制为4个支队和各支队司令员。以后又陆续核准项英为副军长，张云逸为参谋长，袁国平为政治部主任，周子昆为副参谋长，邓子恢为政治部副主任。

1938年1月4日至6日，新四军军部从武汉移驻南昌三眼井，各部、处陆续建立和健全起来。司令部参谋处处长赖传珠，秘书处处长

---

① 又说"参加会议的有叶挺动员来的朱克靖、沈其震、叶辅平、叶钦和等20余人；有延安派来新四军工作的干部张云逸、周子昆、赖传珠、李子芳、宋裕和、胡立教、汤光恢、张元寿等50余人；有从南方游击区来的干部傅秋涛、余再励等，共近百人。"见中国新四军和华中抗日根据地研究会编：《新四军的组建与发展》，中共党史出版社2019年5月第1版，第76页。

兼军法处处长李一氓，副官处处长黄序周，军需处处长叶辅平，军医处处长沈其震，兵站处处长张元寿。政治部主任袁国平，副主任邓子恢，秘书处长黄诚，组织部部长李子芳，宣传教育部部长袁国平（兼），民众运动工作部部长邓子恢（兼），敌军工作部部长林植夫。①后成立教导总队，周子昆兼总队长。②

新四军军部和4个支队组成后，南方8省14个游击区的红军游击队实施编组。1938年1月14日，项英致电中共中央长江局并中共中央，准备"集中部队，向皖南休宁、徽州一带集中"③。1月15日，中共中央长江局复电项英并告中共中央："同意部队即向皖南集中。"④ 1月中旬至下旬，项英、曾山到湘赣边和赣粤边，陈毅到皖浙赣边，张云逸到闽赣边、闽东和闽西地区，传达中共中央指示，动员和组织红军游击队集中整编。从延安党政军机关和八路军抽调到新四军工作的干部也陆续分配到各游击区，协助和加强红军游击队的整编工作。此外，还有一个琼崖游击区。1938年12月5日，中共琼崖特委在中共中央、广东省委和八路军驻广州办事处的指导与帮助下，将琼崖红军游击队300余人在琼山县（今海口市琼山区）云龙墟改编为广东省民众抗日自卫团第14区独立队，冯白驹任队长，继续在琼岛坚持斗争，未参加新四军编组。⑤

1938年2月6日，国民政府军事委员会和第三战区命令新四军集中

---

① 见中国新四军和华中抗日根据地研究会编：《新四军的组建与发展》，中共党史出版社2019年5月第1版，第77页、第78页。

② 军部移驻南昌后，筹建教导大队，大队长赵希仲。军部移驻皖南歙县岩寺后，4月10日教导队扩大为教导营，营长刘世湘，副营长谢祥星，政治教员龙树林。辖3个队，学员达300余人，于4月23日举行开学典礼。8月移驻泾县云岭后，扩大为4个队。8月，教导营扩建为教导总队，由军副参谋长周子昆兼任总队长。见中国新四军和华中抗日根据地研究会编：《新四军的组建与发展》，中共党史出版社2019年5月第1版，第78页。

③ 《中国人民解放军历史资料丛书》编审委员会编：《〈中国人民解放军历史资料丛书〉·新四军·文献(1)》，解放军出版社1994年版，第71页。

④ 《中国人民解放军历史资料丛书》编审委员会编：《〈中国人民解放军历史资料丛书〉·新四军·文献(1)》，解放军出版社1994年版，第73页。

⑤ 《中国军事百科全书》编审室：《中国大百科全书·军事》，中国大百科出版社2007年版。

到皖南歙县岩寺镇一带整训。军部当即制定方案并命令部队分头并进，兼程前往。随着部队向皖南、皖西集结，为了靠前指挥，新四军军部于4月5日由南昌移驻岩寺。

新四军共编组4个支队，计10个团、1个特务营。

第一支队司令员陈毅，副司令员傅秋涛，参谋长胡发坚，政治部主任刘炎，下辖2个团，共2300余人。第一团主要由湘鄂赣边红军游击队改编组成，团长傅秋涛（兼），副团长江渭清。从湖南省平江县嘉义出发，3月初到达岩寺西北的潜口。第二团主要由赣粤边、湘赣边、皖浙赣边和湘粤赣边红军游击队改编组成，团长张正坤，副团长刘培善。2月分别从江西省莲花县垄上、大余县池江、浮梁县（今景德镇市）瑶里等地出发，3月到达岩寺。

第二支队司令员张鼎丞，副司令员粟裕，参谋长罗忠毅，政治部主任王集成，下辖第三、第四团，共1800余人①。第三团主要由闽西、闽赣边红军游击队改编组成，团长黄火星，副团长邱金声。3月1日从福建省龙岩县白土出发，4月初到达潜口。第四团主要由闽粤边、闽西、浙南红军游击队改编组成，团长卢胜，副团长叶道志。闽粤边和闽西红军游击队3月1日从龙岩县白土出发，4月初到达潜口。浙南红军游击队3月18日从浙江省平阳县山门镇出发，4月18日到达岩寺。

第三支队司令员张云逸（兼），副司令员谭震林，参谋长赵凌波，政治部主任胡荣，下辖第五、第六团，共2100余人②。第五团由闽北红军游击队改编组成，团长饶守坤，副团长曾昭铭。2月25日从江西省铅山县石塘镇出发，4月初抵达岩寺。第六团主要由闽东红军游击队改编组成，团长叶飞，副团长阮英平（后吴焜）。2月14日从福建

---

① 又说"共2100余人"。见中国新四军和华中抗日根据地研究会编：《新四军的组建与发展》，中共党史出版社2019年5月第1版，第82页。

② 又说"共2200余人"。见中国新四军和华中抗日根据地研究会编：《新四军的组建与发展》，中共党史出版社2019年5月第1版，第83页。

省屏南县双溪、棠口出发，4月初到达岩寺。

第四支队司令员高敬亭，参谋长林维先，政治部主任萧望东，下辖第七、第八、第九团和手枪团，共3100余人。第七团主要由红军第二十八军第八十二师第二二四团第一营及部分便衣队和新兵改编组成，团长杨克志，政治委员曹玉福。第八团主要由鄂豫边红军游击队改编组成，团长周骏鸣，政治委员林恺。第九团主要由红二十八军第八十二师特务营、鄂东北独立团和部分便衣队及新兵改编组成，团长顾士多，政治委员高志荣。手枪团主要由红二十八军手枪团、部分便衣队和新兵改编组成，团长詹化雨，政治委员汪少川。3月8日，第四支队在湖北省黄安县（今红安县）七里坪召开东进誓师大会。会后，高敬亭率第七团、手枪团从七里坪出发，经河南省经扶县（今新县）、商城县，3月中旬到达皖西霍山县。3月10日，第九团从七里坪出发，随后也到达霍山县。稍后，第八团从河南省信阳县邢集誓师东进，与支队部会师。

军部特务营由湘南、闽中红军游击队改编组成，共400余人。① 湘南红军游击队于4月11日从湖南省耒阳县江头出发，4月中旬到达岩寺。闽中红军游击队于4月下旬从福州洪山桥出发，5月18日到达太平。

全军共1.03万余人，6200余支枪。②

从1938年2月至5月，南方8省14个游击区40多个县的红军游击队战胜种种困难与险阻，胜利地完成了向皖南、皖西集结任务。新四军的迅速集中和整编，对于开展华中敌后抗战，迅速壮大人民武装力量，具有重大的战略意义。

---

① 杨采衡率泉州事件后国民党当局被迫释放的闽中红军游击队160余人，李林、刘厚总率湘南游击区两个红军游击大队300余人，陈茂辉率新四军第二支队龙岩留守处警卫部队130人组成新四军特务营，营长邱玉权，副营长陈茂辉、李林。特务营应为590余人。见中国新四军和华中抗日根据地研究会编：《新四军的组建与发展》，中共党史出版社2019年5月第1版，第85页。

② 1938年4月，全军已集中10329人，枪6200支。见中国新四军和华中抗日根据地研究会编：《新四军的组建与发展》，中共党史出版社2019年5月第1版，第85页。

# 抗战初期的南陵县与土塘村概况

## （一）当时南陵县社会简况与土塘村情

1937 年 7 月，日本帝国主义开始对中国大规模地进攻，当时以国民党南陵县政府县长刘仰山和县党部书记袁维民为代表的封建势力统治着南陵。在县政府和县党部之下，设有上东、下东、上北、下北、西、南等六个乡公所和城区政权。同时，建立国民党区、乡党部，区和乡又设保、甲，并成立联保办事处。与此相适应建立了保护这一政权的工具——警察、地方保安队和自卫团。这些政权和武装，不但在政治上竭力统治压迫人民，而且对人民实行残酷的经济压榨，多如牛毛的苛捐杂税、保甲经费以及壮丁费等，日益加重，又在北门滨士墩设立关卡，对进出口的物资再收一道自治捐，大肆搜刮人民血汗。面对日寇侵略，这些政权、武装无能为力，逃之夭夭，置广大人民群众生死于不顾。[①]

土塘村属南陵县三里镇（今隶属于三里镇吕山村）。三里镇旧称三里店，地处南陵县南部，明末清初时期因商贸繁华，店铺相连，延绵三华里而得名。土塘村地处三里镇南部，位于南陵、泾县两县交界

---

① 见南陵县档案馆馆藏资料，中共南陵县委党史办公室《抗日时期南陵地区的政治经济形势、党组织活动和开展游击战争情况材料》（案卷号 10）。马继庆征集《抗日时期南陵地区的政治经济形势》，1960 年 7 月 25 日，见卷宗第 1 页。

处，南靠泾县云岭，距云岭（罗里村）约 12 公里；北与三里镇山泉村毗连，距三里集镇约 6 公里。村庄坐落在吕山脚下，依山面水，面积约 1.5 平方公里。村后是一座山，叫坐山，村前为一面明镜似的池塘，原名玉塘，今曰土塘，村落即由此得名。村子右前方一峰鼎立，即独山。村庄周边山丘起伏连绵，山林茂密，山场面积约 1200 亩。村民以徐姓为主，祖先为徐氏庆五公，约在元末自泾川迁居于此，繁衍生息已六七百年。1938 年年初时，土塘村有居民 70 余户、300 余人。当时，居民房屋多为徽派建筑砖瓦房，屋内开天井；此外，还有少量土墙屋。全村有耕地约 200 亩，主要种植小麦、水稻、玉米等。全村有水塘 5 处，水面约 25 亩。

土塘村西南有一水洞，洞前为一片水潭，潭内地下泉水上涌，潭水碧绿澄清，甘甜清冽；洞口朝东向下，水流沿洞口由外向内猛然出现 1 米多的垂直落差，状似小瀑布，又天然在洞内形成一个小小的水潭，溢出的泉水汩汩沿着宽约 1 米、高 2～3 米的地下河流向前方，流水雨季不增加，旱季不减少，挟着寒气奔出暗河，又沿西北方向汇入淮水河，再流入南陵母亲河之漳河。因在干旱缺水的年份，村人们都要往这近处的水洞挑水吃，所以这个水洞也是土塘人的命根子。村东南一处不高的山岗下有一干洞，四周树木葱茏，极为隐蔽，相传自清代起，就成为徐氏族人办学场所，即书院。此洞东西走向，弯曲约 30 米，洞内窄处宽约 2 米、高约 1.5 米，开阔处宽约 8 米、高约 6 米，主洞位于干洞东端，顶部又有一天然豁口，恰似大天井，别有洞天。此洞面积 80 余平方米，能容纳 100 余人，确也是村人们避暑纳凉藏身的天堂。① 村东北约 1.5 公里处有著名涌珠泉，地下泉水终年迸涌，状

---

① 据编者实地采访和考证：在 1940 年的第一、第二次反"扫荡"期间，日军曾多次袭击新四军驻地土塘，老一团总是在第一时间组织村子里的老弱妇孺藏身干洞，让青壮年把守洞口，官兵们则冲锋在前与日寇搏杀，让村民们一次又一次地躲过了日军侵袭。

似珍珠，故取名为涌珠泉。此泉水流量大，昼夜不息，朝西向北奔入淮水流入漳河。该泉为缺水的山乡人带来了无尽的福祉。

当时，南陵处于国民党政权控制之下，国民党一〇八师、一四四师等部队都曾先后来过土塘。其中，以范子英的一四四师驻扎时间最长。① 国民党军队驻扎土塘期间，经常向老百姓要粮要草、抓壮丁、派民夫、欺民女、骚扰百姓，群众不得安宁。土塘一带百姓深受其害，视他们如同洪水猛兽，都避而远之。②

## （二）日寇在南陵的暴行

1938 年 2 月 17 日上午 8 时许，一架日机从北飞来，在南陵县城上空绕了几圈后向北飞去。下午 2 时左右，一架日机又从北飞来，在县城上空盘旋，瞬间一颗黑色的炸弹，即从机腹下垂线般地坠落下来，投到开化寺附近，当场炸死 4 人。继在江三立堂投下一弹，炸死 10 人。接着在北门街、十字街、东门、王家小祠堂等地到处投弹，宋双全一家因避难的防空洞被震塌，全家 5 口人罹难。后又在南门轰炸近半小时，炸毁民房 100 多间，炸死 30 多人。这次敌机轰炸共投弹 20 余枚，炸毁房屋 200 余间，炸死 50 多人，炸伤 20 多人。③

1938 年 3 月 17 日，日军 100 余人侵略南陵县城，南陵国民党驻军一四四师不战而退，县城陷落。④ 这次日寇入侵掠夺一阵就走了，而国民党县政府却变成了流亡政府，日寇来时就潜逃乡村，日军不走不

---

① 见中共芜湖市委党史研究室著：《中国共产党芜湖历史》（第一卷），安徽人民出版社 2008 年 10 月第 1 版，第 281 页。

② 见中共芜湖市委组织部、芜湖市档案馆、中共芜湖市委党史和地方志研究室编：《红色芜湖》，安徽师范大学出版社 2021 年 6 月第 1 版，第 45 页。

③ 见中共芜湖市委党史研究室编：《日本侵略者在芜湖的暴行》（内部资料），2007 年 9 月，第 106—107、173 页。

④ 见中共南陵县委党史办公室编：《中共南陵地方史大事记》（1919—2016）（内部资料），2017 年 10 月，第 16 页。

敢进城；更为可耻的是这些国民党军在逃跑时提出所谓"焦土抗日"口号，漠视人民生命财产，主张将县城焚烧一空；这一主张，一经提出，立即遭到全县广大人民群众的一致反对而未能得逞。①

1938 年 5 月 3 日，日机北来 8 架，有 4 架在县城上空进行轮番轰炸，共投弹 40 余枚，炸毁房屋 200 多间，炸死 170 余人。其中迎春园后锅底塘一处炸死居民 30 多人，北门鬼塘附近炸死居民 20 余人，东门城墙脚铁匠罗氏全家人被炸死，还有大华浴池巷口、市桥河边、西华池、衙门口、簧塘桥、城隍庙、香由寺等多处被炸场所，尸横遍野、尸体残缺、血腥难闻、惨不忍睹；同时，有 4 架日机飞往弋江镇进行狂炸，炸毁房屋 150 余间，炸死 200 余人。②

### （三）南陵的抗日救亡活动

由于上海、南京、芜湖等地相继失陷，一批在外读书、工作的南陵青年被迫返回家乡。1938 年 2 月初，管昌宗、陈应笙、纪自友等③在南陵长乐乡宣王殿村召开大会，组织起了 100 多人的南陵青年抗敌协会。会上，选举了纪自友、王子超（王邦）、陈应笙为理事，通过了纪自友起草的《青抗宣言》。④《青抗宣言》呼吁："为了不受日军的蹂躏，不当亡国奴，我千万同胞，须不分男女，不分老少，不分民族，不分党派，团结一致，共同抗日。"会后，会员们分头到县城大街小巷和农村集镇，散发传单，张贴标语进行宣传。协会成立后，开

---

① 见南陵县档案馆馆藏资料,中共南陵县委党史办公室《抗日时期南陵地区的政治经济形势、党组织活动和开展游击战争情况材料》(案卷号 10)。马继庆征集《抗日时期南陵地区的政治经济形势》,1960 年 7 月 25 日,见卷宗第 1—2 页。

② 见中共芜湖市委党史研究室编:《日本侵略者在芜湖的暴行》(内部资料)2007 年 9 月,第 108、173 页。

③ 见中共南陵县委党史办公室编:《中共南陵地方史大事记》(1919—2016)(内部资料),2017 年 10 月,第 16 页。

④ 见中共芜湖市委党史研究室著:《中国共产党芜湖历史》(第一卷),安徽人民出版社 2008 年 10 月第 1 版,第 275 页。

展了一系列的抗日救亡活动，其中比较突出的有三件事。组织读书会。该协会以当时成立的青年合作社为阵地，组织青年阅读进步书刊，如《铁流》《夏伯阳》《被开垦的处女地》《八月的乡村》《大众哲学》《论持久战》等；通过组织青年阅读进步书刊，团结了一大批青年，使他们积极投入抗日救亡行列。编印《青抗月刊》。该刊是以选载进步书刊、宣传各地开展抗日救亡活动、揭露日寇侵华罪行为主要内容的综合性刊物；每期印制 1000 份，分发给下属 5 个分会，该刊深受全县广大青年喜爱。开展教唱抗日歌曲活动。该协会组织了一批能歌善舞的知识青年，向群众教唱《祖国进行曲》《囚徒歌》《大刀向鬼子们头上砍去》《松花江畔》等，通过这种寓教于乐的形式，既教会了群众唱歌，又激发了群众的抗日情绪，受到群众普遍欢迎。①

与此同时，知识青年俞锡恩在黄墓地区把青年人组织起来，成立了皖南抗日剧团，先后在黄墓、金阁等乡镇和南陵县城演出《放下你的鞭子》《插秧歌》《电线杆子》等控诉日军暴行、鼓励群众参加抗日的剧目；该剧团以后改为南陵抗战青工团，积极开展抗日救亡活动。②

同期，南陵城关青年知识分子叶宗涛、盛学俄、李叔平等人，为开展抗日活动四处奔走，联络了一批青年，筹集了一笔资金，办起了南陵青年合作社，出售百货兼售一些书籍，以此为基地，组织青年开展抗日救亡活动。③

1938 年 2 月 23 日，南陵县成立抗日民众动员委员会。④ 1937 年底，芜湖陷落后，南陵面临日寇铁蹄践踏的严重威胁。在全县各阶层

---

① 见中共南陵县委党史办公室编：《中共南陵地方史》（第一卷）（内部资料），2007 年 9 月 26 日，第 45—46 页。

② 见中共芜湖市委党史研究室著：《中国共产党芜湖历史》（第一卷），安徽人民出版社 2008 年 10 月第 1 版，第 275 页。

③ 见中共芜湖市委党史研究室著：《中国共产党芜湖历史》（第一卷），安徽人民出版社 2008 年 10 月第 1 版，第 275 页。

④ 见南陵县地方志编纂委员会编：《南陵县志》，黄山书社 1994 年 11 月第 1 版，第 17 页。

人民的呼吁下，一些士绅和各界知名人士，开始酝酿成立抗日救国的民众组织，并得到继任南陵县县长夏赓英的支持。于是，南陵县类似抗日动员委员会的民众组织应运而生，主任委员由地方知名士绅陈夺声担任。该组织初建后，在全县各界宣传动员"有钱出钱，有力出力"，协助政府和军队抗战，并组织募捐，救济难民，慰问前方将士。同时，在马家镇设立货物检查处，没收、查封日货，开展抵制日货活动。又设立了外交后援会，通过各种形式揭露日军的侵略罪行，支持抗日救亡运动。① 1938 年 2 月 23 日，第五战区民众总动员委员会安徽省分会在六安召开成立大会，3 月 5 日正式开始办公。不久，改名为第五战区安徽省民众总动员委员会，并规定县动委会主任由县长兼任。自此，南陵县抗日民众动员委员会由民众自发成立的抗日组织变成了国民党政府直接领导下的抗日组织，主要是在各区、乡开展一些抗日救亡的活动。②

---

① 见中共芜湖市委党史研究室著：《中国共产党芜湖历史》（第一卷），安徽人民出版社 2008 年 10 月第 1 版，第 277 页。

② 见中共芜湖市委党史研究室著：《中国共产党芜湖历史》（第一卷），安徽人民出版社 2008 年 10 月第 1 版，第 278 页。

# 新四军军部移驻土塘始末

　　1938 年 2 月 14 日，项英、陈毅就关于新四军行动原则致电毛泽东，建议：江南新四军集中后，不宜全部集中岩寺，应尽量向前伸出到浙苏皖之昌化、绩溪、孝丰、宣城、宁国一带；以游击战在战略上配合正规军为原则，受领一定任务，机动地完成。① 2 月 15 日，毛泽东复电同意，确定了新四军向江南敌后进军的原则。② 3 月 18 日，项英关于蒋介石命令我部开经南陵去茅山是否可行致电毛泽东等，建议：如去茅山，应由广德、宣城或广德与安吉之间插出，不应出南陵。③ 3 月 21 日，毛泽东同意新四军开经南陵一带致电项英，指出："未知南陵一带地势如何，如系山地，开经南陵一带亦未为不可。因敌犯长江上游时，南陵一带据于敌之侧后，正好活动。"④ 4 月 24 日，毛泽东复电项英，同意主力开泾县、南陵一带。⑤ 4 月 29 日，项英关于新四军

---

① 见《中国人民解放军历史资料丛书》编审委员会编：《〈中国人民解放军历史资料丛书〉·新四军·文献（1）》，解放军出版社 1988 年 12 月第 1 版，第 211 页。

② 见《中国人民解放军历史资料丛书》编审委员会编：《〈中国人民解放军历史资料丛书〉·新四军·文献（1）》，解放军出版社 1988 年 12 月第 1 版，第 212 页。

③ 见《中国人民解放军历史资料丛书》编审委员会编：《〈中国人民解放军历史资料丛书〉·新四军·文献（1）》，解放军出版社 1988 年 12 月第 1 版，第 213 页。

④ 见《中国人民解放军历史资料丛书》编审委员会编：《〈中国人民解放军历史资料丛书〉·新四军·文献（1）》，解放军出版社 1988 年 12 月第 1 版，第 214 页。

⑤ 见《中国人民解放军历史资料丛书》编审委员会编：《〈中国人民解放军历史资料丛书〉·新四军·文献（1）》，解放军出版社 1988 年 12 月第 1 版，第 215 页。

的战术原则及先遣队已出发致毛泽东等电："目前先遣队已出发，各支队不日陆续跟进，军部准备移南陵。我们的计划：利用短距离行军，每日的三十里路行程，其余时间进行教育，同时拖延时间，侦察地形。到达泾县与南陵之间，靠小山地集中，由各支队各派遣一部队出动（等先遣队回后），大部求得整训，争取时间。"①

1938 年 5 月 5 日，新四军军部离开歙县岩寺。5 月 7 日，进驻太平县麻村。5 月 25 日，接第三战区"不准久住太平"的命令。5 月 26 日，军部移驻南陵县土塘村。② 土塘为南陵县南端山地，南依泾县汀潭、云岭，前期，第一支队自太平经茂林已开赴土塘一带驻防和整训，为军部迁移土塘奠定了基础。这里村落相对开阔，交通比较便捷，距离前线较近，便于指挥部队作战。

因过去土塘老百姓受国民党军祸害较深，所以，当新四军军部刚刚进驻时，群众不了解情况，人人十分惊慌，甚至纷纷离家躲避。为了使群众了解新四军，军部驻定后特别强调保持部队的严明纪律、模范地做好群众工作。军部的干部战士一到土塘，就帮助群众打扫房前屋后，收拾猪圈、牛栏。村子里一个腿上患了肿毒而未走的农民陶方义被新四军一个战士看见，立即将他搀扶到部队卫生队包扎治疗。陶方义为了感谢部队，在第二天买了只鸡前来谢情。部队的同志一再婉言谢绝，并乘此机会热情、诚恳地向他宣传："我们新四军是当年的红军，是和老百姓一家亲的人民队伍，为老百姓治疗疾病、排忧解难，是我们的义务。"新四军热爱群众的事例，很快传开了。原来外逃的

---

① 见《中国人民解放军历史资料丛书》编审委员会编：《〈中国人民解放军历史资料丛书〉·新四军·文献(1)》，解放军出版社 1988 年 12 月第 1 版，第 216—217 页。

② 见中共芜湖市委党史研究室著：《中国共产党芜湖历史》（第一卷），安徽人民出版社 2008 年 10 月第 1 版，第 280 页。

群众都放心地回来了，全村的老百姓开始热情地接待新四军。① 当时正是小麦收获季节，部队除出操训练和执行军事任务外，有空就帮群众收麦打场、修桥铺路。很快，新四军就得到了当地人民群众的拥护。②

军部驻土塘期间，叶挺住在徐恩禄家，项英住在徐恩科家，袁国平住在徐光文家。叶挺军长平易近人，常穿一套灰布军装，佩戴很整齐。有时他也穿西服，戴礼帽，执手杖。叶挺平时话语不多，简短有力，常常深入群众中间，与群众促膝谈心。当时，正逢炎热天气，叶挺军长经常到涌珠泉洗澡，从不设岗布哨。每当此时附近百姓纷纷上前向他致意问好，与他亲切交谈。③

6月间，云岭开明人士、国民党章渡区区长陈冠群到土塘拜访新四军首长，他看到军部生活、办公条件有限，建议军部迁往云岭，并详细介绍了云岭当地情况。④ 当时土塘正值干旱缺水，部队生活不便，加之没有大的房屋作为办公地点，军部首长均分散住在农户家中，工作不方便及地形环境不适合保证军部安全等，后经探察，军部决定8月2日迁至离此不远的泾县云岭。老百姓得知这一消息后，个个依依不舍，于当天清晨纷纷前来送行。为了不打扰当地百姓，按照部队纪律，叶挺等军首长步行去了云岭。当数百名群众敲锣打鼓，燃放鞭炮，抬着轿子来军部欢送军首长去云岭时，得到叶挺等军首长已走的消息，既感动又遗憾。新四军军部在土塘虽然只有两个多月的时间，却激发了当地人民群众的抗战热情，培育了许多地方抗日骨干，为开展民运

---

① 见中共芜湖市委党史研究室著：《中国共产党芜湖历史》（第一卷），安徽人民出版社2008年10月第1版，第281页。

② 房列曙：《抗战时期新四军军部在南陵土塘》，《江淮文史》2022年第3期，第145页。

③ 见中共芜湖市委党史研究室著：《中国共产党芜湖历史》（第一卷），安徽人民出版社2008年10月第1版，第283页。

④ 见中共泾县县委党史办编：《新四军1937—1947》（内部资料），2007年10月，第210页。

工作奠定了坚实的群众基础。在以后的抗日战争和解放战争中，土塘一直是敌人惧怕的红色游击区。①

①　见中共芜湖市委党史研究室著：《中国共产党芜湖历史》（第一卷），安徽人民出版社2008年10月第1版，第283页。另据编者实地采访和调研考证，军部驻土塘后，该村当年参加新四军多达20余人。

# 新四军军部在土塘的主要工作

新四军军部在土塘村驻防共 68 天，时间虽短，却是一段不能忘却的历史。在此期间，新四军军部确定并践行了新四军的作战任务和方针，开展了民运和统战工作，成立了江南地区第一个抗日民族统一战线性质的政权性组织，召开了全军第一次政治工作和参谋工作会议，制定并发布了《敌军政治工作纲要》等，为新四军日后的发展壮大奠定了基础。

## （一）指挥部队挺进敌后实施战略展开，开展游击战争

先遣支队进入敌后实施侦察。1938 年 4 月 26 日，新四军军部在岩寺召开直属队和第一、第二、第三支队排以上干部参加的挺进敌后动员大会。会后，组织新四军先遣支队。4 月 28 日，粟裕率先遣支队从皖南歙县岩寺出发，于 5 月 19 日进入苏南敌后地区，进行战略侦察。① 6 月 11 日，接军部转来第三战区司令长官顾祝同电令：着请军派员一部挺进于南京、镇江间破坏铁道，以阻京、沪之敌，务于 3 日内完成任务。军部决定由粟裕率先遣支队去执行这一任务。② 6 月 15 日，粟

---

① 见《新四军战史》编辑室编：《新四军征战日志》，解放军出版社 2000 年 8 月第 1 版，第 25 页。
② 见中国新四军和华中抗日根据地研究会编：《新四军的组建与发展》，中共党史出版社 2019 年 5 月第 1 版，第 108 页。

裕率先遣支队进抵南京至镇江间铁路上的下蜀街，破坏铁路一段，完成第三战区下达的任务。6 月 17 日，先遣支队于镇江西南之韦岗，伏击由镇江开往句容之日军野战重炮兵第五旅团司令部车队，经半小时激战，毙日军少佐土井及大尉梅津武四郎等 13 人，伤日军 8 人。新四军江南首战告捷。6 月 21 日，先遣支队在完成挺进苏南进行战略侦察的预定任务后，各连奉命按原建制归队。[①]

第四支队挺进皖中敌后开展游击战争。1938 年 4 月中旬，新四军第四支队由支队参谋长林维先、政治部主任戴季英率领自皖西进抵皖中，展开于庐江、无为、舒城、桐城和巢县（今巢湖市）地区。由在淞沪战役中撤退下来的东北军第六十七军近百名流亡军人组成的东北抗日挺进团也同时到达皖中地区，经周恩来、叶剑英介绍，归第四支队领导。5 月，高敬亭率支队后方机关和手枪团进至舒城县东、西港冲，指挥部队作战。5 月 12 日，第四支队第九团侦察队和第四连，于巢县东南蒋家河口伏击由巢县乘船出扰的日军，仅用 20 分钟的时间，全歼正在登陆的日军坂井支队巢县守备队 20 余人，揭开了新四军在华中敌后游击战争的序幕，首战告捷。6 月中旬，日军先后侵占舒城、桐城、潜山、怀宁、安庆等县城，继续向六安、霍山推进。第四支队便在合肥至安庆、合肥至六安等公路上广泛出击，破坏日军运输，牵制日军兵力，配合正面战场作战。6 月 16 日，第八团通过舒桐公路封锁线时遇日军运输队，先敌开火，歼日军 23 人；6 月下旬，第八团在舒桐公路大小关之间伏击日军，毙伤日军 30 余人。7 月 10 日深夜，第四支队手枪团围歼张母桥、天龙庵土匪武装，活捉匪首罗大刚；7 月 14 日，第四支队一部在庐江东汤池附近与一汉奸部队遭遇，毙其 30 余人，俘 70 余人；7 月 18、19 日，第四支队一部在舒城县的三河镇、三汊河，歼伪军数百

---

① 见《新四军战史》编辑室编：《新四军征战日志》，解放军出版社 2000 年 8 月第 1 版，第 29—30 页。

人；7 月 29 日，第七团一部先后歼无为石涧埠、巢湖姥山等地的汉奸土匪数百人。新四军第四支队的一系列战斗，迟滞了日军向西的集结，破坏了日军向武汉的军事运输，有力地支援和配合了武汉保卫战。①

第一、第二支队挺进江南敌后开展游击战争。先遣支队出动后，陈毅、傅秋涛率第一支队于 5 月初离歙县岩寺潜口，进抵太平县甘棠，在此，陈毅向支队干部传达了《五四指示》精神②。5 月 12 日从太平出发，18 日至南陵县三里店，作短期整训。5 月 28 日，召开了支队干部动员大会，陈毅在会上作《新的战斗条件和新的战斗任务》的报告。6 月 1 日晚，陈毅、傅秋涛率部东进，沿着先遣支队走过的路线，于 6 月 3 日从东门渡出发，4 日凌晨进至苏南高淳县城，8 日到达溧水县的新桥附近与先遣支队会合。陈毅等听取了粟裕关于侦察情况汇报后，11 日先遣支队奉命去下蜀破路，陈毅当即下令第二团第七连随粟裕部行动，当晚傅秋涛、江渭清率第一团第一、第三营和教导队北渡石臼湖，12 日经博望到小丹阳，开辟江（宁）当（涂）溧（水）抗日根据地。团部设在小丹阳。6 月下旬，张藩回团任副参谋长，并以团教导队、特务连为基础，组成新的第二营，营长张赞辉，副营长王彪。12 日晚，第一支队率第二团和第一团第二营（担任支队警卫任务，后改为特务营），经白马桥，东越宁杭公路，到达溧阳竹簧桥、陶村一带。12 日，陈毅在溧阳县竹簧桥召开营以上干部会议，进一步做临战动员。13 日晚，支队率第二团和第一团第二营北越溧（水）武（进）公路进入茅山地区，以营为单位展开于宁杭公路以东，溧武公路以北的镇（江）句（容）丹（阳）金（坛）等县之间。支队司令

---

① 见中国新四军和华中抗日根据地研究会编：《新四军的组建与发展》，中共党史出版社 2019 年 5 月第 1 版，第 112～114 页。

② 1938 年 5 月 4 日，毛泽东给项英发出了一份关于新四军应进行敌后游击战争的指示，因是 5 月 4 日发出的，被称为《五四指示》。见中国新四军和华中抗日根据地研究会编：《新四军的组建与发展》，中共党史出版社 2019 年 5 月第 1 版，第 104 页。

部驻镇江县宝堰镇南（今属镇江市丹徒区）前隍村。随着第一支队进入苏南敌后，第二支队第三团在罗忠毅、王集成率领下于6月中旬开始分批东进，6月下旬粟裕回支队工作。第四团团部和第三营（第一营留皖南警卫军部）于8月下旬东进至当涂地区，部队活动于宁杭公路以西的江宁、溧水、芜湖、当涂、宣城、高淳、句容之间，支队司令部驻当涂县大官圩、金宝圩，8月25日移驻当涂塘南阁，张鼎丞到达支队司令部。第三团活动在以小丹阳、云台山、秣陵关、横山为中心的地区，第四团活动在以溧水县白马桥的李巷、南曹和句容的郭庄庙为中心的地区。第一、第二支队初抵敌后，日军不以为然，戒备松弛。新四军充分发挥善于夜战、伏击、奇袭、白刃搏杀的特长，广泛主动出击，频频获胜。6月28日，第一支队第二团第二营在镇句公路上的竹子岗伏击日军车队，击毁日军军车6辆，俘获日军特务机关经理官明弦政南，旋又转移徐家边，伏击歼灭前来增援报复的日军20人。7月1日，第二团第一营在管文蔚率领的丹（阳）北自卫总团的配合下，夜袭宁沪铁路丹阳、镇江间的新丰车站，先偷袭，后强攻，用火攻战法，歼日军1个小队40人，破坏铁路一段。7月6日，第一支队第一团解决了盘踞在江宁朱门地区作恶多端的朱永祥部。7月6日，第二支队第三团在当涂、芜湖间伏击日军火车一列，缴获大量军用物资。7月10日，第二团第二营在句容县城西北的新塘附近，伏击由南京开来的日军汽车9辆，击毁其2辆，毙伤日军40余人。7月14日，第一团一部夜袭南京近郊西善桥日军据点，毙日军3人。7月30日，第二团第二营袭击宁沪铁路高资车站，毙日军15人，俘伪绥靖队70余名。新四军进入江南敌后，尽管兵力和装备远远不如日军，却凭灵活的游击战术，敢于连续同日军较量，并不断取得胜利，狠狠地打击了日寇的嚣张气焰。①

---

① 见中国新四军和华中抗日根据地研究会编：《新四军的组建与发展》，中共党史出版社2019年5月第1版，第118—122页。

第三支队战斗在皖南抗日前线。当新四军第一、第二支队向敌后挺进之际，第三支队按项英关于"暂留此地帮助建立根据地，以备将来成为发展的基本力量"的计划，于7月初进抵泾县汀潭的杨村、南陵县葛林的六甲村一带进行整训，拱卫军部；1938年夏，国民党军第三战区与日军在泗安、广德、芜湖、湾沚一线对峙。9月28日，第三战区司令长官顾祝同下令新四军第三支队接替国民党军第一四四师红杨树至峨桥、青弋江一线正面防务，担负阻止湾沚之日军西犯南陵的任务。1938年10月7日，谭震林奉命率第三支队第五团、第六团三营进抵青弋江西岸的西河镇一带，与国民党军共同守备皖南前线阵地。10月底和11月上旬，第三支队在谭震林指挥下，以机动防御战法，与日军周旋，进行阻击，先后取得清水潭、马家园、红杨树、湾沚等战斗的胜利，共毙伤日军300余人，收复了马家园、红杨树阵地。① 12月15日，第三支队奉第三战区命令，从皖南南陵的青弋江地区转移至铜陵、繁昌一带，执行防御任务。② 驻防期间，新四军驻皖南部队先后取得了繁昌保卫战、春季反"扫荡"战斗、秋季反"扫荡"战斗的胜利，粉碎了日军"扫荡"皖南，进窥徽、屯的企图，巩固了新四军在皖南的抗日阵地，保障了云岭军部的安全。

## （二）大力推动民运工作，兴起抗日民主运动

1938年5月，新四军在皖南成立了第一支民运工作队，即泾县茂林工作队。对内是茂林工作委员会，由邓子恢亲自从民运部、皖南特委和战地服务团中挑选30余人，由皖南特委组织部部长陈时夫领队。陈时夫、曾如清、胡明、方林、李桂英组成工委会，陈时夫为书记。

---

① 见中国新四军和华中抗日根据地研究会编：《新四军的组建与发展》，中共党史出版社2019年5月第1版，第150—151页。

② 见《新四军战史》编辑室编：《新四军征战日志》，解放军出版社2000年8月第1版，第44—45页。

民运工作在茂林顺利展开后，采取波浪式的推进方法，利用群众团体和个人的社会关系，逐步向茂林四周的乡村发展。很快，工作范围扩大到北至凤村、余家村，西至水东、翟家、董家村、包村，西北至水口村，东至溪里凤、荡里、东流山、石井坑，南至潘村、铜山、小河口等地。茂林工委卓有成效的工作，为整个皖南民运工作积累了经验。①

5月26日，新四军第一支队到达南陵三里公鸡坦（现三里镇山泉村）。28日，陈毅在三里公鸡坦召开部队干部会议，在会上作了《新的战斗条件和新的战斗任务》的报告。一支队在公鸡坦期间，陈毅司令员和政治部主任刘炎决定由新四军战地服务团对当地开展一次社会调查和宣传，了解人民群众对抗战的认识和态度，对抗日军队有什么反应，群众生活有什么困难。针对群众的实际情况进行宣传，动员他们积极参加抗战，支援前线部队。服务团分组进行调查，在三里店一带工作了一整天。服务团队员走店铺，访群众，进学校，向群众和学生宣讲抗战形势和新四军如何抗战，分析讲解陈毅司令员的报告，动员有志青年积极报名参加新四军。②

军部到土塘不久，叶挺曾亲自主持召开两次会议，一次是由地方士绅、乡村教师、农民和妇女代表参加的各界人士会议，一次是数百名群众参加的群众大会。在各界人士会议上，叶挺做了热情洋溢的讲话。他在讲话中首先向土塘村父老兄弟姐妹表示衷心的感谢，感谢他们对新四军给予的热情慰劳和帮助。接着，他详细地阐述了新四军深入皖南敌后的抗敌任务，严明纪律以及同人民群众的鱼水关系等。最后，他要求土塘广大民众积极行动起来，参加抗日队伍，支援新四军，

---

① 见徐则浩、宋霖主编：《新四军军部在皖南》，当代中国出版社2003年第1版，第314—315页。

② 见中共芜湖市委党史研究室著：《中国共产党芜湖历史》（第一卷），安徽人民出版社2008年10月第1版，第283—285页。

搞好军民团结，共同打击日本侵略者。会后，叶挺军长设便宴招待与会人员。晚上，军部战地服务团还为参加会议的各界人士和当地群众演出了文艺节目。在群众大会上，叶挺慷慨陈词，演讲内容生动。针对当时国内形势、抗战的长期性与艰巨性、共产党的抗日政策与抗日宣传以及抗日民族统一战线等问题，叶挺军长作了认真分析和研究。结束讲话前他一再强调："国家兴亡，匹夫有责。"号召大家积极投身抗日，踊跃参加农抗会、青抗会、妇抗会等群众性抗敌协会组织，参与各种形式的抗敌活动。经过叶挺的宣传鼓动，土塘及土塘周围的群众纷纷报名参加抗敌协会，仅土塘村参加抗敌协会的群众就达 1000 多人。①

军部在土塘期间，新四军健全了一整套民运工作机制，军政治部设有民运工作部，由邓子恢兼部长，余再励任副部长（后夏征农）；下设动员科、组织科和武装科；军直属协理处，设民运干事；军部战地服务团里有民运工作队，有队员 60～70 人；同时，各支队设民运科，团设民运股，连队党支部有民运委员，各班有民运战士，由支部民运委员任连队民运组长，做群众工作，检查群众纪律。② 这时期，军部战地服务团正式划归军政治部领导，分工搞民运工作；③ 战地服务团成员大多是 20 岁上下的青年知识分子，抗日热情虽高，却缺乏农村群众工作的经验；7 月中旬，为培训民运工作干部，军政治部在若坑举办了首期培训班；邓子恢编写《民运工作大纲》教材，起草抗日团体章程，还亲自到训练班作报告。他指出：民运工作队的主要任务是进行抗战动员，包括宣传党的抗日政策和抗日主张，发动群众建立

---

① 见中共芜湖市委党史研究室著：《中国共产党芜湖历史》（第一卷），安徽人民出版社 2008 年 10 月第 1 版，第 281—282 页。另据编者实地采访和调研考证，应为土塘及土塘周边参加抗敌协会的群众就达 1000 多人。

② 见中共芜湖市委党史研究室著：《中国共产党芜湖历史》（第一卷），安徽人民出版社 2008 年 10 月第 1 版，第 312—313 页。

③ 见中共南陵县委党史办公室编：《南陵党史集萃》，中国展望出版社 1989 年 8 月第 1 版，第 105 页。

各种抗敌协会组织，动员青壮年参军参战，发动农民群众开展减租减息活动，发展中共党员建立基层党组织。邓子恢还帮助先前派出的民运工作队员总结前一阶段民运工作，传授我党群众工作的丰富经验；集训后重新部署工作，成立了两个工作委员会，一个是以章家渡为中心的泾三区工委会，主任章蕴，抽调20多位服务团员参加工作；另一个是以南陵县三里店为中心的南三区工委会，主任胡明，也抽调了20多位团员参加工作①。南三区工作委员会领导成员还有凤石山、梁竹洁、方休。由凤石山负责全南三区工作；方休、李正济、梁竹洁分管大王村；洪琪、林菲分管鹅岭；胡明在鹅岭、童村街、刘店铺一带活动。工作委员会的任务是宣传、组织群众，成立农抗会、青抗会、妇抗会等群众组织，实行减租减息，开展抗日斗争。同年8月，在茂林民运工作的基础上，从民运部和老工作队里调出了许多同志，组成新的工作委员会，经过短期培训分别到泾县、南陵、繁昌等新的工作点开展工作。当时影响较大、工作开展最活跃的是南陵的三里店和泾县的章家渡、汀潭民运队。②

## （三）扎实做好抗日民族统一战线工作

国民党政府南陵县三里区区长易克健在新四军刚来南陵时，不仅对抗日救亡工作不积极、不支持，而且对新四军进驻三里还有戒心。为了消除误会，增进团结，共同对敌，军政治部在南陵上经村驻防期

---

① 见《中国人民解放军历史资料丛书》编审委员会编：《〈中国人民解放军历史资料丛书〉·新四军·回忆史料（1）》，解放军出版社1990年1月第1版，第33页。见房列曙著：《抗战时期新四军军部在南陵土塘》，《江淮文史》2022年第3期，第147页。又说"南三区工委会主任曾如清（后胡明），委员有胡明、陈洪、梁竹吉、方休。此外，还有工作队员十多人"。见中共南陵县委党史办公室编：《南陵党史集萃》，中国展望出版社1989年8月第1版，第402页。若坑现属三里镇吕山村，与泾县昌桥乡田坊村接壤。

② 见中共芜湖市委党史研究室著：《中国共产党芜湖历史》（第一卷），安徽人民出版社2008年10月第1版，第313—314页。鹅岭应为峨岭，林菲应为凌菲。

间，政治部副主任邓子恢三次到三里店做易克健的统战工作。由于邓子恢晓之以理，喻之以义，待之以诚的耐心工作，使易克健转变了顽固态度。几天后，三里区抗日动员委员会和农民抗敌协会组织就正式成立，丁继春（国民党三里区党部书记）和易克健分别兼任三里区动委会和农抗会主任。①

1938 年 6 月，为了同国民党川军一四四师搞好关系，军部派出了30 人的文艺宣传队到南陵城关，与川军进行联欢。在联欢会上，新四军文艺宣传队首先演唱了《义勇军进行曲》《大刀进行曲》《向前走别退后》等抗战歌曲。接着，友军演出队演唱了江南小调《送郎上前线》和《伤兵莲花落》。最后，双方合作表演了短剧《放下你的鞭子》和《八百壮士》。此后不久，新四军政治部和川军一四四师政治部又在南陵马家镇共同召开了群众大会。会上，双方负责人都分别讲了话，宣传了国难当头，共同对敌的重要性。②

为了化消极因素为积极因素，团结一切可以团结的人共同抗日，1938 年 6 月，邓子恢还邀集了军部驻地附近的青红帮和理教会头目，在土塘办了两期短训班，陈茂辉任训练班主任，陈康任教员。邓子恢亲自到短训班讲课、作报告，告诫他们要遵守抗日民族统一战线政策，收敛恶行，并向他们明确指出，抗日救国，人人有责，谁破坏抗日救亡工作，谁就是民族的罪人。希望他们以抗战大局为重，积极参加抗日活动。两期学习班虽然时间不长（每期四天），但收到了预期的效果。通过学习，大多数青红帮头目都提高了觉悟，弃暗投明，积极参

---

① 见中共南陵县委党史办公室编：《南陵党史集萃》，中国展望出版社 1989 年 8 月第 1 版，第219—220 页。

② 见中共南陵县委党史办公室编：《南陵党史集萃》，中国展望出版社 1989 年 8 月第 1 版，第219 页。

加抗日活动。①

1938年6月4日，陈毅率部进入苏南高淳县城，当日就走访国民党高淳县县长杨鼎侯及地方士绅赵愚山等，宣传共产党的抗日民族统一战线政策和团结抗日的主张。第二天就召开群众大会，号召大家团结起来，打败日本侵略者。第三天部队就开展助民劳动。国民党的县长送来了"岳家军"的锦旗。部队进入茅山，陈毅就约见镇江、句容地区实力人物、三乡联防武装的国民党原区长樊玉琳，使他投入新四军领导的抗日斗争。7月7日，陈毅在苏南镇江县宝埝镇（今属镇江市丹徒区）主持召开镇江、丹阳、金坛、句容4县人民代表会议，成立4县抗敌总会筹委会，推选民族资本家、茅麓公司经理纪振刚为筹委会主任，樊玉琳、王丰庆为副主任（后纪振刚未到职，由樊玉琳任主任）。新四军第一支队布告称："本军部协同镇、句、丹、金四县民众代表筹备四县代表抗敌自卫组织，在江苏省府及第三战区司令长官未派行政官莅临之前，即由该会负责组织民众及除奸等工作"，这是新四军在江南地区诞生的第一个统战性质的民主政权；当时，在苏南国共合作关系较好时期且国民党政权已溃散的情况下，暂由群众抗敌自卫组织处理部分政权工作是可行的。这些统战工作的开展，进一步扩大了抗日阵容，为创建茅山抗日游击根据地打下了初步基础。②

## （四）召开全军第一次政治工作和参谋工作会议

1938年6月17日至19日，新四军第一次政治工作会议在土塘召开。副军长项英参加了会议，他要求各部队提高对政治工作重要性的

---

① 见中共南陵县委党史办公室编:《南陵党史集萃》,中国展望出版社1989年8月北京第1版,第220页。见中共芜湖市委党史研究室著:《中国共产党芜湖历史》(第一卷),安徽人民出版社2008年10月第1版,第282—283页。陈茂辉时任民运部武装科科长。

② 见中国新四军和华中抗日根据地研究会编:《新四军的组建与发展》,中共党史出版社2019年5月第1版,第124—127页。

认识,推进政治工作建设,健全政治工作机构,保证军队政治团结和战斗力的提高,保证作战的胜利。① 这是新四军首次召开的政治工作会议。军直属队和各支队团以上政治工作干部、军政治部机关干部参加。会议旨在确定新四军战时政治工作的方针、任务、制度与领导方式、工作方法诸基本问题,逐渐完成各级政治机关之建立,统一建立连队政治组织,陆续培养与补充政治干部,大部工作由平时转入战时,实际开始与开展敌军工作和民运工作。新四军政治部主任袁国平主持会议并作了报告。会议总结了新四军初期政治工作的成绩,指出了不足,提出了要求:一、健全党的工作,提高党支部在连队的领导作用;二、正确执行干部政策;三、深入政治教育,确定政治教育以阶级教育为基础,贯彻理论联系实际的原则;四、根据政治工作的方针,确立政治工作制度,健全政治工作系统。会议对提高政治工作重要性的认识,推进全军政治工作的展开起了作用。8月,新四军政治部颁发《全军第一届政治工作会议总结》,要求作为"新四军政治工作建设和战时政治工作之准绳"。② 新四军第一次全军政治工作会议的召开,标志着新四军的政治工作由初创时期进入正规建设时期,步入正规化、制度化轨道。③

1938年6月22日至23日,新四军军部在土塘召开了第一次全军参谋工作会议。新四军是红军和游击队编组而成,由于长期分散游击作战的特殊环境,作战主要靠指挥员机断指挥,没有强有力的参谋机构和正规的参谋工作。新四军组建后,着手编写军事训练教材,制定统一的规章制度,建立参谋工作系统,明确参谋工作的重要地位,调集有作战经验的干部担任参谋工作,并加强参谋工作人员的教育与培

---

① 王辅一著:《项英传》,中共党史出版社1995年10月第1版,第362页。

② 中国新四军和华中抗日根据地研究会编:《新四军在华中》,军事科学出版社2012年5月第1版,第307—308页。

③ 见房列曙著:《抗战时期新四军军部在南陵土塘》,《江淮文史》2022年第3期,第153页。

训。为推动参谋工作的开展，总结参谋工作经验，新四军司令部召开了有各支队、团参谋长和军部参谋人员约 20 人参加的参谋工作会议。参谋长张云逸，副参谋长周子昆主持会议。到会人员学习了刘伯承翻译的《苏军司令部野战勤务条例》。项英作《指挥机关与参谋工作》的讲话。他说："参谋部门就是指挥机关，好像人的头脑一样；新四军在政治上是进步的军队，但由于是红色游击队编成的，游击习气重，要重视克服。"他要求各级首长重视参谋工作，加强参谋工作建设，以适应作战和部队建设的要求。23 日，张云逸作了《参谋工作建设》的报告，系统论述了参谋工作的地位、任务和参谋人员的培养教育问题。他说："参谋工作的主要任务，一句话，就是保证军队打胜仗。"具体任务就是，不断收集情报、根据首长决心定出具体作战计划；根据战场的情况变化，进行战斗中的指导；平时拟定训练计划，督促其实施；指导后方勤务配合等。张云逸强调，要通过举办侦察、测图、后勤、通讯训练班，提高参谋人员的工作能力，"每个参谋人员要养成负责的自动的创造的和科学的精密的迅速的作风"。周子昆在总结讲话中强调，各级领导要提高对参谋工作的认识，配齐参谋人员，建立健全参谋工作制度，提高参谋人员业务水平，以适应平时和战时的需要。新四军司令部第一次全军参谋工作会议的召开，标志着新四军的参谋工作由草初时期进入正规建设时期，步入正规化、制度化的轨道。①

## （五）制定并发布了《敌军政治工作纲要》

新四军政治部设有敌军工作部，由原日本东京帝国大学留学生、中华民族解放大联盟成员林植夫任部长，负责对日伪军的宣传工作、

---

① 见房列曙著：《抗战时期新四军军部在南陵土塘》，《江淮文史》2022 年第 3 期，第 153—154 页。

优待俘虏政策的执行，对日伪军情报的搜集和研究，日伪军工作干部的培训，日语的教学，对日军俘虏的教育改造等。①

1938 年 7 月 26 日，新四军政治部发布《敌军政治工作纲要》（以下简称《纲要》）。《纲要》分七个部分：论述了现代战争的性质与敌军工作的重要性；目前对敌军政治工作有何可能与困难；对敌军工作的进攻战；对敌军工作的防御战；对伪军的工作；对日军工作的方法与经验；敌军工作在部队内的组织与教育。指出对敌军的主要任务就在于提高和加强自己的战斗情绪，防止敌人的破坏工作，并从政治上夺取与瓦解敌人的军队。现代战争的性质是长期性的，是残酷性的，我们必须正确地加以估计。《纲要》分析了对敌军工作的条件是日本帝国主义国内的危机在军队的反映，战争的扩大和持久，常备军减少，补充兵员素质的变化及战争的侵略性质决定，都会影响到士气的动摇。在坚持抗战中，抓紧对日军的政治工作，动摇其军队的胜利信心和挫其战斗意志。对敌军展开政治上的进攻战，解除其思想上的武装，在宣传方针上要注意正确把握敌国与敌军内部的矛盾和困难，站在国际主义上面纠正狭隘的民族主义倾向，站在自卫战争的立场上说话。同时，对敌军工作也要进行防御战，其目的在于巩固和提高自己的抗敌情绪，肃清敌人影响，克服与战胜敌人对我方的一切破坏、欺骗、挑拨离间及阴谋，并揭破日军对他们自己人民与士兵的一切欺骗宣传。对伪军的工作要根据不同情况以争取分化与瓦解策略并用。做敌军工作是艰苦的，做敌军工作的人，须深刻了解整个对敌工作的策略、路线和一切工作方法，并健全敌军工作的组织。② 该《纲要》的发布与施行，为新四军及各支队开展敌军工作提供了基本原则和根本遵循。

---

① 见中国新四军和华中抗日根据地研究会编：《新四军的组建与发展》，中共党史出版社 2019 年 5 月第 1 版，第 163 页。

② 见姜思毅主编：《中国人民解放军大事典》，天津人民出版社 1992 年 6 月第 1 版，第 398—399 页。

# 新四军军部在土塘的历史贡献

## （一）新四军实施战略展开，为建立茅山、皖中抗日游击根据地奠定了基础

新四军第一、二、四支队在大江南北实施了战略展开，初步打开了苏南、皖中的抗战局面，初创了茅山、皖中抗日根据地、皖南游击根据地，扩大了新四军的影响和声威。1938年6月以前，即新四军进入江南敌后前，日军感到其后方很安全，驻兵很少，从常州、镇江、南京、当涂到芜湖，经常只驻两个多联队，将其大部分兵力用于进攻徐州、合肥。新四军进入江南、皖中后，积极打击敌人，破坏敌人交通，迫使敌人增兵防守，到1938年底，江南的敌人已增加到两个半到三个师团，其中以芜湖为中心有一个师团，以南京为中心有一个师团，以镇江为中心有一个旅团，另外还从华北、东北调来5000多名伪军协助防守。从这看出，新四军迅速挺进敌后的行动，干扰了日军当时集中全力进攻武汉的战略企图，有力地配合了国民党正面战场的防御作战；同时，也打乱了国民党中一部分人稳固苏南和皖中农村阵地、反日限共的企图，为新四军深入敌后、扎根农村、建立巩固的敌后抗日根据地打下了坚实的基础①。

---

① 见王辅一著：《项英传》，中央党史出版社1995年10月第1版，第319页。原注见《项英将军言论集》，第43—44页。

### （二）新四军挺进敌后，给广大沦陷区人民带来了生机、希望和信心

新四军进入江南前，由于日寇的疯狂侵略，国民党军的仓皇溃退，人民群众缺乏组织，日军在占领区内未遭到任何反抗，常三五成群，不带武器，也敢到离其驻地十多里远的乡下横行；日军控制的交通线，每隔五六十里才有敌人一个据点，而驻守这些据点的日军多则二三十人，少则只有三四个人，日军的单辆汽车竟然可以畅行无阻。而国民党地方政府，自南京沦陷后，有些是随国民党军队向后方撤退了，大部分是无形地解散了，沦陷地区没有地方政府管理，使人民无所依恃。江南地区人民已半年以上没有看见过中国军队了，虽有些所谓"游击队"，但他们成分的最大部分是流氓、地痞、土匪，也有些散兵游勇，纪律很坏，每每花天酒地，不仅不打日军，反而与日军互相默契，互不侵犯，却对人民敲诈、抢劫、奸淫、大肆烧杀。在这些地区，日军还到处建立汉奸伪政权，培养了许多汉奸、护路警等，作为其爪牙。有些地方，远在日寇的势力范围之外，甚至百里之外，也有其爪牙为其筹送物品。有些地方，民情比较强悍，为了自卫，与这些坏游击队对抗起来。京、沪、杭、芜各地之失守，严重影响了江南人民的抗战热情。富有者有的逃往内地，有的迁避县城栖身观望；普通劳苦大众陷入水深火热之中，老百姓白天要躲避日军的烧杀奸淫，夜晚要预防土匪、溃兵的抢劫勒索。多数老百姓对日军的暴行和土匪的横行忍气吞声，敢怒不敢言。一些忍无可忍的老百姓自发组织起来用镰刀、锄头与下乡奸淫妇女的日军拼命，但往往遭到日军疯狂的报复性屠杀。一些有骨气的青壮年捡起国民党军队遗弃的枪支，自发武装起来保家护村，但

因缺乏领导和训练，难成气候。①

敌人占领江淮地区后，烧、杀、奸、淫更是无恶不作，东方法西斯野蛮残暴行为令人发指；同时，敌占区伪组织、汉奸极为活跃，土匪武装蜂起，一些恶霸地主还假借抗日之名组织武装，他们勾结日寇，欺压百姓，恶贯满盈，给皖中人民带来了深重灾难，犯下了滔天罪行。②

新四军挺入敌后，积极开展对敌游击战斗，歼灭伪军，打击土匪，保护人民，先后在皖中蒋家河口、大小关和苏南韦岗、竹子岗、新丰、新塘等地伏击、奇袭、夜袭日军取得重大胜利，剿灭苏南朱门、禄口、下蜀街和皖中张母桥、天龙庵、东汤池、三河镇、三叉河、石涧埠、姥山等地汉奸土匪武装，这一系列战斗的胜利和新四军的模范纪律，为江南和皖中人民带来了比较安宁的社会环境，让这些饱经战患的人们看到了希望，极大地鼓舞了这些地区人民的抗战信心、决心和民气、士气。

## （三）新四军蓬勃开展的民运工作，为部队的迅速发展壮大提供了支撑

新四军第一、第二支队初抵江南敌后，沦陷区部分群众不了解新四军，不敢接近。广大指战员不抱怨、不急躁、不扰民，还帮老百姓砍柴、担水、打扫卫生，建立起良好的军民关系；遇到群众因怕日军报复，不敢借房子给新四军住，部队就露宿村野，即使下雨也只是在屋檐下过夜。处处维护群众利益的严明纪律，很快就使人民群众把新四军与一切旧军队区别开来了，新四军与人民群众的关系很快就亲密起来了。新四军每到一地，就张贴布告："本军奉命东出，誓复国土，深愿与我江南父老昆季共同生死，开展广泛游击战争，予敌打击，影

---

① 见王绍军、张福兴著：《新四军军部》，解放军出版社2005年6月第1版，第62—64页。

② 见合肥市新四军历史研究会编：《新四军第四支队组建与发展》，安徽人民出版社2003年12月第1版，第17—20页。

响战局，保卫东南。"通过联欢座谈、街头演讲、唱歌演戏等形式，广泛宣传共产党的抗日救国十大纲领，揭露日军的残暴罪行，唤起人民群众同仇敌忾的抗日决心；坚决打击危害乡里的"二鬼子""游劫队""游吃队"。新四军进入江南，提出"新四军江南化，江南新四军化"的努力目标，老百姓一改旧观念，提出"好铁要打钉，好男要当兵""吃菜要吃白菜心，当兵要当新四军"的口号，涌现出许多父送子、妻送郎、参军打东洋的动人事迹。①

新四军第四支队进入皖中地区后，派出战地服务团团长程启文、副团长汪道涵率宣传队在行军途中和驻地贴标语、撒传单、唱救亡歌曲、演活报剧，召开军民联欢会等，宣传全民抗日，发动群众组织起来，成立工、农、青、妇等抗敌协会；派张学文、林英坚等协助中共地方组织负责人李世农、桂蓬、曹云露等，建立和发展人民自卫队和游击武装，先后在庐江金牛地区组建了何泽洲大队，在庐江柯家坦、大凹口地区发展了叶雄武游击大队，在巢县柘皋千人桥地区组建了林宗圣游击大队，在潜山王家河组建了王春宴游击大队。1938 年 8 月上旬，支队决定将中共地方组织领导的游击武装统一整编为第二游击纵队，司令员龚同武（后叛变），政治委员曹云露，副司令员张学文，政治部主任桂蓬，辖两个大队，1000 余人，归第四支队指挥。同年 12 月，将第一大队加上张云逸从皖南带来的军特务营的两个连，扩编为江北游击纵队，司令员兼政治委员戴季英。②

新四军在皖南驻地和战区，做了广泛、深入的群众工作，建立了十分密切的军民关系，组织了农抗会、青抗会、妇抗会等群众抗日团

①　见中国新四军和华中抗日根据地研究会编：《新四军的组建与发展》，中共党史出版社 2019 年 5 月第 1 版，第 120—121 页。

②　见中国新四军和华中抗日根据地研究会编：《新四军的组建与发展》，中共党史出版社 2019 年 5 月第 1 版，第 115 页。

体和自卫队、游击队、猎户队、民兵队等组织；1939 年春末，在繁昌县组建了猎户队总队部，共 1000 多人，成为新四军在繁昌地区活动的依托；在铜陵办了三期抗日救亡训练班，培养了一批抗日骨干分子；在配合和支援保卫繁昌和两次反"扫荡"作战中，当地人民群众抬担架、运子弹、护理伤员、送饭送水，作出了重大贡献。① 由于皖南民运工作基础好，在 1941 年 1 月国民党制造的"皖南事变"中，新四军千余名指战员，在地方党和群众的掩护下，分批投奔江北继续革命斗争，成为新四军第七师的重要组成部分；在解放战争时期和渡江战役中，许多地下党组织和群众团体积极帮助支持配合人民解放军，直到皖南解放。② 在南陵，通过民运工作队卓有成效的工作，建立起来的各抗敌协会组织遍布城乡，会员最多时达 3 万～4 万人；各种协会成立后，儿童团担任前哨，自卫队配合协同作战，妇抗会担负做军鞋、缝洗衣服、护理伤病员等工作；自卫队员和青壮年后又纷纷参加新四军，仅三里土塘村就有几十人参军，其中有 7 人在"皖南事变"中壮烈牺牲。南陵三里店一带盛产粮食，每天群众赶几十头毛驴拉粮食送往新四军驻地出卖，减轻了部队向远地购粮的负担；南陵三里区和八都何村还因当时抗日工作开展得好，被誉为"抗日模范区"和"红色中心村"。③ 至今，这些曾经新四军驻地的人民群众拥军优属、拥政爱民氛围蔚然成风，青年人积极参军的热情高涨。

新四军部队开到哪里，民运工作就做到哪里，民运工作队通过多种方式宣传共产党的抗日民族统一战线政策，揭露日军的侵略暴行和

---

① 见中国新四军和华中抗日根据地研究会编：《新四军的组建与发展》，中共党史出版社 2019 年 5 月第 1 版，第 155 页。

② 见中共南陵县委党史办公室编：《南陵党史集萃》，中国展望出版社 1989 年 8 月第 1 版，第 31 页。

③ 见中共芜湖市委党史研究室著：《中国共产党芜湖历史》（第一卷），安徽人民出版社 2008 年 10 月第 1 版，第 318 页。见中共南陵县委党史办公室编：《南陵党史集萃》，中国展望出版社 1989 年 8 月第 1 版，第 27 页。

欺骗宣传，唤起全民抗战热情；在新四军驻地和抗日根据地，提出并推行让租让息或减租减息政策，从经济利益上调动基本群众拥护共产党、新四军和投入抗战的积极性；把驻地和战区的各界群众组织到各种抗日团体中，从支援、配合新四军作战到组织地方武装，参军参战，使新四军的游击战争成为人民战争。①

## （四）广泛开展抗日游击战，歼灭为虎作伥的伪匪，扩大了新四军的影响和军威

新四军军部在土塘期间，四个支队挺进大江南北，第一、二支队开赴苏南，第四支队开进皖中，积极开展对日作战，歼剿危害地方的伪匪。据不完全统计：新四军在敌后开展对日游击战 17 次，毙敌 215 人，毙伤敌 8 人，俘敌 3 人；发起对伪军的作战 10 次，歼灭伪军 203 人，俘伪军 159 人；剿灭 2 支盘踞一方的土匪武装，灭匪 310 人，俘 344 人。共破坏铁路 5 段，公路 2 段，桥梁 13 座；共击毁日军火车 2 列，汽车 10 辆；共缴获军马 7 匹，迫击炮 2 门，步兵炮 1 门，轻重机枪 34 挺，长短枪 878 支；共解救被押群众 330 余人，新四军亦伤亡 43 人。② 这些战斗的胜利，初步打开了苏南、皖中的抗战局面，初创了茅山、皖中抗日根据地，扩大了新四军的影响和声威。

韦岗战斗胜利后，蒋介石致电叶挺："所属粟部，袭击卫岗。斩获颇多，殊堪嘉尚。"③

新四军军部在土塘期间，汉口出版的《大公报》、上海出版的《文汇报》《大美晚报》、广州出版的《救亡日报》多次报道新四军的

---

① 见中国新四军和华中抗日根据地研究会编：《新四军的组建与发展》，中共党史出版社 2019 年 5 月第 1 版，第 162—163 页。

② 系编者对本书第七编"大事记"中所记载的战事统计结果。

③ 见《中国人民解放军历史资料丛书》编审委员会编：《中国人民解放军历史资料丛书·新四军·参考资料(2)》，解放军出版社 1991 年 11 月第 1 版，第 64 页。

战绩。1938 年 7 月 6 日，《大公报》报道新四军夜袭丹阳城摧毁禄口朱门伪政权："我陈支队之一部连日将丹阳、金坛间敌新修之濯缨桥、丹阳南东马厂之东石桥、丹阳之东三桥全部破坏，镇江至溧水之公路扒平，并于一日夜袭丹阳城。敌紧闭城门顽抗，连日不敢出城，恐慌异常，宣布前发良民证无效，须重新登记。我陈支队一部摧毁禄口、朱门伪政权时，该处正征集青年妇女 30 余人，准备即送南京，供寇军蹂躏。当经讯明，一一护送回家。民众抗敌情绪，益加兴奋。"7 月 11日、7 月 19 日、7 月 25 日，《大公报》分别报道了新四军 7 月 6 日的朱门战斗、7 月 10 日的新塘战斗和 7 月 15 日的下蜀战斗经过。7 月 10日、7 月 18 日，《文汇报》报道了新四军挺进苏南与日军接战、新四军挺进江南声势浩大。7 月 19 日，《大美晚报》报道新四军控制宁沪线各村庄："活跃于京沪沿线之新四军，自经长期布置，近来更得各地民团之协助，实力甚为雄厚。日军因兵力单薄，大都在各城厢市镇及车站附近驻扎，故各乡村庄，大部被控制。丹阳、金坛等县，各乡游击队活动颇烈，情形紧张，城内日军已严加戒备，大部分城门已加封闭。"8 月 17 日，《救亡日报》报道了新四军自 1938 年 5 月 12 日至7 月 19 日连续 15 次战斗的概况，除 5 月 12 日的蒋家河口战斗外，其余 14 次都是军部在土塘期间的战斗。[①]

　　新四军军部在土塘期间的抗日游击战争，在国际上也产生了一定影响。苏联柏弗洛夫在《中国抗战一年的总结》中写道："日本在后方和前方，都有很大的困难。去年秋天，《泰晤士报》曾明显地称日本的'占领'是'名义上'的。到现在，这种事实，自然更真确了。就是那个时候，日本的'占领'也只限于主要铁路线两旁的窄狭地带。接近铁路线的广大领土，完全在游击队的手中。他们日益加多并

---

　　① 见《中国人民解放军历史资料丛书》编审委员会编：《中国人民解放军历史资料丛书·新四军·参考资料(1)》，解放军出版社 1992 年 6 月第 1 版，第 44、45、46、47、48、49、50、53 页。

且更有效力地袭击日本的交通线、军事运输、军队的分队和当地的驻军。在目前尤其是如此，在民族解放运动的影响之下的地区——在日军后方的游击区——已经在组织上得到巩固、发展，并且集合了力量。"① 英国记者杰·布鲁斯著《新四军印象记》一文中，引自新四军一位将领提供的材料后写道："那支名震江南的新四军，在成立后的三个月内，据说已经和敌作战过一百多次了"，自 1938 年 5 月 16 日至 9 月 27 日，已经和敌人作战 108 次，毙敌 892 人、伤敌 583 人，新四军伤 88 人、亡 41 人。这些数据，包含了军部在土塘期间的战果和牺牲。②

军部在土塘期间的抗日游击战争，日本方面也有报道。日本驻南京总领事馆警察署高等科于 1938 年 6 月 3 日、6 月 30 日、7 月 4 日、7 月 9 日，分别报告该署署长内藤四郎：新四军在江宁溧水等地"扰乱日军后方，破坏日本军事机关"，"他们把居民集中到各个地点，进行抗日宣传讲演，张贴传单，组织'中国军民联合锄奸抗日团'等各种活动，极为活跃"。7 月 21 日，日本华中派遣军特务部镇江班长向特务机关长报告："六月十七日在卫岗（句容路上的句容、镇江两县交界处），内山部队司令部的一名军官、三名士兵搭乘的轿车遭到袭击；同一天内，当地兵站部的卡车在同一地点受到袭击；此后，丹阳县境新丰车站遭到夜袭"，"7 月 9 日夜间，烧毁镇江、常州之间的桥梁、破坏道路等事件屡有发生"，"我等之行动范围受到限制，结果使各种工作尤其地方治安工作受到了妨碍"。③

新四军军部在南陵土塘期间，各支队迅速实施了战略展开，英勇

---

① 原载苏联《莫斯科新闻》一文中，此为 1938 年 7 月 27 日重庆出版的《新华日报》译文。见〈中国人民解放军历史资料丛书〉编审委员会编：《〈中国人民解放军历史资料丛书〉·新四军·参考资料(1)》，解放军出版社 1992 年 6 月第 1 版，第 51 页。

② 见《中国人民解放军历史资料丛书》编审委员会编：《中国人民解放军历史资料丛书·新四军·参考资料(1)》，解放军出版社 1992 年 6 月第 1 版，第 66—67 页。

③ 见《中国人民解放军历史资料丛书》编审委员会编：《中国人民解放军历史资料丛书·新四军·参考资料(3)》，解放军出版社 1992 年 10 月第 1 版，第 31—36 页。

打击日寇，破坏敌人交通，剪除祸国殃民的伪、匪，在江南和皖中很快打开了局面，扩大了新四军的声威和影响，受到了国际友人和国内外广大爱国人士的广泛关注和高度赞誉，更赢得了广大人民群众的信赖和支持，为创建敌后根据地和华中抗日战争作出了重要贡献。

## （五）新四军各部队东进北上，深入敌后建党护党，迅速推进了地方各级党组织的恢复和发展

项英关于第一、二支队进入敌后的行动原则致陈毅信指出："对于地方党的工作是最基本的工作。这是上次军委扩大会的决定，目前应不放松的建立这一工作。在组织上须采取秘密方式培养地方干部——可在民运科中指定一人负责。"[①] 项英还以东南分局书记的名义，要求新四军各部队积极参与地方党组织的恢复和发展工作。第一、二支队进到苏南和第三支队展开于皖南后，均着手开办训练班，培养发展先进分子入党，建立基层党组织。战地服务团从事民运工作的人员，通过在活动地区积极做群众工作，发展党员，建立党组织。第一支队战地服务团团长吴仲超随陈毅到苏南后，任苏南特委书记。1938年7、8月间，新四军第二支队在苏皖边境的小丹阳、大官圩地区发展党组织，10月成立了中共当芜县委。与此同时，第一、二支队各团也相继派干部到溧水、高淳、广德、郎溪等县发动组织群众，建立溧水工委、溧高县委和广德县工委。[②] 到1939年上半年，在新四军第一、第二支队活动地区创立了3个中共特委、14个中心县委。[③]

---

① 见《中国抗日战争军事史料丛书》编审委员会编：《中国抗日战争军事史料丛书·新四军·文献(1)》，解放军出版社2015年12月第1版，第146页。

② 见《中共中央东南局》编辑组编：《中共中央东南局》(上卷)，中共党史出版社2006年8月第1版，第19—20页。

③ 见中国新四军和华中抗日根据地研究会编：《新四军的组建与发展》，中共党史出版社2019年5月第1版，第158页。

1938年9月，由新四军军部民运部和战地服务团民运科共同组建的南陵县南三区工作委员会决定成立中共南陵县三里区委员会，至同年11月，党员发展到一百五六十人，经南三区工作委员会和皖南特委研究，成立了中共南陵县委。1938年夏，三支队进入南芜宣地区后（司令部驻南陵蒲桥），于1938年12月成立了中共金阁区委，1939年初又在此基础上发展为中共南芜宣县委。1938年12月，三支队司令部移防南陵沙滩脚后，三支队党委又决定成立铜南繁中心县委，辖全铜陵县、繁昌3个区和南陵第4区（工山区），由谭震林代表三支队党委领导中心县委工作，县委的经费也由三支队提供。1939年4月，随着铜南繁地区党员人数的增加，党的基层组织增多，经研究，铜南繁中心县委分为铜陵、繁昌两个县委，后均直属皖南特委领导。①

第四支队东进舒城后，积极支持、帮助中共舒城县委和东西港冲区委的工作。1938年至1939年的两年间，舒城县委先后在司令部、留守处举办了4期党员训练班，对党员进行思想整顿，结业后分配到各地工作。舒城县委还在司令部钝斧庵先后建立了中共东西港冲区、东西港冲中心区委。东西港冲随之成为舒城及皖中、皖西抗战的中心。②

新四军各支队挺进敌后积极帮助地方恢复和建立党组织，地方各级党组织的发展壮大又为新四军提供了充足的兵源、充分的物资、后备的力量、后方的基地，实现了地方党与军队建设的相互发展、一体发展、加速发展。

---

① 见中共芜湖市委党史研究室著：《中国共产党芜湖历史》（第一卷），安徽人民出版社2008年10月第1版，第325、327、328、330、331、332页。

② 见合肥市新四军历史研究会编：《新四军第四支队组建与发展》，安徽人民出版社2003年12月第1版，第23页。

附：新四军组织序列表、南方红军游击队集中
与军部迁移路线要图、各支队挺进敌后战略
要图、军部在土塘机关分布图及军部变迁图

## 新四军组织序列表
### 1938 年 5—8 月

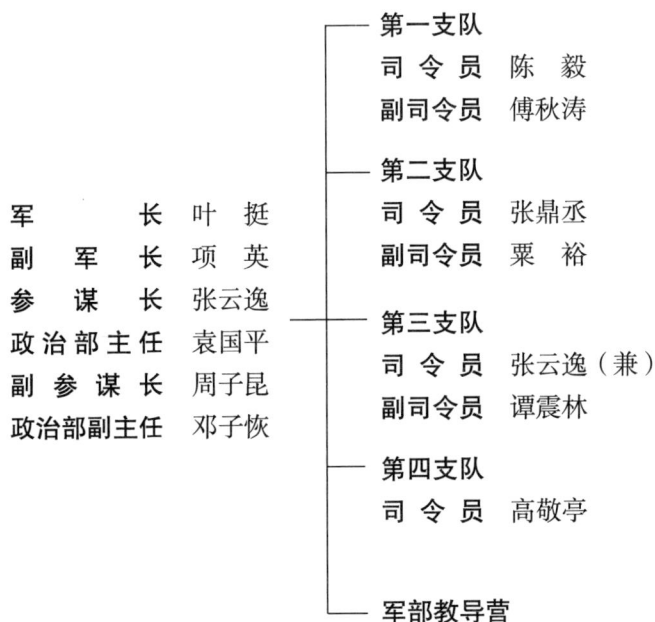

军　　　　长　叶　挺
副　军　　长　项　英
参　谋　　长　张云逸
政治部主任　袁国平
副　参　谋　长　周子昆
政治部副主任　邓子恢

第一支队
司　令　员　陈　毅
副司令员　傅秋涛

第二支队
司　令　员　张鼎丞
副司令员　粟　裕

第三支队
司　令　员　张云逸（兼）
副司令员　谭震林

第四支队
司　令　员　高敬亭

军部教导营

## 第一支队组织序列表
### 1938 年 5—8 月

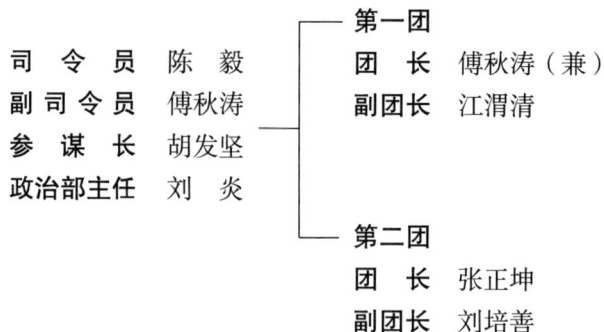

司 令 员 陈 毅
副司令员 傅秋涛
参 谋 长 胡发坚
政治部主任 刘 炎

第一团
团 长 傅秋涛（兼）
副团长 江渭清

第二团
团 长 张正坤
副团长 刘培善

## 第二支队组织序列表
### 1938 年 5—8 月

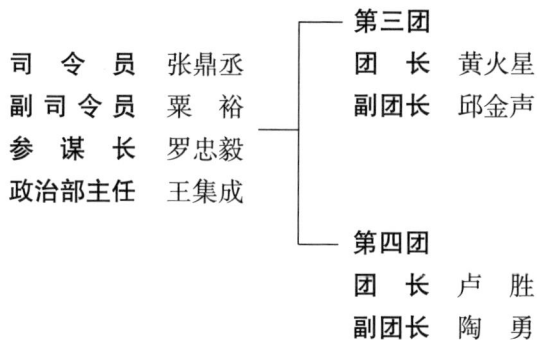

司 令 员 张鼎丞
副司令员 粟 裕
参 谋 长 罗忠毅
政治部主任 王集成

第三团
团 长 黄火星
副团长 邱金声

第四团
团 长 卢 胜
副团长 陶 勇

## 第三支队组织序列表
### 1938 年 5—8 月

|  |  |
|---|---|
| 司　令　员　张云逸 | 第五团 |
| 副 司 令 员　谭震林 | 　　团　长　孙仲德 |
| 参　谋　长　赵凌波 | 　　副团长　曾昭铭 |
| 政治部主任　胡　荣 | 第六团 |
|  | 　　团　长　叶　飞 |
|  | 　　副团长　吴　焜 |

## 第四支队组织序列表
### 1938 年 5—8 月①

|  |  |
|---|---|
|  | 第七团 |
|  | 　　团　　长　杨克志 |
|  | 　　政治委员　曹玉福 |
|  | 第八团 |
| 司　令　员　高敬亭 | 　　团　　长　周骏鸣 |
| 参　谋　长　林维先 | 　　政治委员　林　恺 |
| 政治部主任　萧望东 | 第九团 |
|  | 　　团　　长　顾士多 |
|  | 　　政治委员　高志荣 |
|  | 手枪团 |
|  | 　　团　　长　詹化雨 |
|  | 　　政治委员　汪少川 |

---

①　1938 年 7 月,新四军第四支队决定撤销第九团番号,将其第一营编入支队特务营,另一部编入第七团。12 月,第四支队将第七团一部和地方武装合编,恢复第九团番号。见中国新四军和华中抗日根据地编:《新四军组织沿革》,解放军出版社 2015 年 9 月版,第 343 页。第九团番号撤销后,顾士多改任第七团副团长,高志荣后任东北流亡抗日挺进纵队政治部主任。

## 南方红军游击队集中和军部迁移路线要图
## 1938年2—4月

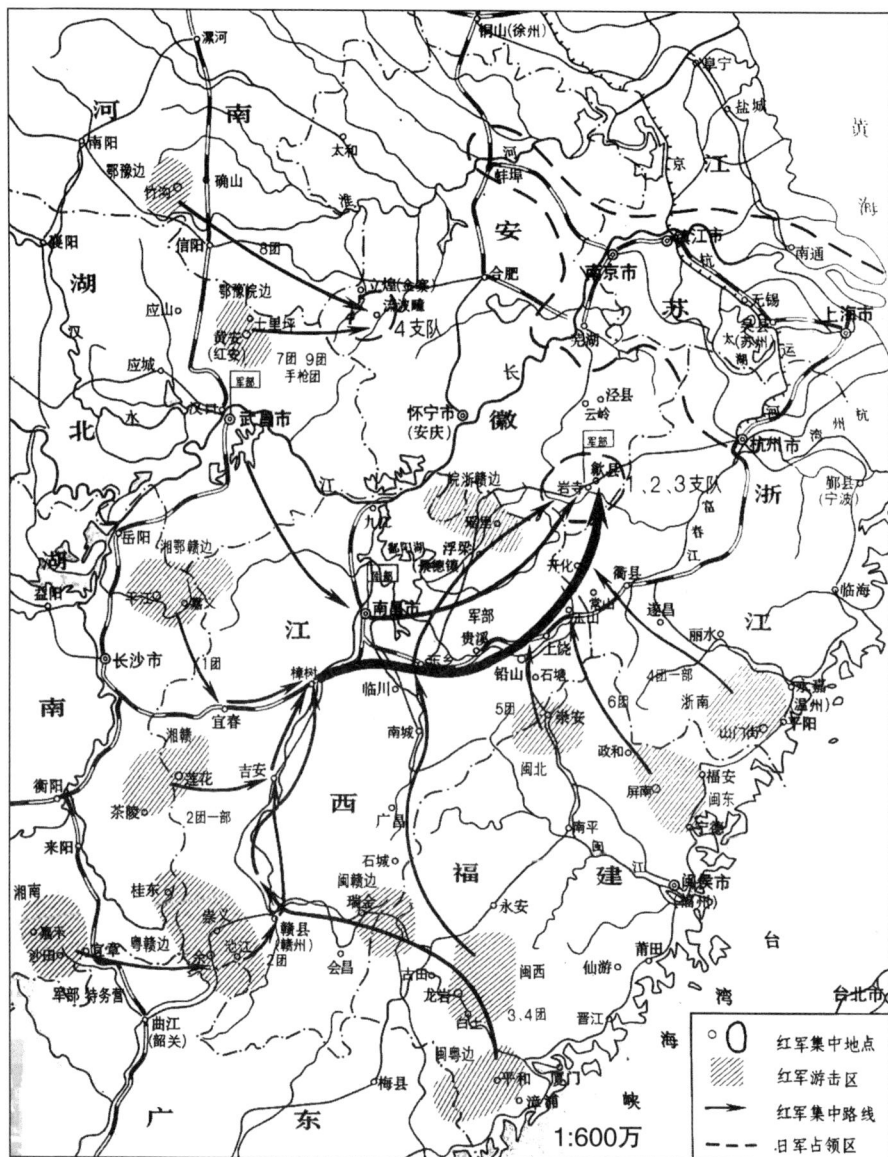

1:600万

| | 红军集中地点 |
| --- | --- |
| | 红军游击区 |
| | 红军集中路线 |
| | 日军占领区 |

# 新四军第一、第二支队
## 进军苏南敌后和向东向北发展要图
## 1938年6月—1939年12月

1:250万

## 新四军第三支队坚持皖南抗战态势图
### 1938年7月—1941年1月

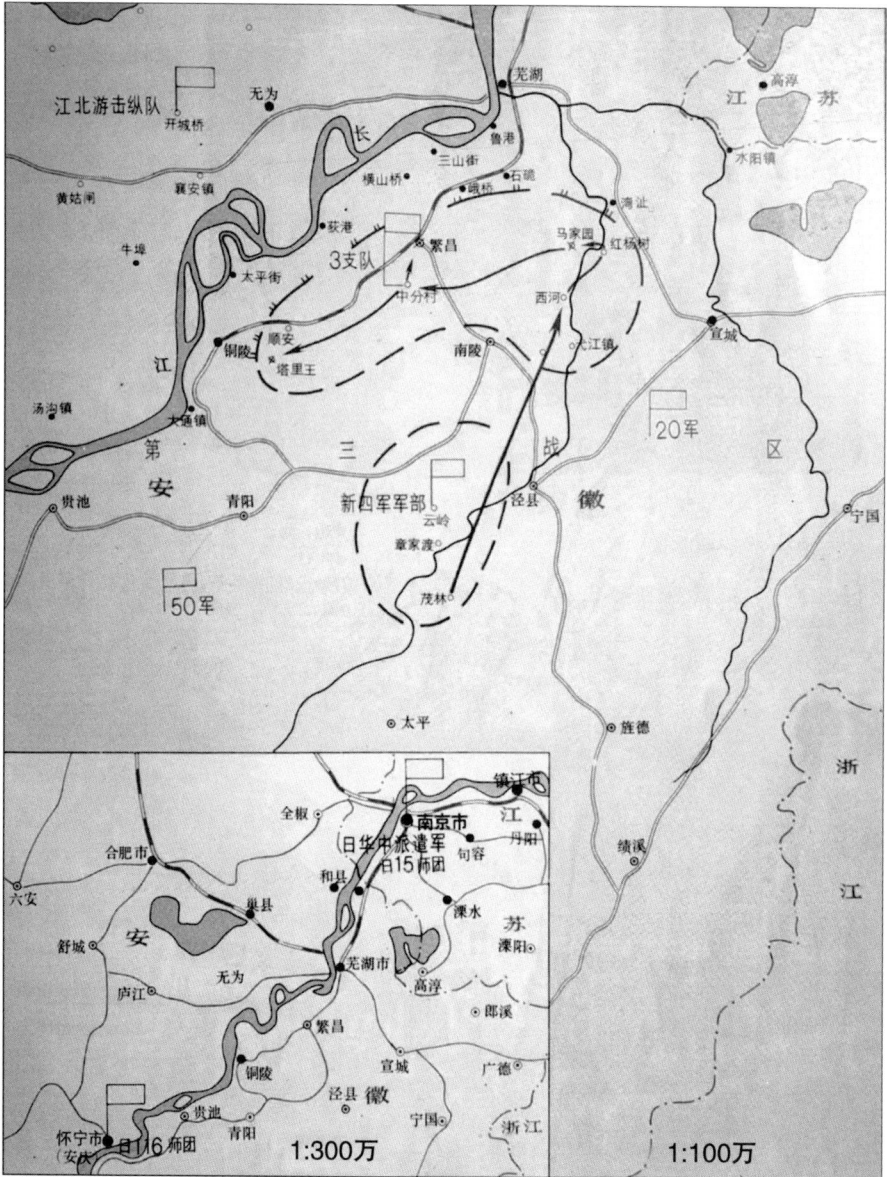

新四军第四、第五支队进军皖中、皖东要图
1938年3月—1940年3月

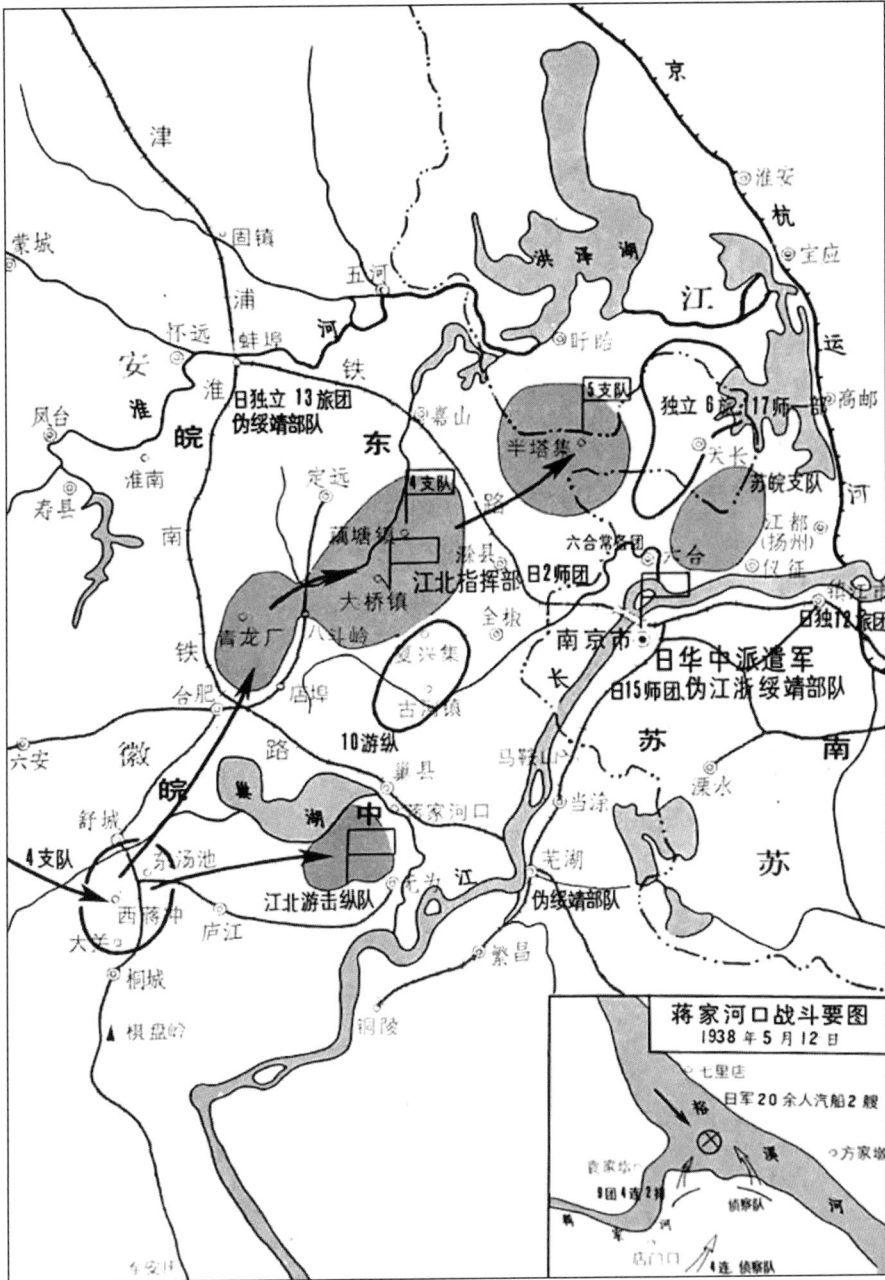

## 新四军军部机关分布图
## 1938年5月26日—8月2日

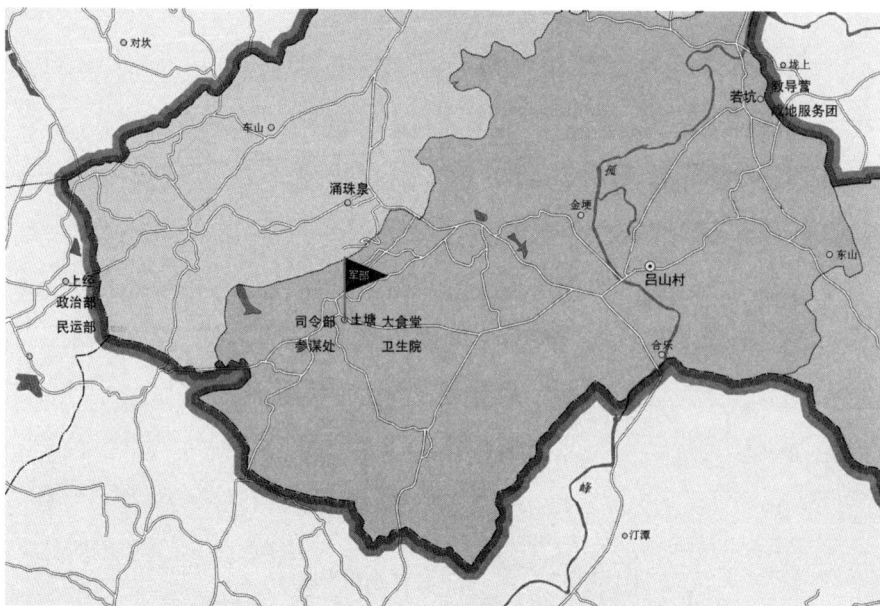

该图依据2021年1月南陵县民政局、合肥市测绘设计院编制的《三里镇地图》修编，比例尺寸1：28000

# 军部变迁图

## 武 汉
### （1937年12月25日—1938年1月4日）

武汉新四军军部位于今武汉市汉口胜利街332—352号。1937年12月25日，叶挺、项英在当时日本租界的大和街26号召开新四军军部大会，分析抗战形势，总结了上海和南京失陷前的工作和任务，研究当前失陷地区的工作，标志着国民革命军新编第四军在武汉正式成立。在此期间，叶挺、项英向国民党和共产党中央从延安来的高级领导干部，协商沟通，接待、调配了新四军军部各处、科干部，有效地解决了新四军各支队集中整编、干部任命、隶属关系和后勤给养等问题。

## 南 昌
### （1938年1月6日—1938年4月4日）

南昌新四军军部位于今南昌市友竹花园一8号内。1938年1月6日，项英、张云逸、周子昆等到达南昌与陈毅等人会合，即在南昌市三眼井高升巷张勋公馆，以新四军驻南京办事处又正式对外办公。在此期间，叶挺、项英等按照党中央指示，首先建立了军部的领导机构，健全了新四军军部内部的编组、司令部建立参谋处、军法处、副官处、军医处、秘书处、政治部建立组织部、敌工部、民运部，并开始工作。同时还向延派人员赴各地传达中央指示、动员，指导红军游击队集中安编。

## 岩 寺
### （1938年4月5日—1938年5月5日）

岩寺新四军军部位于今安徽省黄山市徽州区岩寺镇。1938年2月，中共中央和新四军军部决定，在江西、福建、广东、湖南、湖北、浙江、安徽等8省14个地区坚持三年游击战争的红军游击队，迅速集中到皖南歙县岩寺集中，改编为第四军。4月5日，新四军军部移驻岩寺，设在金家大屋。在此期间，新四军整编为4个支队，共10329人。随后组织先遣队北上抗日。5月4日，毛泽东致电项英，"在侦察部队出动若干天之后，主力就可准备展开，在茅山地区创造根据地，然后分兵一部东进，再分一部分渡江入江北地区，向天平县转移。" 5日，新四军军部离开岩寺，向天平县转移。

## 云 岭
### （1938年8月2日—1941年1月4日）

云岭新四军军部位于安徽省泾县罗里村。1938年8月2日，叶挺率新四军军部机关进驻云岭地区，中共中央东南分局也驻云岭。在此期间，新四军召开了第二次政治工作会议和第二次参谋长会议，以及第一次党代表大会，成立了新四军江北指挥部和新四军江南指挥部。1939年2月23日周恩来到达云岭，代表中共中央向新四军和中共中央东南分传达中共六中（扩大）会议精神及向敌后发展的方针。新四军在云岭时期，新四军由向1万余人发展到10万余人。1940年10月19日，国民政府军事委员会正副参谋长"何应钦、白崇禧发出"皓电"，掀起第二次反共高潮。12月下旬，国民党顽固派调集8万余人，包围皖南新四军军部。"皖南事变"后，在江苏盐城重建新四军军部。

## 土 塘
### （1938年5月26日—1938年8月2日）

土塘新四军军部位于安徽省南陵县南部，新四军军部机关进驻南陵县土塘村。在此期间，新四军于5月5日离开岩寺，途经太平县麻村，于26日进驻南陵县土塘村。在此期间，新四军确定了新四军的战略方针，迅速在大江南北实施战略展开，积极挺进敌后开展抗日游击战争，首次发布《敌军工作纲要》，参谋工作会议；开展新四军政治和抗日救亡工作；陈毅在苏南成功创立了江南地区第一个抗日民主政权——句容县抗敌总会。军部在土塘68天，限流开展一战线性质的政权性组织，在敌后对日寇游击作战17次，毙敌215人，伤敌8人，俘敌3人；发起对伪军的战斗10次，歼灭伪军203人，伪军159人，俘344人。皖中称第一方位土匪武装、歼匪310人。

▶ 新四军军部在土塘

## 盐城
（1941年1月25日—1943年1月10日）

盐城新四军军部位于今江苏省盐城市建军西路126号。原为泰山庙。"皖南事变"后，中共中央军委于1941年1月20日宣布重建新四军军部，任命陈毅代军长，刘少奇为政治委员。同年1月25日在盐城正式成立新四军军部。为便于指挥反击日伪军的夏季大"扫荡"，新四军军部撤出盐城，先后移驻左家庄（今江苏省建湖县建湖镇）、刘家舍（今江苏省阜宁县南部）、单家港（今江苏省阜宁县陈集镇西南13公里处）、停翅港（今江苏省阜宁县陈集镇西南17公里处）。单家港（今江苏省阜宁县陈集镇西北20公里处，改称单家港）。1942年3月20日重驻停翅港，12月25日撤离。在此期间。1941年12月8日，太平洋战争爆发，由饶漱石代理华中局书记和新四军政治委员。

## 黄花塘
（1943年1月10日—1945年2月28日）

黄花塘新四军军部位于江苏省盱眙县城东南黄花塘。在1941年重建新四军部时，黄花塘是新四军第二师师部。1943年1月10日，华中局和新四军军部根据抗日斗争的需要，转移至此。在此期间，新四军军部领全军开展了整风、大生产，军政大整训，发展和巩固了对华中重镇武汉的战略包围，豫鄂边区发展成为新四军第五师的战略区。豫、皖、苏、湘、鄂边区发展成为战略区。1945年1月27日，王首道等率八路军第三五九旅南下支队与新四军第五师会合。

## 千棵柳
（1945年2月28日—1945年9月19日）

千棵柳新四军军部位于江苏省盱眙县东约50公里处。1945年2月28日新四军军部从黄花塘移驻千棵柳。4月10日迁至淮南津浦路西的大赵庄。24日再度移驻千棵柳。在此期间，新四军军部指挥所属各部从局部反攻转向全面反攻，发展和创建了苏浙皖边和湘鄂赣边抗日根据地，解放区向进一步扩大和巩固，直至取得抗日战争的最后胜利。

## 淮阴
（1945年9月21日—1945年10月28日）

淮阴新四军军部位于江苏省淮阴市。1945年9月6日，新四军第三师第十旅解放淮阴县城后，设立清江市。同月21日，中共中央华中局和新四军军部移驻清江市。在此期间，中共中央发出军令向北发展，向南防御的战略方针部署。要求新四军：抽调部队参加发展东北；主力开赴山东；浙江、苏南、皖南各部队主力北撤返江北。同时，山东分局与华中局分为华东局，陈毅、饶漱石到山东工作。后由国民党军大举进攻，中共中央华中局和新四军军部分批撤出后，移驻山东临沂。

## 临沂
（1945年12月2日—1947年1月21日）

临沂新四军军部位于山东省临沂市。1945年12月28日，在淮阴的中共中央华中局、新四军军部机关大分批北移，到达山东临沂后，与留下的山东分局、山东军区机关干部，合并组成中共中央华东局，新四军军部兼山东军区突围，成功发起了津浦、陇海、胶济等战役，大量消灭了国民党军有生力量。1947年1月21日，新四军兼山东军区和华中军区合编为华东军区，山东野战军和华中野战军合编为华东野战军，新四军番号至此撤销。

# 第二编　历史文献

　　本编为历史文献。收集了新四军军部在土塘期间来往的 13 份电报、1 份信件、1 份言论、1 份报告、1 份论文、1 份总结、3 份战斗详报。同时，为了突出反映新四军在南陵这块红色土地上对日作战，本编还采集了新四军皖南部队开展的马家园、父子岭、何家湾、纪家岭、汪家桥和前期主战场在南陵的皖南第二次反"扫荡"战斗。这些珍贵的电、文，全面客观地还原了在党中央毛泽东等同志领导和指示下，新四军军部在土塘期间的重大决策部署、重要会议以及新四军第一、二、三支队的战略展开；这些发生在南陵的重要对日战斗，狠狠打击了日寇的猖獗气焰，捍卫了军部，保卫了皖南。

# 毛泽东：关于新四军应放手向敌后发展致项英电①

## （1938 年 6 月 2 日）

项英同志：

支电②悉。

一、顾祝同较开明，望与好好联络。

二、地区扩大已不患无回旋余地，望根据战争的实际经验，凡敌后一切无友军地区，我军均可派队活动。不但太湖以北、吴淞江以西广大地区，即长江以北到将来力能顾及时，亦应准备派出一小支队。

三、敌之总目标在进攻武汉，你们可放手在敌后活动。

四、枪支可由地方与敌人大批取得，不必多花钱远处购买。

五、加紧教导队训练，扩充名额，以备扩大部队之用。

六、赖传珠③可任副旅长或旅政委或暂令训练教导队，望考虑。

七、电台员正令三局设法。

八、汉口来件已到。

毛二日

---

① 见《中国抗日战争军事史料丛书》编审委员会著：《中国抗日战争军事史料丛书·新四军·文献(1)》，解放军出版社 2015 年 12 月版，第 118 页。

② 支电，指项英 5 月 4 日关于一支队正向溧水、天王寺前进及与顾祝同谈判结果致毛泽东并陈绍禹、周恩来、曾山、黄道电。

③ 赖传珠，时任新四军司令部参谋处处长。

# 项英：关于第一支队已开进敌区及与顾祝同会谈情况致毛泽东等电①

## （1938 年 6 月 4 日）②

毛主席并告陈、周、曾、黄③：

我一支全部已入敌区，正向溧水、天王寺方向前进。二日，我与云逸会见顾祝同，谈话结果尚好。对于我活动地区已较前划大，主〔丹〕阳湖至当涂、芜湖一带和溧水、天王寺之东钰岱④、武进、江阴一带均划归本军，并将荡汾附近至东比渡⑤之交通线及其以西地区，经交涉后亦划给我们。同时，允许我军在宣城以东选择一条交通路线。对于我军任务，顾指定主要破坏京沪、京芜铁路和钳制敌人，吸引其兵力于各据点，团结民众为主要，不必攻打据点。现顾已将原孔荷宠⑥所组织之游击队，明令原十一师长萧文为司令（许多叛徒已去职），指挥高淳、乌溪、溧阳与宜兴一带之游击队。最后表示，其大

① 见《中国抗日战争军事史料丛书》编审委员会著：《中国抗日战争军事史料丛书·新四军·文献(1)》，解放军出版社 2015 年 12 月版，第 119 页。

② 档案中注有 1938 年 5 月 4 日，现月份是编者考订的。

③ 指陈绍禹、周恩来、曾山、黄道。

④ 钰岱，为金坛之误。

⑤ 原文如此。

⑥ 孔荷宠，1930 年 6 月任工农红军第三军团第十六军军长，后叛变投靠国民党。当时是国民革命军第十九集团军游击指挥部总指挥。

意是非常激愤，致不足战胜日寇。希望此间能如中央双方首脑一样共同努力，许多问题不必到中央解决，他可协商讨论，并要我们经常与他建立关系或通讯。（未完）

项

四日

# 陈绍禹、周恩来、秦邦宪、叶剑英：关于叶挺要求组织新四军委员会致毛泽东等电[①]

## （1938 年 6 月 7 日）

毛、洛[②]：

甲、叶挺来汉，经费增加，情绪甚好。要求在新四军组织一个委员会，以便共同商议处理一切军政问题。

乙、拟组织（即外间知道亦不要紧）新四军委员会，人选以叶、项[③]、陈毅、张云逸、周子昆、袁国平、邓子恢或张鼎丞七人组织之，项为主席，叶副。如何，盼复。

陈、周、博、叶

七日

---

① 见《中国抗日战争军事史料丛书》编审委员会著：《中国抗日战争军事史料丛书·新四军·文献(1)》，解放军出版社 2015 年 12 月版，第 120 页。

② 指毛泽东、洛甫（张闻天）。

③ 叶、项，指叶挺、项英。

# 毛泽东、张闻天：同意
# 组织新四军委员会致陈绍禹等电<sup>①</sup>

## （1938 年 6 月 9 日）

陈、周、博、叶并告项<sup>②</sup>：

同意组织新四军委员会，以项、叶、陈、张、周、袁<sup>③</sup>为委员，项为主任，叶为副之。

毛、洛

九日

---

① 见《中国抗日战争军事史料丛书》编审委员会著：《中国抗日战争军事史料丛书·新四军·文献(1)》，解放军出版社 2015 年 12 月版，第 121 页。

② 指陈绍禹、周恩来、博古(秦邦宪)、叶剑英、项英。

③ 项、叶、陈、张、周、袁，指项英、叶挺、陈毅、张云逸、周子昆、袁国平。

# 彭雪枫：对河南省在我党领导下的武装力量情况和发展该省工作意见[①]

（1938 年 6 月 9 日滕代远转报前总）

1. 开封失守后，豫东、豫西各地官绅大部组织所谓武装逃难，纷纷搬家，绅民中之先进者及脱离军职之在乡军人等，自动组织武装打游击，其人枪数千不等，纷纷来联络要求派人指导，以图揭竿而起、待机而动，现豫之客观形势极端利于发展。

2. 现在豫党领导下之武装力量。

（1）豫东西华统战一般成功及继续开展使其邻县群众能迅速组织和武装起来，西华有枪齐全，并配有机炮，在党领导下三千人。全县民众均已分别组织少先队、儿童团、老少指导团、妇女姐妹团等，坚壁清野很好，各种工作略同边区规模。该县四个区长三个是同志，一区长及县长均同情我们。曾任西北军某职之魏凤楼现任该县区长，近来关系密切，于最近入党。杞县有我党武装千名，淮阳百余，柘城、商丘、永城、夏邑均有我党领导下之武装百至千余不等。

（2）苏鲁边以枣庄矿工为基干之游击队，现已扩大到千人。在抱犊崮一带丰、沛、肖、砀四县每县有武装四百。

---

① 见中国新四军和华中抗日根据地研究会新四军图书馆馆藏资料，南京军区司令部战史编辑室编：《抗日战争新四军电报汇集》第 4 册，第 648—649 页。

（3）豫西二十区确、泌、信、桐交界地区原为我游击区，能集中武装数百。某地有武装三千，党能相当把握。遂平有武装数百，午阳青救会约三千均在党的领导下。

（4）豫西各地很好，民间枪支数百，基础最好，约有同志两千。江北之四支队除高敬亭部外，某某之八团已发展到千五百人，现在皖西桐、舒一带游击，第八团留守处共武装二连，近由某领回轻机枪六挺、子弹四万发。

3. 统战工作在豫（南）省开展。程潜、李世璋、戴民权、孙殿英、何基沣及各区行政专员均与我有联系，豫西之别廷芳在南阳镇平、内乡、淅川（为我于陇海路断后入陕大道），有武装近十万，已派代表与之见面，别表示只有共产党不逃，将来只有共产党天下去配合作战。

4. 我们工作意见。

（1）日内派三连由肖望东率赴豫东部队，配合西华游击队行动，发展游击战，扩大自己，收集此次大军遗弃枪支，扩大政治影响。

（2）续办第二期教导队三至四百人，并扩大此间部队至两营。

（3）我们现正谋由确、信、泌、桐交界区域向南发展，以恢复过去襄、枣、宜游击区。向西发展以求开展豫陕边工作。

（4）决在豫西北、豫西、豫西南各山地造成许多游击基点。

一、可支持豫东游击运动。

二、保障洛潼。

三、可打击新由南阳、新野（方面）直下襄樊迂回武汉，企图成为华中一个最后堡垒。

5. 目前缺乏干部，望毛、洛应派抗大毕业生二三百来。

6. 黄河改道。老道河底颇高，要将有增加，使冀晋鲁三省游击运动的发展，不受黄河隔绝而得到很好联系与配合豫东工作有力（效）

帮助。估计在坚持统战工作与组织武装群众及发动广大游击运动方针下，我们可能与河南各级军政当局建立某种形式军政联合的统战形式，配合开展游击运动。

7. 望对工作部署指示，将一年来抗战及晋察冀壮大的经验教训简略电告。

8. 我驻确山西之竹沟镇省委亦移来。

# 政治部：关于利用"七一""七七"纪念日扩大我党我军宣传并检查工作的训令①

（1938 年 6 月 12 日）

新四军及后方各留守兵团山东彭雪枫：

训令：

一、决定七月一号至七月七号在前后方均举行盛大宣传纪念周，纪念抗战一周年及中共成立十七周年。

二、纪念周及纪念周的中心工作是：

（一）检查抗战一年来在军事、政治各方面所获的成绩和经验教训。

（二）扩大宣传党的抗日民族统一战线主张，提高八路军、新四军在全国范围内的影响。

（三）领导并责成各级党部检查党组织的发展，新旧党员的教育及党的领导作用，提高党在部队中的威信。

（四）加紧在部队中、居民中对敌军的宣传煽动，健全各级敌军工作，坚决完成当前战斗任务，以配合全国友军保卫武汉，保卫西南、东南，保卫西北，坚持敌占区的游击战争。为此，必须立刻准备及进

---

① 见中国新四军和华中抗日根据地研究会新四军图书馆馆藏资料，南京军区司令部战史编辑室编：《抗日战争新四军电报汇集》第 3 册，第 10—11 页。

行如下工作：

（1）立即进行各方面工作的检阅，协同军事首长定出军事政治的检阅计划，在政治工作、党的工作方面应着重于一年来部队工作的进步与经验教训，动员组织与武装民众的成绩和经验，对敌伪军工作的成绩及新的经验等。

（2）在干部及战士中均应普遍地研究讨论党对抗日民族统一战线与争取持久抗战胜利的主张办法及一年来的经验教训，毛主席近著《论持久战》一书是干部研究的重要材料，本部准备编印一战士教材及出版前线画报，在未接到前可根据最近党的报纸、文件等进行。

三、纪念周工作：

（1）召开军民纪念大会。在可能时请共产党代表公开讲话。

（2）在会中举行对阵亡将士的追悼及通过慰问电文、写信或派代表慰问抗日将士家属及检查优待条例的执行。

（3）依据中共十七周年纪念讨论大纲，在党内广泛地进行讨论，并在党的代表大会上或党员大会上作关于各兵团党的工作总结报告。

（4）收集胜利品及战地各种影片，在部队及农村中去展览，并将照片寄延安总队。

（5）各报纸均出纪念刊。

四、执行情形望告。

政治部

六月十二日

# 项英：关于第一、二、三支队部署与任务
# 致毛泽东等电<sup>①</sup>

（1938 年 6 月 15 日）<sup>②</sup>

毛主席并告陈、周、曾、陈<sup>③</sup>：

一、陈支队与粟先遣队<sup>④</sup>已在溧水之剧新桥会合。为执行顾<sup>⑤</sup>令，粟已带四个连北进到镇江至龙泽〔潭〕间破坏铁道并建立基点。陈及刘英〔炎〕<sup>⑥</sup>已各带两个连到达茅山山脉一带活动并侦察情形，以便建立根据地。

二、我们总的布置如下：

（一）以南京经秣陵关至溧水县之东北地区属于第一支队，西南地区属于第二支队。

（二）一支队以一个营依托龙泽〔潭〕、镇江与句容之间山地为基点；以一个营位置于丹阳之东的山地为□□□□，破坏铁路，争取群

---

① 见《中国抗日战争军事史料丛书》编审委员会著：《中国抗日战争军事史料丛书·新四军·文献(1)》，解放军出版社 2015 年 12 月版，第 129—131 页。

② 档案中注有 1938 年 5 月 15 日，现月份是编者考订的。

③ 指陈绍禹、周恩来、曾山、陈毅。

④ 陈支队，指以陈毅任司令员的新四军第一支队；粟先遣队，指粟裕率领的由第一、二、三支队部分团以下干部和侦察连组成的侦察分队。

⑤ 顾，指顾祝同。

⑥ 刘炎，时任新四军第一支队政治部主任。

众；另一个营进至武进与江阴之间的地区，破坏交通，主要争取群众，逐渐向无锡、常州一带活动；主力布置于茅山山脉及溧水、天王寺以南的山地建立根据地，派遣三个小游击队向句容、溧水、南京之线游击，破坏、侦察与争取群众。

（三）二支队先以主力（约四个营实际不到三个营）向当涂之东小丹阳两侧山地为根据〔地〕，向南京至当涂铁路进行破坏和争取群众；另以一部到芜湖、当涂以东至丹阳之间的河网地区活动，争取群众（此地区人口有二十万以上，产米最先）；二支队另两个营暂留南陵，整理待机。

（四）三支队以一个营制〔到〕湾沚至宣城汽〔公〕路两侧活动，争取群众，保持前后方的交通联络。

（五）军党〔部〕及三支队（以一营）位置于南陵至泾县间山地整训队伍，以大力争取这一带群众，准备以太平（不含）与泾县、青阳、南陵之间山地为根据地，后方已移至这一区域内。如敌前进，即可依据这一地区在敌人翼侧活动，并在某种情况下，即可派一部队伍到天支〔目〕山脉和仙霞山脉发展游击战争。

（六）如战况一时无大变化，准备组织野战司令部，到茫如①一带指挥一、二支队，由我去任指挥。

三、考虑蔡派一个师（七团）分向镇江、丹阳、宜兴一带挺进，以溧阳南之戴埠、张渚为基点；由韩德勤派三十三师由泰照〔兴〕、六十〔圩〕渡江，准备以茅山为基点，向镇江挺进（尚未到）。据此情形，各系部队混处一地，又未统一指挥，我们除从政治上取得共同行动，在军事上力求与他们配合，并用建议的方式力争他们在我们影响之下开展游击战争和运动战，以给江南敌人的大打击，来配合各战

---

① 茫如,为茅麓之误。

线而保卫武汉。

四、为了开展群众工作，是此基本的条件，已责成各部［按］以上进行。

五、目前江南一带"游击队"各自为［政］，扰民、宰民、互火并，各经顾令，一部调回，一部加以整训，但伊等未能遵行。我们这方面报告顾，请求指示和解决办法，主要是从政治上争取下层及较进步的领袖，在我们领导之下驱逐上层坏分子，以便进行改造。这一工作如能做好，即可争取大量的部队在我们领导之下，否则，要增加我们活动和发展的困难。

六、目前，我们主要是对民众武装扶植和发展，由政治上的争取进到派干部去领导，特别是争取天王寺的地郊区之广大数量的大刀会（约一两万人转变为抗日的民众武装），而不求急扩大本身作战的任务，以积极做群众工作和发展党，以各级政治部、处负责。

以上，请军委指示并提出意见。

项英

十五日

# 项英：新四军的昨天和今天①

## (1938 年 6 月 15 日)

## 一、散布在七个省区的红军游击队

### （一）朱毛主力离开江西以后

要说明新四军的诞生和成长，必须追说到一九三四年冬天，江西主力红军朱毛的突围、西进和北上到陕北苏区。那时已经到一九三五年的冬天，整整一个年头。而在江西则留下一个独立师，几个独立团，组织成立中央军区，由项英同志负责。在这个区域中，坚持了三个整年的游击战争，保存了革命的力量。但因为进攻力量的强大，不得不把师团的组织分散开来，变成几个独立的指挥单位。一部分在闽西之龙、汀②一带，由张鼎丞、邓子恢、谭震林、方方各同志来领导。一部分留在赣南的大庾、南雄、三南一带，由项英、陈毅自领之。一部分到闽赣边之崇安一带，由黄道、曾镜冰两同志负责。这三个部分形成这个区域的中心力量。围绕这个中心，尚有其他小游击队的存在和

---

① 见《中国抗日战争军事史料丛书》编审委员会著：《中国抗日战争军事史料丛书·新四军·文献(1)》，解放军出版社 2015 年 12 月版，第 122—131 页。

② 龙、汀，指福建省的龙岩县、长汀县。

活动（如汀州、瑞金游队，上犹、崇义、桂东之游队）。

这是江西苏区在朱毛主力出动后的游击武装情况。

## （二）两个军团的后代

我们记得在一九三四年春天，江西红军曾派一个军团（第七军团）组成抗日先遣队，由江西经福建（曾袭击福州一次）转到浙江（江山、常山一带），又到皖南（徽州、太平、泾县一带）。虽然后来在浙赣边失败，但是由于他的英勇的行动和抗日的号召，浙赣边、浙皖边以及浙江东部（平阳、温州）各地，建立起游击队来，继续斗争，散播了抗日的影响，确立了革命的堡垒。还有在福州事变①时，在福建东部沿海各县农民暴动成立的一个游击区。

红军不是还有第六军团的萧克吗？自从他的主力与贺龙（第二方面军）同志会合后，在湖南的平江、浏阳，在江西永新、莲花，两个地方也都留下了游击队的种子，不断地活动。而在湖南的耒阳、郴州两处，另自还有两支小游击队。

## （三）红四方面军的留守部队

红四方面军是在一九三二年离开鄂豫皖苏区的，到了陕川边，建立了苏区，后来与朱毛红军在川康边会合北上到陕北去了。其留在鄂豫皖苏区的，有一部分由徐海东同志率领，转战于豫陕间，亦先到陕北苏区与刘志丹同志部分会合了。就只在湖北黄安、河南信阳两处保留下两个游击队，由高敬亭、周俊明〔骏鸣〕两同志领导之。

---

① 福州事变，是指 1932 年"一·二八"事变后，在上海抗击日军的国民革命军第十九路军被蒋介石调到福建进行反共内战，在中国共产党抗日主张的影响和广大官兵推动下，十九路军将领蒋光鼐、蔡廷锴等人认识到同红军作战没有出路，1933 年 10 月，同红军签订《抗日反蒋初步协定》；11 月，他们又拥戴李济深为领袖，在福建成立"中华共和国人民革命政府"，公开宣布反蒋；1934 年 1 月，在蒋介石的优势兵力攻击下失败。

从上面的概略说明，你去翻开地图来就会看见，这些红军游击队散播的区域是很广大的。1. 湖南是平江、浏阳，耒阳，郴州、桂东、桂阳三点。2. 河南是信阳、确山一带。3. 湖北是黄安（以七里坪为中心）一带。4. 江西是永新、莲花，上犹、大庾、崇义、定南、虔南①、龙南（即所谓"三南"），景德镇，瑞金，铅山、上饶，都昌，铜鼓、万载七个地区。5. 安徽是祁门、婺源②及皖北之小〔六〕安、立煌一带。6. 福建是崇安、浦城，长汀、龙岩，连城、汀州，福鼎、福安，屏南、古田五个地区。7. 浙江是干〔平〕阳、温州、广〔庆〕元一带。

活动的区域虽然小，游击队的力量也不大，但是散布的面积是极其广泛的，有七个省区。

## 二、进攻，进攻，谈判与和平

继续五次"围剿"的进攻，一切力量从中央军队到地方保安队、民团，对于散播在这七个省区的游击队是并没有放松过。这个时期从朱毛主力红军离开江西（一九三四年冬）算起来到西安事变（一九三六年）为止。自然，陕北红军主力以更大努力进行了抗日民族统一战线，但是中央军的"围剿"并未停止，而特殊的在东北军中幵始发生了统一战线的运动。南方七省的游击队，在这两年（一九三四——一九三六年）当中同样遭受"围剿"的困苦，然而是以更新更灵活的游击战争的方式，坚持了南方革命的堡垒。不管这些游击战争的活动是如何微小，不能影响整个国内战争的局面，然而这些据点成为我们今天的朋友的心腹之患，以拔之而后快。但并未拔得了。

---

① 虔南，即江西省虔南县，1958 年改称全南县。
② 婺源县，今属江西省。

　　由于抗日民族统一战线的开展，由于东北军的对内战的动摇，由于日本帝国主义疯狂地进攻，由于全国抗日运动的发展，在一九三六年十二月十二日爆发震动和改变整个中国政治生活的西安事变。和平的结果使陕北红军主力也与中央军取消了敌对行动而入于休战状况。但从这时候一直到卢沟桥事变（一九三七年七月七日）为止的半年时期，成为南方游击队更困难的时期，即是说虽然国民党军事当局和陕北红军进入和平谈判的状态，而对于和陕北红军在政治上一致的南方红军却采取更加猛烈"围剿"，企图在短时期内完全加以消灭。这样可以：1. 孤立陕北的主力红军。2. 消除在南方的革命武装。3. 消除在南京当局所认为"心腹之害"。虽然七个省区的谈判和和平运动，我们可以说第二个时期，一直到新四军的正式成立为止。当其在进行和平谈判的最初时候，是个别的游击武装与个别的省、县地方政府谈判。因此，在条件内容上不能一致，而主要的能表现在省、县地方政府是没有什么诚意，而是改变一个形式，即是从战争的形式，改用表面和平而胜利以求正式的突然的进攻手段，中心还是来消灭这些力量。譬如，在福建的何鸣部队、刘突军部队被缴械，河南周俊〔骏〕鸣部队、江西钟德胜部队被袭击，这些都是在部队已经编整后出以阴谋的处置。这种现象一直延至新四军成立后仍然继续发生，如闽中游击队的缴械①等。

　　个别的谈判，结果仍然分住在七个省区，为南京军事当局所不顾〔愿〕的，必须把这些"钉子"拔出去。同时，中国共产党亦有把这些队伍集合来参加抗日战斗的愿望，于是新四军的成立的运动，才在南京提出来，这时已到一九三七年的十一月。

---

　　①　闽中红军游击队的缴械，是指 1938 年 3 月 10 日，国民党军第八十师旅长钱东亮密令莆田驻军将中共闽中工委书记、红军游击队负责人刘突军等五人逮捕并秘密杀害。11 日，钱东亮又派该旅参谋长率领三四百名武装人员袭击泉州承天寺，把已集中的 160 多名闽中红军游击队员包围缴械。后经中国共产党多方交涉，国民党被迫释放了被捕人员，归还了被缴枪支。

## 三、编队、集中与其困难

新四军成立的问题被提出来后，中国共产党的主要条件是以新四军参加东南战线，不北调。至于队伍则在军之下成立两个师（每师两个旅），虽然折冲结果行动地区是在江南（原来国民党军事当局是要调他到山西受八路军节制），而编制问题未得到解决，直到首都南京未〔被〕占，军事当局才答应编为八个单独的支队（一个支队等于一个团）。后来又才改成四个支队，每个支队辖两个团（支队等于旅了）。结果在实际上是师一级的指挥机关没有能够成立。

这样第一支队，包括江西的永新、莲花、大庾、南雄、三南，湖南的平江、浏阳，安徽的祁门、婺源的几个部分的游击队，以陈毅为支队司令，傅秋涛为支队副司令。

第二支队，包括福建龙岩、长汀、连城、震〔云〕霄（即何鸣部）、汀州和江西瑞金及浙江平阳、温州的几个部分游击队，以张鼎丞为支队司令，粟裕为支队副司令。

第三支队，包括江西上饶、铅山，福建崇安、寿宁、福鼎、福安、南屏、古田的几个部分的游击队，以张云逸为支队司令，以谭震林为副司令。

上面三个支队在江南行动。

第四支队，包括河南信阳、确山、南阳，湖北黄安、麻城的几个部分游击队，以高敬亭为支队司令，戴季英为副司令。

上面一个支队在江北行动。

军部当着各地谈判大体解决，南京军事委员会即任叶挺将军为新四军军长，后因改编各种〔问题〕未得相当解决，直到一九三七年底，即先在汉口成立，到一九三八年一月移到南昌。

军部到南昌后，即计划各部分队伍改编，人事调整，装备补充，以及集中的时间、地点和路由〔线〕。

这时期仅仅军部移到南昌，而四个支队即就本身来说，亦尚未集中。有些部分因为分散，完全不可能以支队为单位来集中，都只能由各部就原地出发，到前方来集中，已得到第三战区的命令，集中于徽州岩寺，因此军部以命令下达各部分，除第四支队外，都就原地出发向岩寺集中。然而那时候还是冬天，部队的冬衣补充没解决，各部分游击队在本区域住久了，一旦要离开，必须有些善后事情要处理，经费很少，各部分老弱残废的安置，将士家属的安置，出发的开拔费等，都不能够解决。同时地方当局对于这部分队伍的歧视，士绅阶级之造谣破坏，双方摩擦也未减少，并且大部分是福建队伍，与安徽相距甚远，又不能取得铁道和公路的运输便利。因为这些原因，使得部队的集中不能如期完成，一直到三月初，各部分才开始分头向岩寺集中。

（一）首先是赣皖边的景德镇的一部分（一支队）到达岩寺。

（二）江西上饶、铅山及福建崇安的部分（三支队），因邻近安徽，出动较速，仅次于赣边之部分。

（三）湖南平江、浏阳部分（一支队），步行至萍乡（江西），乘湘赣车转浙赣路至江山下车，步行到岩寺。

（四）江西永新、莲花部分及大庾出发到吉安（江西），乘船至樟树，转乘湘赣车转浙赣路至江山下车，随上列湖南部队跟进至岩寺。

（五）闽东、闽中各部（三支队），分由宁德、古田出发，经屏南、政和、浦城入浙江之江山、常山向岩寺集中。

（六）浙江平阳支部（二支队），由温州、丽水至金华乘车至江山转常山、开化，向岩寺前进。

（七）闽西、闽南之部及江西瑞金之部均由龙岩出发，至汀州入江西，经瑞金、会昌、雩都至赣州，乘船到樟树，乘湘赣车转浙赣路至江山下车，经常山、华埠至岩寺。

江南三个支队于此时（约在四月初）已大部集中完毕。仅福建尚有两个连，湖南平浏一个连及湖南耒阳、郴州两部，于最近始到前方编为军部直属之特务营。

在江北的第四支队，亦于四月初会合，向合肥、巢县前进，现已在合肥以东、津浦路以西，与日寇进行游击战争了。

军部亦于四月初移岩寺指挥。

## 四、出动与我们的任务

部队既已完全集中在岩寺，除第四支队归第五战区李司令长官宗仁指挥之外，这三个支队就要去执行它的任务。

首先，第三战区派员来点验部队。另一方面，我们为准备着出动，一面加强本身的战斗教育，一面向第三战区要求装备弹药的补充。

为了这些工作，就在岩寺将近住了一个月。

这时队伍点验过了，弹药装备也补充了一些，已得到一个短时期的休养和教育机会，而任务规定的命令也来了，是在南京以南的不大地区中进行破坏铁路、公路，扰击敌人。

我们过去一般的都有山地游击战的经验，但南京附近的地形和今天的敌人，已和过去的经验不相融合。为了首先明白敌情和地理条件，我们决定派出一个先遣队出去。

先遣队是各支队派人混合组成的，配备相当充实武器弹药，由四月底乘汽车运输至南陵，通过宣城、芜湖之线左进，经当涂右侧转进，进至南京以南地区，现在它的足迹、传单、标语、影响、活动，已于江苏省的高淳、溧水、溧阳、金坛、江宁、南京、句容、宜兴、武进、镇江这一广大地区了。它虽尚未与日敌对面作战，但它已破坏了若干处公路、电线交通，宣示了中央决心抗敌的意旨，发动了这些区域人民抗战的组织，打击了若干汉奸投降分子的叛国行为。

有了这个先遣队的出动，对于当面敌人的情况已渐次明了，同时地形上虽非全属山地，但也可进行游击战争。本于上项任务，其他支队现正络〔陆〕续前进，挺入敌区。

同时，以前划给本军的活动区域比较狭小，几无回旋余地，而现在则比较大了，京沪铁路，京杭国道，江南铁路（即京宣线），皆由我们出入，我们当然可以担负起这个任务来。

这个任务是什么？让我重说一遍，即是破坏铁路、公路及电线的交通，截击敌人的辎重，钳制更多的敌人于几个据点，打击敌人的少数队伍，发动人民坚持抗战，组织人民自卫的武装，实行坚壁清野，困厄敌人的给养和防害敌人，使它不能在〔再〕掠夺中国资源，坚决打击为日寇做走狗的汉奸政治组织及军队。

我们已在执行这个任务，我们继续执行这个任务，并且准备在战斗中锻炼自己，壮大自己，以便打击更大的敌人，不仅能做游击战，还能够做运动战和阵地战，一直到反攻，而且是反攻和克复我们的首都——南京！

# 毛泽东等：望各部在"七七"
# 纪念周中举行追悼周建屏同志<sup>①</sup>

## （1938 年 6 月 16 日）

四军政治部、后方各兵团政治处：

我一一五师三四三旅副旅长兼晋察冀边区第四支队长周建屏同志不断指挥作战，于去冬今春在冰天雪地中，向正太路线敌人不断进攻，饱受风雪饥饿积劳成疾医治无效，不幸于本月十三日逝世。查周同志系云南宣威人，现年四十七岁，历任连、营、团、师、军长等职，共产党员，是党内最忠实最坚决执行党的路线为党而奋斗的党员，红军之优秀干部。为赣东北苏区红军创造和领导者之一，工作积极，作战勇敢，抗战之优良指导员，民族之模范前进战士，望在报纸上发表追悼及"七七"纪念周中举行追悼，并鼓励全军为继承周同志事业而奋斗。

毛　谭<sup>②</sup>

十六日

---

①　见中国新四军和华中抗日根据地研究会新四军图书馆馆藏资料，南京军区司令部战史编辑室编：《抗日战争新四军电报汇集》第 3 册，第 12 页。

②　毛为毛泽东。谭为谭政，时任中央革命军事委员会总政治部副主任。

# 项英：关于第一、二支队进入敌后的行动原则致陈毅信①

## （1938 年 6 月 23 日）

陈毅同志：

二十一日董参谋回到军部，交来十三日信收到，并了解前方各种情况。

先遣队的确起了先锋作用，奠定了我们在江南发展和胜利基础，我们正在全军表扬，号召全军学习。

一支队顺利地到达指定地区，目前中心任务是，开展胜利的游击战来配合各方执行保卫武汉的总任务，同时使本军在全国政治地位提高。建立根据地是在执行这个任务中同时并进，因为胜利是争取群众、创造根据地的必要条件；反过来说，建立根据地是争取胜利的必要基础。

胜利游击战，在目前主要是切断交通，阻碍敌人的运输和兵力转移，扰乱敌人，牵制敌人保守据点，特别是南京、镇江（这是敌人战略据点和在后方兵力转移枢纽），以伏击的动作来打击和消灭远出和行进中分散的敌人，截夺取辎重，争取不断的小战斗胜利，进一步的

---

① 见《中国抗日战争军事史料丛书》编审委员会著：《中国抗日战争军事史料丛书·新四军·文献(1)》，解放军出版社 2015 年 12 月版，第 140—147 页。

力求与龚旅配合，消灭较大的进攻之敌，以达到逼迫敌人退守城市，造成江南进攻的形势。

因此，应组织很多的小游击队，分布在南京至镇江，镇江到丹阳、武进间破坏铁路和侦察敌情。在各段中配置基干队来配合他们打击脱离据点和行进中之敌，不宜以大部队担任破坏、侦察工作，以免使部队疲劳，不能充分利用时机争取小战斗的胜利。各基干部〔队〕应在活动地区选择适宜地点建立基点，取得群众帮助和配合，以达到突然动作。

应当以小游击队到南京、镇江附近，用突然的动作实施扰乱，以威胁敌人，这在政治上更有大的意义。

侦察敌情是第一等的工作，不仅为适应上级要求，而且在保卫武汉的任务有大意义，特别是供给正确敌情。此次除徐州失守一个重要教训，加以友军少数分子谎报军情的现象，这一工作更属重要。因此，要在部队中加紧督促和教育。

京沪路多桥梁，破坏时应力求破坏这种东西，作用才大，破坏铁轨作用较小。但破坏时须经各段进行，不断破坏，否则，敌人易于修复，因敌人修复力量甚强。公路，以发动群众施行破坏路基和要道口（转弯的地方），小小的破坏无作用。要用各种方法争取铁路工人参加和学习破坏，特别是滑轨方法。

你们目前应以茅山、瓦屋山为根据地（包括新桥之西北山地），并在镇、句之间山地及丹阳西北山地建立基点，依靠这些基点向四周游击，特别是便于施行不断地破坏扰乱。每一基点可以位置一个营。另组织几个挺进队，一向南京，一向武进、常熟、无锡间，一向武进、金坛间游击挺进。主力主要集结于茅山、瓦屋山、新桥一带策应各方以及配合各地争取战斗胜利，其布置已详前电，请你们依情决定。

二支队主力于次日向目的地前进，他们的任务是担任南京与芜湖之间活动。傅纵队①等他到达时（看余情形是否解决为定），可转移至新桥及瓦屋山一带，或由你们依情决定他的任务和地区。

你们中心，前电曾提议为瓦屋山，是鉴于二支队未出动前以此地做中心为宜，才能便于各方联络，尤其是对傅纵队。现二支队出动，当以茅山以北为宜。

对于战术原则，前军部所发的指示，依据目前所得情况和此次卫岗战斗胜利，证明是适用的。目前应依据情形和实战经验来充实来发展。在教育干部上，要以实际事实不断的用来解释原则，使干部了解原则，运用原则，尤其是养成有战术的头脑。因此，加强战术教育，是提高干部质量和战斗力一个基本工作，必须抓住这一环，努力于这方教育。

以前我在服务团所讲的民众动员中，关于群众、政权、武装等之基本原则（有原本）②是适用的。目前，依据这些基本原则更具体地提出许多问题的解答。对于地方武装的方针，是帮助和扶植一切民众武装，使它发展扩大。中心是争取同我们一块抗日，达到统一指挥，建立纪律，洗刷坏分子，学习和开展游战。我们除此以外，主要加强政治教育和领导，不仅在名义上归我们指挥（如情形复杂，开始并不强要归我们，仍以地方名义而能随我们行动，在行动中听指挥），而最重要的争取在我们政治领导下，进一步派人到里面去做领导工作，在行动上受我队指挥和共同行动，创造成为我们新的部队基础，并逐渐吸引一部编入我军，本身继续扩大。最基本的是在他们中间发展党、建立党，以树党的领导。

对于大刀会，是从政治上争取他们成为抗日民众武装组织，把封建迷信成分逐渐去掉（开始不要反对迷信和师父），培养和扶植政治

---

① 纵队，指以傅秋涛任团长的新四军第一支队第一团。
② 指项英于1938年3月在战地服务团所作的关于《战区民众动员工作》的讲话。

上进步分子，取得领导地位，逐渐去掉以迷信和坏的上层分子，以达在实质上、名义上成为我们领导之下的抗日的民众武装。

对于余宗陈、朱永祥①等部，在政治上除以利用顾长官、唐副长官②的命令离调现地外（但无大效力），主要是争取其下层，最中心的还是地方武装而被强编的部分，使接受我们的领导而脱离余、朱（甚至公开请求，顾己〔已〕有令，凡属地方武装归还地方）。另一方面争取基干中进步分子脱离他们。这样去瓦解他们，到相当程度时，余、朱再不奉从上令，可将其违令情形报上峰，同时相继将其拘押，报告上级解决。此事须争取三战区服务员和地〔方〕人士共同出名和负责。纪振纲部③也可根据此原则运用。目前可从积极上要他抗日，特别是争取部下和周围民众，以揭破其两面派的态度，才能达到成功。这是与朱、余所不同的。主要的目的能争取一切两面派能坚决站在抗日方面。

对镇江、丹阳一带武装应积极努力争取，并对于国民党员所领导部队采取最友善扶植的态度和实际关系，在政治上影响他们，坚决的与我们共同一致坚持抗战。对于自首分子，如若他积极参加抗日，我们应从政治上鼓动而给予一般的指导，但组织上不能恢复，可以用情形不清，须待上级解决作答复，而极力争取下层，建立我们的基础。

恢复政权，在政治上是有很大的意义与作用。凡是我军所到之处及基点根据地，均应恢复保甲组织，但我们应采用民选并成为群众组织之另一方式。如已有的可逐渐改造，但均须经过上级政权批准或委任。至于县政权，如已有的可促其改进，否则选择贤明之士组织临时

---

① 余宗陈，时任国民党军当涂游击司令；朱永祥，时任国民革命军第十九集团军游击指挥部第一挺进支队司令。

② 顾长官、唐副长官，指分别任第三战区正、副司令长官的顾祝同、唐式遵。

③ 纪振纲部，指茅山茅麓茶叶公司经理纪振纲所掌握的自卫武装。

县府，呈报顾①加委或选派，最好由地方人士保举（顾已当面同我讲过）。如若政权在同情我们分子之下，甚至有党员更好，这对于我们有极大利益。

在政治宣传上，拥护国民政府与蒋领导抗战。在江南着重宣传全国团结一致与坚持抗战以及抗战后的进步，这对于提高民众坚持抗战的勇气有极大作用（因敌占区失败情绪重，敌人的造谣和离间等与后方完全不同）。对于抗战建国纲领，应站在我们的观点上来解释、来运用，使它真正实现，这在全国是有很大意义。

对于我党应从抗战和坚持抗战上，宣传民族统一战线是胜利的基础，解释国共两党合作的意义以及党的主张（但在宣传上不必过于强调这一方宣传，同时要纠正不敢运用宣传）。

在力量可能，应出一种报纸，在宣传上有很大作用。

在民生上应首先废除朱、余所加给民众的苛捐，然后逐渐减除苛税。以达到一般民众担负减至最低限度与担负合理化。这在争取民众、动员民众参加游击战有决定的作用，也是有力的使民众不致在日寇残酷摧残下震慑而不敢动。

除了上面以外，揭破日寇一切欺骗及其与民众眼前和将来的利害关系，利用日寇一切残暴行为，提高仇敌心。我们应尽可能领导群众进行救济运动，最中心是组织武装以自卫，自卫力量加强也是增强民众反抗的心理。在军事［上］如若敌人焚烧时，我们可以在其附近扰乱，以免敌人为所欲为，这也是巩固民众与我们共同坚决抗敌的方法。

对于伪政权应把它摧毁，建立我国政权。只有特殊情形的地方，即我力量不能达到或民众尚未发动而不能斗争的地方，才有容许两面派或暗中派人去取得消息，但这绝不能如过去以前我们游区情形，否

---

① 顾，指顾祝同。

则，在政治上与领导民众坚持抗敌有极大损失。至于维持会的人，不应一概加以汉奸名义，采用分化，反对主要分子。

对于国民党已有党部的地方，我们的策略是以友党的态度和争取协同一致，在某些方面给予帮助（如武装保护、经济接济等），以求得互相帮助和发展；没有党部的地方，争取国民党好党员做国民党工作，我们也可以赞助他。总之，我们绝不能替他建立组织，越俎代庖则不要，反而使他们怀疑夺取党权。至于青年团更不应替它组织发展，因我中央未有决定。

部队扩大问题，在目前第一步主要不是积极扩大本身，而是争取地方武装和动员民众求得不断的小胜利，以造成部队扩大的基础，个别的争取可以，大批的大量的吸收可缓，这在政治上、我争取民众上有很大的作用。我们绝不能图眼前小利而妨碍大的发展，尤其在解决朱、余问题时更重 更重 要。请你注意各部队那种不从政治上及前途上[看]的农民近视眼的纠正和教育。

以后扩大部队，不仅注意成分、政治条件，而且注意体格的检查。一切新兵须集中到支队经医生检查再收，这是提高部队质量和战斗力的一个基本条件。禁止乱收是最重要的。为了提高军事技能和战斗力，所收新兵最好编新兵［连］或补充连，经过相当训练，再补充各团。否则在目前条件下，部队训练困难，新兵一多，可以影响战斗力。

部队的训练应抓紧利用一切休息的时间进行教育，支队应随时最少有一营在附近一方待机，同时训练，过一相当时期再调换其他部队，这样轮着训练是必要的。

目前，部队可以分三个纵队，以作将来扩大成为三个团的基础。可由两个连扩大成为一起［个］营，这样扩充可使部队战斗力保持相当的平衡。

在可能条件下首先办一个地方武装训练班是必要的，经过训练班去建立我们在各地方武装中的基础，但时间不要长（一个月），课目不要多，在政治上增强抗战信心和决心，争取胜利条件和游击队政治工作为主。至于统一战线及我党主张，可在正课外和晚会上进行。在军事［上］是游击战术，游击队的组织和纪律。这样办过几批后，使所有的武装都有我们的学生，经过他们的发展党和建立我们领导的基础。

对于地方党的工作是最基本的工作。这是上次军委扩大会的决定，目前应不放松的建立这一工作。在组织上须采取秘密方式培养地方干部，不应与部队混在一块，可在民运科中指定一人负专责。

二支队主力达到指定地点后，归粟指挥。各支队仍直归军部。因为有电台，而且你们路途又相当远，但可互相通报，在配合行动或等一临时配合行动时机，可由你直接指挥二支队配合行动，对于军部只报告。

我们计划在皖南要建立一个根据地，这在战略上非常重要。将来在战争形势变化时，我们即可依靠这一支点向皖南各县发展，以及利用机会争取天目山脉和仙霞山脉，故部队不宜全部出动。目前除你的及二支队主力出动，其余暂留此地帮助建立根据地，以备将来成为发展的基本力量。如若情况变动快，两支所留部队恐留此间，否则，稍缓一时继续出动。我的行动也是以战况变化作决定。

干部一时派不出，以后设法增派。教导营还须一月毕业，现在派出作用少，等毕业时可派一大批来。服务团除派各支队外，所剩的小孩、女子及身弱、工作差者的仅能在此地做工作。二支队服务团随队行动。我们准备扩大服务团，以后当继续派来。

二支队出动带电台两个，一个给你们，先遣队的仍归他们。

子弹不多，可送一点，但发地方武装，我们目前力量不够，要他具名向战区请求或派人来。

汉口（八路军）拨给我们的轻机枪可以补充你们几挺，可惜近日因雨受交通阻塞尚未来，来时再通知你们来领。短枪亦未到。经费交二支队带来。

书报及政治情形很少，已有的已电告，特别近日交通断了来得少。

关于用中央军的名义，我无此电，据查，系粟①之电报。此外，叶②曾说不要说自己是红军（我不在军部）。此后，关于政治问题，以我本人电为准。

叶军长至今因交通尚停留在屯溪未回。

关于十七周〔年〕纪念和抗战周年以及保卫武汉已详前电。

最近召开了一个政治的参谋的会议，讨论政治工作和建设参谋工作，另行再告。

项英

六月十三日③

---

① 粟，指粟裕。
② 叶，指叶挺。
③ 13日，应为23日。

# 张云逸：参谋工作建设①

## （1938 年 6 月 23 日）

同志们！我们昨天听了军首长对于参谋工作的指示，其中说得很重要，并且说得很好。我现在要说的，就是将参谋工作怎样建立的问题向同志们报告，这个报告对于各个同志工作上是有密切关系的，也可以说是很重要的。

现在，先让我们说本军参谋工作的成绩吧！我们新四军自成立以来，已经有几个月了，在这短短的时间中，我们参谋的工作据各支队参谋长报告，虽然存在着许多弱点，这是不能否认的事实，我们应十二分努力来纠正，但我认为，它也存有相当的成绩，这也是不能忽视的，其表现在：

一、部队的整理训练，已经进入正规军的轨道。

二、教育工作比较有系统地有计划地进行，并且得到相当的进步。

三、军风纪的遵守，已大进一步了。

这些成绩的获得，当然是各级参谋同志的工作努力和各部队的指战员切实执行命令去做，特别是我们党和各级首长正确的领导，上下

---

① 见《中国抗日战争军事史料丛书》编审委员会著：《中国抗日战争军事史料丛书·新四军·文献(1)》，解放军出版社 2015 年 12 月版，第 148—154 页。原注：这是张云逸在新四军第一次参谋工作会议上的报告，档案中注有 1938 年 6 月，无日期，现日期是编者判定的。

一致所收得的效果。

关于参谋工作建设问题，我是参照《苏联红军野外教令》和军首长昨天指示的原则，联系到我们一些实际的经验来报告的，现在指出以下几点来说：

## 一、参谋工作的地位

我们要正确了解参谋工作在军队中的地位，应该从政治目的上与战争胜败上来估计，不应该照一般人认识，"参谋工作是辅助主官的幕僚，无兵无权不关重要的东西"，这是非常有害于战争组织的。我们新四军是不容有这样认识的，因为新四军是共产党领导的进步的军队，我们应该向有组织的科学化的现代的军队前进。

昨天，军首长报告中说参谋处就是指挥机关，好像人的头脑一样，这就是说参谋工作的重要性。在抗战中，如上海、南京的被陷与最近徐州的失守，都是因为疏忽侦察、缺乏计划致被敌迂回，受到退却混乱的损失。事实证明如此，所以参谋工作是军事政治的主要组成部分。

我们新四军本是比较进步的军队，但是它刚由各省红色游击队组成的，它的游击习气、散漫现象，还没有完全克服下去，同时亦受到中国经济落后的社会反映。我们建立健全的参谋工作，首先要在全军指战员中进行解释参谋工作的重要。另一方面，还是靠我们参谋工作同志加倍努力工作与学习，增强自己本身的能力，正确地解答问题和指导部队工作，这样才能够提高参谋工作的地位。

## 二、参谋工作的主要任务

参谋工作的主要任务，一句话说，就是保证军队打胜仗。这仅是从军事上说的。要知道我们新四军是与八路军一样的，它所担负的不是单纯的军事任务，而且要担负政治上的任务。因此我们的参谋工作，不限于搜集本军范围内一切情况，并要注意到搜集全东战场、全国各战场的情况，并研究这些情况，提出战略、战役、战斗的方案，除向本军首长提出外，还须利用各种方式，贡献于本战区最高司令部或各友军司令部，使所有友军与我们共同一致行动，在东战场上坚决执行抗战任务，好像八路军在西战场上一样作用。具体任务，分别说明如下：

（一）帮助首长下决心！——不断地收集情报和用尽一切手段来取得，再加以深刻地研究情报来源，时间对照，准确性如何？敌人兵力火部署，军官能力，所采用的战略、战术以及政治、经济、文化等，对地形、道路、社会状况和自己部队的战斗力与特长，都要有详细的调查研究加以判断及正确估计，适时供给首长作为下达决心的基础，并提出一至两个作战的方案，最好用图表示，送首长审查采用。

（二）组织战斗，实施首长决心——根据首长决心，定出具体作战计划。部署全盘工作，并据情况得出正确部署，如区分兵力及地区，特别是求得各兵团动作的协同，后方勤务部门必须使其配合一致等，均要精密地准确地进行，在战斗时对附近友军行动，须取得密切联系（派联络人员或使用通信工具）。

（三）遂行战斗中的指导——根据战场的情况变化，立即通报遂行战斗中的部队或给以补充的指导，随时检查各部队执行命令的程度，督促其彻底执行作战计划，以取得动作的一致，同时将所得情况报告上级及比邻友军，对后方诸部门工作也不断给以指导，使前后方工作切实配合。

（四）战斗后的工作——战斗结束后，各参谋工作人员，首先要深入下层，检查战斗中所有的情况，特别搜集一切材料，准备召集部队干部（主要的）检讨这次战斗中的优点、缺点，汇报（战斗详报）上级，并整理好作为教育材料来教育部队，特别是干部的教育。

（五）平时拟订教育训练的计划与督促其实现。关于目前教育的方针，周副参谋长已准备了报告，我不再说了。现在提出参谋对教育部队注意的问题，如教育的具体计划定出。在督促实施中，须分别经常地检查各部队的教育所收获的确实效果，成为日常工作的中心一环，对各个部队的不同特性和优良传统，不应拒绝，只是要求动作的确实和原则的一致，相反的应该尽量发扬其良好的特长，因为本军的部队是经过多年的游击战争，各有它的特点与优良部分有保存的必要。

（六）指导后方勤务的配合——后方的适时供给，是保证战斗胜利条件之一。凡作战计划决定后，应该告诉诸后方勤务部门，使他们了解整个作战企图与动作，能够自动地协同一致，得到战斗的胜利。

## 三、参谋工作组织系统

（一）与首长的关系——参谋长是首长的第一个代理人，他可以用首长的名义发出命令。就是说，他在首长总的企图下，他有独立工作的权力，如果首长自己亲行处理每一问题或接到部队的报告，亦须告诉参谋长知道或经过参谋长传达和办理，同时对某一方案提出不得首长采纳时有权再行二次提议，说明利害使其采纳。首长与参谋长间，要互相尊敬，不得像一般军队以幕僚来对待参谋长及参谋工作人员。

（二）与各政治部门的关系——（司令部参谋机关）与政治部是二者不可缺一的东西。其相互关系，如军事方面，政治部须受参谋机关指导，而政治方面（司令部参谋机关）则受政治部领导。关于工作的联系方面，须将所得各方情报、部队整个情况、战斗力等，要经常相互通报。

（三）与副官处、军需处、军医处、兵站各部的关系——主要是建立正确分工制度，实行汇报。在工作中，只从原则上相互配合，每一作战计划定出后，须即由参谋长或参谋处长召集各部门首长进行传达有关部分，使其能够自主地去布置工作，保证作战顺利。以上各处，是由参谋长直接领导的。至于各处相互之间，本是平行的，但参谋处长（作战科科长）有指导各处之权，已有组织系统表和工作条例，不详说了。

（四）上下级参谋的关系——上级参谋长不要用首长名义，可以直接指导下级参谋长工作（业务的）。就是作战科，也可以在参谋长意志下用参谋长名义指导下级作战科的工作（业务的）；下级参谋长或作战科，有直接向上级参谋长、作战科报告工作责任和执行上级指示义务（其余类推）。

（五）与军队的关系——在遂行每一作战计划或工作指示时，参谋长有权用首长名义来督促检查部队切实执行，或用参谋长自己名义去指导亦可，各部队亦有向参谋长报告战斗情况的责任，但参谋长无权直接命令军队。

（六）本身的组织单独关系——各科组织系统和工作关系，已［有］详图和条例，这里不再去说，但均在参谋长或处长领导下进行一切工作，参谋部各科并要有精密分工与互相合作。如侦察科，必要时可替作战科工作，但做后应告作战科长知道，其他科亦应如此。

（七）与地方的关系——须经政治机关手续，取得地方团体或政府的帮助，如离政治机关远时，则用首长的介绍信件进行接洽，使其帮助我们一切工作进行。

（八）与友军的关系——这一工作在统一战线下是极端重要，我们应该利用各种关系派人前往接洽，应用首长名义介绍，互相交换战斗经验和取得必要情报或相互建立通报。我们不单从军事上联络，而且应站在我们新四军的政治立场去联络，这是非常必要的。

（九）工作制度的建立——采用值班、汇报、通报、巡视、会议、报告、检查制度来贯通，使各部门经常了解全盘工作方针和推动工作。

## 四、参谋长及各科的工作

（一）参谋长的工作——参谋长在首长总的意图下要有自己的独立工作计划，分别给各科的工作中心，随时研究与估计情况并召集各科长研究得出结论，依此定出周密的组织战斗和指导遂行战斗。每日应将所做的工作情形和所得的材料报告首长，并听各科长报告及[给]各科指示。参谋长解决的问题，凡是已决定有原则的，均须负责解决，至参谋长工作范围以外的事情，应请示首长，首长不在家时，可自行负责处理。

（二）作战科的工作——作战科长（或是参谋处长），他是参谋长第一代理人，他应该研究估计敌情，清楚了解部队战斗力（包括教育作战经验，政治工作，供给、卫生的状况等），负责起草命令、通报、报告，拟订教育计划，检查教育进度等，作战科长依参谋长意图下直接指导本科去做。

（三）侦察科工作——侦察科长，在参谋长或参谋处长指导下进行工作。其工作范围是指挥侦察队并使用间谍、训练间谍与搜集各项情报，加以研究，适时报告参谋长。有系统的以参谋长名义通报给各部队首长，首先报告有关系的各部首长，特别要注意到侦察网的严密组织计划。

（四）通讯联络科工作——目前要着重于无线电台和有线电话的训练及徒步通讯的训练，规定交通联络的一般原则，如接受命令，均由下而上地架设电话；和无线电联络时，则应由上而下进行。其次，是交通站的设置与计划尤要精细。至于与友军的联络，更要切实负责，并将通讯情况有关部分适时通报各部队。

（五）后方勤务工作——在首长意图下，依作战计划的方针，有系统地指导后方诸部门的工作，加以督促检查。与前线切实配合，尤其是要争取每一工作的时间性，此关系战争甚大。

（六）各科工作的联系——在参谋长领导下召集的会议或汇报，或通报，那个时候，关于各科工作联系的问题，应提出讨论，作具体解决，使每一工作能及时互相反映，相互了解全盘情形，或经值班员的手续来联系，如一科代办二科工作时，可由值班员转告使其知道，但每一工作分工后，尤要互相联系，顺畅进行，不能当作毫无相干的机械观点。

## 五、新干部的培养

（一）干部选择，要注意应具备的一般条件特别是政治的条件，并加以考察，不可马虎提拔干部。

（二）办训练班（侦察、测图、后方勤务、通讯）、加强参谋人员本身工作能力。

（三）在各科的见习参谋，从实际工作中注意教育，以培养其工作能力。

（四）在工作中，上级参谋要注意指示下级参谋的工作。凡一般工作，只给他以原则，信任他自己负责去做。在作战之前，参谋处即将各方情况来研究，各参谋做出各人的结论，战后检查谁估计是正确的，谁估计不完全正确或错了，这样经常不断地进行实际教育，养成各参谋都有战略、战术的头脑。

（五）凡会议汇报（不必要知道的问题例外）时，可令各参谋参加旁听，亦可增加他的了解问题。

（六）在教导营，附设参谋训练班。

（七）派新干部去部队中巡视，要随同老参谋去工作。这样，可使其在巡视实习中得到经验，但首先要详细地指示巡视工作的要点，使他原则上了解。

## 六、参谋人员的教育

（一）教育要求——使每个参谋人员养成负责的、自动的、创造的和科学的、精密的、迅速的作风。

（二）首先了解一般战术原则和军语的使用，然后再去认识战略问题。

（三）使其了解有系统地收集情报和判断情况的方法。

（四）使其知道有系统地了解我军情况与估计战斗力的进行方法。

（五）使其知道每个战斗组织的次序与方法。

（六）使其知道每个战斗后的检阅与工作方法。

（七）各问题的解决原则，亦须使其了解——从对首长对革命负责观点上出发，凡经决定有原则的问题，应单独负责处理，或情况紧急不能报告时，也可机断解决。如没有决定的问题，须请示首长再去做。

同志们，我的报告就这样完了。我坚决相信，在现在我们的参谋工作基础上，如能够活用昨天军首长的指示和研究及了解我今天报告的这些材料，并积极地实际工作，我们新四军的参谋工作，不久将来一定有很多的成绩。

同志们！共同起来干吧！

# 中央：抗战一周年与我党诞生十七周年纪念给八路军新四军电①

（1938 年 7 月 1 日）

八路军新四军全体同志及全体指战员们：

中共中央委员会，当此抗战一周年纪念与中共十七周年纪念之际，谨向你们表示祝贺，祝贺你们的伟大胜利，祝贺你们获得全国、全世界人民拥护，祝贺你们在神圣的民族革命战争中起了先锋队的与模范的作用。

同志们：敌人正在疯狂的进攻中，全民族在生死存亡的斗争中，我们的抗战是艰难的持久战，然而这个战争是能胜利的，因为抗日民族统一战线已经建立起来了，全国军队与人民已英勇奋战了一周年，每一军队都不是孤军作战，全世界同情与援助是在中国一方面，中国也不是孤军作战。

一年来，你们进行了无后方的艰苦作战，配合全国友军取得了很多战斗胜利，创设了许多抗日根据地，发展了广大的民众斗争，武装了广大的抗日人民，同时也锻炼了你们自己，这些成绩毫无问题的要归功于你们，对于抗日民族统一战线与战略方针的忠诚拥护与坚决执

---

① 见中国新四军和华中抗日根据地研究会新四军图书馆馆藏资料，南京军区司令部战史编辑室编：《抗日战争新四军电报汇集》第 3 册，第 3—4 页。

行，要归功于你们各级指挥员的领导，要归功于全体党员与全体战士们的英勇牺牲精神。

我们深信，只要抗日民族统一战线与战略方针愈是正确执行，则战争的胜利必将愈有保证。这是全国人民以及全世界一切爱好和平与民主的人民对于你们的热烈的期望。从今后，盼望同志们更加坚决地在全国最高统帅指挥之下执行自己的任务，更加与友军巩固团结，更加与人民打成一片，服从命令忠于职守不要骄傲，不要以过去的成绩为满足，虚心学习友军的长处，改正自己的短处，去掉一切自私自利、贪污腐化、消极怠工、不听命令等坏思想、坏现象，准备长期的残酷的艰苦斗争，这样就一定能够争取最后胜利，驱逐日本帝国主义，建设独立自由幸福的新中国。

中共中央

七月一日

（发四军、前总、各师转发各旅、各团、各支队并后方各台，武汉、西安、南昌、聂台①）

---

① 聂台应为发给聂荣臻领导的晋察冀抗日根据地的电，聂荣臻时任晋察冀军区司令员兼政治委员。

# 彭雪枫：目前河南敌后情况，
# 盼急派大批干部来此，应付发展局面[①]

（1938 年 7 月 4 日彭雪枫报毛主席）

（一）河南自开封失守之后，各县难民之较先进者纷纷前来联络，以图揭竿而起，昔之为团旅师长、今在乡村间之军人前来求得联系，要求指导者尤多。

（二）宛西之别廷芳在镇平全乡、淅川，为我于陇海断后入豫之大道，握有极大兵力，单武装即有八万之多，日前曾派人赴内乡与之联络则认为：

1. 敌人一到只有共产党不走。

2. 将来为我党天下，对保卫家乡及前途发展愿与我们切取联络，又豫东之西华民众运动做得极好，男女老少均有组织，一声呼唤即可集合，武装力量之脱离生产者约计七千人，枪支弹药齐全，并在我党绝对领导控制之下。又如遂平三区一个学校武装数百，均在我党领导之下；舞阳县青年救国会约三千人，南召武装三千人，杞县一千人，均在我党领导之下；另外，各县之零碎武装以统一战线关系及同情于我之武装力量均不在内。

---

① 中国新四军和华中抗日根据地研究会新四军图书馆馆藏资料,南京军区司令部战史编辑室编:《抗日战争新四军电报汇集》第 4 册,第 650 页。

（三）形势既已好转，惟所缺者军事政治干部，各地前来要干部者日内数起，无法应付，根据晋冀经验，各地武装之发展壮大，为我党干部领导之力，我党对中原发展前途加以重视，必须派来大批有经验之团营连各级军事政治干部，方能应付目前局面。

（四）抗大毕业学生来时，请另送一个保卫局工作干部到来工作为要。

# 彭雪枫：关于河南省武装情况及工作部署致朱德等电[①]

## （1938 年 7 月 10 日）[②]

朱、彭、任[③]：

甲、开封失守后，豫东、豫西各地官绅大部组织所谓武装逃难，纷纷搬家。绅民中之先进者及曾任军人之在乡军人等自动组织武装打游击。□县□□人枪数百或数千不等，纷纷到来联络，要求派人前往指导，以图揭竿而起，待机而动。目前河南客观形势极端有利于我们发展。

乙、目前豫省在党领导下的武装力量如下：

（一）豫东西华县因统战工作一般的成功及继续开展，使西华及其邻县群众能迅速组织和武装起来。西华有枪弹全齐，并配有机枪、迫击炮，在党领导下之武装三千人。全县民众均已分别组织少先队、儿童团、老少指导团、妇女姊妹〔团〕，等等。坚壁清野很好，各种工作亦略具边区规模。祥〔该〕县四个区长，三个是同志，另一区长及县长均同情于我者。曾任西北军××魏凤楼，现任该县区长（近调

---

①　见《中国抗日战争军事史料丛书》编审委员会著：《中国抗日战争军事史料丛书·新四军·文献(1)》，解放军出版社 2015 年 12 月版，第 155—157 页。

②　档案中注有 7 月 10 日，无年份，现年份是编者判定的。

③　指朱德、彭德怀、任弼时。

并扶沟县□□，近入党）。杞县有我党武装千名，淮阳百余。洛〔柘〕城、商丘、永城、夏邑均有党领导下之武装数百及千余不等。

（二）苏鲁边以枣庄矿工为基干之游击队，现已扩大到千人，在抱犊崮一带。丰、沛、萧、砀①四县，每县有武装四百人。

（三）豫西二十区，确、泌、信、桐②亦牌〔交界〕地区，原为我游击区，能集中武装数百。××有武装三千，党能相当把握。遂平有武装数百，舞阳青救会约三千，均在党的领导之下。

（四）豫西各地〔形〕势好，民间枪支有数百，基础最好，约有同志两千人。江北之四支队除随敬廷〔亭〕部，介明〔骏鸣〕之八团已发展到千五百人，现在皖西之桐城、舒城一带游击。第八团留守处共有武装两连，近又由×领回轻机枪六挺，子弹四万发。

丙、统一〔战线〕工作在豫省业有大的开展，程潜、李世璋、戴民权、孙殿英、何基沣③及各区行政专员均与我有联系。豫西之别廷芳④，在南阳、镇平、内乡、淅川（为我于陇海〔路〕断后入陕大道）握有武装近十万，已派代表与之见面。分别表示：只有〔要〕共产党不逃，将来是共产党天下，愿去配合作战。

丁、我们工作意见如下：

（一）日内派兵三连，由萧望东率领赴豫东，配合西华游击队行动，发动广泛游击战争，扩大自己，搜集此次大军遗弃枪支，扩大政治影响。

（二）续办第二期教导队三百至四百人，并扩大此间部队至两个营。

---

① 丰、沛、萧、砀，指江苏省丰县、沛县，安徽省萧县、砀山县。
② 确、泌、信、桐，指河南省确山县、泌阳县、信阳县、桐柏县。
③ 程潜，时任第一战区司令长官；李世璋，时任第一战区政训处长；孙殿英，时任国民党军冀察游击司令；何基沣，时任国民革命军第七十七军一七九师师长。
④ 别廷芳，当时是河南省南阳地区地方实力派首领。

（三）我们现正谋由确、泌、信、桐交界区域向南发展，以恢复过去襄、枣、宜①游击区；向西发展，以求开展豫陕边工作。

（四）决在豫西北、豫西、豫西南各山地造成许多游击基点。

1. 可支援豫东游击运动。

2. 保障洛、潼②。

3. 可打击新由南阳、新重〔野〕直下襄樊迂回武汉企图，成为华中一个最后堡垒。

戊、目前困难问题为缺乏大批干部、经费、有战斗经验的主力部队。毛、洛③等应于最近派抗大毕业学生两三百人来。

己、由于黄河改道，老道河底颇高，日久将有危险。□□□□□，要使晋、冀、鲁三省游击运动的发展不受黄河隔绝，而得到很好的联系与配合，予豫东工作以有力帮助，我们估计在坚持统战工作与组织武装群众、发动广大游击运动的方针下，我们可能到河南与各级军政当局建立某种形式的军事政治联合的统战形式，配合开展游击运动。

庚、要求对我们工作部署以指示，并请将我军一年来在华北作战、豫晋冀察边区壮大的经验教训简单电告，以便有所遵照。

辛、我们仍驻 沟凤辟 确山以西之竹碗〔沟〕镇，省委近亦移来同住。

彭雪枫

灰午

————————————

① 襄、枣、宜,指湖北省襄阳县、枣阳县、宜城县。

② 洛、潼,指洛阳、潼关。

③ 毛、洛,指毛泽东、洛甫（张闻天）。

# 黄道：抗日游击战争的战略<sup>①</sup>

## （1938 年 7 月 21 日）

一般人只是讲游击战术，似乎认为游击战争只有战术问题，没有什么战略问题，这是根本不了解今天抗日战争所处的实际情况。当然如果抗日游击战争只是在近距离直接配合正规军的战役作战，如果抗日战争能够迅速胜利地结束，或者中国被占领地区不大，那就无所谓游击战争的战略问题，而只是起一种战役作战上的配合作用的战术问题。

但是实际情况是这样的：中国是一个大而弱的国家，被一个小而强的日寇所攻击，我们无法在短时间把它的力量全部消灭或驱逐出去，战争便不能不是一种长期性；同时，战争发生在中国领上内，在长期抗战中，不能不有一部分地区，甚至大块的地区被日寇占领，又因为日寇是个小国，兵力一定不敷分配，同时在被日寇占领区域内的四周都是中国民众，对这个凶恶万分的日寇有着深仇大恨，这就能够在距离本国正规军较远，被敌人占领的地区即敌人的后方，产生广大的而又是长期性的游击战争。这种游击战争虽然在整个抗日战争中仍处于

———————

① 见新四军和华中抗日根据地研究会编《新四军将领论抗日游击战》，中央文献出版社 2013 年 12 月第 1 版，第 52—59 页。黄道，抗日战争时期曾任中共中央革命军事委员会新四军分会委员，新四军驻赣办事处主任，中共中央东南分局宣传部部长、统一战线部部长等。

辅助的地位，但已不是直接配合正规军的战役作战，而是在外线单独作战，这就不能不产生游击战争的战略问题。

游击战争的基本原则和整个抗日战争的基本原则一样，这就是，尽可能地保持自己力量，消灭敌人力量。

但这个原则，很容易被人家截取一半来做错误的解释，把保持自己力量看成过去军阀保全实力一样，因而产生不游不击，游而不击的坏现象，其实不只是要保持自己力量，同时还要消灭敌人力量，就是保持自己的力量也不能靠不打仗、不游不击的方式来保持，因如此下去不但不能保持，还会在某种情况下，即敌人大举进攻游击队的情况下，全部归于消灭。究竟应该怎样来保持自己力量与消灭敌人力量呢？简单而正确的一句话，就是从艰苦战斗中去保持自己力量而且发展自己的力量，从艰苦战斗中去消灭敌人的力量，因此，很明白的必须在战略上来执行这个基本原则。

游击战争的战略应该怎样运用，才能执行上面的基本原则呢？

## （一）一切行动要立于主动地位

在游击战争中因为敌强我弱与无后方作战，争取主动地位本来是一个困难问题，但又是绝对必要的，而且也还是充分可能的。因为敌人还有下面几个弱点：第一，是敌人兵力不足；第二，是敌人是异族，并且对我国民众野蛮的屠杀，使广大民众更加拥护游击队；第三，是敌人指挥笨拙。这些都是给予游击队争取主动地位的条件，当然，问题的中心还在于游击队的领导者善于灵活的指挥。

在敌人大举围攻的情况下，最易丧失主动权而被迫处于被动地位，这时在于领导者能够正确地估计情况与正确地处置军事政治问题。怎样确定一个争取主动地位的公式是困难的，这里只能举出一些例子。

例如，当敌人分几路大举围攻时，任何消极的分兵防御以至任何消极的处置或者过分的乐观，对敌人进攻采取忽视的态度都是有害的。主要的在于探实敌人各路兵力，正确估计敌情及一切情况，做积极的处置，有时估计到敌人某一路或某几路兵力薄弱，游击队即可以用少数兵力钳制敌人，而集中力量击破敌人薄弱的一路或几路，以粉碎其围攻计划。如果各路的敌人都雄厚，但兵力不足的敌人，后方一定空虚，则应避开正面，以少数兵力钳制它而集中一部分兵力攻击或扰乱其后方，尤其是重要的后方，迫使敌人不能不向后移动，或分一部分兵力到后方，游击队则乘其移动时乘机歼灭其一部与乘胜歼灭和击溃其几路，这样也能争取主动地位来粉碎敌人的围攻。

如果我们处置错误，或者无法抵抗而更陷于被动地位时，估计必须一走才可转变局面，那时就应三十六计走为上计，迅速脱离敌人，以恢复主动地位。但有时敌人正在兴高采烈的时候，开始转到不利的地位，我们估计到有这种情况时，就应稍候时机，恢复自己的主动地位。

在敌人取守势时，如果指挥错误，也会陷入被动的地位。这就是陷入敌人意图去攻击敌人，而不是使敌人随着自己的意图采取守势。主要的应该根据敌我情况，有计划地去进攻薄弱而又与全局有关的部分，使敌人不能自主地据守。

要想转变敌我形势，争取主动地位，还须灵活的使用兵力，要清楚认识在哪种条件之下，应该分散使用（即所谓分整为零），哪种条件之下，应该集中使用（即所谓分零为整）。当然，这是不能呆板规定的。一般地说，应该在下列情况之下分散使用：（一）敌取守势，暂时无集中打仗可能，对敌人采取更广大正面威胁时；（二）在敌人薄弱的地区，进行普遍的骚扰和破坏时；（三）无法打破敌之围攻，为着减小目标以求脱离敌人时；（四）地形或给养受限制时；（五）在广大地区进行民众运动时；但无论在任何情况之下，应该保持较大的一部于适当的机动地区，不要绝对的平均分散，以便应付可能的事变和使执行的任务有一个重心，同时在分散时应给部队以明确的任务、行动的地区、行动的时期、集合的地点及联络的方法等。（见毛泽东：《抗日游击战争的战略问题》）

集中兵力则一般应在敌人取守势时，为了消灭某些驻扎的敌人，或者在某地敌人前进，估计集中附近的部队可以消灭该敌时而采用，但不能绝对的集中，在集中主力于某一重要方面时，应留置或派出部分兵力，担任钳制、扰乱、破坏等，或做民众运动。（同上）

善于灵活地转移兵力，也是游击战争争取主动地位的主要方法。如果在某地不能和敌人打，或者在这种不利于战斗时，应迅速地转移另一方向去进行有利的活动。有时在某地战斗胜利后，估计敌人可集中更大的力量来对付我们，或者在此地战斗胜利后，又能乘胜攻击别一方面时，就应立即转到别一方面去，有时敌情严重，游击队不能死留一地，应迅速移动，甚至经常移动。但转移兵力应该秘密、迅速，运用声东击西，忽南忽北，即打即离，飘忽无定的办法。移动时间最好在夜间。

只有游击队的指挥者，善于估计战斗情况，灵活地进行分散、集中与转移兵力，才能争取主动的地位以获得不断的胜利。如果呆板、错误，就会陷入被动地位，以致遭受不必要的损失。

## （二）建立和扩大游击战争的根据地

在敌人后方，距离正规军已相当远，甚至很远的地区，要想长期支持与发展游击战争，没有根据地是不可能的。因为这些地区的游击队要在全国的战略反攻以后，才能和正规军及全国各方面部队取得密切联系，在没有进行全国的战略反攻以前是被隔断的。所以必须在这样的地区，独立地进行长期的残酷的游击战争，变敌人的后方为前方，使敌人在其占领区域上不能停止战争，这就需要建立根据地，以便执行自己的战略任务，达到保存与发展自己，消灭与驱逐敌人。

要在怎样的地方去建立抗日游击战争的根据地呢？第一，是山地。山地建立根据地的有利，谁都可以明白，但绝不能解释为上山主义，只是躲在山里不动，而是依靠山地为基点，开展抗日游击战争。第二，是平地。这当然差一些，然而绝不是不能发展游击战争和建立根据地的。虽然不能建立长期支持的根据地，但建立在某一时期的临时根据地是可能的。因为敌人兵力不够分配，只要指挥适当，获得广大人民的拥护，就可能建立根据地，并可能建立非固定的长期根据地，在必要时，可以转移到山地去。第三，是河湖港汊地。这比较山地差，但比较平原地带的可能性却大，主要还是要看主观条件来决定。

根据地必须是在敌人占领地的中间未被敌占领的地区，在这地区内，统治权完全属于中国，游击队即依据这个根据地来发展游击战争。此外还有一种地区，敌人可以来，我们游击队也可以去，敌人来时属于伪政权，我们游击队去时属于游击队，这就叫作游击区，这样的游击区内可以建立较小的临时的根据地。但经过相当时期的斗争，消灭了敌人力量及有很好的民众工作以后，就可变为比较稳固的根据地。

建立根据地是一种艰苦的工作，绝不是几纸"等因奉此"的命令或者任何官僚主义的方式所能奏效的。如果领导错误或敌人施行强大压力时，可能使根据地完全坍台，但若领导正确，只是敌人施行强大压迫，虽然根据地会受到损失，还是可以改变为游击区，而且敌情一松动，又可恢复过来。游击区也同样如此，如果领导错误或敌人施行强大压迫时，可能变成敌人比较稳固的占领地。

游击战争指挥者的任务应该是巩固根据地，变游击区为根据地，变敌人掌握着的地区为游击区以至变为根据地。换句话说，我们要尽力缩小敌人与伪政权掌握着的地区，扩大我们的根据地和游击区。

没有一个主力部队，没有广大民众的拥护，建立根据地是不可能的。如果要领导游击战争，首先就应该用全副精力去建立一支以至多支的游击部队，并使之巩固和发展以至成为正规军。这个游击部队必须积极地去打击敌人，向外发展，扩大根据地和游击区，不游不击、游而不击的保守主义是无法保障根据地的巩固的，扩大当然更谈不上，甚至还会全部坍台。同时还有一个最重要的条件，就是用一切力量去发动民众的抗日斗争。在根据地内，必须把所有民众组织起来，如建立工人的、农民的、青年的、妇女的、儿童的、商人的、自由职业等的各种组织。但绝不能采取统治的方式、命令的方式，或者一个领导者一身兼各组织的领袖的包办方式，这种方式只适宜于压制民众，绝不适宜于发动民众进行抗日战争。要真正发动民众、组织民众，必须给民众以自动发表意见、自动组织的机会，提高民众的政治觉悟与战争情绪。只有民众自觉抗日是他自己的事情，自己有权过问和应该过问时，才能发扬民众伟大的力量。在根据地的民众，更须尽量地武装起来，组织自卫军与游击队，配合整个的游击战争，同时运用民众的力量才能肃清根据地内公开或隐藏的汉奸势力。

在游击区内，同样应该进行发动民众，组织民众和武装民众的工作，但在这里因敌人也可以来，为了预防敌人的摧残，必须进行秘密的组织民众和武装民众的工作，以便在我们游击部队去时可以配合游击部队的行动。在敌人来时，仍然可以保存，不致受到摧残。

在根据地内，必须巩固抗日民族统一战线，团结一切抗日力量去对付日寇与汉奸，防止任何分裂和自相冲突的现象。对工农群众的生活，应在可能条件下，加以改善。经济政策同样应执行抗日民族统一战线，应该实行"有钱出钱"的合理负担，但农民亦须在他们民族觉醒的热诚下，发动其自愿供给一定限度之粮食。对于商业，必须加以保护，除有真凭实据的汉奸外，不能乱没收一家商店。总之，要使根据地内各阶层民众除汉奸外，都能一致地团结起来。对于汉奸活动，应彻底肃清，主要的要依靠民众的力量，同时，必须有真凭实据，不能随便以汉奸罪名加在任何人的头上。

对于根据地，应从军事上（加强游击队的训练，组织与训练地方武装），政治上（发动与组织民众，团结抗日力量，肃清汉奸），把它巩固起来。但应该"巩固地向前发展"，贪图一时苟安是有害的，只注意发展而忘却巩固也是有害的，必须兼筹并顾，依照情况，把某一时期的重心放在巩固方面，而另一时期又放在发展方面，才能使根据地巩固大起来。

### （三）游击战争的战略防御与战略进攻

我们一刻也不能忘记，游击战争的根据地是处在敌人的包围中，敌人必然采取围攻的方式来消灭这个根据地和游击队。尤其是当敌人停止对我全国的进攻采取保守其占领地方的方针的时候，这个围攻将更加厉害。游击战争的领导者必须时时刻刻做粉碎敌人的准备，麻木不仁的结果，必然会在敌人围攻前面惊慌失措，以致被敌人击破。当敌人大举围攻时，必须用一切力量来保卫自己的根据地，粉碎敌人的进攻，但因为游击队比敌人弱小，单纯的防御是要失败的，必须采取反攻的方式来打破敌人的围攻。如果敌人分兵前进，我们决不应分兵堵截，我们应以次要的兵力钳制敌人几路，而以主要力量用埋伏袭击的方式来打击敌人前进之一路；使敌人遭受打击后，不能不中途撤退或者慌乱起来，我们再给以各个击破。当着敌人占据我们根据地某一县城或市镇乡村时，我们便发动民众配合游击队把它四面包围起来，断绝其粮食与交通联络，使它无法支持而退却，我们再乘其退却而追击之；一路打破以后，又迅速转移兵力打破敌之另一路，这样各个击破敌人的围攻。如果敌人进来后盘踞不去，则应以主力袭击敌人的根据地，在敌人根据地一带，大肆活动，以引致敌人撤退。主要的一个问题必须时刻注意着，就是保卫根据地，打破敌人围攻的斗争，不能单靠武装部队，必须把民众全体动员起来，帮助和配合游击部队的行动。在这时候，应发动民众严厉对付汉奸的活动，使敌人得不着我们的消息，同时厉行坚壁清野，使敌人得不着粮食给养与民众的任何帮助。

当敌人的进攻被打破以后，新的进攻还未开始时，我们应采取战略上的进攻，乘势消灭和驱逐能够吃得下去的敌人或汉奸武装，发动敌人及伪政权掌握地方的民众起来进行抗日斗争，组织新的游击队，扩大根据地或创造新的根据地。另一方面应乘此时加强对游击队的训练、补充，增强游击队的力量，这个时期，应该严厉防止因胜利而骄傲、得意忘形和图一时的安乐把工作松懈起来。

### （四）向运动战发展

在不断的战斗中应尽力号召人民参加游击队，使游击队在战斗中扩大起来，同时尽力组织许多新的小游击队，在必要时把它集中起来。但这种集中应该是从政治上动员，使其自愿地集中，不能用单纯的军事命令来集中。要不断地采用这两种方式来扩大自己部队，使其逐渐形成一个能够执行运动战的主力，但不应把所有小的部队都集中起来，取消游击战争；环绕这个主力还应有许多游击队与游击战争。

不仅是数量上要逐渐构成一个执行运动战的主力，而且应该在质量上加以改进。在政治、组织、装备、技术、战术、纪律上都要使其逐渐向着正规军转变，减少游击队的作风。但这需一个长时期的努力过程，需要游击战争的领导者努力于这一任务，才能使游击战争向着运动战发展。

# 滕代远：关于新四军消灭汉奸武装给朱德彭德怀电[①]

## （1938 年 7 月 27 日）

朱彭总副司令：

我四军张团一部于删日[②]在下蜀街附近消灭汉奸武装孟谢两部约百人，获步枪六十余支、轻机二挺、子弹千余发。

滕[③]

感 申[④]

---

① 中国新四军和华中抗日根据地研究会新四军图书馆馆藏资料,南京军区司令部战史编辑室编:《抗日战争新四军电报汇集》第 3 册,第 5 页。

② 经查:张团一部应为新四军一支队以张正坤为团长的第二团;删代 15,即 7 月 15 日。

③ 滕:滕代远,时任中央军委参谋长。

④ 感:27 日。申:15—17 时。

# 毛泽东等：关于救济贫困干部家属办法致电八路军前总和新四军①

（1938 年 7 月 31 日）

八路军前总和新四军：

为了解决许多干部家庭生活困难，各部队依据财力，给干部家庭困难的以适当救济，其意义在于表示党和共产主义同情关怀，减除某些干部对家庭问题的顾虑，借以提高其积极性。救济标准规定有三年斗争历史的连以上的干部家庭生活不能维持或遭意外损失，经本人请求救济者，每人以 20 元至 50 元一次为限，有特殊情况或请求连续救济者，由师以上政治机关酌情办理。指出每月必须规定最高限度的抚恤金额，并规定办理此项救济事业的机关，超过预定金额时即移至下月。办理此项金额，在各兵团经常费用下开支。最后指出驻延安的机关、部队、抗大及后方各留守兵团的每月抚恤金额暂定 1000 元，前方自行规定。此项工作由各级政治机关负责办理。

毛泽东 谭政

一九三八年七月三十一日

---

① 见姜思毅主编：《中国人民解放军大事典》，天津人民出版社 1992 年 6 月第 1 版，第 399 页。

# 新四军政治部训令：全军政治工作会议总结①

## （1938 年 8 月）

  兹整理印发全军政治工作会议总结公布之，以为全军目前政治工作建设及战时政治工作执行之准绳。深入传达这一总结到全体政治人员中去，并保证彻底实施。

  依据这一总结，有计划的分别检查各部门的政治工作，以求改进。

  此令

军政治部主任袁国平　副主任邓子恢

  军政治部于六月十七日至十九日，召开了全军政治工作会议，详细检阅和讨论了本军的政治工作。兹将这一会议的总结，发布如后：

  一、过去政治工作的检阅

  自本军成立以来的政治工作，在军分委会坚强领导之下与同志们的共同努力，获得不少的成绩，使全军政治工作在不断进步之中，并建立起初步的基础。政治工作基础初步的建立，这表现在：（一）部队中发展了大量的党员，建立起了每一个连队的支部组织与工作。

---

  ① 见《中国抗日战争军事史料丛书》编审委员会著：《中国抗日战争军事史料丛书·新四军·文献(1)》，解放军出版社 2015 年 12 月版，第 161—170 页。原注：此文收入本书时，略去了第 3 个问题中的第 3 条。

（二）最大部分干部是政治坚定，经过长期斗争锻炼的，保证树立起政治领导的骨干。（三）建立起了各级政治机关与自上而下的政治系统和经常的政治工作。

在上述的基础之上，政治工作已获得一些显著的成绩。主要成绩是：不间断地在部队中进行了发扬革命传统精神的教育和党的统一战线的教育，坚持与各种新的动摇倾向和游击主义、军阀残余及曲解党的新政策等不正确倾向作斗争，基本上保证了部队思想上的一致，保证了部队从游击队迅速编成正式的军队，提高了部队抗日的认识与战斗的热情，保证部队很快开上了前线，并开始直接参加战争，在建立军队纪律生活方面获得不少成绩。此外，在巩固部队，争取居民，团结友军，发扬学习情绪，提高军事、政治、文化水平诸方面，均曾获得相当成绩。

但是，大会指出，这些成绩是不够的，特别在今天战争形势的发展与本军任务的重大，政治工作还远落在这一客观形势的后面，还不能满足本军任务的要求。

由于部队成立历史的不久和政治工作本身方面努力得不够，直至今天，全军政治工作还处在开始建设的阶段中，政治工作仅是建立起初步的基础，而且这一基础是很弱的。这主要表现在：（一）党的质量的提高赶不及数量的发展，党在连队中领导的力量薄弱。（二）政治教育在全军还未能依照确定方针有系统而又有方法的深入实际进行，教育指导与检查制度并未能健全建立。（三）干部政策在全军尚欠深刻的了解与全部正确执行，致干部积极性未能最高度的发扬，干部团结还有弱点，特别是争取与团结新来的干部，个别干部逃跑与堕落倾向还表现得非常严重。（四）政治机关还不健全，连队政治组织还不统一和强固，政治制度还未明确的确立，政治干部的本身许多政治上、能力上还是很弱。正因为有这些严重的弱点的存在，所以政治工作在保证巩固部队，提高军事技术，促进军队建设诸方面，还没有获得应有的成绩，并且还常常暴露极严重的弱点。

正确总结过去政治工作的成绩与缺点，是为了学习过去的经验教训，把本军政治工作大大的向前提高一步，以加速度完成政治工作的建设，为创造铁的新四军而斗争。

二、本军政治工作的基本方针与任务

政治工作是革命军队的生命线。提高全军对政治工作重要性的认识并吸引全军指战员热烈参加与拥护政治工作的建设，对于推进全军政治工作是有重要的决定意义。

本军政治工作的方针：在保持与发扬过去优良的革命传统，忠实地执行统一战线，保证军队政治团结与战斗力的加强，为争取抗战最后胜利和中国革命彻底的民族解放与社会解放而奋斗到底。

依据本军过去三年游击战争所处的特殊情况，和平后新的成分的增加，集中训练的时间的不久，江南统一战线环境的实际情形，以及本军在江南开展游击战争的特殊任务，等等，本军政治工作，应该注意从政治上反对新的环境中新的动摇和堕落腐化倾向，保持与发扬革命的优良传统，反对军阀残余、游击主义、农民意识、小资产阶级意识以及曲解统一战线和高〔傲〕慢主义的宗派倾向，并特别注意反托匪、汉奸斗争，提高部队警觉性。

政治工作具体任务的规定和领导方式、工作方法的采用上，也必须准确估计到上述特点，灵活运用八路军经验，不要机械搬用别一部队的经验到另一部队中去，并注意学习与创造新的领导方式和工作方法。

目前，政治工作在基本任务上应注意以下工作：

（一）健全党的工作，提高党的支部在连队中的领导作用。一切支部任务应为巩固部队，巩固纪律，提高战斗情绪，提高政治、军事、文化水平，保证战斗任务完成，尽最大的努力。支部为达成上述任务，首先教育自己的党员成为最好的群众模范，每一个党员都应是刻苦耐劳、工作紧张、努力学习、遵守纪律、尽忠职务、勇敢作战的模范指战员。同时，支部应动员全体党员深入群众，经过政治工作，从政治上领导全体指战员自觉地为达到任务而奋斗。继续努力发展党与严密党，不让一个有入党条件的前进分子站在党外，不让一个投机分子混进了党。支部要把征收党员当作经常工作，纠正发展党的突击方式。要在群众中不断扩大党的影响，提高党的威信，在群众中造成入党要求，并培养群众中的前进分子逐渐取得入党条件。为了严密党的组织，必须严格执行入党手续和候补期规定以及切实执行介绍人对被介绍人的负责制。在这里，一方面要反对关门主义，一方面要反对违背组织原则的拉夫倾向。

加强党员教育，培养每一个党员具备共产主义的思想和布尔什维克的党的组织观念，并教育党员深刻了解目前党的主张与策略路线，以及党员在军队中的责任和工作。

党的支部生活，应该更加充实起来，在支部中应该重视政治问题的讨论，并使之与连队实际问题的讨论联系起来，纠正过去支部生活中烦琐的事务主义的倾向。

依据党的民主集中制原则和估计军队环境特点，正确建立党内的民主生活。目前，首先应纠正完全以行政的工作方式代替党的工作方式，或者借口军队环境，完全取消了党内任何民主生活的倾向。应该在一般的情况下，做到支部、总支部的定期改选，并在定期改选大会或代表大会上，充分发扬党员发言的积极性来检讨党的工作。支委与总支委，应切实建立起集体领导，纠正支书或总支书个人包办一切倾向。

充分发展党的自我批评精神，深入开展支部中的思想斗争。在思想斗争中应抓紧原则性，纠正技术搜刮的偏向，思想斗争的目的，在克服一切不正确的倾向，巩固党内团结与思想上一致。因此，在严肃批判中，同时注意耐心地解释和说服，以帮助犯错误同志真正了解和改正错误。斗争方式，应根据每一个同志的政治水准程度及问题的大小等实际情形，分别采取最适当的方式进行，纠正平均主义的一般方式。在这里，一方面应反对自由主义倾向，另一方面也应该反对扩大化，把小的错误当作大的错误。

巩固并提高党的纪律。首先应该着重党的自觉纪律的教育。党的纪律的执行是严肃的，同时也应该是慎重的，反对放任倾向，同时反对滥用纪律。在这一方面应该严格遵守党章和党务委员会的决定。

（二）正确执行干部政策。从政治上深入了解各级的干部，每一个干部的认识，应注意全面的研究，不要忽略了干部过去的斗争历史，但不要只看过去历史，而忽略了他们现在的政治表现，并且要注意从工作中经常注意每一干部的进步及其新生的倾向。

对于干部的提拔与调动，应一律经过政治上的一切审查。选择干部的主要条件是政治坚定，是忠实于革命的利益，并能遵守纪律，取得群众信仰和有独立自主的工作能力。所以干部的分配使用，除政治条件外，同时应估计到干部的能力与兴趣，使能充分发扬其聪明才智和最高度的积极性，来为革命服务。在这一方面，应在一定限度内注意倾听干部自己的意见。

加深干部政治教育，并按级对所属干部进行经常的个别教育与工作的指导，不断提高干部政治素养与工作能力。

在干部中，应发扬艰苦耐劳的光荣传统精神，克服干部中个别腐化堕落与个人主义的倾向。在组织内，应注意了解每一干部实际的困难，并在可能范围内适当帮助解决，纠正对干部困难漠不关心的态度。

培养干部应成为全军的重要任务。一方面在工作中不断培养干部，一方面有计划地办教导营、教导队。送教导营、教导队学生，应保证是优秀分子，打破本位主义及对这一工作的忽视。

在目前统一战线环境和民族革命战争中，应该同时注重非党干部培养与争取，并很好地团结他们，使〔他们〕竭诚地自愿地献身抗日战争并为革命牺牲奋斗到底，纠正在这一方面的宗派主义的倾向。

加强干部中政治团结，提高干部对革命的基本观念和干部间的互相信任。注意每一个干部的爱护，但同时要纠正用感情物质手段任用私人，拉拢干部，以达到培植个人势力的不正确倾向。

"干部决定一切。"干部政策的正确执行，对于巩固部队团结，发扬干部积极性，推进全军政治工作建设和一切进步，将起着决定的作用。

（三）深入政治教育。政治教育非常重要。持久的战争仅仅是依靠一时的热情是不够的，它需要每一个战士有远大的理想，坚定的意志和坚持为自己的理想牺牲一切、奋斗到底的决心，直到革命最后胜利。要达到这样的目的，就必须在部队中有系统地建立起经常的深入的政治教育工作。

政治教育的方针，应该以阶级教育为基础，培养每一个战士都具备伟大的政治理想。民族的教育在目前应该特别重视。但是，它应该与阶级教育联系起来，纠正忽视阶级教育与偏于狭隘的民族主义的倾向。

此外，应该根据军事化的原则，经常从政治上教育指战员，了解军队建设中的重要问题，如军队政治工作的重要、什么是自觉的纪律以及学习战略战术的政治意义，等等。

政治教育的进行，应注意理论与实际打成一片。理论的研究应联系到实际问题，实际问题的讨论应提高到理论的水平。反对轻视理论的狭隘经验主义，同时，也反对脱离实际的清谈倾向。教育方法须彻底改善，纠正目前很普遍的注入式的教育和形式主义的教育，要做到内容少而精，以求切实深入。因此，以后应重新审定教材，统一教育计划，改善教学方法，建立教育准备会以及确立自上而下的教育检查与指导制度。

干部教育应特别重视，并按程度组织各级研究班，照军政治部从前关于干部教育训令切实执行。

文化水平提高，对于政治教育推行关系极大。因此，在全军应继续开展与深入识字运动和学习普通话的运动。

（四）确立政治制度与健全政治工作系统。根据政治工作的方针，确立全军政治制度，保证政治部成为政治领导机关。政治部应有其独立的政治组织系统与政治工作的指导系统。

健全政治部、政治处的组织。政治人员应该在政治上经过严格选择，政治干部应该是政治上最坚定，并能忠实执行党的政治路线，并从组织上建立起政治机关的集中指导，科学分工与个人负责制。

政治机关应与连队保持最密切的联系。政治人员应深入到连队中去，加强连队政治工作的领导。

部队中的政治组织与各级政治机关的编制，应按新的规定统一起来，并从工作中实际建立起它们的作用。

正确建立起政治机关与军事机关各部门的密切关系，以保证政治工作与军事工作的密切协同和配合。

以最大的努力教育政治干部，培养与提高政治干部，特别指导员的政治素养和工作能力，并不断培养与提拔新的政治干部。

从政治上提高部队对政治工作的认识，并经常注意吸收全体指战员参加政治工作，使推进政治工作成为群众运动。

三、坚持江南抗战中战时政治工作的任务

第一，三期战争已经开始，本军任务在积极开展江南游击战争，创造江南抗战根据地，把敌人的后方变为抗战的前线，以达到团结友军，发动民众，坚持江南抗战，为保卫武汉，争取三期抗战胜利，争取持久抗战的最后胜利而奋斗。

在"保卫武汉""坚持江南抗战""创造江南抗日根据地"以及"为争取第三期抗战胜利""为争取持久抗战最后胜利而奋斗到底"等中心口号之下，深入部队中的抗战政治动员，大〔幅〕度提高抗战热情、作战勇气、牺牲决心和胜利信心，以保证每一个战斗任务完成和争取不断的胜利。开展江南胜利的游击战争，在战争中应该百倍巩固自己部队，克服部队中逃亡现象，并预防战时临阵脱逃以及自伤装病等变相逃亡现象；同时，严格注意防止敌人、汉奸、托匪在战区勾引和破坏我们军队的阴谋。在战时，对于逃亡的组织者、煽动者及个别火线上叛变与拖军器逃亡等分子，均应从政治上提起群众更高警觉性，并遵照战时法纪严厉制裁之。

为了提高部队战斗力，保证争取战争的胜利，从政治上发扬部队努力学习战略战术，对于我们有非常重要的意义。政治工作在这方面应有最大的努力，保证一切军事教育计划的完成，造成部队中热烈学习战术群众运动。

继续努力巩固与提高部队的纪律，特别注意进一步进行对部队中一切战时纪律的教育，以保证部队与战区居民的密切合作，坚决执行战时一切命令，尽忠每一个人的战时职责，坚决完成战斗任务，并切实遵守战场上的一切纪律，如不得自由退却、自由离开火线、丢弃武器、泄露军事秘密以及不得杀害俘虏等。

不断注意自己部队的扩大，但扩大部队的实际进行，应在上级司令部、政治部统一筹划之下去进行，反对各自为政的现象。扩大部队并应注意成分选择、来历审查、体格检验，经过充分宣传鼓动和一定期间的新兵训练才发给武器，编入到战斗队伍里去。

第二，开展江南统一战线，加紧战区群众运动，为建立抗战根据地而奋斗。

在总动员保卫大武汉、保卫江南、实行全面抗战、"救国救乡救自己"、"誓死不做亡国奴"、"争取持久抗战最后胜利"等口号下，扩大与深入战区的群众动员，发动与团结各阶层民众一致起来参加抗战。

群众运动总的方针，应在抗日高于一切，一切服从抗日，一切为了统一战线，一切经过统一战线的原则下去进行。具体策略路线，遵照项副军长编发战区民众动员小册子去进行。

目前，在敌人后方挺进部队民运工作任务，中心在推动与促成各党派、各界、各军与各地民众团结抗日，发动民众配合军队作战，努力培植与发展民众武装，争取一切武装部队对日作战的共同行动，广泛开展群众游击战争，摧毁一切敌伪政权，把敌人后方变为抗战前线，为艰苦创立抗战根据地而斗争。抗战根据地的条件，应在巩固并扩大统一战线，充分发动与深入群众救亡运动的基础上，普遍地组织各界群众，普遍地武装群众，并有计划地培植基干的群众武装，健全与充实各级动员会和政治机构，彻底实施抗战建国纲领与一切有关抗战的法令，彻底摧毁敌伪政权，肃清敌人、汉奸与托匪的一切力量，特别是他们的武装力量，在一切为了抗战胜利的口号之下，动员全民积极参战，实行有钱出钱，有力出力，有枪出枪，有知识出知识，一致抗日。切实保证军民合作，争取不断的战争胜利和广泛发展群众的游击战争，努力巩固前线，巩固后方，把敌人后方变为抗战前线，并不断向敌人占领区域扩大我们的根据地。

为完成上述任务，应加紧部队中统一战线的教育，健全连队中的民运组和提高连队在居民中的纪律与宣传组织作用，加强政治机关对民运工作的领导，健全各地工作委员会与工作团，并与地方党取得密切联系，去进行大批培养当地干部，依靠当地干部建立核心的领导组织，深入地方工作。

此外，应加紧注意巩固与一切友军的亲密团结，用自己模范的战斗胜利与模范的纪律行动，推动和争取他们与我们在各方面亲密合作和协同作战，以至推动他们自觉的建立军队政治工作，提高纪律与改进战略战术等。

四、领导方式与工作方法

（一）建立政治机关，自上而下的集中指导，以保证政治工作方针与路线的一致和作风的统一，并提高政治工作的计划性与准确性，纠正目前某些各自为政现象。但正确的集中指导，不应该限制与干预下级工作的自动性，相反的，他应该在总的方针之下，更加发扬下级的自动性。

（二）政治工作的重心应放在连队中去。目前，健全连队政治工作的中心任务，是加紧培养连指导员的独立工作能力，坚强支部在连队中的核心领导作用，健全救亡室组织，建立与开展灵活的课外工作。政治机关应在面向连队、面向支部的口号之下深入连队，帮助与指导连队政治工作的建立与健全。

（三）政治工作应注意平衡的发展，对于特别薄弱的部门尤应加强领导，以保证在一定期间获得决定的转变与成绩。目前，应克服各直属队某些部门政治工作落后的现象，对于电台、卫生、兵站、军需机关政治工作，应该注意使之健全起来，以保证通信联络、卫生经理、运输交通和各后方勤务部门工作的健全。

（四）注重具体领导，纠正平均主义的倾向。除必须的一般工作指导检查外，应注重每一件工作（如教育工作、党的工作或课外工作等），或某一连队工作的专门检讨与具体指导，以求得工作上的切实进步。

（五）战时政治工作，应特别注意适合情况。为达此目的，应注意培养政治人员，熟悉军事，加紧战时政治工作原则教育以及上级政治机关随时准确估计情况，及时给予下级以适应情况的必要的具体工作指示，并特别注意与军事机关和军事人员取得密切的工作协同。

（六）工作中应该兼备经常的紧张性和机动的突击性，以保证政治工作不间断地进行和适应情况变化的需要。这一方面，须要随时抓紧基本工作，不断加强政治工作的基础；另一方面，可能及时抓住某一时期的中心工作，不失时机地保证在一定期间完成一定的任务。

（七）培养与提高政治人员的模范作用，养成政治人员勇敢负责、刻苦耐劳、遵守纪律、虚心学习、深入群众的作风，并严格遵守工作纪律，坚决执行上级指示和尽忠自己的职务，不怕困难、不辞艰苦地努力完成自己的工作任务。

# 下蜀街铁道之破坏及卫岗之处女战①

## 粟 裕

## （1938 年 6 月 17 日）

## 一、由李家山至下蜀街破坏铁道之全般情形

### （一）受领之任务

余于十一日午后，奉军座转来司令长官顾②电令开：着该军派员一部挺进于南京、镇江间破坏铁道，以阻京、沪之敌，务于三日内完成任务，否则严厉处分，并将敌情随时具报，等因奉此。着该员即率先遣队及一支队各部（共四个连）并电台一架，即由现地出发，务于三日内到达镇江、龙潭间，完成破坏该段铁道之任务，并将战况及敌情随时具报，此令。

---

① 见《中国抗日战争军事史料丛书》编审委员会著:《中国抗日战争军事史料丛书·新四军·文献(1)》,解放军出版社 2015 年 12 月版,第 132—140 页。文中的"卫岗"均为"韦岗"之误,下同。

② 顾,指顾祝同。

## （二）电前之敌情

当月六日，友军之七十六师之龚旅向天王寺进攻后，次日，天王寺增敌至二百余；溧水增敌至六百余，并于九、十及十一等日有敌百余进扰徐溪桥、张官塘、六家庄一带；句容城亦增敌四百余人；淳化镇、秣陵关、禄口、汤水镇①之敌仍旧；而龙潭镇有敌四十余；仓头、下蜀、桥头各有敌二十余人；高资敌亦有三十名，其余各方面敌情不明。

## （三）破坏铁道前之行动经过

当月之十一日午后四时，由李家山出发，本拟当晚即通过天王寺与溧水间之公路及新桥东北五里之五村，为七十六师之龚旅警戒所阻，虽经直接之交涉仍无效，直延至三小时之久，而［时］间已夜深，路滑难行，不能于天明前通过公路线，不得已仍在王庄宿营。次日（十二日）为保守秘密，亦不能白昼通过公路线，至午饭后始由王庄出发，经过三晚之夜行军。途因电台灯泡烧坏不能通报，为方便行动计，则派兵一连掩护电台东去，靠茅山休息。其余部队于十五日拂晓前，始抵句蜀公路以东之徐家边隐蔽。

## （四）破坏京镇铁道工作之进行

部队进至徐家边后，得悉龙潭至镇江段并未增加敌人，而下蜀街之敌，夜间则移驻其以西两里至火车站及庙内，并构有普通之高胸墙工事及简单之铁丝网。部队遂于当日（十五）午后四时出发，晚十时始达下蜀街。我们因所带之爆破材料不能用，除以一个连向西两里火

---

① 汤水镇，指江宁县汤山镇。

车站之敌警戒，于必要时采取佯攻以掩护破坏外，另以一个排向东警戒，其余部队则全部以手工进行破坏外，经指战员四小时半之努力及当地人民之帮助，乃将铁道、电线破坏至四十米达之长。然后令警戒部队向火车站之敌攻击，因敌固守，我未强攻，乃安全撤退至下蜀以南二十里之东谢村宿营。是日（十六）午前八时，敌火车一辆驶至该处出轨。随后，敌增来七卡车至该处示威并修理被我破坏之铁道。

### （五）破坏铁道之检阅

1. 优点

（1）部队虽经三晚之雨夜行军，已十分疲劳，仍能抖擞精神，继续于第四晚完成破坏任务，且情绪表现仍很高涨。

（2）破坏了京镇之铁道交通，予敌人后方极大威胁。

（3）完成了顾司令长官给我们之初次任务。

（4）散发了很多宣传品，大大地扩大了本军政治影响。

（5）提高了部队游击战的信心。

（6）当部队撤退时，号召了千余群众逃走，免遭敌蹂躏。

2. 弱点

（1）部队没有完好的爆破材料，准备也不充分，致收效太小。

（2）夜间动作尚欠妥善，特别是有少数战士，初到铁道旁时不沉着，且警戒也配置不当。

（3）部队进行工作时尚不静肃。

（4）部队手工的破坏能力太差。

3. 特别说明的事件

（1）当晚的主要任务是破坏铁道，故敌虽只二十余固守火车站，我未先攻，以免敌人过早发觉而妨碍主要的破坏工作。

（2）在此次行动中，完全采取夜间动作（三天雨夜行军），行动秘密，故能顺利达到预定地点，以遂行任务。

（3）爆炸材料之未准备妥当，是由我军材料缺乏，且奉命后仓促出发之故。

（4）电台灯泡中途烧坏，致未能适时通报，但如仍令随部队行动，反有妨碍，故此留下未带，才使行动迅速。

## 二、卫岗之处女战

### （一）敌情及决心

#### 1. 当前之敌情

当我们将下蜀街之铁道破坏后，京敌即于十六日八时增来七卡车，汤水①、桥头、高资各点亦稍有敌增加，于次日（十七）搜剿东谢、西谢及普渡桥一带之企图。至于镇句公路，则每日有敌汽车通行达五六十辆之多，其通行时间，从午前八时至九时及午后四时前后为最多。其余各方情形仍如旧。

#### 2. 战斗任务之确定

为积极打击敌人，以开展江南游击战争，而加倍地完成顾司令长官给予我们的任务，同时又可避免敌人之突击起见，决定将部队即日（十六）转移，拟于十七日在卫岗以南赣船山口伏击敌人运输部队，求得以小代价而取得大的胜利。

#### 3. 部队之动员及编成

各部队之指战员自十一日晚起，连晚之雨夜行军及繁多之侦察警

---

① 汤水，指江宁县汤山镇。

戒，已十分疲劳，且病员增加至十余人之多，如全部参加战斗，不仅迟缓行动，而且会影响战斗。且当十六日晚，天雨如注，不便夜行，乃至杜村宿营。当晚即进行动员，由各连各选步兵两班，侦察连则加选短枪及轻机枪各一班，各班均配以得力之榴弹手。经多番解释与鼓动，并告以打击汽车应注意事项。至次晨（十七）二时，即冒雨分途出发。各部未参战之部队及行李、病员等，则另派员率领，取道徐家边、小芦荡、大西庄、神巷，经赣船山以南之东昌街、南青山镇，到达上元庄附近停止待命。参战部队则另行取捷道出发。

## （二）战斗行动及经过（附战斗要图）

由各连选出之参战部队，计由步兵六〔个〕班，轻机枪一〔个〕班（枪两挺），短枪一〔个〕班组成。参战部队由余率领，于十七日晨二时出发。先遣头派以短枪之便衣队，即经徐家边、小芦荡（仅距预定战地八里）稍事停止，再行鼓励与具体分配各部之动作任务，旋即继续出发。于午前八时经由 K 点到达 F 点时（如附图），即瞭见汽车一辆自句容向镇江北驶，我军因距离太远，未发动射击，敌车即驶去。旋于八时十分，我先头之侦察班经由 C、B 点到达 L 点时，余率轻机枪一挺进至 B 点时，敌先头之第一辆车即自镇江南驶，侦察班乃遵所嘱，即行隐伏，让敌车通过，以截其后退。贻〔迨〕敌车进至 B 点时，我机枪尚未布置完毕，即于仓促间向敌车头射击，遂将敌车汽缸击穿，但敌车仍向前猛驶，直行约里许至 E 点时开始停止。我后续部队尚未到达，致使敌车乘员全部逃走，仅截获邮件一车。随后，我后续部队赶到，即以两个班进占 H 点，向句容方向警戒并准备截敌汽车。约过六七分钟后，敌第二车（军官包车）当其进至 B 点时，经我军以机枪、手榴弹猛轰，首先将其驾驶员击伤，于是敌车即倾覆，翻入 B 点以西之水沟中，随即我军将敌已负伤之驾驶员击毙，次则与其战斗之日军①，其另一名则乘混乱之际潜伏车底，贻〔迨〕我军近前护〔搜〕查车内物件及准备烧该车时，潜伏车底之敌即乘机将我军战士刺伤，于是大家在仓促之际，群起用枪向敌射击，遂将该车下之敌击毙，后查明系敌上〔大〕尉梅泽武四郎。但在战士混乱射击该敌之际，竟有人误毙战士一名。随在土井身边缴获手枪、军刀各一，并在车上缴获保险箱一只，计日钞洋七千元。又历时约五分钟，敌第三、四、五车连续而至，共载敌约三十余名。第三车被击于 B 点以北，第四车被击停于 E〔L〕点，而其第五车乃自行停止于 G 点，故我 B 点之轻机枪火力所不能及，而车上之敌均下车潜伏于路之两侧草丛中，向我方射击，以阻我军前进。于是，我军另一机枪占领 D 点，实行瞰制射击，始将敌全部击溃，计毙敌十三名，伤敌七八名。但敌之第五车因我机枪火力所不能及，而首先潜在 A 点之我方便衣队亦因火力太弱（驳壳），不能阻止敌之后撤，故敌之第五车仍得以装载伤兵数名

卫 岗 战 斗 图

---

① 原件此处似有漏句。

逃回，而敌之残余步兵，则行公路西沿之水沟中泅水逃回。战斗历半小时，至此乃告结束。除缴获步枪×支，手枪、军刀各一，钢盔数顶及日钞七千余元外，另有军用品四车。

### （三）战斗结束

敌军第五车及残余步兵逃回后，即令部队清扫战场，收集军用品及击毁四汽车。因我方人员太少，将车上之物大部毁弃，部队除担自己之伤员外，仅取回一部重要之军用品，旋即分路撤退到上〔元〕庄与其余未参战部队会合，并烧茶饭给部队吃及做战后动员，再继续行动。因当我军刚撤离战地约四里时，自镇江增援之敌，大致估计有十七卡车又坦克一辆赶至战地，大肆轰击并将附近房屋焚毁，随后，敌机三架亦赶来盘旋，低空侦察，但我军已安全撤退也。

### （四）此次战斗的检讨

1. 胜利的意义

（1）这是本军出动江南的处女战。这一胜利，真是旗开得胜，因此，大大地提高了战斗情绪及本军的战斗政治影响。

（2）自南京失陷后，江南广大人民未见过中国军队，更未见过中国军队的胜利，这次战斗大大地兴奋了群众。

（3）战区司令长官给我们的任务，只是破坏京镇铁道，但我们不仅完成了破坏铁路的任务，而且更加倍地取得了战斗的胜利，这使本军提高了在抗战军队中的地位。

（4）打击了日寇横行无忌的行为。

2. 我们的优点

（1）士气的旺盛，在数夜急行军及大风雨之中全身尽湿，仍然勇气未减，且能与敌肉搏。

（2）机枪于仓促之间对敌实行纵射，收到了效果实大。

（3）行动做到了飘忽，尚称秘密，尤其雨天少人外出更为秘密。

（4）天候大雨并有雾气以及地形对我军均有利。

（5）群众对我军很好，伤员得其帮助运输，撤退后敌人也无从知我去向。

3. 我方之弱点

（1）因天雨路滑未能先期赶至伏击地点，致成为刚上公路之汽车即来尚未布置好而仓促应敌，未能全部消灭之。

（2）因经数日兼程赶往铁道线进行破坏，亦十分疲劳，虽挑选精锐之战士作战，但掉队同志仍多。

（3）参战人员太少，除向句容方面警戒外，作战部队尚少于敌人，故截获之军用品不能全部运走。

（4）手榴弹之投掷技术太差，虽投掷于车前十余米达，但仍在车之远处爆炸，而未能炸中敌车。

（5）火力未能及时布置纵深和发扬突然之集中猛烈火力予敌以绝大杀伤，且派有便衣队潜入敌后，但因驳壳枪之火力太弱，仍〔未〕能截断敌之退路，致使敌逃脱一部。

（6）截获敌汽车之后部队混乱，干部不能掌握住部队和及时布置打击敌之后续车辆。

（7）射击技术还不如敌人，反而误毙自己战士。

（8）多不注意利用地形地物，致遭不应有之损伤。

（9）在战斗中，大家竟忘记了喊日语口号。

4. 敌方之弱点

（1）敌之先头车辆虽附侦察作用，但在大风雨中被我军阻击时，其后续车辆并未闻声息。

（2）伏击地点系山凹部，且无人家，群众亦因雨未出，故敌人全不知我军行动。

（3）敌探亦因天雨未出，故其失去耳目。

（4）敌人素极骄悍，不甚注意侦察，故造成遭我伏击之机会。

（5）敌因烧杀淫护〔掠〕，为广大群众所痛恨，是其失败之原因。

5. 敌人之优点

（1）敌卡车仅有踏板，左右后均无栏板，一闻枪声即全部同时跳出车下，不致受大的杀伤。

（2）敌善于利用地形地物，一闻枪声后，即能迅速跳入草丛中，利用地形隐蔽射击，以抗拒我军。

（3）敌射击技术准确，两百米达以内，步枪均能命中。

（4）敌军均善于游泳，其退却时，系从公路旁一公尺余深之水沟中隐退，故我军未能及时发觉。

（5）敌人虽处紧张情况中，但很能机动，将军需物品抛弃而运回其伤兵。

（6）敌方官兵尚沉着，对我步枪火力不甚害怕，因我军射击过差之故，但敌一闻我机枪声即行隐伏，且因受法西斯之欺骗，能〔宁〕打死不缴枪。

（7）敌交通便利，增援迅速，我军于撤退后仅半小时，敌增援部队及坦克车均至。

（8）此次敌车所装多系敌国所装之慰劳品，贵贱均有，也有女学生绘赠前线士兵的图画，这表示敌国做了相当的动员工作。

6. 今后伏击敌汽车应注意之事

（1）打汽车，地形须选择有弯曲处或有上下倾斜之山凹处。如不易找到有弯曲倾斜处时，在路旁有直径在十五生的〔厘米〕以上之树木的地点亦可。总以预为侦察为宜。盖此次战斗地点，余于十日前曾到过该地侦察一次。

（2）确查敌车之通过时间之后，部队应先期到达伏击地点，有充分之布置时间，但须特别秘密，不要使群众知道，谨防汉奸告密，最好是选择在没有人家的地点，并须有良好的观察所。

（3）在有树木的地点伏击时，可先将树木截断五分之四，横倒于车路上，以阻敌车开驶。但如果敌车很远就能望见截断之树木时，则不宜先行横倒，而只是截脱树之最大部分以绳牵住，待敌车将近时，便断绳而横倒之。

（4）火力之配备，以机枪之多寡而定。如只有一挺机枪，则宜配置于弯曲处之外角，向敌车头射、纵射。因为这样布置，在距车百米时间开火，则敌车有两百米之危险界，我不须转移机枪火力，且在敌车越过我火力点时，我机枪可以转移向其尾部射击，也有很远距离之危险界，但火力点最好要高处〔出〕路面一米达左右，以防敌车压倒。如果机枪火力多的话，则应作梯形之交叉的纵深的配备，步枪则应放排枪为宜。

（5）打汽车之射击目标，以车头之汽油箱及驾驶员为最好，有时也可以设陷井〔阱〕以陷之。

（6）以手榴弹打汽车，应投掷于汽车前面二十米达左右，并须布置梯级阶的投掷，即使其逃脱第一关，逃不脱第二关与第三、四关。

（7）在敌车退路边应作〔设伏〕，约距先头七八百米达，在敌后退〔前进〕时隐伏让其通过，如已受正面射击，则由敌后夹击，并以树木、大石等阻塞之。

（8）设置瞭望哨，须特别注意隐蔽，并以部队规定联络记号，以便于敌车来时通报准备之用，但绝不可开枪太早，免使敌车预为准备而逃回。

（9）将敌汽车截获之后，应迅将车上之物品搬走，以其汽缸之汽油燃烧以焚毁之，并迅速离开马路。

（10）汽车打过之后，其附近应注意布置宣传品及号召群众逃避，免为敌屠杀。

# 新丰车站战斗详报[①]

## ——二团一营夜袭

## （1938 年 7 月 1 日）

## 一、情况

### （一）一般情况

新丰车站，是京沪铁道镇江至丹阳中间之一站，为敌人交通线上一个据点，南距敌人占领之丹阳城仅十余里，西北面的镇江则为敌之战略据点，驻屯大部兵力。

### （二）局部情况

1. 六月卅号前，据确实谍报：新丰车站，胜有敌人一小队，其番号是广江部队，守护该站，并有车站工作人员一部。

2. 该队虽兵力单薄，但驻扎时间颇久，已有相当设备，且与丹阳距离极近，交通便利，故易增援，然其警戒程度极为疏忽。

---

[①]　见中国新四军和华中抗日根据地研究会新四军图书馆馆藏资料,南京军区司令部战史编辑室编:《抗日战争新四军电报汇集》第 2 册,第 230—238 页。

### （三）政治情况

1. 进占之敌，其心目中以统治占领区是不成问题的，对于当时某些游击队滋扰地方，便借口游击队纪律不良，来进行政治上的欺骗工作，用复兴江南委员会及江南难民救济会的名义，以汉奸口吻，发出消灭游击队口号，我军进入江南给予几次打击以后，敌人则由反对游击队转到反对新四军，抄袭陈腐的滥调说我们杀人放火，共产共妻，说蒋委员长"勾结共匪""捣乱江南"、号召建立反共阵线。

2. 本营官兵作战情绪很高，经数次对日作战胜利经验与教训，把战斗的信心与勇敢提高了。

3. 在亡国大祸临到头上，敌人的残酷烧杀的情形下，在我们进入江南作战胜利的影响下，江南广大乡村的民众为了保持生存，举起了反抗的义旗，自卫队的组织普遍发展。

4. 群众对于我军是热烈同情与拥护的，由地方自卫队八个队积极配合我们破坏铁道电话线的情形，可以窥测一般。

## 二、决心与部署

### （一）战斗任务

欲造成江南敌人大的恐慌，使其不能安然地统治着占领区和毫无阻碍地横行霸道，同时打破地方武装不游不击的坏影响，提高人民对抗战的情绪和信心，使他们认识国军东来，是有力量打击日寇的，这就要我们积极活动，加紧战斗。新丰车站的敌人力量单薄，京沪铁道为敌交通的大动脉，同时予以打击和破坏，这是包含着战略意义的。

因此，团长命令本营攻击新丰，并破坏京沪路上的电话铁轨。

## （二）决心的根据

敌之兵力薄弱，正给我们以可乘的机会，在交通线上作战虽增援容易，但估计敌人对我之情况不明了，并有群众配合与帮助，部队情绪非常高涨，这些都是决定此次行动的条件。

## （三）部队布置

六月卅日下午，全营隐蔽接近至新丰车站东南十八里之东冈，准备次夜实行夜袭。

七月一日晚的部署：第一连在车站西北五六百米达处担任掩护，自卫队破坏铁道。第二连袭击车站，选派二班为行军时的尖兵，作战时的突击队，以手榴弹、刺刀歼灭敌人。第三连为预备队，位置于铁道西面距车站六百米达处。

## （四）与居民及地方武装的配合

对新丰附近地方的八个自卫团，每团编一排人为破坏队，共八个队担任破坏铁路、电话杆、电话线的工作。

# 三、政治工作

## （一）战前动员

在部队中经过充分政治动员，召集班长以上干部会议，传达袭击任务，从政治上解释战斗意义，保障胜利，指出胜利条件，提高作战情绪。

在地方上，召集八个自卫团正副团长联席会议，说明行动的意义，组织了破坏队。

## （二）战斗中活动

当少数敌兵跑出车站向我猛冲的时候，政治工作人员对战士们提出了"不要动摇，坚持下去！""跟他拼，不让鬼子逃跑！""要捉活的鬼子，来宣扬我们的胜利。"这些鼓动的口号，士气为之大振，终于解决敌人。同时对死守东站的敌人也进行喊话。在破坏队方面，我们对民众解说了："不要怕，我们军队在前面呢！""同志们加油！努力呀，破坏它一个乱七八糟，好让鬼子不通车。"群众的仇恨情绪与工作情绪均提至最高。

## （三）战后工作

战斗结束后，一面把伤员运走，一面号召附近群众赶快搬走，免为报复而来的敌人所惨杀。

# 四、战斗经过

## （一）战斗实施

是夜十一时迫近新丰，据侦察员报告：敌人没有警戒，本可以突然袭击，但尖兵排给向导带错了路，走过了车站前头，因此第二连的干部仓卒配置兵力不够妥当，对站房重新建筑之三层高屋（共有十二间）的外面一个房子，因其转弯抹角不能进去，所以没有大胆细心的悄然袭入，用手榴弹火力猛打，使敌措手不及，无法准备战斗，只叫两个战士进去，丢了两个手榴弹未爆发，此时敌已发觉起床，我再打了数个手榴弹，敌已有了准备，依据房屋顽强抵抗，并分布数人于每个房间，上好刺刀有二三人把守门口，在楼上则有数十支快慢机对我快放，此时三连之一排即由车站左侧包围攻击，终不能攻进去，形成了对峙状态。

## （二）情况的进展

黑夜里，十几个敌人从站房里冲出来，欲突破我阵线，进入白刃肉搏战斗，约经十五分钟，将此十余敌人消灭。但战斗还不能解决车站里的敌人，借房屋坚守，深藏不出，无法攻入；同时时间紧迫，多迟延则于我不利，图赶快歼灭敌人计，因此，我们采取火攻，将固守房屋之敌人全部烧毙。

## （三）结束

战斗时间约经过一点半钟，破坏工作则费了四小时。

我们部队逗留至拂晓，转移到距新丰五里的地方，翌晨六时，敌人援兵驰至，当即分散移动。

# 五、战斗结果

## （一）影响

1. 翌晨六时，从丹阳驰来援兵百余人。至新丰附近五六里之处，见屋就烧，见人就杀，群众惨遭毒手而死者数十人。人民大都明白大义。对敌仇恨愈深，只有少数民族意识模糊者，埋怨本军打仗所招。

2. 铁道公路线上的敌人，大起恐慌，消息传播之后京沪各地大为震动，各处加强守备兵。

3. 自己部队从此次战斗中，深刻认识白刃战的威力，大家对于学习刺枪以及提高刺杀技能，配备刺刀、大刀以备杀敌的要求，更为踊跃与迫切，同时也相信自己虽在平原地带交通网里作战，能够把千万群众团结在我们周围，胜利是属于我们的。

### （二）得失

1. 敌人被枪杀毙于车站外面的十余人，为火烧死者三十余人，达到全部歼灭，连人带枪一起烧了，车站亦整个毁灭。计缴获步枪六支，刺刀六把，皮弹盒七条，民众破坏了铁道一段，电杆数十根，收回铁丝几百斤。

2. 我伤六人（连长一、排长二、侦察员一、班长一、战斗员一）。牺牲四名（副班长一、战斗员三）。

## 六、战后述评

### （一）战斗中敌我的优劣

甲、敌人方面

一、优点

1. 表现了敌军战斗的顽强性，在我们重重包围之下，仍坚持，死守，直至烧毙为止。

2. 刺杀术比我们好，在白刃战中，我们吃了一些亏。

3. 体格强壮，被我们活捉着的一个鬼子，卒因蛮力过大，难于束缚，不得已将其击毙。

二、弱点

1. 最大的缺点是"轻敌"，因此警戒疏忽，不派哨兵，关门睡觉。正给我们以袭击便利的机会，军事术语所谓"骄兵必败"的定理，于此更觉彰明。

2. 没有援兵来援——虽然丹阳距离极近，亦不敢在夜间应援，虽见新丰冲天的火光，无可如何，直到天明始进，这里同时反映着敌人当时对我方情况不明的弱点。

3. "固守不出"，可谓法西斯教育所造成的誓忠天皇，绝对服从守备命令的单方面的长处，但从战术观点上来说，这完全是被动的，挨打的，笨拙的方法，要知在中国广大领土上"固守"之结果，再没有别的，只有消灭和死亡。

乙、我军方面

一、优点

1. 运用战术机动，布置兵力形成包围圈，使敌人不能突围，对敌反冲锋，且能从白刃肉搏中取得优胜；当敌人死守不出的时候，则用火攻来烧死敌人。

2. 我们部队英勇、果敢、奋斗、牺牲的精神充分发扬，特别是共产党员起了大的模范作用（伤亡十人中占九个）。

二、缺点

1. 尖兵排（即突击队）因向导引错路，而致走过袭击目标（新丰站），把配备刺刀的该排，迷失方向，变成战斗的预备队，使第二连匆忙配备兵力，减少了主要的突击力量，使得在对敌拼刺刀的时候有点为难；甚至于影响不能乘敌熟睡中，依靠自己刺刀，断然突击，解决敌人。

2. 对弹药的保管不够，事先没有检查，致使最先打的两个手榴弹没有爆炸，这是绝对不应该有的现象。

3. 战斗经过时间一点半钟，结束后即应迅速转移，事实上却因破坏工作迟迟未成，逗留到四小时之久；在交通线上作战特别是作战地点距丹阳极近，敌人增援容易而且很快，此举从袭击战术（主要是求迅速秘密不失其突然性）的观点看来，是不对的。

## （二）经验与教训

1. 此次胜利将敌守备部队全部歼灭，震撼了京沪杭交通线上的敌人，迫使敌人增兵戒备，虽是小胜，却起了调动与支配敌人的巨大作用，今后在敌后开展游击战争中，把"作战与破坏并重并施"这一战略口号积极运用对于坚持敌后的抗战是有决定的意义。

2. 发挥了我们优良传统，在战前对干部及战士中进行了充分政治动员，认识这次战斗意义及胜利条件，在军事战术上预将必须的注意问题深入的讲解，以振奋士气，这样进行作战，是我们战斗胜利的保障。

3. 我们曾经进行了对地方武装的动员及发动了广大群众的拥护与配合，来从多方面争取胜利的条件，经验告诉我们"展开游击战的基本条件，要有广大群众的基础"，这句话是应该当作金科玉律的。

4. 干部以身作则的英勇牺牲的精神是值得发扬的，但必须严格纠正指挥员不站在自己位置，不善于指挥掌握部队，不善于机动作战，只顾个人勇敢，自己单独冲锋的现象，这对于持久抗战中，保持有生力量、保持基干干部是非常紧要的一环。

5. 战前对武器的检查至关重要，这次最先打了两个手榴弹并无爆炸，在战斗中不能依靠自己武器打击敌人，实在危险，应当引为教训。

6. 在"声东击西，飘忽无常"的原则下，部队行动不应采取同一道路，此次战后我们仍折回距离铁道颇近的原处，是不妥当的。一般应预选另一地区，临时隐蔽转移，免受敌袭击报复的危险，才算上乘。

7. 我们要晓得一张纸、一片图的胜利品，都是自己的血和生命所换来的，均有重要价值，应该善为收集，设法带走，以作参考；屡次作战中都放松了这点，是要纠正过来的。

8. 战斗中虽做过了"喊话"，但是喊不好，音不正，对方反有误会处，要瓦解敌伪军，必须加强对敌伪的政治工作，日语学得更好，以便于叫口号是紧要的，战后留散大批传单标语，亦须注意。

### （三）对今后教育的意见

1. 根据游击战战略方针在战略持久中争取战役与战斗的速决这一原则，在运用战术时，必须注意及此。特别对于在敌人梅花桩下交通网里作战，应该积极、坚决、灵活、果断、精明，以实行"速战制胜"，然此情况不利或变动时，决心亦当转变，绝不可"固执""犹豫"或"恋战"，而致失败。

2. "夜袭"为今天作战特点之一，在队伍里须加强这一教育，多做演习（演习地点须经常变换，多找生疏之处），使战士从经验中去了解原则问题，熟练战斗动作，以求实效，并在实际行动时，应该具备"我熟地形""敌乏照明"（月明之夜一般是不便于袭击的）两个条件，否则将不能取得胜利的保障。

3. 江南游击战争的开展牵制着五六万敌人忙于应付，这说明了我们积极的作用与活动，不懂给敌人以恐慌威胁，而且消耗了敌人的兵力，削弱了它的有生力量。

在武汉战役中，我们为了配合正面主力的作战，在这个时期我们积极地打击敌人，并破坏敌后交通，曾经获得了牵制与阻滞敌人的成绩。

如无顽固分子捣乱，则成绩更要大。

在今天敌人军事动向着重"扫荡"敌后，企图稳定其统治区，利用中国资源财物人力来打败中国的时候，在敌后应更大地开展广泛的普通的游击战争。一方面，以积极的持久纠缠的作战，到处消耗、削弱、分散、牵制敌人兵力；另一方面，对敌后交通，予以经常不断地大规模地有计划地破坏，来达到妨碍、迟滞，甚至阻止敌人行动的战略上的作用是有头等意义的。

这里得到的结论：就是项副军长所指示的"作战与破坏并重并施"的这一战术方针。

# 新塘战斗详报①

## ——二团二营伏击汽车

## （1938 年 7 月 10 日）

## 一、情况

### （一）一般情况

新塘东南之句容，驻有敌衫木部队三百余名，西北之汤水，经常有伪军二十余名，其以南之土桥，亦经常有伪军四十余名驻防。

### （二）局部情况

据报，在京句公路上，敌于十日早晨由南京开来汽车九辆，载有步兵百余名，并附有自动火器，向句容行驶中。

### （三）政治情况

一月来，我军在镇句公路及京镇间铁路线附近一带，积极活动的

---

① 见中国新四军和华中抗日根据地研究会新四军图书馆馆藏资料,南京军区司令部战史编辑室编:《抗日战争新四军电报汇集》第 2 册,第 239—243 页。

结果，予敌极大的威胁！但在京句公路间，因我军少在该处活动，故敌大意疏忽，来往运输，侦察戒备，均不森严。

由于我军不断地在京沪铁道、镇句公路一带积极活动，袭击敌人，取得了不少胜利，这证明了敌人虽有近代化的武装，但只要我能机动灵活，发挥游击战的特长，仍然是能给它打击和杀伤的，因此士气都很旺盛。

这一带的居民，抗战情绪非常之好，而且有民众自卫武装能经常配合我军作战。

### （四）地形条件

新塘附近，甚少森林山地，对于部队之运动隐蔽，颇为不利。

## 二、决心与部署

### （一）战斗任务

京句公路是敌人后方交通的生命线之一，日有车辆来往，运输军用物品，我军深入敌后，为了削弱敌人，消耗敌人，所以对于敌人视为生命线的交通要道应积极地不断地予以破坏。因此定下决心，在新塘附近伏击敌人汽车。

### （二）决心的根据

京句公路，因我军少在该处活动，所以敌人的交通运输部队经常戒备疏忽，针对这个弱点，我们伏击是容易取得胜利的。

### （三）部队布置

二团二营（缺第五连）并配合地方武装孟广林部，在新塘公路附近伏击敌人的汽车。第五连在新塘以东之康家村附近向杨家村、句容方面担任警戒。另以一小部在新塘以北之炮兵营房向西仙润桥方面担任警戒。

## 三、战斗经过

### （一）战斗实施

我军在新塘附近埋伏，已布置就绪，不久果有敌汽车九辆，载有敌兵百余名，并附有步兵重火器，向新塘驶来。二辆在前，余七辆在后约一二百米达处跟进。一俟敌军进入我埋伏圈内时，即以猛烈的火力和手榴弹向其袭击，敌亦下车顽强抵抗。我当即毁敌汽车二辆。

### （二）情况进展

接到情报，激战约半小时后，汤水、句容据点之敌，业已增援前来，并有汽车坦克及骑兵等共五百余人，逐渐向我迫近。另有飞机廿余架，协同向我阵地猛烈扫射与轰击。

### （三）结束

我军因所处地形条件不利，为避免无谓牺牲起见，因此迅速转移到××地区，敌虽向我轰击，徒扑一空。战斗经过时间约一小时。

## 四、战斗结果

### （一）影响

因为我军少在该处活动，所以造成了敌人的大意疏忽，以致遭此打击，因此教训了敌人，中国军队在敌后到处散布着，使其以后不敢再轻易行动了。

由于我军在京沪、京句一带，对敌人的积极活动与袭击，每次战斗都取得或大或小的胜利，不但提高了全体指战员对战斗必胜的信心和取得了对日作战的宝贵经验，而且也动摇了地方伪政权，给汉奸们以莫大的打击！同时也加强了民众对抗战必胜的信心。

## （二）得失

1. 敌伤亡四十余名。

2. 我无伤亡，唯孟广林部伤亡各一名。

# 五、战后述评

## （一）战斗中敌我之优劣

甲、我军方面

一、优点

1. 能利用草地荫蔽，所以很秘密，连群众都不知道我们的埋伏地。

2. 投手榴弹很准确，能投中车厢，使汽缸爆炸。

3. 战士应战沉着，战斗情绪很高。

二、缺点

1. 转移地区时，队形混乱。

2. 与地方游击区队配合作战，动作稍欠一致，没有使其起积极的作用。

3. 联络差——退却时一个战士失了联络。

乙、敌人方面

一、优点

1. 部队增援迅速，这证明敌人的通讯联络是很完善的。

2. 联合兵种的战斗指挥熟练。

二、缺点

1. 傲慢大意，侦察警戒疏忽。

2. 与我接触时，援队未到之前，不敢前进猛冲。

## （二）经验教训

1. 这次伏击敌人的汽车，能取得胜利，除在政治工作上保证战斗胜利之外，选择敌人大意疏忽的地点和弱点，予以袭击，这也是获得成功因素之一。但伏击地形不甚良好，易受敌人的包围。

2. 在地形不利条件之下，伏击敌人的汽车，能保持秘密，隐蔽突击，来去神速，使敌捉摸不定，迷惑了敌人，这是合乎伏击战术基本要求的，但在转移地区时没有很好地组织退出战斗，以致队形混乱，甚至一个战士失掉联络，没有归队，这是指挥掌握部队尚欠确实的弱点。

3. 对地方游击队的协同配备及指挥差，如孟部事先隐蔽不好，过早暴露目标。在退出战斗时，秩序混乱，我未能及时援助收容，使其不得安全退却，致有伤亡等。

## （三）今后对于教育上的意见

伏击敌人的汽车，选择地形时，应该注意：

1. 伏击位置，应选择在公路一侧，便于展望而有隐蔽地，使敌不易发觉，如无隐蔽地可利用时，则应多做伪装，其进入伏击地的时机更要精细考虑。

2. 步兵火器的火力点，应选择在公路转弯抹角之处，使敌军速度减低，火力不易发扬而便于我之突击。

3. 部队应区分为突击队与掩护队，突击时用短兵火器与手榴弹急袭之，成功后，则迅速掩护退却，避免胶着一地、与敌恋战，这才不致有受敌增援包围之危险。

# 新塘战斗要图

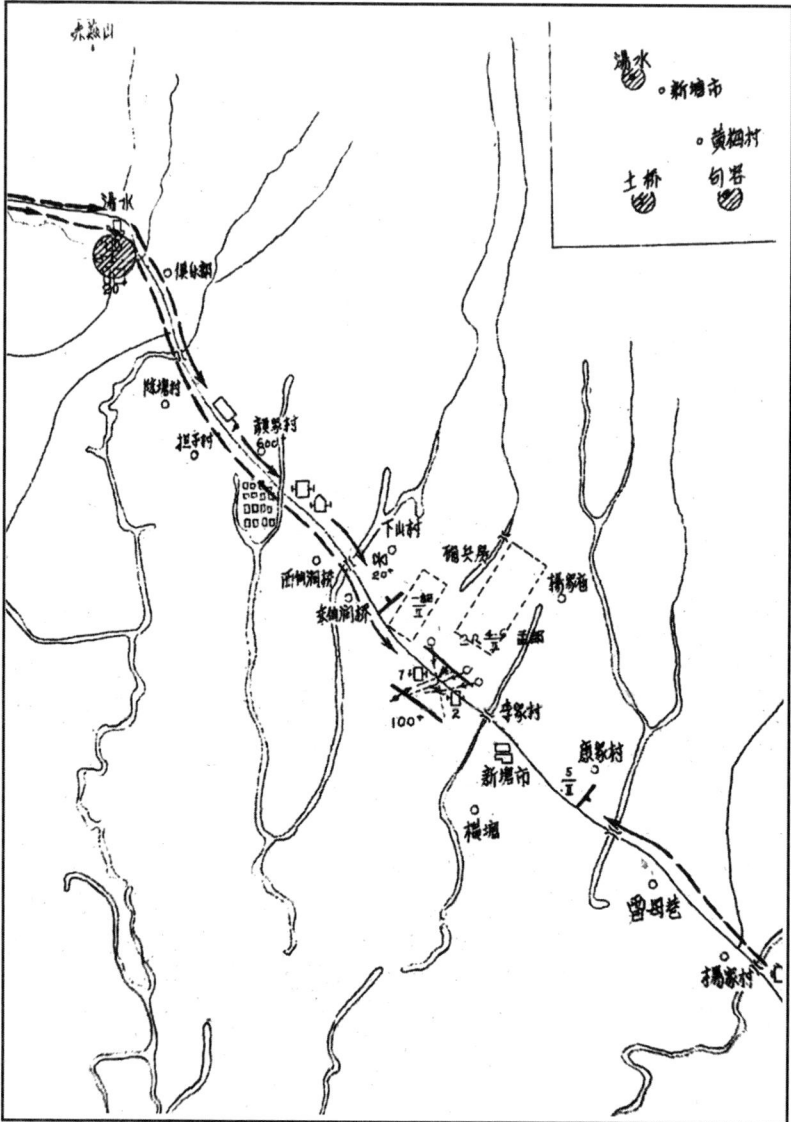

# 马家园战斗详报①

## （1938年10月30日至11月4日）


## 一、情况

### （一）一般情况

芜湖是敌人的一个战略据点，经常驻有较大兵力，湾沚与九里山成为敌人向江南进攻的前进阵地。友军一〇八师自从收复宣城后，虽向湾沚之敌数度进攻，均未得手，形成相持状态。当时溯江西上进犯武汉之敌，为了驱逐长江南岸国军流动炮兵，掩护航运，正攻占大通，转犯青阳，与川军五十军对峙中。湾沚之敌为配合其在铜陵、大通沿江的"扫荡"，遂取攻势，向我青弋江进攻。

### （二）局部情况

敌经我不断袭扰，企图集中兵力，驱除我守备部队。十月二十九

---

① 见《中国抗日战争军事史料丛书》编审委员会著:《中国抗日战争军事史料丛书·新四军·文献(1)》,解放军出版社2015年12月版,第200—203页。原注:这是新四军第三支队第五团一营、三营和第六团三营及第一支队第一团二营在安徽省南陵县马家园与日军进行阵地战的战斗详报,收入本书时略去了《战后述评》部分。标题下面的时间是此次战斗的时间。

日谍息，敌在湾沚、凤凰闸、大洋桥一带增兵八百余，有向我进攻模样。

### （三）政治情况

由于本军奋勇抗敌，取得了不断的胜利，群众对本军热烈的拥护和慰劳，并能帮忙搬运物品等，同时因敌人的残暴行为，激起群众抗战情绪的高涨，组织了地方武装和其他抗日团体；敌人进攻时，当地民众除老少妇孺逃避外，大部散布于我周围，相信本军是能够保护他们打败敌人的。

我左翼为一四四师之一部，位置于肖头勘、赵家、湾沚湖一线，与我夫子阙之守备部队切取联络。右翼为九十八师二九四旅之一部，位于双桥、竹塘、上寂庄一线，与我红锡镇①守备部队切取连络。其炮兵阵地位置于九里山左翼之小高地，其主力则位于九里山附近。

我军自担任守备任务以来，不断予敌袭扰，争取了初步胜利，虽缺乏阵地战经验，但战斗情绪极高。

### （四）地形条件

我守备地区为湖沼地带，堤埂如网，敌之汽船可达西河，地形一般于我不利。

## 二、决心与部署

### （一）战斗任务

我们的任务是保卫南陵门户的青弋江，以巩固南陵，配合五十军

① 红锡镇为芜湖市湾沚区红杨镇，红杨镇又称红杨树，下同。

主力对铜陵、青阳之敌作战，守备夫子阙、马家园至西河一线，决心布置运动防御，打击进犯之敌。

## （二）决心根据

我们的任务是担任阵地守备，要使一寸土地不给敌人轻易侵占，要使自己在河网地带不利状况下作战，不致遭受敌人强烈炮火的严重损失，同时为求得本身机动地对付敌人由水道任何方面的攻击，因此采取运动防御的方式，正面配备疏散的战斗群，侧翼控制主力，以便对敌侧击和实施反突击。

## （三）部队布置

六团三营位置于夫子阙、上杨杵①、马家园、十甲村一线，担任正面防御。七连一班位于夫子阙，两个班在东宫崔②，另一个班在夫子阙右翼堤埂上，担任虾鱼沟方面之警戒。营部率两个班，以十甲村为指挥中心。八连三个班在红杨镇，一个班在红花铺，两个班在清水潭，九连一个班在夏家桥，两个班在仓里，三个班在马家园，并以一个班伸至清水潭左翼。

五团团部率二营于西河镇，为指挥中心。

五团三营之七、九两连位于跑马山，担任左翼侧击；八连则位于三义河，担任警戒。

五团一营及一团二营驻蒲桥、青弋江一线，为预备队。

---

① 夫子阙位于芜湖市湾沚区陶辛镇，上杨杵为杨村，位于夫子阙之东南、东莞崔之东北、虾鱼沟之西，与夫子阙隔河相望。

② 东宫崔，现为芜湖市湾沚区陶辛镇东莞崔。

## 三、战斗经过

### （一）三十日战况

湾沚之敌五百余，内骑兵百余，分三路向我红杨镇进攻，其部署如下：

第一路——敌八十余，由芳山渡河，经滩头，攻红花铺。

第二路——敌三百余，由芳山向红杨镇进攻。

第三路——敌百余，由崔山头经姚王渡向红杨镇进攻。

三十日晨六时，我与敌于清水潭接触，战斗约一小时。因消耗敌人目的既达，遂即放弃清水潭。敌伤亡百余名，我仅伤两名。八时许，八连政指率一班往红花铺加强力量，阻止敌人渡河，进至陶家附近，适与红花铺退回之一部相遇，谓红花铺已被敌所占领，但该班仍向红花铺前进，迨抵该地附近，即被敌火力封锁压迫，激战约一小时半。战斗结果，毙敌十余，但因敌众我寡，我排长以下十余名亦英勇牺牲。

### （二）三日战况

是日增来敌四百余，配合原来之敌分四路围攻我马家园、十甲村等地。

第一路——敌百余，由红花铺、姚王村向十甲村进攻，并以小炮数门占领跑马山，炮击马家园、十甲村。

第二路——敌五百余，由红花铺经清水潭攻十甲村东之仓里，另一部直攻十甲村，再转向马家园进攻。

第三路——敌百余，由红花铺经滩头进攻夏家桥。

第四路——敌百余，由芳山经虾鱼沟攻夫子阙，与我清水潭、夏家桥之部队接触，战约两小时，因七、八两连先行退至陶村，敌遂占领十甲村，而五团八团〔连〕因左翼已退，故亦撤至董村。敌百余进至陶村，当即与我九连接触，战约两小时。因敌增援，我即西撤，敌即占领马家园，继占三甲陶村。是时我主力已经集结，即对敌进行猛烈的反攻，敌遂退至红花铺、红杨镇两地，我即收复马家园。

### （三）四日战况

四日拂晓，由五团桂①参谋长率领该团三营经崔山头袭击红杨杵〔树〕之敌，因侦察不确，仅将敌之排哨歼灭。同时于三日晚上另派精悍小队袭击湾沚及九里山两处之敌，造成敌人大的恐慌，遂于四日上午将其主力退回湾沚。我将红杨杵〔树〕收复，战斗于是结束。

## 四、战斗结果

### （一）影响

第一，经过此役之后，敌人不敢再来冒犯，我们保卫了皖南一部分国土，胜利地实现了守备的任务。同时亦学习了阵地战的经验，说明了我们不仅善于游击战，而且会打阵地战。

第二，提高了人民抗战信心和拥护本军的热情，比如青弋江一带群众，自动募捐慰劳本军三千余元，不论精神上物质上都鼓舞和帮助了我们。

### （二）得失

此次战斗，前后经四日之久，敌人伤亡三百余名，我伤亡三十二名，阵亡排长一员，群众被杀害者二十余，我遗失步枪十支；获文件

---

① 桂,指桂蓬洲。

一部，终将三十日以前地区收复。

马家园战斗要图
1938年10月30日
—11月4日

# 皖南第一次反"扫荡"之父子岭战斗纪实[①]

## 吴 越[②]

## （1940 年 6 月 16 日）

"皖南的父老兄弟姊妹们！……我们决不离开你们，我们誓与你们同生死共患难，为着保卫祖国的领土，你们的家乡，我们□[③]战到最后一个人！我们决不怯弱地后退，从来耻于那些英勇内战而怯于对外作战的顽固分子的行为！……"

四月二十五日，应着战争的紧急号召，诚团的×个营[④]依着预定的战略方针迅疾地开赴前线。午后，××营经过一夜和半日的急行军从××开抵汀潭。

饭后，全营在一个枫和山毛榉的林间集合着。教导员站在山坡上，用平稳、沉着，使每个字都能在人们的心上打下深深痕印的语调，向全营战士说明这次敌人进攻皖南的政治阴谋与本营的任务："同志们，

---

① 见中共南陵县委党史办公室编：《南陵党史集萃》，中国展望出版社 1989 年 8 月第 1 版，第 518—526 页。标题为编者按。原载《抗敌》半月刊第 12 期，1940 年 6 月 16 日。父子岭又名夫子岭。

② 吴越：抗战初期任苏北抗战支队大队政治主任，1939 年调到新四军后曾任新四军印刷所指导员，皖南新四军新一支队敌工科科长。1949 年后，曾任上海诗歌工作者协会秘书长、黑龙江省文联副主席等。

③ □代表脱漏的字。根据字面理解应为"血"字。

④ 应为新四军第一团三个营。

首长所给予我们营的任务是挺入敌后，打他脊背，牵他后腿，好配合我们正面部队作战，叫鬼子在前后夹攻中吃更大的亏……同志们，首长为什么把这重大的任务留给我们呢？这是因为我们是一个强有力的部队，是一个主力的部队。"他摇晃着大拇指，全场的注意凝成了紧张的肃静。"同志们，你们有把握吗？"

"有!!!"几百个喉咙同时爆发出来的声音，使空气震颤了一下，林杪的小鸟拍着翅膀飞散了。

敌机在翟坑一带徘徊着，我们可以听到炸弹连续着爆炸的声音。

在一阵暴雨似的掌声中教导员结束了他的战前政治鼓动。

营长，那个生着拿破仑一样短小精悍的身材，在多年游击战中磨炼得像一粒子弹头样坚实的人物，大叫道："准备开拔，迟了会耽搁任务。"

炎炎初夏的阳光底下，这×百个人踏着尘土飞扬的道路走向前方。

队伍仍然像平时出操时一样平常，间或有人低声谈笑，但没有谁表现对战斗的特殊兴奋。为什么呢？因为战争对于我们太平常了，我们本来就是在战争中呼吸、长大，战争本来就是家常便饭。

沿途，难民也成了一个行列——自然，这个行列是断续而不整齐的——与我们并着肩膀，向着相反的方向匆匆前进。他们将尽自己的力量所能带走的东西缚在扁担上，也有将棉被和包袱载上水牛脊背，那些迟重的脚步踏着沙土，使人想起戈壁沙漠里的骆驼队。小孩子们在母亲的脊背上哭泣着，一些熟睡的孩子们垂着疲乏的颈项。从每个难民的脸上可以看出不安、警怖和终日奔波的疲倦。一些老太婆拄着拐棍，艰难地移动着小脚。在路旁每个小店的门前，难民们坐在那里恢复着气力，有的拿着干粮在咬嚼，喝着热茶，正如一些中途抛锚的汽车，为着在日落之前继续赶到目的地而不得不加一些轧士令。

当我们的队伍走过，这些从敌人的刺刀底下逃出来的同胞，每个人都目送着我们，仿佛在用一种无声的语言向我们叮咛嘱托。

夜，三点钟，×村，团指挥部直属队全体在起身哨音中跳下了床。他们用手背揩掉两眼的瞌睡，把子弹带束束紧，扶正了帽子，摸一摸绑腿是否松了劲。

一刻钟后，黑压压一群人在广场集合着，人们低声谈着话、咳嗽着，枪托碰在大腿上发着嘶哑的声音。马匹打着喷嚏。在下弦月的暗淡的光辉下，可以看到微微发亮的刺刀。

团长的几句简短有力的训话之后，队伍依次地走上了道路。

为着新的战略部署，团指挥部深夜从田坊开到×村，做一个短促的休息后决定在天明前赶到××以便直接指挥战斗。

队伍通过了几个熟睡的村庄，进入了两山之间，下弦月寂寞地在天空航行，斜挂的北斗七星摇摇欲坠，春夜像熟睡的少女样恬静，我们呼吸着醉人的春花香气。

路旁，随时遇到露宿的难民包裹在棉被里面发着鼾声，孩子们哭泣着，母亲用梦呓般的声音给予安慰——昨夜他们还是睡在温暖的床上！

我们到达××，东方刚刚发白，团指挥部在离开××半里的一个山脚下停留下来，从那里登上山头可以瞭望父子岭一带的全景。

对敌情的判断：敌人今晨将由峨岭出发，通过三里店，沿南青公路向烟墩铺前进。

在一家草屋前的打谷场上，团长、副团长和参谋长□□①一幅展开在膝盖上的地图，用铅笔在上面打着记号，互相交换着意见。②

――――――――――

① □□代表脱漏的字，按字面理解应为"看着"。

② 根据作战部署：一团，以营为单位梯阶配备于田坊、若坑、土塘之间，掩护我指挥中心，并以一部兵力派至三里店、湖南街分散游击，断绝南陵、三里店交通，截击其运输供给，同时一部在土塘附近待机伏击南青公路西进之敌。见《中国人民解放军历史资料丛书》编审委员会编：《〈中国人民解放军历史资料丛书〉·新四军·文献（1）》，解放军出版社1988年12月第1版，第356页。

沿田边和山坡的小路上，团直属队的同志们正各自依照命令进入阵地，疏散在各处的山坡。

太阳升上了山头，渐渐收尽了谷间的宿雾，布谷鸟愉快地高唱着掠过天空，成熟的大麦展开一片黄金，低垂着沉重的穗头——初夏的祖国大地是这样丰美而平静啊！

X① 个营已经照既定的计划配备完竣。距敌最近的父子岭，由 X 营②忠勇的指挥员以自己温暖的胸脯来护卫着。

X 营的第四连已于黎明前奉命挺进至公路以北，以便当敌人通过时与父子岭的主力配合夹攻。父子岭右侧方的一个小山头上是第六连，担任侧面警戒及待机增援的任务。营长亲自率领第五连登上父子岭的一个山峰——车山。③

天气像秋天一样晴朗——是个适宜于敌空军活动的天气——匍匐在车山顶上，我们清楚看到蜿蜒在面前的一条马路。

指战员们蹲伏在山顶紧张地等待敌人出现，然而时间却仿佛故意放缓脚步，营长几次掏出表来。渐渐太阳升到了半天，像炭盆似的烘炙着脊背，在一度紧张中遗忘了的失眠和行军的疲倦开始醒转过来了，战士们在互相低声谈话，有人在打着呵欠，也有人开始燃起香烟。

九点钟光景，敌人的纵队出现了，是步骑炮兵的联合兵种，在四架飞机的掩护下向西进发，纵队前面的两个斥堠骑兵，像一条蜈蚣的

---

① X 应代表第一团第一、第二、第三 三个营。

② X 营指第二营。

③ 第二营于 25 日晚 11 时由田坊调到土塘车山西北山地附近，配备伏击阵地，伏击广济坦（现名公鸡蛋）至三星街间公路上运动之敌；四连在大塘坳（公路以北）附近分散游击，牵制敌人；五连在父子岭一线占领阵地，伏击公路上的敌人；六连在车山以西地区隐蔽，待机出击。营的指挥所位置在父子岭。见《中国人民解放军历史资料丛书》编审委员会编：《中国人民解放军历史资料丛书·新四军·文献(1)》，解放军出版社 1988 年 12 月第 1 版，第 357 页。

触须。①

啊！"鬼子来啦！"一种低而紧张的声音在战士们中传递着。每个人像在深草中发现一条毒蛇而举起了准备打下去的石头，每个人觉得脊背的汗毛孔收缩着，每个人的眼睛发红，红得像两粒火炭，指头搭在扳机上涨得发痛——等待着攻击的命令。

营长不时地把望远镜架在眼上，他在审慎地了解敌方的兵力以便得到正确的判断。

我们数着敌人的数目，骑兵是三百名，步兵在一千以上，分成数个梯队，后面还在继续着，而我们自己呢？是一个营。

在这新的情况之下，我们不得不考虑：如何使我们的少数兵力使用得当而能达到给予敌人重大杀伤的目的。因此，对这十倍于我们步骑炮空联合兵种的敌军，我们决定击其尾部，使他首尾不能相顾。

然而，在四连方面，一个友邻部队首先暴露了阵地，立刻，清脆的枪声刺破了空气的沉静。敌人的行列像一条被刺痛的蛇似的抖颤了一下，立刻迅急地分成几路散开。机关枪以绵密的火网覆盖着我们四连的阵地。我们步枪和机枪更猛烈地叫嚣着瞄准敌人的高大战马。

敌人以优势的兵力开始向我们采取包围的形式，而且逐渐地缩小他的包围圈，同时向我可能增援的方向配置了优势的兵力，这是一个阴毒的企图，他打算把我们围困在那孤独的山顶上全部消灭！

机枪的疾雨从四面八方袭来，钢炮弹划过天空发着嘶嘶的怪声，而后在各处炸裂着！

啊！这时我们那个曾身经百战的英勇的四连连长是以怎样的无比的坚决沉着与勇敢应付这样极其不利的战局呢？每个指战员是怎样地

---

①　26 日午前 8 时，敌池田联队之步、骑、炮兵 2000 余人（附重炮八门，飞机四架），由广济坦沿公路向三星街前进。见《中国人民解放军历史资料丛书》编审委员会编：《中国人民解放军历史资料丛书·新四军·文献(1)》，解放军出版社 1988 年 12 月第 1 版，第 357 页。

与敌勇猛地搏斗，是用怎样超人的力量来克服这艰苦万分的处境而达到保存自己杀伤敌人的任务呢？这只能四连的同志们给予回答吧！

从一些极不完全的叙述中，我们只得到这样的一个简单概念：

当我们四连连长洞悉了敌人的阴毒企图时，他命令一、二两排向敌人的后方冲过去，自己领着第三排担任掩护。

这一、二两排冲出了包围线，三排已经在敌人更大胆地逼近的重重包围以内了。

鬼子躲在荫蔽地里大胆地狂吠："优待俘虏！优待俘虏！"

伪军也无耻地叫嚷："同志们，缴枪不打你！"

"轰！轰！"我们的手榴弹回答了敌人的喊话。接着，我们听到一阵痛苦狂叫，于是对方再继续着疯狂的射击。

枪声稍微稀疏之后敌人开始向前逼近着，然而是胆怯地、犹豫地，于是我们的副排长、炮兵班长□□□，还有一个战士李光裕同志，三人旋开了手榴弹的盖帽，大叫道："同志们，来！"

一阵手榴弹的爆炸，震裂了敌人包围线的一环，同志在□□①的荫蔽中，踏着敌人的尸体胜利地完成了这次反冲锋。

敌人对于我们是丝毫不肯放松，我们前进不到多远，立刻步骑兵的联合兵种又卷成第二次的包围。

敌人的战马左冲右突，疯狂地如入无人之境，可是我们的轻机关枪也立刻给予他教训，使他们望着那些倒毙的尸体而勒住了缰索。

"同志们！"连长向着左右大叫道："我们一定要冲出包围线！我们宁死不缴枪、不投降！我们死也死在一堆！只要我们有决心，我们一定会冲出去，一定会胜利。"

"对啊！我们死也死在一堆！"

---

① □□为脱漏的字，根据字面理解应为"丛林"。

"我们一定要胜利！"

"拿出布尔什维克的精神来！"

同志们大声叫着，互相鼓励。

听啊！这是不屈的布尔什维克的声音！如果说在斗争的历史上那些无数的奇迹是由布尔什维克无比的英勇和坚决所创造起来的话，那么今天就是一个活生生的实例。

我们同志的英勇冲锋使最残暴的敌人也变为了懦夫，他们不可能阻挡我们的去路！就这样，四连的第三排一直冲破了敌人的五次包围。

在全体归队之后，我们的四连短少了六位英勇的同志，而敌人呢？却下了更多的血来滋养那被践踏的土地。①

敌机二架盘旋在父子岭山头上，用几乎触到树梢的低飞，寻找我军主力，不时地撒下一阵子弹的雨。每当飞机偏侧着翅翼掠过头顶，松树在空气的旋涡中疯狂地摇曳着。

当四连阵地枪声响起了二十分钟之后，六连接到了营长的命令：集中车山顶与五连会合。

从六连阵地到达车山顶须通过一个广阔的冲（两山之间的平地），而后是沿着山边大路。这中间是一个约一千米达的开阔地。准备插秧的稻田正放足了水，若从上面看下宛如镜面一样平滑而且反光，一个人在上面移动，那将像白纸上的黑字一样清楚。

在敌机的低飞侦察下，我们用跃进通过这困难的开阔地，敌机似乎已经发现了目标，交替地跟随我们队伍撒着机枪子弹，当队伍的先

---

① 敌先头搜索骑兵，对我四连实施乘马战，四面包围突击，反复冲杀。我四连与之激战约两小时，经分头冲杀，转移到何家湾方向袭扰。见《中国人民解放军历史资料丛书》编审委员会编：《中国人民解放军历史资料丛书·新四军·文献(1)》，解放军出版社1988年12月第1版，第357页。突围中青年文化教员褚锦麟随军作战，陷入日军重围，一人面对七个凶残的日军，毫无惧色，打完最后一粒子弹后，拉响手榴弹，与逼近的日军同归于尽。中国新四军和华中抗日根据地研究会编：《新四军的组建与发展》，中共党史出版社2019年5月第1版，第154页。

头看着飞机调转了方向而开始跃进，而后面的人却不得不又蹲伏下来
以避免目标。因此，我们一个连被拉成许多的小段，先头和尾之间有
着二三里路距离，弄得非常难以掌握。

在一个山岔路口，指导员指定了一部分部队担任警戒，因为据后
来的同志们报告：原阵地对面的一个山头发现了散兵群，那究竟是友
邻部队抑或是敌人还不能判断。

六连的队伍继续地前进着，这时已不能顾及敌机的扫射，后面的
开始用跑步赶了上来。

在一个没有人烟的村庄面前，副连长大叫道："快爬上山，鬼子
在后边来啦！"

我们通过那没有人烟的村庄，一阵跑步和跃进之后，汗已经湿透
了军衣，现在很吃力地登着这陡峭的山壁，我们完全走着只有松鼠和
野兔才能通行的道路，用手拉开那些茂密的枝条，刺藤像铁丝网似的
缠绕着腿，顽固地勾搭着衣服。六连的先头刚刚到达山顶，警戒哨的
枪声报告了敌人的骑兵已经从侧后逼近。于是我们迅速地占据阵地，
俯下了身体，把枪伸长在前面，等待着敌人进入火力线。

敌机由两架增加至四架，交织着在这山峰上一来一去，机枪接连
不断撒着弹雨，这些铁的冰雹穿过木叶唰唰作响，而后又穿过了人的
肌肉，钻进泥土，子弹碰在石头上，像飞蝗样地四面蹦跳，发着嘘嘘
的响声。

前面和侧方，我们发现了敌人的步兵在树林间或隐或现，骑兵飞
奔着越过山坡向我们侧背迂回。

对面的山坡上，敌人在摇晃着指挥旗，步兵和骑兵开始漫山遍野
疯狂前进，企图从□①面来包围车山。钢炮弹在我们的头顶掠过，发

---

① □为脱漏的字，根据字面理解应为"四"。

着嘶嘶怪响，弹片在天空炸裂着。

"咯咯咯咯……" 我们的机枪叫啸着，热情地喷射着子弹。①

敌人的战马，中了子弹，向天打起仰掌接连地滚下山谷。

在前后左右的繁密的枪声中，我们听到有放大嗓音的叫喊："同志们，不要乱移动，注意飞机侦察！"

"瞄准打！"

"别让鬼子活着回去！"

"……"

一架敌机，尾巴一偏掉下了一颗炸弹，立刻山顶上冲起一阵黑烟，像火山口的爆裂似的一声巨响，使山头抖颤一下。弹片和着炸裂的岩石向四面飞散，划过空气，发出呼呼的响声。

燃烧弹使左边的森林着了火，腾起了浓烟。

在这孤独的、狭小的、毫无工事掩蔽的车山顶上，为着避免敌人步、骑、炮、空的集中火力，营长下了命令，将五、六两个连的主力移开，留一小部担任掩护。②

山顶上，我掩护部队以火力使敌人停止了脚步，那些纷纷滚下山谷的人和马的死尸使那些后来者了解接近新四军并不容易。

四架敌机，现在开始集中火力向我们移动中的主力扫射。

"打飞机！" 营长命令着机枪射手。

我们的机枪手仰卧下来，把枪口竖向天空，子弹和子弹在空中相

---

①　当时我父子岭阵地伏兵，即向密集公路附近之敌射击，于是敌将轻重火器配置在公路北侧山地，骑兵向我父子岭西侧阵地包围进攻，步兵主力由大通寺方向展开，实施迂回。见《中国人民解放军历史资料丛书》编审委员会编：《〈中国人民解放军历史资料丛书〉·新四军·文献(1)》，解放军出版社1988年12月第1版，第358页。

②　战况进展：敌人借飞机的扫射轰炸与炮火的掩护，逐渐迫近，一面以骑兵向我父子岭阵地猛冲，一面步兵主力向我吕山冲侧背突进。当时我军除以浓密的火力杀伤敌人外，即调隐蔽茶〔车〕山附近之主力出击，在吕山冲内与敌展开激战，白刃肉搏，约经四小时之久。见《中国人民解放军历史资料丛书》编审委员会编：《〈中国人民解放军历史资料丛书〉·新四军·文献(1)》，解放军出版社1988年12月第1版，第358页。

互擦肩而过。

我们的集中的队伍马上很迅速地化整为零，以麻雀阵的方式散发在父子岭一带的前前后后，灵活地从敌人包围的空隙中突向外围。

敌人现在显然已无法找到目标，钢炮弹在一些无人的地方坠落，飞机苦闷地在四处彷徨，有时在些可疑的树林子里丢下炸弹，愚蠢地向一些突出的山石打着机关枪。当他们发觉了脊背中了子弹而掉转了枪口乱打一阵，我们的子弹却又从他们的侧方飞来。

四架敌机显然已浪费尽了他们的子弹和炸弹，现在只是沉默地东窜西突，企图替他们地面的朋友寻找一些浪费子弹的理由。

这样一直到下午四点钟光景，敌人开始向来路溃退了。马匹上驮载着累累的死尸。[①]

父子岭一带十余里的山间，正如烂漫的杜鹃开遍一样，洒着我们英勇战士的鲜血和敌人的污秽的汁液。

皖南，仍然是我们的！

----

① 我因已经达到杀伤敌人目的，即以主力向庵基（现名安吉）、板石汤、许庄方向集结，吸引敌深入与之决战。敌一部至安吉附近，因受我收容部队突然的侧射，甚为慌乱，即行停止进攻，退回大路，转向烟墩铺、木镇方向西犯，我遂将部队集结整理待机。当日我在三里店附近的游击部队，亦向敌人留守的小部兵力袭击，颇有斩获。此次战斗经过约计8小时，自26日午前8时至午后4时结束战斗。敌我伤亡：敌军伤亡兵员317名，战马20余匹。我军伤亡兵员84。缴获机枪夹子21个，步枪弹4505发，机枪弹450发，文件1部，地图3幅，钢盔8顶，掷弹筒弹37发，日旗3面，信号弹7发，雨衣5件，军服5件，望远镜1个，火药2箱，雨帽150余顶，武器1部。我消耗七九弹1223发，驳壳弹236发，掷弹筒弹3发，手榴弹287枚。见《中国人民解放军历史资料丛书》编审委员会编：《〈中国人民解放军历史资料丛书〉·新四军·文献(1)》，解放军出版社1988年12月第1版，第358页。

附：新四军战歌：父子岭上

# 父 子 岭 上

1 = C 2/4

战斗地、歌颂地

林因 词
何士德 曲

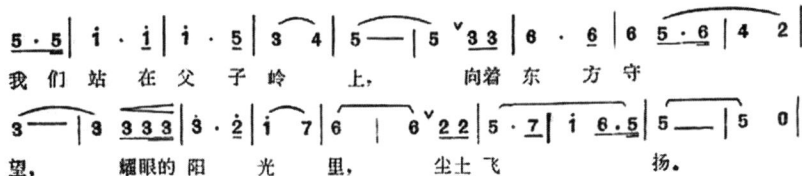

我们站在父子岭上，向着东方守

望，耀眼的阳光里，尘土飞扬。

稍快

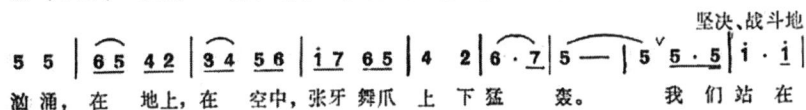

敌人四个联队，流窜进了春天的皖南，步、骑、炮、空，潮水般

汹涌，在地上，在空中，张牙舞爪上下猛袭。我们站在

急而紧

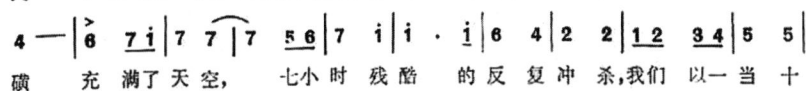

父子岭上，（白）守住这个地方，英勇的战士们！杀声震撼了山谷，硝

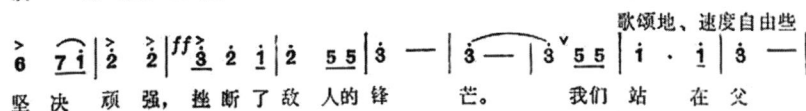

磺充满了天空，七小时残酷的反复冲杀，我们以一当十

歌颂地、速度自由些

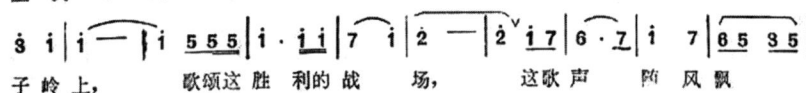

坚决顽强，挫断了敌人的锋芒。我们站在父

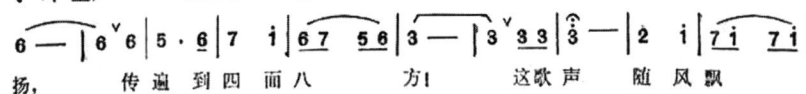

子岭上，歌颂这胜利的战场，这歌声随风飘

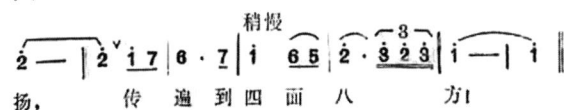

扬，传遍到四面八方！这歌声随风飘

稍慢

扬，传遍到四面八方！

注：1940年夏，写于皖南云岭，流行于皖南、江南、江北及山东南部

（江苏省音乐家协会主席石林供稿）

# 皖南第一次反"扫荡"之何家湾战斗前后述①

## （1940 年 6 月 1 日）

自三月杪汪精卫的傀儡组织在南京正式登台开锣之后，很可能预料到敌伪将以较大的兵力对京芜附近及大江南岸做一次大规模的进攻与扫荡，扩张他"面"的占领。一方面希图巩固汪组织对所谓占领区的我国民众显示皇军仍具有"威力"，以压下民众的反抗心理；一方面解除我军对京芜长江的威胁，同时给予我抗战阵营内部某些正在进行投降分裂的顽固分子卖国英雄们以实力的声援，以收"里应外合"之效。其次就是要占领我皖南产米区南陵及繁铜沿江一带以补充它国内食米的不足，同时企图以饥饿困我军民，使我抗战军队在"食无米"的情形下不得不撤退到使他感受威胁的区域之外。如果敌人进攻顺利的话，并且很可能直下泾、太，侵犯徽、屯，占领我皖南山区。以围困我游击部队，并断绝我江南野战军与后方的联系，囊括东南富庶之区，使整个东南战局改观，以作为"新中央政权"的基础。

南陵、繁昌、铜陵等地是整个皖南的门户，且除南陵外繁昌、铜陵，大部都是山岭地带，利于我轻装游击部队的驰骋攻守，而不利于敌机械化快速部队的行进。且南、繁通临芜湖、长江，在地形上对芜

---

① 见中共南陵县委党史办公室编：《南陵党史集萃》，中国展望出版社 1989 年 8 月第 1 版，第 508—517 页。标题为编者按。原载《抗敌报》1940 年 6 月 1 日。

湖长江有高屋建瓴、居高临下的形势，南繁又是皖南产米区，山地的食米及抗战军队的军粮都依靠着这里的补充。此外主要的是有抗战最坚决的新四军，在这一地区，坚持了两年的抗战，英勇地保卫了这一地区，屡次地打击了日本帝国主义侵略果园的猪嘴，这始终是江南敌人最主要的威胁，尤其是在汪逆伪组织成立以后，新四军这种坚持，更增加了在军事上政治上的意义，因此这一地带早就成为敌人主要的障碍，也早就是敌人企图进攻的目标，敌人的进攻将以而且也不能不以新四军为其扫荡打击的主要方向。这一点在此次敌人"扫荡"中很充分地证明了。

坚团①自二月下旬开赴铜繁一带作战以来，开始即以机动灵活的战术以微小的损耗换得了多次的胜利，并深入敌后捉获了俘虏，完成了牵制敌人、消耗敌人、疲劳敌人、消灭敌人的任务。自敌人进攻皖南的企图日益显露后，更在部队中作了"准备打大仗""予敌人以更大打击"广泛的政治上军事上的动员，加重了爬山行军等体力的锻炼及射击瞄准、利用地形地物的实地演习，所有指战员都以空前热烈的情绪与积极的学习精神，来准备迎接空前的胜利，像一把野火一样在整个部队中燃起了光芒万丈的烈焰，照耀着皖南的山岭与原野。

## 战斗经过

四月下旬敌人即以近两师团的兵力用压倒的形势向南繁进犯，企图一举扫清南繁，进窥泾、青，东路由南京经芜湖青弋江于二十四日晨进攻南陵，②我×××部③予以抵抗后即向泾县一带撤退，南陵于是

---

① 坚团应为新四军第三团。
② 这是据被敌掳从的夫子说的。其中一部分夫子系由南京伪铁道部抽派。
③ 应为友军第五十二师。

日下午四时许被陷。次日即分兵两路：一路直趋三里店，一路经麻桥等地于下午四时左右陷戴家汇。北路获港敌六千余及一部炮、骑、轻机械化部队由峨桥、马家坝、铁矿山，分三路进犯繁昌，在孙家镇梧山桥经我充团①重大打击后，繁城终亦于二十四日晚被陷，次日又分陷方村戴家汇等地。②

在敌分进合围迅速进展的情况下，我们团首长早已预料到敌人的企图将是占领何家湾，以巩固它南繁到青阳的交通，并分别包围我何家湾以北繁昌以南三条冲左右的我军，进而随其各个击破分围聚歼的毒计。因此为了保卫这个战略上的中心点，打破敌人的整个计划，牵制敌人以配合我主力部队歼灭敌人，连夜将团主力移动至何家湾附近，布置好了天罗地网，等候着笨鸟的自动投进。③

在二十六日早晨七八点钟的时候，就有敌两架轻型的水上侦察机，在何家湾附近，不到二百公尺的低空里来往盘旋侦察，机翼几可碰到山岭的林梢，但我们主要是为不使敌机找到目标，部队很巧妙地隐蔽起来，使敌人不能知道我们的布置及兵力，故并未予以射击。

根据敌人一贯的战术动作，在空军侦察之后，预料到步兵即将开始进攻，于是很迅速地将部队展开，在何家湾西北平顶山一带布好铜

---

① 充团应为新四军第五团。

② 繁昌中分徐、赤沙滩、九郎庙、戴家会、童村街、三里店等处，均于25日被敌占领，有继续前进迂回青阳的模样。敌分三路向何家湾前进，九郎庙、水龙山一路之敌，系清水师团之生田、安达两部，有步、骑、炮兵2000余人。戴家会、绿岭一路之敌系田中支队，约有步、骑、炮兵1000余人。童村街、晏公殿一路之敌，番号不明，约有步、骑、炮兵1000余人。见《中国人民解放军历史资料丛书》编审委员会编：《中国人民解放军历史资料丛书·新四军·文献(1)》，解放军出版社1988年12月第1版，第361页。

③ 我决心以小部队分散牵制敌人迟滞其前进，并截击各路向何家湾前进之敌，情况不利时，则转移敌后打击敌之侧背。三团团属部队位置于何家湾以北，涧滩杨村以西之高地，伏击绿岭方向前进之敌；一营一连在苏家冲以西高地，配合二营主力阻击敌之前进，二、三两连在何家湾西北山地占领阵地，以火力杀伤敌人；二营在苏家村西北高地占领阵地，袭击向何家湾前进的敌人翼侧。见《中国人民解放军历史资料丛书》编审委员会编：《〈中国人民解放军历史资料丛书〉·新四军·文献(1)》，解放军出版社1988年12月第1版，第361页。

墙铁壁的阵线。

上午九时左右我左翼团直属队首先与由绿岭前进之敌接触，敌以三路纵队的密集队形向我冲锋，我重机枪首先开火将敌先头部队杀了三四十人，该敌即惊慌乱窜不敢前进，我部队亦因任务不同及不很明了敌人的实力亦未前进，俟后即成为胶着状态，只有稀落的枪声在战场上点缀着。①

十时许我中坚胡营与由戴家汇晏公殿前进之敌主力部队二千余人接触，初时还只是机枪交射，数分钟后敌炮即开始向我阵地猛轰，烟尘在各个山头上升散着，原野上充满了硝烟味。②

在敌人猛烈炮火的轰击下，我胡营在坚强巧妙地抵抗着，二连的×班长在敌人的炮弹落在他所隐蔽的工事里时，他迅速地跳落在工事之外，炮弹开花之后，又马上跳进工事；这时第二颗炮弹恰恰落在工事外面，第三颗炮弹又跟着落在工事里，他又跳在外面，在第四颗炮弹在工事外落地开花之前，又跳进工事里。敌人的炮弹一上一下，我们英勇机警的战士也一上一下地跟敌弹演着捉迷藏的游戏，结果敌人四五颗炮弹的代价只换得了我英勇战士脚上的一层油皮。

接着敌人用骑兵冲锋，被我们的一阵齐放打溃下去了，接连几次，却是依样葫芦。敌见冲锋不成，又用大炮猛轰，专门贪婪地寻找我们的机枪火力点，企图消灭我们这有力的火器，但我们都灵活地躲避了，反给敌人以重大的射伤。

---

① 26日上午9时，绿岭方向前进之敌五百余人，与我三团团属部队首先发生战斗，经战两小时，因九郎庙来敌两千余人，该部为避免受敌包围起见，即向横山岭方向撤退。见《中国人民解放军历史资料丛书》编审委员会编：《〈中国人民解放军历史资料丛书〉·新四军·文献(1)》，解放军出版社1988年12月第1版，第361页。

② 胡营为三团一营，十时许应为十一时左右。我三团一营于25日晚由八里亭出发，经方村、水龙山、涧滩杨至26日午前11时左右到达何家湾附近，即与敌人遭遇，进行战斗。我以火力阻击敌之冲锋，战到黄昏敌势不支，即向木镇、丫山方向退却。见《中国人民解放军历史资料丛书》编审委员会编：《〈中国人民解放军历史资料丛书〉·新四军·文献(1)》，解放军出版社1988年12月第1版，第362页。

战斗进行到了下午四五点钟，敌机又装满了弹药回来，在我阵地上空盘旋，并以机枪向下扫射。我军在敌步、骑、炮、空四种兵种的联合进击下仍以如山的姿态屹然地固守着阵地。

战斗的重心又转到了我右翼的一连，敌人用数倍于我的骑兵向一连冲锋，四次的猛冲都因受到我有力反击而溃下去了。这时一连虽在敌优势炮火下稍有伤亡，但战士的情绪更高涨了，每一个人都怀着一颗为战友复仇的决心，沉着地向敌人射击着。

敌人的攻击精神已全被压倒，只用炮和机枪盲目地扫射，敌中佐"七太君"也在骑马逃窜中被我神枪手一枪打死了，这更大地打击了敌人，使敌人呈现着混乱的状态。

七时左右，我主力胡营及团直属队领受了其他任务，胜利地转移到另一个方向去打击敌人，张营仍留在敌人的左翼牵制敌人，在这以前敌人始终未能进到我们的阵地。①

敌人在死伤二百余人及中佐一人及炮弹二百发、机步弹数万发的情形下又四面受我打击，占领何家湾目的又未能达到，在夜间十二时，为了逃脱我张营的追袭，经丫山镇向大通方向逃窜了。我缴获了六五弹数百发及炮弹、信号弹、烟幕弹、日旗及慰问袋甚多。②

何家湾战斗经过了十四小时的时间，我们可以毫不夸张地说，坚

---

① 张营为三团二营。我三团二营于25日晚利用夜间运动，至26日午前10时左右赶至苏家村，于部队运动中遭遇敌人，当即展开，占领要点。敌步、骑、炮兵千余人，分三路配合空军，向我何家湾东苏家村附近阵地进攻，激战至下午4时，敌人无法进占，几次冲锋均被击退。见《中国人民解放军历史资料丛书》编审委员会编：《〈中国人民解放军历史资料丛书〉·新四军·文献(1)》，解放军出版社1988年12月第1版，第361—362页。

② 敌全部向木镇、丫山方向退却，我整理部队转移至敌后游击。战斗经过时间，自26日上午9时至下午6时。此次战斗，敌伤亡300余名及军官3名；我伤亡10余人，消耗机枪弹3000余发，步枪弹5000余发，炸弹100余颗，损坏步枪5支；又缴获迫击炮弹、烟幕弹各3颗，炸弹4个，六五弹175发，慰劳袋1个及其他军用品1部。见《中国人民解放军历史资料丛书》编审委员会编：《〈中国人民解放军历史资料丛书〉·新四军·文献(1)》，解放军出版社1988年12月第1版，第362页。

团是完成了在此次整个皖南战斗中本身的任务。①

## 对敌检讨

敌人此次进攻的主要路线是采择了比较平坦的道路，自戴家汇、何家湾以南，三里店、烟墩铺以北的地区多是不满百公尺的丘陵地带，而且有一条具有雏形的青阳至南陵的公路，这在地形上是便利于敌人轻机械化及骑兵等快速部队的行进，占领繁昌之敌对我何家湾以北山区的我军部队取着牵制的态度，我们认为敌人这次扫荡是事先有着长期的准备与布置的。

敌人这次在战略上是首先占领南陵，对泾县取佯攻态度，以吸引我大部兵力，而以主力从何家湾戴家汇以南三里店以北的比较平坦地区，快速行进。一路占领云岭章家渡，压迫我新四军主力向南退却，并威胁泾县后方；一路忽趋青阳，企图在我友军准备不及的情况下占领青阳，并一鼓而下石埭。

根据所得情报及战场所见敌人此次进攻何家湾的部队，全系轻装，甚至军毯也不带，食粮都是罐头饼干，比较笨重的行军锅等很少。可见敌人长期占领据点的企图不很大，而是想迅速消灭我军，在最短期间可以得到各种补充，但在何家湾、父子岭、罗卜冲等地，处处碰壁，计划完全失败，不得不狼狈逃窜大通等地，扫荡战被变成了被动性的大规模威力侦察。

---

① 补充情况。当三团主力在何家湾与敌激战时，支队直属队的大小行李（计200余担），向东南方向前进至杨家庄附近，先头尖兵发现童村街方向之敌向合村进犯，由于行李过多，担子笨重，同时掩护部队兵力薄弱，因此在敌人步、骑、炮空军的突然猛烈的袭击下，结果支直机关非战斗人员及行李担子均被冲散，遭受损失不少，计牺牲者有军需主任杨木贵、会计张兴亚，其他失踪者尚有20人及失落军用品1部。见《中国人民解放军历史资料丛书》编审委员会编：《〈中国人民解放军历史资料丛书〉·新四军·文献(1)》，解放军出版社1988年12月第1版，第362页。

此次敌人对所经区的民众，仍旧是一贯的烧杀奸淫抢掠政策，怀柔欺骗的政治手段还不多见，因此可以看出敌人长期的巩固的占领这地区的企图还不很大。

在何家湾战斗中可以看到敌人的军事技术，战斗动作是更差了，从这几方面可以看到：

第一，素称准确的敌军射击技术，在此次战斗中表现得特别落后，总计当日发射的炮弹不下二百发且多系瞄射我机枪火力点，结果不但我机枪毫未受损，即我战士被炮弹所伤的也不过一二人，多数炮弹是落在无人之处。步机枪瞄射过高，简直听不到子弹的声音。一次我三支队人员从敌阵前五十米达处经过，敌机步枪一齐发射，但子弹都飞到高空去了，我部人员毫未受损。这证明了敌军新的成分是占了绝对的多数，且害怕、萎缩、不沉着，瞄准射击技术退落到我军的后面。

第二，敌人的攻击精神非常差，如敌骑兵对我一连的四五次冲锋，都被我军击退了，其他冲锋，亦皆如此，甚至在敌进攻时只要我放一两粒冷枪，即退后仆地不敢前进。

第三，以前敌人素以顽强沉着著称，可是在这次战斗中表现的是恐慌混乱，在我乘敌不防予以突然袭击时，敌兵即四下逃窜狼狈之至，不能够沉着地就地抵抗。

第四，敌人轻视我军的火力，前进时都是采取三路或四路纵队的密集阵形，即在接近我阵地时也是如此，这便利了我自动火器的射击，敌人伤亡十数倍于我们也就因此。

第五，根据被敌掳去回来的夫子说：敌军士兵在此次扫荡中没有胜利的信心，特别恐惧我军的机关枪，在受我机枪射击时即怪声乱叫，且敌军所穿皮靴上山时一步一滑，因此也特别害怕山地战。

第六，敌军军纪更趋废弛了，敌人于二十六日在×山镇宿营时，路上、房中，横躺直卧，毫无次序，表现了高度疲劳状态，且警戒配备也不甚严密。

第七，据夫子言：敌军在作战时，给养还好，大半是罐头饼干。退至大通等处休息时伙食即坏，饭熟时放在一块布上大家用手抓着吃，菜也很坏，还比不上我们的。敌人本来素以一切为了前线，号召国内输纳的，可是不能遏止的经济恐慌，也不可避免地，严重地影响到前线士兵的生活，也连带影响到士气。

根据以上的事实，需要我们对目前的大部敌人的实力，作一个重新的估价，与新的正确的认识，一方面消灭我们个别战士过去对敌人火力的恐惧心理，一方面也要防止部队中因这次战争的经验因而过分轻视敌人的心理。针对着敌人的弱点，改进与充实我们的战术，使敌人再次扫荡皖南时，受到我们更大更致命的打击。

## 战斗的意义

何家湾的战斗，经过了十四小时的时间，在敌人狼狈溃窜的情况下结束了，新四军仍英勇地站在这一地区。这个战斗虽然没有大规模地消灭敌人，但是无论在政治上军事上，都有它重大的意义。

一、军事方面

何家湾在军事上的价值：何家湾北距繁昌七十余里，西距青阳七十里，西北距铜陵七十余里，东北距南陵七十里，四处都有大路相通，可说是一个交通的中心，是敌人想占领铜、青、南、繁必须确保的交通联络的据点。这次战斗的胜利，使敌人不能随其占领何家湾的贪欲，并配合着父子岭的胜利把南陵、青阳的敌人截成两段，使之首尾不能相通，堵击了敌人由繁昌增援运输的来路，使敌人已占领的戴家汇等地，表现了在军事上的毫无价值，而不能不迅速逃窜。

敌人此次进攻，企图以快速部队占领云岭章家渡，压迫我军主力退却；并遮断我军前后方各部的联系。我军主力在父子岭与敌肉搏血战时，何家湾战斗确实收到了钳制敌人，分散敌人，动摇与疲劳敌人的效果，吸引了敌人进攻总兵力三分之一，而且予以大的杀伤，使父子岭三里店一带之敌背后受到威胁，并在我一团的严重打击下，不得不速急溃窜，实际上收到了相互呼应之效。

何家湾以北至繁昌多是×百公尺以上的连绵直断的山峰，是最适于游击部队的活动的，这次战斗的胜利确保了这一有利地区，使敌人不敢妄进。

敌人本希图以快速部队直趋青阳乘我该地友军措手不及之际予以击溃，更进而南下石、太。没料想到在何家湾、父子岭等地受到我军严重打击，这不但大大迟延了敌人的行进，使我友军可从容布置，并且挫断了敌人的锋锐，削弱了敌人的进攻情绪，在整个皖南的战役上，起了不可磨灭的作用。

在敌人占领南陵三里店及其他军队稍许后撤的情形下，我军是处在孤军作战被敌包围的环境，但我仍坚强奋斗主动地打击敌人，使敌人计划失败，不得不退出已占领地区。这再一次证明了过去一处被敌突破即全线退却的不当，与在正面不能阻挡敌人时即当绕至敌人侧背继续抵抗打击敌人的正确性与必要性。

这次还是敌人第一次对皖南的大规模"扫荡"，准备得相当长久，本希望各地完全像南陵等地一样的"唾手可得"，谁知道在"皇军"以"所向无敌"的姿态浩浩荡荡地进军时，却受到我军重大的打击，这使"皇军"又一次深刻地体会到了新四军的威力，这对于敌军的心理与胜利信心无疑地将发生重大的影响。

此次敌以数千之众，数倍于我军的兵力进攻何家湾，这不但是本团也是本军的空前的大战。但我军在人数火力都处在相对劣势的形势之下，能以坚决奋斗英勇牺牲的精神，不但抵抗住了敌人，而且能予以严重打击，这不但开始了我军能打而且善打大仗的先声，而且证明了我军能以少敌众的实力，这将能而且已经大大地提高了部队的战斗情绪。

何家湾战斗的胜利，向敌人及全国宣示了本军的实力，这对某些妄想以武力削弱或消灭新四军的顽固派们是一个事实的打击，像一支强力的光芒一样照明他们蒙昧的眼睛与头脑，使他们认清楚新四军之不可欺侮。

二、政治方面

这次何家湾的战斗，本军更一次清楚地向民众昭示了坚持抗战坚决保护民众利益的真实性与"和皖南民众同生死共患难在任何艰苦危急环境中不逃跑不退却"的事实的证明，使民众认清了新四军是他们真正的保卫者，而紧紧地围绕在我们的周围。战后附近各地无数次的慰劳及自动的代军队煮饭烧菜，焚香祭拜阵亡烈士的各种事实，证明了民众对我军高度的爱戴与拥护。他们更清楚地看到了"到底谁是真打日本鬼子的"，彻底粉碎了某些顽固反共分子在群众中散播的"新四军见鬼子就跑""新四军是土匪队伍"等无耻谣言，证明了只有事实，才能胜过一切，真金是经得起火炼的。

何家湾的胜利大大提高了皖南民众的抗战情绪及必胜信心，老百姓已亲眼看到了鬼子的"本事"，这对今后动员民众帮助抗战参加抗战上，起了莫大的推动作用，使某些亡国论者的汪派汉奸无从施其伎俩。

某些被顽固分子所欺骗的人，在这些胜利的影响下，在他们亲身感受到敌人烧杀淫掠的打击下，也有了初步的改变，事实告诉而且教训了他们，谁是敌人，谁是朋友，分裂、团结的利害，新四军为民族为国家的坚决是真是假，他们的良心无情地斥责了他们过去所犯的过错。如××保长说："我以前所做的事是不应该的，不但对不起贵军，而且也对不起国家民族，今后我要向贵军学习，我也要求进步。"事实是最雄辩的，也是最教训的。

此次敌人"扫荡"从京芜等地带来很多民夫，这次的胜利将借这些人的口中，传到敌人的所谓"占领"区域去，对于汪逆伪组织的统治，毫无疑义地将受到某种程度的影响，更加提高敌占领区民众抗战必胜的信心。

# 皖南第一次反"扫荡"之纪家岭战斗[①]

## (1940 年 4 月 26 日)

### (一) 局部情况

1. 二十六日早晨，由南陵三里店西犯之敌，与我一团之一部在土塘父子岭附近发生战斗，敌之空军侦察颇为活跃。

2. 敌人为使其翼侧安全，掩护主力西犯，派出骑兵三四十人，向烟墩铺搜索前进。

### (二) 部队布置

1. 我们决心配合友邻一团战斗，在北贡里西北纪家岭附近伏击沿公路西进之敌。

2. 以第一连位于纪家岭附近山地占领伏击阵地，第二连派一个排至烟墩铺大路两侧坳地袭扰敌人，营的主力控制在北贡里附近隐蔽待机出击。

---

① 见《中国人民解放军历史资料丛书》编审委员会编：《〈中国人民解放军历史资料丛书〉·新四军·文献1》，解放军出版社 1988 年 12 月第 1 版，第 358—359 页。标题为编者按。纪家岭又说几家岭，在南陵县烟墩镇霭里村境内。这是军直特务营 4 月 26 日的伏击战。

## （三）战斗经过

### 1. 战斗实施

二十六日午前十一时据报，敌骑三十余人，由烟墩铺东侧转向北贡里搜索前进。待至我纪家岭伏击阵地前四百公尺处，我即以机枪火力向其扫射。敌骑即行分散向我阵地冲击。当时我以手榴弹的密集火力将敌击溃，约战一小时敌即折返烟墩铺。

### 2. 情况进展

敌骑被我击溃后，一时战况沉寂。不久敌人炮兵由三星街方向对我射击，随后有便衣部队百余人，由刘店铺经沙龙岗又向我纪家岭阵地攻击前进，展开激战。我派出在烟墩铺附近的游击队，亦在敌后活跃；同时我营主力由荫冲方向隐蔽接敌，向其右侧包围突击。敌人甚为慌乱，伤亡颇多，即行撤退，向乔木湾方向溃窜，战斗结束。

### 3. 战斗结束

敌向乔木湾、木镇方向西窜，我部撤回北贡里附近整理。战斗经过时间，自二十六日午前十一时至午后二时。此次战斗，敌伤亡三十余人，毙马两匹，我亦伤亡十余人，缴获军用品一部。

# 皖南第一次反"扫荡"之汪家桥战斗[①]

## （1940 年 4 月 29 日）

### （一）局部情况

二十九日下午二时，占据麻桥、桂村桥两地之敌步兵百余人，企图向我老虎山、板山岭[②]等地进攻。

### （二）部队布置

估计该敌向我进攻系威力侦察性质，企图了解我军情况，我决心打击该敌，即以一营位置于板山岭之线，正面阻击敌人，二营位置于老虎山附近，侧击敌人。

### （三）战斗经过

1. 战斗实施

二十九日下午二时，麻桥、桂村桥两地之敌百余人，向我老虎山、

---

① 见《中国人民解放军历史资料丛书》编审委员会编：《〈中国人民解放军历史资料丛书〉·新四军·文献（1）》，解放军出版社 1988 年 12 月第 1 版，第 362—363 页。标题为编者按。汪家桥在南陵县家发镇联三村。这是第五团一营、二营 4 月 29 日袭击运动之日伪军的战斗。
② 板山岭为板石岭，老虎山、板石岭在南陵县家发镇联三村。

板山岭进攻，我一、二两营突然由两侧包围前进运动之敌，当时敌人甚为恐慌，受我火力的杀伤，激战约四小时，敌即四散窜回，同时在中途又遭我五团团部重机枪火力之伏击，亦受大的杀伤，敌即向麻桥溃窜。

## 2. 战斗结束

敌窜回麻桥，我仍扼守原地，战斗经过时间累计四小时，自二十九日下午二时至六时结束。

此次战斗，敌伤亡二十六名，我无伤亡，并缴获军用品一部。

# 皖南第二次反"扫荡"[①]

## ——我们在胜利中战斗

思　明[②]

（1940 年 10 月 16 日）

## 一、自芜湖到赤滩的惨败

自四月间敌寇对皖南的"扫荡"，一败于梅冲，再败于何家湾，三败于父子岭。我们在反"扫荡"中获得了伟大的胜利之后，我们便估计着敌寇对皖南二次大规模的"扫荡"行动必然会再来的。而自从敌寇受德意战胜法国的鼓励，准备对我大后方来个最后冒险的战略进攻，企图攻略陪都与昆明的阴谋开始，加上秋收初竣，新谷登场，我们估计着敌寇一方为了在战略上配合西侵部队的呼应，保证沿江后方交通的安全，吸引并击溃我东南的部分军力；另一方在经济上掠夺秋粮的可能性，便判断了敌对皖南二次"扫荡"蠢动是必然要到来的。

---

① 见《中国人民解放军历史资料丛书》编审委员会编：《〈中国人民解放军历史资料丛书〉·新四军·文献（1）》，解放军出版社 1988 年 12 月第 1 版，第 365—371 页。现标题《皖南第二次反"扫荡"》为编者按，原标题《我们在胜利中战斗》现作为副标题。此文原载 1940 年 10 月 16 日《抗敌报》。经考证：皖南第二次反"扫荡"战斗，自 1940 年 10 月 4 日开始，至 10 月 11 日结束。

② 思明为战地记者。见文中自述。

因为有这个预期的估计和正确的判断，我们在事先便已周详地做着各项必要的布置，准备迎击来犯的寇军，于是才能又一次光辉地完成了反"扫荡"的伟大胜利！

敌对皖南二次"扫荡"的开始，乃是接着华中苏皖"扫荡"的失败而来的。九月下旬，敌便积极征调江南无锡、丹阳、武进、镇江、句容及金坛等处残部，图向皖南作倾巢之犯。无锡一城守寇，竟只剩下两百余名。一日，江北之敌亦陆续集结南京。二日，江南江北各敌便自水路集中芜湖，当晚芜湖寇敌又分而在大通、铜陵、荻港、流潭圩、湾沚等地增屯。寇军番号主要为前池田师团（十五师团，现任师团长为渡边右文[1]）及一一六师团各一部，间有伪军两三千人，总数在一万左右，为步、骑、炮、空各兵种之联合，计荻港四千余，大通圩二千多、铜陵千余、湾沚二千余。四日起各地敌军即开始战斗行动。大通之敌分两路向青阳及董家店侵进，略与我守军接触，但没有大战况。铜陵之敌向张家冲、顺安一带南犯。荻港之敌亦分两路，一向铁矿山、孙镇前进，一绕繁昌向黄墓渡猛扑，这是敌之主领兵力，其骨干为敌军中号称骁勇善战之五十一联队（属十五师团）。流潭圩之敌亦南向窜犯。四、五两日，进犯各路敌军，除湾沚、青阳、铜陵无甚战况外，中锋三路敌军，均为我军迎击于钟鸣街、鲢鱼山、董家店、方村、铁矿山、梅冲、赤滩、九郎庙、伏龙山、黄墓渡等地，战况甚为激烈，敌被歼数百。至六日，九郎庙、方村之敌，便在蛇子胡[2]会合，绕戴家会以北东窜峨岭；黄墓渡之敌一度与东侧友军×××师激战[3]，旋即转而南下新林镇，又分两股，一趋戴家汇以北与蛇子胡来寇相合，一绕南陵东北西侵峨岭，而湾沚之敌亦经西河镇西扑峨岭。

---

[1] 经考证，1940年秋日军第十五师团师团长是熊谷敬一，池田和渡边右文都未担任此职。

[2] 经考证，蛇子胡应为水村湖，在铜陵市义安区钟鸣镇水村湖境内。

[3] 黄墓渡的日军一度与东侧友军一〇八师激战。见徐则浩、宋霖主编：《新四军军部在皖南》，当代中国出版社2003年1月第1版，第396页。

看敌用兵方向，似乎是企图以少数兵力牵制戴家汇以北及铜青我军，而以主力沿峨岭一线南下，寻找我军主力在三里店、田方、草鞋店三角地带决战。所以六日下午，峨岭会合之敌，即急程向南进兵，当晚起与我在三里店外围彻夜恶战，到七日黎明，三里店遂不幸为敌所陷。

七日晨，占据三里店之敌五千余，炮二十多门，骑兵八百余，便在空军配合之下，分成三路前进：一路向东南窜田方，其余两路企图占领草鞋店两侧高地。无奈我军早已看穿了敌军这些企图，预先已把重兵分布在田方、草鞋店、左坑等处高地，一场激烈恶战便从此开始。侵略田方的敌军，三骤猛扑，都被我英勇击退，敌乃不得不放弃田方一线的梦想，以骡马曳尸回逃。而企图夺取草鞋店两侧高地的寇军，也遭我重大杀伤，弃尸累累。三路敌乃合成一路，猛向吕山我军阵地冲扑。我控守着两侧高地，以逸待劳，反复与敌肉搏。敌虽然凭借步、骑、炮、空联合兵种的威力，终日死冲，仍然屡战屡败。七日整整一天之中，自龙山合乐榆[①]，仅七里之地，敌以五千余机械化的队伍，十余次攻袭，都不能前进一步。南犯敌军的原有二意，一想直趋汀潭，转向东南迂回，略取章家渡，好把我军整个归纳在他的包围环中，然后在一个狭小地区来和我进行歼灭决战；另一是向东南侵犯泾县城。七日傍晚，敌在飞机狂炸之后，三度攻战虽夺汀潭，但看见汀潭南面一线我军重兵控守，两侧又为我侧击部队所控制，知道前进是不可能，要想后退，其后路已为我军所堵截，而号称五千强敌，因终日经我围困歼战，给养不便，又不能休息，实在已经相当疲惫了。入夜，我军自西南及东北各方同时向敌进行猛烈突袭，自七时[②]至午夜，激战未已，杀声震荡山谷，死伤敌官兵在千余之数。敌经此重创，已无恋战之意，八日一时，遂在炮兵乱弹轰击掩护之下，分三路向大岭头数度

---

① 应为自垄上至合乐。
② 指晚7时即19时。

冒险死战而后窜走。我当即一面分兵割歼敌之后头部队，并将三里店、左坑、汀潭相继克复，一面以劲旅迂回小岭、枫坑堵截。八日拂晓，流窜寇军又在小岭、汪义坑、梅家冲一带被我歼斩数百。我向枫坑挺进的追击部队，又在枫坑江畔歼敌数百。惜乎当时江以东之堵截部队与江以西之追击部队，未能很好配合，窜敌未抵枫坑，而江东之堵截部队早已移兵，遂使枫坑一场壮烈的歼敌战不能如预期完成，否则杀敌岂止数百而已？

由枫坑越青弋江流窜的残敌，过江之后，即向泾县城直扑，企图盘踞县城顽抗。① 我追击部队，当亦分路，一由枫坑以上越江堵击，一由枫坑以下过江追击。八日终日，我遂与困敌激战于枫坑、泾县城之线。敌已强弩之末，再战再败。到八日夜，我越江各部便环城西南而攻，及旦，泾县城遂为我军所拔。残敌向东北逃遁双坑地带，大部残敌窜聚西峰山窑冢垄，其前头部队经由溪桥向赤滩窜走码头，而后头部队两千余，因被我追击部队所牵制，走不掉，这时比邻友军亦从东、北两方配合围攻。九、十两日，西峰山困敌十余次企图由飞机掩护向赤滩突围，都被我各军所截击，不得逞。两日中的围歼，敌死伤数百名。到十一日拂晓，敌在数十架飞机掩护之下，乃经由琴溪桥向赤滩突围窜青弋江。

自二日至十一日，前后十天，大战三次：一为左坑②的围困战，二为枫坑的截击战，三为泾县城的争夺战，而小战□□□③数十次，总计歼敌近三千④。左坑一线，敌死伤更是惨重，敌在汀潭焚尸已达

---

① 国民党守军五十二师弃城而逃，日军占领县城。见徐则浩、宋霖主编：《新四军军部在皖南》，当代中国出版社 2003 年 1 月第 1 版，第 397 页。

② 左坑又名若坑，属南陵县三里镇吕山村。

③ "□□□"表示脱漏的字，应为"更多达"。

④ 又说"新四军在这次反'扫荡'战斗中，共歼日军千余人"。见中国新四军和华中抗日根据地研究会编：《新四军的组建与发展》，中共党史出版社 2019 年 5 月第 1 版，第 155 页。

数百具，过大岭后，敌骑数百，均驮尸而走。这一些赫赫战果，便造成了我们在东南战场反"扫荡"中空前大胜利！

## 二、血债应用血来偿还

敌寇准备了六个月时间的两次大规模对皖南"扫荡"，自铁矿山、鲢鱼山起，便一路节节遭受我军的阻截、打击与歼灭，这是敌始料之所不及的。敌因为一开始"扫荡"行动，军事即呈失败征象，而抢掠粮食也因我军民配合作战的机动灵活，沿途民众政治觉悟的提高，坚决与敌抵抗，不为敌胁，所以当敌进入凤凰山小屋里一带以后，便非常暴戾的进行烧杀罪行。凤凰山小屋里一带民房，凡村在六家以上，都遭焚烧的浩劫。这里的出产，主要指的是药材与谷物。均为敌军纵兵放火焚烧一空，火光一直延续了一星期仍未熄灭。民众中有老弱未及回避的，也遭杀害。据估计，损失当在五百万元以上。敌侵入三里店之后，因为我主力军歼战的英勇，那恼羞成怒的焚杀暴行，就发挥得更其厉害。三里店周围民房，处处被焚。左坑、汀潭一带的焚难尤为惨重，全汀潭镇三百多家，被毁达两百余家，被炸数十家，农产物被劫的，虽经我军夺回，而被毁坏的尚无法计算。自大岭头一直到枫坑一线，沿途村落房屋，也都不免于难，许多村庄，只剩下几堵残垣，一片残瓦而已。小岭房屋，则被焚达三分之二。小岭原为产宣纸的名地，因其纸质优良，历史悠久，自唐以来，驰名全国，其优等宣纸，乃历代文人逸士、金石法家所宝贵，其他普通纸类，亦为全国商家所乐用，在昔每年出产在数百万元，近年因受战事影响，京沪一带之销售大阻，略有减贬，环小岭周围，纸厂林立。敌到小岭后，除焚烧房屋商家外，就是毁坏纸厂，大小纸厂被烧数十家，数千纸工遂于一夜之间成为嗷嗷待救的难民。小岭被杀三人，汪义坑被杀两人，敌并自小岭掳去一妇女。枫坑镇因为我追击军压迫甚力，而前面又横阻着宽阔的青弋江，处于死地之敌，那时只想越江逃命，仓皇过枫坑，已经是来不及放火了，所以枫坑的被难情况，较比小岭等处为轻。在敌人想来，总以为这么暴虐地进行烧杀，可以把我们抗战的民情镇压下去的，但其实是失败的。一个有觉悟了的民众，他的心目中的基本目的，是抗战，是驱逐日寇出中国，不管敌寇用的是烧杀手段或者是怀柔政策，此志是始终不渝的。记者曾在战斗结束之后，奔赴战地慰问被难同胞，各处所见的民情，是激昂，是仇恨，是决心，是勇气。他们对被焚的颓垣残瓦，向记者历述灾情经过，大家从血腥火光中所得出的共同经验是："下次我们要更彻底的空室，要更坚决的抗战！""下次"两个字，使记者听来感到无限的感动，因为此语中表现我们民族永远为真理与正义而战的不懈怠的决心。有这决心，则任凭敌人再千百次烧杀掳掠，再千百倍的暴行，也是徒然的。记者在小岭与一六十余岁的老妇谈话，她仅有的家业，是悉数荡然了，记者慰问她说："很不幸！"出于意表之外的，她竟是那么坚决地回答："烧掉不怕，我们已打胜仗了！"

## 三、伟大的民众力量

使我们值得欣庆与安慰的，不仅又是一次伟大的反"扫荡"胜利，而尤其使我们兴奋难言的，是在这次反"扫荡"胜利中，使我们又一次得到机会来检阅我们的民众力量。

自三里店以后的战局，我们的战争，便不是单纯的军队战了。龙山合乐桥①竟日的血战，我们的农民自卫队，就在其中起了很大的配

---

① 应为自垄上至合乐桥。

合作用，三里乡、刘店乡、太成乡、长乐乡的自卫队，动员了×千多人，配合作战。他们或则在敌前配合正规军抵抗，或则绕敌后堵截歼击，或则担任放哨侦察的任务。因为地形的熟悉，虽一草一木，都是他们自小在其中生长大的，所以都在战斗中成了出没无常的山地英雄。三里乡的左坑保、环溪保自卫队，自七日晨八时集队参加战斗，一直到八日敌窜越大岭，从不休息，也不用饭，穿插苦战一昼夜。刘店乡自卫队，也积极起了协同、牵制、侦察等作用，而该乡水果保自卫队，尤见辛劳备尝。小岭自卫队在战事延及之时，以一小时的短时间，集合完毕，可谓快了。长乐乡①自卫队数百人，则有组织的成立担架、运输等队，开赴火线后方，进行后方勤务工作。而最值得大书特书，是三里乡自卫队大队长徐光和君亲自率领数个分队，坚决在金坟、小屋基、火山桥一带敌前、敌后、敌侧苦战经日，全队精神勇迈不衰，杀伤敌军甚多，并缴获敌旗一面，实为这次反"扫荡"中农民自卫队的楷模。

最有趣的是各自卫队集队的时候，衣衫都是参差不齐，他们觉得很不愉快，认为非穿军服不可。或劝以农民游击队非正规军，且要在敌后秘密活动，穿军衣反引人注目。他们回答说："被敌人发现了，最多不是和他拼一死，作军队不穿军服作战，不但仪表难看，也显得胆小！"大家竟向附近正规军借用军服，表示对战争的决心与英勇！他们用的除步枪、土枪外，还有土炮，据说土炮的用处还是很大。金埂小屋基的血战，土炮就起了很大的功用。

自卫队以外，各抗会的活动参战，也比过去来得广泛深入。由于战线所及各乡各抗会的积极动员鼓励，整个战斗过程，当地民众除了避开敌军凶焰所及的路线外，没有谁脱离过战地，这使得火线上作战

---

① 长乐乡属泾县,1940 年设立,1944 年撤销,当时境域包括现昌桥村、孤峰村、田坊村及太园乡一部。

的部队，有着一个巩固的后方。农抗会的基本工作，是动员自卫队作战。青抗会多数在炮火中进行宣传工作及民夫动员。刘店乡的青抗会，在敌机炮猛烈轰炸之中，四处贴写标语，散发传单，并高声提出"青年自卫队员要做战斗中的模范"的口号，妇抗会大部积极的鼓励家中男丁参加作战及后方勤务工作，自己则组织了许多洗衣队，替作战的所有部队洗衣。左坑一带我军，整整一个星期，衣服都是由妇抗会洗的。三里乡妇抗首领余淑英，是这一切工作的推动与组织者。在比较离开火线的地区，如章家渡、云岭，各抗对后方勤务的工作亦甚惊人，云岭在四小时内，动员了民夫两千余名，章家渡则动员了一千多名，这个速率是远远地超越了父子岭战斗时的情形了。

民众力量是伟大的，没有这样广大的民众积极参加，则战斗的胜利是不能这样大的。左坑一带民运的深入，左坑一战便成为这次的胜利模范！

## 四、吊问泾县城

敌寇既因我军勇猛追击，不能在泾县城作盘踞顽抗，九日拂晓，县城为我追击军所夺，敌于临走脱时，竟将县城放火焚烧，打算一举毁灭泾县城。记者是在我军克复泾县城的八小时之后进入泾县城的。我们由南门入城，眼见南门外一条大街，已焚成一堆瓦砾。进南门之后，触目的又是经历了一场剧烈炸烧之后的房墙，全街被烧三分之一。如果不是我追击部队克复县城之后，立即分出一部分兵士加速进行救火工作，恐怕南街也免不了全数成为灰烬！

泾县城在敌越大岭头之后，便遭飞机狂炸，民众大半回避，及战事波及城郊，城中已无人迹。我军追击军克复县城后，当即发出安民布告。记者是随叶挺将军入城的，那时民众已陆续归来。民众见我军到，均在店门口焚香祷告。当我们行经南水关附近时，许多居民群立店首举手欢呼："来了来了，救民卫国的军队来了！"从那表情，我看见泾县城的民众，是在抑郁中吐露出他们的真情，民众纯洁的见解，真乃真理的准绳！敌在县城也曾匆促的以木炭涂写了一些反动标语，这时有许多民众拿着黑粉水在那里涂消。我们伫立观望他们的工作，他们难为情地说："你们辛苦了，我们很惭愧，仅能做这些轻易的事。"我欣慰的受着感动，这才是我们的民众呀，我们的民众是到处都孕育着杀敌的仇恨心的！

我们会见了专员邓昊明氏。他是在我军克复县城之后七小时入城的。与其谈及这次战况，他也备赞左坑数战的英勇。他所率领的地方团队，在城郊也曾英勇地参加作战，颇现辛劳。

十日一天，敌因被我各军团困于西峰山窑冢垄山地，弹尽粮绝，已成瓮中之鳖，终日以数十架空军投下弹粮救济，做困兽之斗。到下午三时半，敌机三十五架，分批在双坑前线及泾县城狂炸，以二十架炸火线，又以十五架炸县城，投弹数百枚，历时四十五分钟。泾县城劫后再劫，南水关一带高楼繁盛地区，被五百磅炸弹全数夷平，专署所在地亦被毁，幸而民众回避得快，并无损失！仅我军牺牲参谋一名、机枪手一名。火光一直烧到第二天清晨不灭！

泾县是被夷一半了，但泾县城的民众，却从这县城的浩劫中觉悟起来了。他们将会从苦难中来了解怎样抵抗暴敌，来认识怎样爱护一切坚决抗战的军队！我相信新的泾县城，将会在精神上更坚强百倍地建立起来，敌人所能毁坏我们的，仅是些少的物质啊！

## 五、我们在高歌胜利中归来

记者历观了这次反"扫荡"的半壁战场，主要的战场。到十二日，敌已完全由赤滩数窜青戈江①。之后，我才带着两次反"扫荡"伟大胜利的欣乐情绪，由泾县城沿途高歌而返；沿途所见的断垣废墟，并不能动摇我高歌胜利的心情。我完全有理由来高歌、来欢乐。我历观了四月间反"扫荡"中梅冲、何家湾、父子岭的胜利，我又亲见了这次更伟大的胜利。我看见我们皖南的军民都在半年之中有了进步。在第一次的军民合作，不及这次的广泛深刻，所以这次能有左坑、枫坑、泾县城的三次大捷。在第一次中我们各军的配合作战，没有像这次黄墓渡、孤峰、西峰山的亲密，所以这次我们能有双坑、西峰山的大量歼敌。祖国的军队，祖国的民众，只要我们能够继承着今天的成绩保持下去，更往前地发扬起来，我们一定能够再次争取到胜利，更大的胜利，更大的胜利！

谁说我不能为胜利而高歌？

---

① 应为青弋江。

# 第三编　回忆录

　　本编为回忆录。共收集和节选了有关新四军人物涉军部驻土塘前后一段时期的忆事文章11篇，还收录了1位新四军友人关于当时合作抗日的纪事。考虑到人物、事件的连贯性，编者对部分回忆文章的撷选，没有专拘于军部驻土塘这一特定时间，而根据文章内容对时间维度作了适度的拓展，以便让读者对相关忆事能够了解全貌。

　　这些回忆文章与战斗场景，客观反映了新四军军部驻土塘前后，先遣队和第一、二、三、四支队开赴江南和皖中敌后的艰难历程与胜利的战斗，生动再现了抗战初期皖南、南陵抗日救亡和民运工作的蓬勃发展，鲜活展示了新四军不怕牺牲、英勇杀敌的伟大形象。这些惨烈的战斗场景，这些火热的救亡运动，这些难忘的鱼水情深，活生生谱写了当时新四军征战的英雄史诗和壮丽画卷，为我们更进一步了解铁的新四军历史提供了弥足珍贵的史料。

# 途经南陵初入茅山的忆事①

## ——陈毅著《茅山一年》节选

## （1939 年 6 月 21 日）

## 一、前言

去年 5 月中由皖南奉命东进，6 月 1 日离开南陵，3 日夜间通过芜湖宣城铁道踏入苏境，6 月 12 日到溧阳之竹箦桥，13 日北进，14 日部队到达茅山。以前盘旋脑际、久思快游的茅山，一旦摆入眼帘，心中惊喜交集：喜的是部队安全挺进达到指定地区；吃惊的是茅山完全是一个童山，在游击战的地形意义上完全不合乎我们的要求，地图与实地情形不能十分符合又得一次证明。15 日继续前进到宝堰，我们部队就积极布置战斗。17 日粟司令的先遣队以卫岗的处女战斗之胜利迎接主力，我们收得许多战斗俘获品，就在宿营地聚集了几百个居民来围观。我当时口占一首七绝是："抗日旌旗到江南，终夜惊呼敌胆寒。镇江城下初遭遇，脱手斩得小楼兰。"当时斩获敌军土井中佐以下数

---

① 见《中国人民解放军历史资料丛书》编审委员会编：《〈中国人民解放军历史资料丛书〉·新四军·文献（1）》，解放军出版社 1988 年 12 月第 1 版，第 265—270 页。此文节选于陈毅 1939 年 6 月 21 日作《茅山一年》，题目为编者按。

十人，获敌日币伪票万余元，枪械数十枚①。这首歪诗，聊志一时欣快之感。接着于竹子岗、孔家边、东西谢、新塘、新丰、东昌街、句容城诸地连战连捷。此皆6、7、8三个月中间第一期作战经过，现在回想起来，往事成尘，余味仍在。今当6月东征一周年之际，觉得一年来我军抗战，获有成绩，遇过困难，存在缺点，有总结一次之必要，作用在勉励后人，努力第二年战斗之开展。

## 二、南陵出动时期的局势估计

领导战争和组织革命斗争，情形差不多，首先在于正确地了解具体形势。有了正确的形势估计，才能定出战争的正确的战略战术，才能定出革命的正确的策略和口号。形势的估计过高或过低，必然定出错误的方针，必要遭受失败。这是古今中外历经试验的真理。我们在皖南时期特别注意到这一个中心问题，我们部队出发前的战斗动员的主要军政内容，都不曾离开过全国敌情了解、友军抗战经验、本身优缺点以及江南的特殊情形诸方面。我们试引证叶、项军长去年的五月指示，作一个有力的证明。

"我军的任务是深入敌人后方，开展广泛的游击战，达到牵制和分散敌人的兵力，配合国军主力正面作战，在持久战中，争取最后的胜利。"

"我们活动的地区是交通发达广大平原而多川河湖泊的地带，其中茅山山脉虽蜿蜒境内，但仅属许多小山。"

"江南地带人口众多，物产丰富，文化发达，民间抗日意识相当

---

① 关于韦岗战绩，与粟裕《下蜀街铁道之破坏及卫岗之处女战》一文中所说略有不同。《新四军征战日志》载韦岗战斗"毙日军少佐土井及大尉梅泽武四郎等13人，伤日军8人。击毁日军汽车4辆，缴获长短枪20余支及军用品一部"。见《新四军战史》编辑室编：《新四军征战日志》，解放军出版社2000年8月第1版，第30页。

高，但缺乏组织和领导，对我军认识当然不十分高，因我军从未到那一地带活动过。"

"我们活动地区是处在日寇战略主要交通线（京沪线）之侧面，南京、上海更是敌寇进攻我国的策源地。因此，敌人的兵力分配集结于交通重要点上，加以公路甚多，便于敌人的机械化部队活动。但敌人兵力不够，空隙地区甚多，这一点是便于我们进行游击战的。"

"本军素质以山地游击见长，缺乏平地河川战斗经验以及与近代装备的敌人作战的经验，这是我们的弱点以及目前困难的地方。但我军另一面素能团结群众，在这些地区如能迅速争取群众，团结人民在我军周围，能够克服各种困难，就是地形不利，同样能开展游击战争。因为地形是死物，如能正确利用地形，决定我们的行动方针和战术，就是地形不利绝不能障碍我们。只有失掉群众的扶助，地形虽好也就不能生存，更谈不上发展。不要忘记取得广大群众的拥护，才是开展游击战的最基本条件。"

"根据以上情况和条件，对于本军执行任务，应采取的作战的方针和主要原则如下：为了坚持抗战，争取抗战最后胜利的执行，依照目前地形和敌我状况，我们的作战方针是在集小胜为大胜，团结群众以游击动作进行胜利的战斗，并力求达到自身的壮大和战斗力量的坚强，而能进一步进行大的运动战和歼灭大的敌人！"

上面的指示是抓紧了自己的任务，估计了当面的敌情，估计了新四军本身的特点以及江南战场的轮廓，可说完全是正确的。我恐怕这样简单的指示，不能使指战员清楚了解，还在东进途中作了不厌详细的解释。记得 5 月 28 日在南陵的干部会上，我们作了一个报告，根据这个报告写了一篇文章，题为《新的战斗条件和新的战斗任务》，此地不妨引用如下：

一、日军进攻游击队的政策及战术特点之分析

根据北线、西线的经验，敌人对游击队"扫荡"计划，通常组织四路以上的支队配合飞机及机械化部队，分路对我军目标和活动地区围攻，求得齐头并进，分进合击，使我军无处躲闪，逼迫我军与之硬打，消灭我之实力，也就是根本上减弱和消灭我军的游击力量。

敌人"扫荡"计划变成绝望时，必然迁怒于群众，必采用过去中国内战的经验，用移民移居、封渡封河、焚烧船舶、平毁村庄、屠杀人民等办法，镇压反抗，陷我军于孤立无助的地位。

敌人惯用以华制华的分化政策来对付我国，这个政策运用在沦陷区域上，便是组织若干汉奸伪军作为进攻的助手，收买土匪作为捣乱我军的别动队，派遣侦探、间谍、娼妓混入我方，进行破坏、刺杀、引诱等办法……

敌人特别要抓住我军前身是工农红军这一特点来进行欺骗鼓动，建立反共阵线来对抗抗日民族统一战线。

敌军虽有他的长处，但他的弱点也很多。我们全体军人要信赖自己手中的武器，虽仅有步枪、手榴弹，善于使用它，仍然可以战胜强寇。

二、对日军战斗的着眼点

在战斗上，最好方式是打敌人的埋伏，在极接近敌人地区隐蔽起来，趁敌人行军纵队时，冷不防而猛扑之，使敌首尾难顾，陷于混乱，可获全胜。

袭敌战斗是对驻地敌人，主要是夜间秘密接近，拂晓前突然袭击，使敌人不及用，马不及鞍，车来不及开动而解决之。

我们与日本作战，最好是手榴弹和刺刀，最好方式是白刃战、夜战，切忌进行火力比赛，切忌构成宽广的战斗正面，不要陷入敌人的火网，不进行持久恋战，一到敌人火器展开，火网构成，便立即转移

到侧面，甚至放弃突击。

动员广大群众配合军事行动，集中分散灵活自如，是目前组织战斗的基本方略……大小破坏和骚扰是战胜敌军的主要手段之一，许多战术家忽视这一点是不对的……不顾主客观条件，就幻想第二平型关的战斗，这是不可能的。我们集合若干小胜来造成江南第二平型关的胜利，来附全国抗战友军的骥尾……如古语所说："我能往，寇亦能往。"这是指给我有利弊，于敌人亦有利弊。只要加上抗日人民的条件，加上自己的灵活指挥，这个平地游击和湖泊游击的课题，必然顺利解决……固然我们不否认地形是游击队有利的重要条件，但切不可变成人不去利用地形地物，反转来被地形地物所利用，人失掉主动与依靠死物，这未免与古昔的拜物教相似！

抗日民族统一战线是战胜日寇分化阴谋毒计的基本路线。统一战线的基本内容，是团结一切中国人对日军抗战，使日寇、汉奸卖国贼陷于孤立……本军的模范纪律、政治宣传鼓动和战斗胜利，是争取人民帮助军队的三大条件……游击战区民运工作是以提高人民抗日斗争到武装游击的最高阶段为中心，要扶助和培养并改造地方人民武装势力……反对限制政策，反对吞并政策，尤其要反对游击队间的小内战……抗日的纪律最主要的原则，是部分利益服从总的利益，阶级利益服从总的民族利益，抗日高于一切，一切服从抗日，抗日的胜利，就是救自己救国家的胜利。我党的基本路线在此，本军的基本纪律也就在此，这是战胜日寇的革命动力的泉源。

我不厌重复来咀嚼旧文章，一面说明南陵出动之前，我们做了相当的准备工作，一面说明我们纠正了当时部队中少数同志那种不顾及主客观力量的急性病。他们的错误在于轻视敌人、夸大自己，马上幻想几个大的歼灭战。同时也证明某些人指责新四军保存实力不打大仗的说法，不是由于战略战术的错觉，即是含着恶意的中伤。最后就是我们这种估计和判断的正确，为一年来的战斗所证明。一年来的工作都是遵循上面的方针，好像火车头沿着铁道行进一样，我们是很顺利地前进着。又如当时我们认为人员缺乏、武器拙劣、地区生疏的三个大困难，也在实际战斗中得到了一般的解决。

## 三、初到江南一般局势的了解和工作部署的概要

上面所说的是南陵的方针，但仅属于一般性的决定，我们并不只凭主观的判断来行事，所以在沿途就尽量设法去了解民情、风俗、生产、消费、地方历史、文化状况，特别着重调查抗战以来在江南所引起的变化，这是新的事实。这一点把握得牢，才更能使自己的方针能正确实施。我们在南陵出动的训令即说："所有干部应动员起来问路线、问敌情、问地形，搜集和了解一般社会情况……"沿途我们开了许多次的座谈会，拜访许多地方人士，动员工作人员做了许多访问和调查工作。粟裕同志率先遣队与我们会面，他作了5小时的江南行动报告，帮助我们十分大。在6月12日军次溧阳竹簧桥召集一次干部会议，我们报告提纲中包括下面一个最重要的问题。

"我们业已到达指定地区。我们马上就要开始战斗。我们的部队贯穿苏南9个县区，大体上了解一般情形，因此我们不迟疑来决定我们行动的策略、口号、标语。我以为我们应抓紧下面四方面来执行任务：

第一，我们在部署战斗解决问题时，首先要照顾日寇方面在江南的现行侵略政策。同志们常喜欢用烧杀、掠抢、奸淫六个大字来说明日寇的政策，这固然不错，但如果固定看下去，不免流为公式主义的估计。要知道日本强盗是现代的所谓文明强国帝国主义国家，他不会这样简单。他四十年的准备工作，他最会玩阴谋，弄新花样，更会寻

找我们中国的弱点。我们对于日寇的些小行动，都要以高度警觉性毫不放松从各方面予以回答。我们的策略切忌为渊驱鱼，就是弄得不妥当会在客观上助长敌寇的发展。

第二，我们还要根据国民政府的法令切实宣传和奉行，我们不能够标新立异。虽然在下层许多实际问题，政府法令并未具体规定，但我们解决这一些问题总不能离开政府的抗战国策和抗战建国纲领，本军是国军的组成部分之一，此次东征就是为了推行政府国策，造成本军是奉行国策的模范，这是同志们长期斗争的艰苦工作。

第三，我们还要顾及民众的情形，细心去了解民众的痛苦，洗耳静听民众的呼声。仅就十天行军的材料，一面看见江南同胞所受敌寇的压迫与战争的痛苦是十分沉重了；另一面又看见江南地区地方上小派别的斗争是异常紧张，许多游击队即因此而发生内战，民众对游击队的厌恶恐慌心理，达到异常程度。抗日游击队本是光荣的头衔，但却被一部分不法的游击队造成信誉扫地了。我们要收揽人心，调停内争，帮助地方武装的改造，说服、劝导、调停，我们不惜垂涕而道，切忌用武，切忌命令行事。人民望国军东来如大旱之望云霓，我们如使他们失望，那就是罪恶，谁也不能宽恕。现在许多民众不愿意我们贴标语，我们就多用口头宣传，不能说扯标语的个个都是汉奸。民众不愿意我们久住他的村庄，我们宁肯多搬几次的宿营地，千万不要说抗日烧了房子不要紧。因为民众经过上海撤退、南京沦陷的大变，在爱国的心情上呈着害怕敌人的薄雾。我们要用政治宣传鼓动，实际的战斗胜利，来提高他的情绪。目前应该十分耐心，不能急躁。

第四，我们还要顾及本军本身的状况。这一点我们讲得很多，不下几十次。今天特别指出一点，即是以本身的兵种和力量和政治面目担任游击战，这是长期艰苦的斗争。我们不能马上攻城略地，我们只能给予敌人许多打击和骚扰。民众早已发现对我们要求过高，比如说国军到了几千，马上可以打开南京。现在的过分热忱，必然引起将来的失望。另一面，这些游击战经过的地区，敌人必然采取严重报复，人民受着敌人的报复必然有落后阶层不去抱怨敌人，会转而抱怨我们，这中间就要求我们极艰苦的宣传解释。过高或过低宣传游击战的作用，结果都会不好。我们做给江南人看，只要我们吃亏少，敌人吃亏多，经常保持这一比重，最后水落石出，江南民情，必然奋发起来……"

把上面竹箦桥会议的解释拿来与南陵会议比较，事隔十天确乎我们更详细具体的规定了各方面，这就得力于虚心体会和各方面的调查工作。可以说在竹箦桥以后我们的工作方针和工作尺度，就决定地握在掌中了！

# 陈毅和新四军一支队过南陵的片断情况[1]

谭肇之[2]

（1987 年 6 月 10 日）

1938 年 5 月中旬，陈毅司令员率一支队从岩寺、潜口地区，向苏南敌后挺进。

新四军政治部确定战地服务团第三大队跟一支队进军，归一支队政治部领导。当时，大队长是赵则三，领队是彭冲，下分两个小队，每队十余人。我所在的小队由余伯由任队长，团员有李祖宁、李维贤、邱布、林晖和以后在皖南事变中牺牲的何军、王国徽等。

在出发前，陈司令员亲自召开干部会，先请支队卫生处处长王韦讲卫生常识，接着他讲话，强调讲卫生、正衣冠、有礼貌是文明军队的必备条件，同"革命"是不矛盾的。他宣布很快要向敌后进军，要

---

① 见中共南陵县委党史办公室编：《南陵党史集萃》，中国展望出版社 1989 年 8 月第 1 版，第 67—72 页。作者 1987 年 6 月 10 日写于南京，见南陵县档案馆馆藏资料：抗日类案卷号 17《新四军在南陵、繁昌、铜陵等地开展民运工作和抗日斗争材料》卷内目录二及卷内原稿。

② 谭肇之：抗日战争时期，历任新四军宣传队和教导总队队员、服务团团员、文化干事、宣传股股长、服务团副团长、民运科科长。1941 年 2 月起，历任新四军第六师第十八旅政治部宣传科科长、组织科科长。参加开辟苏南抗日根据地和反"扫荡"战斗。同年 10 月随部北渡长江，任新四军苏中军区第二军分区江都独立团副政治委员兼政治处主任、独立团政治委员。1978 年 9 月任南京军区工程兵副政治委员，后任南京军区工程兵正军职顾问。2007 年 8 月 5 日在南京逝世。见新四军和华中抗日根据地研究会编：《新四军和华中抗日根据地·人物辞典》，中共党史出版社 2016 年 9 月第 1 版，第 1102 页。

求各级干部在行军中加强管理，防止非战斗减员，严格纪律，做好对群众的抗日宣传工作。

## 在三里店的社会调查和宣传工作

1938 年 5 月底，部队到达三里店一带，住了两三天。[①] 陈司令员和政治部主任刘炎确定服务团以三里店为中心，开展一次社会调查和宣传，了解人民群众对抗战的认识和态度，对抗日军队有什么反映，群众生活有什么困难。针对群众的实际情况进行宣传，动员他们积极参加抗战，支援前线部队作战。

服务团领导决定分组进行工作，要我们那个组在三里店镇上工作一整天。三里店是一个比较大的村镇，有十多个店铺，一所小学。为便于调查，结合搞宣传，我们组确定分散以个别访问方式展开活动。有的去店铺，有的去各群众家，因为我曾当过小学教员，分工我去小学校，着重了解知识分子方面的情况。

三里店小学设在镇东北角一所较大的平房里，有好几个班级，教职员十人左右，学生约一百人。上午，我和教职员——多半是男女青年，进行了个别交谈，从教学情况、教员待遇和生活谈到抗日救亡、新四军是什么军队等。了解到他们生活较苦，薪金低，还经常迟发和欠发。他们抗日救亡的热情较高，做了一些宣传工作，如贴标语、出壁报等，但因前线国民党部队仗打得不好，引起他们的疑惧，对抗战胜利缺乏信心。有的说再打不赢，让日本兵冲过来就不好办了。对我这样的知识分子能参加新四军，上前线抗战，十分羡慕。对过境的国

---

① 一支队 5 月 18 日至南陵县三里店，作短期整训；5 月 28 日召开了支队干部动员大会；6 月 1 日晚，陈毅率部从南陵东进。见中国新四军和华中抗日根据地研究会编：《新四军的组建与发展》，中共党史出版社 2019 年 5 月第 1 版，第 118—119 页。

民党军队总的感觉还好，但对有的占用校舍，影响教学；有的官兵乱拿学校东西，对女教员态度不端正很有意见。他们对新四军颇有好感，看来新四军到皖南后，地方党和进步人士已经做了一些工作。

当他们知道我在长沙当过小学教员，就决定下午停课，集合全校师生，要我宣讲抗战形势和新四军如何抗战。我抓住这个好机会，把听过的报告，特别是陈司令员的报告以及从其他途径学到的知识，在脑子里整理了一下，把当时抗战形势、中国共产党的主张、八路军在华北打胜仗、新四军的来历、新四军同国民党军队的区别、新四军要到敌军后方去开展游击战，而不死守阵地被动挨打以及欢迎有志青年参加新四军等讲了一番，大约讲了两小时。一个教室挤得满满的，门口窗外还站了一些人，估计除师生外还有镇上或过路的青年人，主要是这些内容对他们都很新鲜，所以听得入神。会后，有几个男女教员要求参加新四军，问怎样才能参加？我回答，这个学期要教完，学期结束后，找新四军部队报名，把家庭和自己的情况及志愿讲清楚了就行。

我还走访了几家群众，发现他们原来都是湖南人，其中有一家姓谭，异地遇乡人，格外亲热，谈得更融洽。我向他们讲抗日救国的道理，他们都不断点头。几家的老人都说是他们祖上跟"长毛"（指太平天国）过来的，并不断询问老家的情况。这几家"老乡"都邀请我去吃饭，经过婉拒并答应下次再来，才得以告别。谭家那位"娭毑"（湖南方言，即老太太、祖母）把我送到门外，还连说："东洋人作孽啊，害得你年纪轻轻的出来吃苦……"至今，我仍记得那位慈祥老人的形象。

## 第一次夜行军

三里店离前线不远，再往前走，不能白天行军。我们这些新兵没有搞过夜行军，有点紧张。那天下午，陈司令员从服务团员住的门口经过，停了一下，对几个服务团员说："你们没有走过夜路，要准备好，背包捆紧点，今天晚上可能下雨，找根绳子把鞋子绑一绑。"听了陈司令员的话，我们都检查了一下行军准备。

开始行军时，黑云压压的，离得很近，不久，就下起大雨来。急行军路上尽是碎石和烂泥，很不好走。部队走得很快，服务团员们就不同了，不少人跌了跤，弄得一身泥水。我的近视眼镜上沾满了雨水，一点也看不清，只能望着前面同志的模糊影子，跌跌撞撞地往前奔，摔了好几个跟头，绑鞋子的草绳断了，鞋子掉了，弯着腰摸了一下，没有摸到，只好赤着脚往前赶。开始脚底还感到痛，以后麻木了，也不怎么痛。下半夜雨停了，路才比较好走些，天亮后，到达南陵县东门城外（编者注：当时是绕道行军）。在进入宿营地时，看到陈司令员坐在村旁一个土墩上，一面抽着香烟，一面严肃地看着我们这支哩哩啦啦的队伍。

我洗过脚，起来走动，反而痛起来，一跛一拐的。经卫生员一看，原来是几个小尖石子卡进脚板肉里了。他用尖镊子将石子夹了出来，涂点药水，我又从一位战友那里要了一双鞋，才解决问题。虽然在夜行军里吃了点苦头，但跟上了队，经受住了第一次艰难困苦的考验，也取得了一些夜行军的经验，心里很高兴。

## 到川军去慰问

新四军到达岩寺地区时，四川唐式遵集团军驻在皖南，铜陵、繁昌前线由川军防守。一支队到达南陵时，川军五十军军长郭勋祺在南陵城里。

陈司令员对巩固、扩大抗日民族统一战线，团结友军和各界人士的工作极为重视。到达南陵的第二天，陈司令员指示服务团准备好演出的节目，晚饭后到郭军长那里慰问演出。服务团员忙了一天，提前吃了晚饭，集合到陈司令员住房的门前，等他带领进城。

一会儿，陈司令员出来了，大家不约而同地注视着他。只见他穿了一身新军装，戴上了少将军衔领章，挂上军官皮带，虽然面庞有些消瘦，但刮得干干净净，双眉如剑，目光炯炯，神采奕奕，十分英俊。他简单地交代我们：今晚去慰问，军容要整齐，动作要快，节目要演得好。接着他和随员走在前头，我们整齐肃静地跟在后面。

进城后，郭勋祺出来迎接。陈司令员和他握手后，并着肩拉着手，一边谈笑一边向屋里走。我们进去一看，原来是一个院子，一头有演出台，中间摆着长桌，铺上白布单子，摆上茶杯和糖果。大家坐下来，郭勋祺讲了几句欢迎的话，陈司令员也讲了一段。他俩交谈了一会，陈司令员站起来说："我来个毛遂自荐，唱个歌吧！唱个法文《马赛曲》。"

郭勋祺带头鼓掌。陈司令员清了清嗓子，意气昂扬地唱了起来，歌声嘹亮雄壮，博得全场热烈掌声。陈司令员坐下时还说："献丑！献丑！"同时指着我们对郭说："让他们表演几个节目助兴吧！"郭勋祺鼓掌说："欢迎！欢迎！"

我们很快上台，挂前后幕，演员化妆，郭的随员点燃煤气灯挂在台口。演出很快开始，有合唱、独唱、短剧。看的人不少，有些穿便衣的但都坐着，看来不是一般的老百姓。

演出一个多小时，效果相当好，每个节目都获得掌声。演完时，陈司令员喊："动作快些，整队！"我们很快收拾好演出用具，站好队。陈司令员向郭告别后，带着我们返回宿营地。

## 离开南陵进入敌后

在南陵住了三四天，继续夜行军，向苏南敌后挺进。行军那几天天气很好，行军时比较轻松。离开南陵的第二天晚上，要越过湾沚到宣城之间的敌军封锁线，大约午夜时分，部队开始小跑步，前面传来口令："不要讲话！""不要掉队！"快到封锁线了。我跑到靠近铁路时，看到铁道上站着几个人，当擦身而过，偏头一看，竟是陈司令员站在当中。听到陈司令员亲切地轻声鼓励我们："不要慌，走快点！"后来还听到一个小故事，有一个新参军的战士，不知道铁路是什么样子，跑到铁道上蹲下来摸摸铁轨，陈司令员和气地督促他："同志哥哎，快走吧，摸啥子哟！"

我第一次看到陈司令员在关键时刻，亲临指挥部队行动，有点"少见多怪"，心想敌人的碉堡就在不远的地方，司令员还站在这里！后来听说他等后卫到达，收回警戒分队才离开铁路，更感惊奇。我们虽然为他担心，但从心底里更加敬佩他，深深感到有这样的司令员领导我们，是多么幸福！

天亮时，到达水阳江边的水阳镇，隔江就是江苏省高淳县，苏南敌后就在前面，新的战斗在向我们招手，我们将跟随陈司令员继续向前，迎接新的锻炼和考验。

# 先遣队的回忆<sup>①</sup>

粟　裕

（1939 年 4 月 15 日）


　　自从南京、芜湖失陷后，日寇的进攻目标，是在夺取徐州，打通津线。

　　因此，集中力量，保卫徐州，也就成为我国在第二期抗战中最主要的任务。这就使江南战场在战略上降到了次要的地位。但江南处于敌人侵略我华中内地的主要后方，如果能够大量地牵制敌人的兵力，就便于我主力在保卫徐州的战争上取得胜利，这又不会减弱其在战略上的重要意义。

　　正因为台儿庄的胜利，迫使敌人抽调其最强大的兵力到津浦线上去，因此，在当时东战场（包括京沪杭、京芜、京杭）的整个地区，敌人竟仅以不多的兵力（包括机械化部队）控制着，这充分表示出敌人的骄傲轻敌与胆大妄为，诚所谓横蛮而目空一切了。

　　我军为了配合全国主力进行保卫徐州的战争，整个军队，刚从南方的八省集中起来还不到 10 天，也来不及整训，就很迅速地出动于江南战场，这就是新四军的先遣支队的组成。余奉命统率先遣支队，虽

---

　　① 见《中国人民解放军历史资料丛书》编审委员会编：《〈中国人民解放军历史资料丛书〉·新四军·文献（1）》，解放军出版社 1988 年 12 月第 1 版，第 265—270 页。

然是 4 月 28 号即从岩寺出发，可是因为沿途受到很多关系方面不应有的阻碍，特别是受到以抢地盘为主的"游击队"（如朱永祥、陈德功等部）的留难与阻碍，直到徐州失陷的那一天，即 5 月 19 号，我们才正式进入了江南的战场。

当先遣支队出动以前，从江南整个情况说来，对我军是不甚有利的。可以说，当时的敌人，在各方面都是处于一种暂时的优势，而我们却都处于一种劣势。敌人当时的优势表现在：

一、政治方面

（一）敌人由于夺取了上海、杭州、南京、芜湖、徐州各战略要地，其凶焰却是非常之高涨。

（二）由于敌在其对华战争的军事上的进展，故能以此战绩夸耀于其国人之前，以蒙蔽其人民。

（三）由于其对华战争的进展与战略要地的夺得，更助长了它的侵略势焰，虽然其士兵表现出足致其失败的骄傲横蛮，但也确助长了它的士气。这表现在其三五成群的士兵，甚至徒手士兵，竟敢远离其据点十至八里，单枪匹马敢于和我们顽抗，到处横行，肆无忌惮。

（四）到处建立了它的初步的伪政权（维持会）和培养了许多汉奸、护路警等，以为其爪牙。甚至有好些地方，远在其势力范围以外至五六十里，甚至百里之地，竟有其爪牙为其筹送物品，甚至购备妇女，送迎寇军的奸淫（如朱门、陶吴等处）。

（五）敌人烧杀淫掠的结果，虽然使广大人民深加痛恨，但其欺压与屠杀的结果，给了人民以严重的打击。因此人民敢怒而不敢言，只好任敌为所欲为，而毫无抵挡。

（六）由于我国一部分"游击队"纪律坏，奸淫抢劫，以致烧杀（如横山脚被朱永祥部烧杀了二十里）的结果，造成了民众的愤怨，这恰恰于敌有利。

二、军事方面

（一）敌寇占据了上海、南京、杭州、芜湖以至徐州等各战略要地，更便利其继续向我们进攻。

（二）控制了京沪杭、京杭、京芜各主要及次要的交通路线和交通工具。当时在其交通线上，每距五六十里才有敌人一个据点，而这些据点的敌人，至多也不过20余人，少则只3个或者4个人守一个车站，但其单辆汽车竟可顺畅通行，毫无阻碍。

（三）汉奸密探的密布，对我国军事情况颇为详悉，我军行动，敌人每日甚至随时都可以知道，因此它的空军也是随时跟踪我军的。

（四）当时敌人因很少甚至完全没有遭受过打击，故其在江南战场上颇为安全，敌人士兵三五成群，未带武器，也可到离其驻地至十里远近的乡下横行。曾经有一次，仅两个徒手敌兵，离开其驻地（天王寺）至8里远的有200多户的一个村庄强奸妇女，老百姓完全被这两个鬼子兵吓跑了，结果有个14岁的女孩被奸污病了。类似这样的事情还是很多的，这可见敌人的横行了。

（五）兵器及技术条件均占优势，而江南的地形条件也颇有利于敌，毫无隐蔽，空军固可逞凶，骑兵亦到处可以通行。在经济、文化及其他方面，敌人同样是占有优势。

当时，我们在各方面确是处于一种暂时的劣势，表现在：

一、政治方面

（一）京、沪、杭、芜各地之失守，给予国人特别是江南人民的抗战情绪以极大的打击。因此当时的江南群众，一闻日军来到，只有远走高飞，甚至离敌人还有七八十里，就逃之夭夭。有些是搬往四川去，另有一部分文人、君子、乡老、士绅，则迁避到县城区，甘愿为敌人的顺民，而无产的劳苦人民，为了生活所迫，只好提心吊胆地忍痛返家，他们对于国家大事，抗战国策，是不敢过问的，这自然说不上有什么大的抵抗了。

（二）我国地方政府，自南京失陷后，有些是随军队向后撤退了，大部分是无形的解散了，当时可以说，江南没有一个地方政府。这不仅使人民无所依恃，而政府之政令与抗战国策，自无从转达于人民。

（三）在江南方面，人民是半年以上没有看见过中国军队了，当时虽有些所谓"游击队"（如朱永祥、陈德功、韩吉祥之类），但他们成分的最大部分是流氓、地痞、土匪，也有些游勇散兵，纪律很坏，每每花天酒地，自然不会积极打日本。当我们初到时，他们与敌人互相默契，互不侵犯。对我们则是阻碍，不准通过，因为地盘是他们的。几经交涉，他们反对我们说："不要去进攻敌人，否则是会引起敌人进攻的……"他们的本领，莫过于蹂躏人民，不仅是敲诈、抢劫、奸淫，而且是大肆烧杀。江宁第四区赵村一带，20 余里的房子，是他们放火烧的，当地人民被杀至百数十人之多，因此人民恨之入骨，呼之为"游吃队""小日本"，有些地方，民情比较强悍的，为了自卫，就与这些坏游击队对抗起来。当我们初到时，群众不惟看见我们就跑，而且实行坚壁清野，有些强悍的地方，则不准我们住房子、买粮食，甚至向我们开起枪来，这对我们确是极不利的。

（四）群众对我们的误会，虽经我们多方的解释和我们模范纪律的影响，使他们有了一些了解，可是，他们看到我们所背的是一些烂枪，机关枪亦很少，服装更不整齐，便怀疑我们是否能够打日本？他们曾经以轻视的态度告诉我们说："去年几十万大兵，有那样多的机关枪、大炮和飞机，都退走了，你们这样少的人，这样差的枪，恐怕……"因此，他们对我们仍然表示出不理睬，连粮食也不愿意卖给我们。

二、军事方面

（一）江南的一切战略要点以及主要与次要的交通线及其工具，

完全为敌人所占据与控制，这给予我军以极大的不便与限制。当时整个东战场的敌人，仅以不多的兵力，牵制了我们的大军，敌人占住了主动地位。

（二）因敌探的密布，使我们的一举一动随时的完全被敌人知道，故其飞机是经常跟着我们行动的，而敌人的情况，我们却很难知道。

（三）兵器与技术不如敌人，地形条件也不利于我们的活动，不仅是平地，而且是普遍的湖泊与河网。

（四）当时的"游击队"的本身和其坏影响所给予我们的许多阻碍，至于物质与其他方面给予我们的困难与阻碍亦不少。

敌人占着上述各种优势，这固然使我们在执行任务的进程中遭受到许多困难，可是我们并不怕困难，而抱定了克服一切困难的决心，我们为了民族、为了国家，虽赴汤蹈火，皆所不辞。我们为了完成先遣支队所负的光荣的任务，采取了许多克服困难的方法，我们进行了如下的工作：

一、加紧揭发敌人的罪恶和宣传解释抗战国策。当先遣支队出动前，江南的民众的抗战情绪，确是非常低落，更谈不上抗战胜利的信心。要使这些情绪非常低落的人民鼓起勇气来，为祖国生存而战斗，确非易事，但我们仍不厌疲倦地向他们指出敌人的残暴罪恶行为，耐心宣传与解释中央抗战的国策及抗战建国的主张，以及抗战胜利的前途。我们虽是费了很大的精神，多方向他们解释，他们还提出疑问："既然抗战会胜利，敌人力量在削弱，但为什么徐州又要撤退呢？现在南京没有几多鬼子，为什么不夺回来呢？"等等问题，这固然是表示他们的关心国家，但另方面却也包含一种讥讽我们的意思，这确实使我们感觉是困难工作，同乡下人讲国家大事，确是一件不容易的事，虽然解释国策是关系他们本身的问题，但他们的自信心太差，他们一开始根本不会相信他们自己会有伟大的力量。虽然这种工作效果很少，但我们仍然苦口婆心地向他们进行不厌倦的宣传解释，可惜我们由于当时情况的关系和组织的不健全，不能进行使人民容易接受的化装宣传，这是一件遗憾的事。

二、以模范的行动来表明我们是民众的武力。我们一贯的优良传统的主要精神，是在言行一致，因此我们的三大纪律和十项注意，是我们全体抗战人员最低限度必须遵守与执行的信条，这些信条，我们不仅百分之百遵守与执行了，而且更加倍地超过了这些信条。当我们初到江南的时候，群众不愿借房子给我们住，我们就完全在村外或者是田野里露营，在雨天的晚上，曾经遇到了不肯开门借房子给我们住的事，我们也就站在门外和靠在屋檐下过夜，这样有过很多次。有些时候，群众不卖粮食给我们，我们也曾经饿过几顿饭和吃过很多次糜粮。曾经在三次夜行军中，群众误以为我们又是那种坏的游击队来了，竟开枪打到我们这边来，虽然我们喊叫，他们仍然不信，而冲向我们部队这边来，但我们始终未还击过，直到他们迫近，再加解释，才免掉了冲突。我们以这样的忍耐和艰苦的行动，终于在短短的时期，使群众误会去掉了，而且还把我们这种模范行动传遍了整个江南。由于我们一贯这样做，现在，他们不仅来请我们住到他们家里去，而且烧茶送水、卖粮食、探消息、抬伤兵、担东西、送信、带路、捕捉敌探、扰乱敌人、破坏敌人交通，他们都踊跃参加。有一次在芜湖附近，有一位姓张的，以自己母亲的生命，救了我们一个伤兵；一次在水阳附近战斗中，同样很勇敢地在敌人火力射击下，替我们撑船，以致受了伤。总之，现在我们与江南人民已经成为同生死共患难的难兄难弟了。

三、肃清汉奸敌探，摧毁伪政权。当我们出动之初，汉奸敌探，到处横行，常依日寇势力，狐假虎威，敲诈人民，而这离敌人百数十里之地，竟亦组织维持会，替日寇办粮食，送猪、牛、鸡蛋，尤其有些地方（如朱门、陶吴、谷里等处）竟强迫人家幼女集中维持会中，以备欢迎日军奸淫。自我军将这些伪政权给以摧毁，惩处其首魁，加紧肃清汉奸敌探，并分别胁从，予以自新之路，人民亦因之大为快慰，而大大地提高了抗战情绪。于是汉奸敌探敛迹，不敢再事猖獗了。

四、帮助恢复地方政权。自从南京失陷后，我国地方政府多半后撤或无形解散，政府人员则多埋名隐姓，匿居他乡，对国事不敢过问。我军到后尽力帮助恢复地方政权，尊重政府职权。绝没有以地方政府为办差的机关的不正确观念，虽然时间短促，但地方政府已逐渐恢复办公，行使其职权，于是人民情绪无形提高。

五、积极行动，加紧侦察。我们除了严密本身警戒外，加紧了进行侦察敌情的工作，一方面派出无数的便衣探，另方面派出许多的武装侦察组，深入敌人后方，侦察敌人军事部署、行动企图和政治情况以及地形状态等。在这时期，对敌方各种情况以及地形条件，已有相当了解，以作我军主力进入江南战场之参考，同时我们为防敌人侦察，隐蔽我军行动起见，完全采取夜间行动，即使风雨之夜，亦复如是，日间则隐伏于田野草丛中，因此敌人空军每日虽有三四十次之侦察，也无法知道我们行动。

六、破坏敌人交通，争取战斗胜利。我们虽然从政治上、军事上进行了上述的许多艰苦工作，但这并不能算满足了我们的要求，更不够回答各界人士对我们的热望，特别是还不够兴奋群众的情绪，一般的认为"好是好，可惜人数太少，枪支太差，打日本恐怕……"。我们人数少，武器差，这固然是事实，而且技术也还差，但我们有高度的抗战热情，有灵巧的游击战术，是可以从各方面打击敌人争取胜利的。

6月13号，战区司令长官首次给我们的命令①，限我们于3日内

---

① 关于作战命令时间，粟裕在《下蜀街铁道之破坏及卫岗之处女战》中说：余于11日午后奉军座转来司令长官顾电令。

赶到距现地200余里的京沪铁道线上，破坏敌人的交通。当时虽然雨水下个不停，路滑难行，我们为了完成这个光荣的任务，秘密地采取夜间行动，大家虽然都跌了满身的污泥，衣服无法换洗，仍然快乐地向胜利的目的地迈进着。经过三个雨夜的急行军，于15号的晚上，我们到达了南京与镇江间的下蜀街。我们花费整个晚上，完成了破坏铁道的任务。我们为了更加倍地完成战区司令长官给予我们的任务，乃又急速东向，寻求战斗胜利。虽然部队已十分疲劳，病员大大增加，但我们仍然勇敢坚决地前进着。为了行动的迅速，我们挑选了几十个精干战士，6月17号2时急行出发，8时左右即到达镇江以南30里之卫岗伏击敌人。果然敌车来到，被我军击毁敌汽车五辆（内包车一辆），毙敌少佐土井及大尉梅泽武四郎等十余名，伤敌数十名，获长短枪十余支，钢盔十余顶，日钞7000余元，日军军旗、军刀、军服等，以及满载车中的军需物品①。在我们战斗半小时后，增援的十数倍于我之敌人即从镇江方面赶来，并有坦克车数辆，大炮数门，飞机3架协助，但我们事先已安全地离开了战地，使敌人的增援部队完全扑了一个空。这一战斗，是我军进入江南战区的处女战斗，可以说是完全胜利的。这不仅打击了敌人之横行，而且振奋了广大人民的抗战情绪，提高了他们胜利的信心，亦可以说初步的答谢了各界人士对我军的热望。这一胜利，曾经得到了中央政府这样的嘉奖电："叶军长：所属粟部，袭击卫岗，斩获颇多，殊堪嘉尚，仍希督饬继续努力，达成任务。"

这一战斗的胜利，不仅奠定了我军进入江南战区的基础，而且开辟了胜利的先声。随之，我军主力进入江南战区，先遣支队于任务完

———————

① 关于韦岗战绩，与粟裕在《下蜀街铁道之破坏及卫岗之处女战》一文中所说略有不同。《新四军征战日志》载韦岗战斗"毙日军少佐土井及大尉梅泽武四郎等13人，伤日军8人。击毁日军汽车4辆，缴获长短枪20余支及军用品一部。"见《新四军战史》编辑室编：《新四军征战日志》，解放军出版社2000年8月第1版，第30页。

成中便结束其工作。

自从先遣支队出动以后，江南战场的敌我形势在变动着，虽然其变动的程度还不能如意，但以现在情况比起当初来时，大大地不同了。截至现在为止，我军在江南战场上，总计打过了300余次的战斗，缴获敌伪军的武器在两千以上，伤毙敌人达五六千之多，击毁敌汽车以数十辆计，破坏火车也曾有好几次，破坏敌人交通线达数百里之长，缴获及破毁敌人之其他军用品更不可以数计，这确实是一个大的胜利。至于调动和钳制敌人的兵力，那更有大的成绩。以前交通线上，五六十里才有敌人十余个守兵，交通圈内，简直百数里没有一个日军，现在则交通线上每距三里五里即构有敌之碉堡，每个碉堡的敌人守兵也由过去三四个人增加到三四十人，每个城市由五六十人，增加到二三百人，这就大大地钳制了敌人的兵力。以现在来讲，本军活动地区，只占整个东战场四分之一不到，而本军地区，现在所钳制的敌人，已达到先遣队出动时整个东战场敌之数目，这不能不说是一个大的成绩。

在这里，我回想到五年前方志敏同志所领导的红军北上抗日先遣队，固然，当时的国际形势还没有像现在一样有利于我国，国内还没有达到全国性的抗战局面，本身的组织与工作也不健全，特别是我们的参谋工作做得很差，当时我被任为方志敏同志的参谋长，不能够替首长组织成顺利的战斗，以便遂行整个任务，以致使北上抗日的先遣任务未能完成，至今仍为遗憾，这是我应该自责的。至于这次先遣支队出动江南战场之所以能够完成任务，是因为我们有如下有利的客观条件：

一、在政治上

（一）这次抗战，在国际形势上是有利于我国的，得到了世界爱好和平的人士的同情与援助，这次先遣支队之出动，也可说得到了国际友人的同情。

（二）我们这次是在全国抗战情绪高涨、抗日战争普遍到半个中国的情况下出动的，不仅有了国共合作，而且是在得着全国同胞的同情与拥护，得着全国友军的配合之下进行的。

（三）因为敌人及其走狗伪军政府等的大肆屠杀淫掠，譬如水阳、乌溪、黄池、亭实、青山、护家墩、薛镇、小丹阳、溧水、句容、天王寺、白兔镇等写不胜写的地方，有些是被烧了一半，有些烧了大半，有些是烧完了，而铁道两侧二十里以内村庄，则全部烧完。杀人方面，单以句容以北的徐家边等村，就杀了200余人；水阳也杀过好几百人，其他地方更不能统计。奸淫妇女，单×××一处，大肆强奸，一下子就奸死了8个，奸病了十余个。甚至有故意迫令70老人与其幼孙女性交，或者是迫令十余岁青年与其祖母性交的灭绝人伦的事情，其余各处也更无法统计。事实上有些受难的女同胞，也不愿给你统计。至于抢劫，那是更不必说了，总之敌人见钱就要，物品要不了的装运回国或者破毁。江南人民在这种地狱生活下，敢怒而不敢言，而我们这次出动，当然是他们十二万分渴望，因而得到他们的热烈帮助。

（四）因为坏的游击队的不好影响，广大人民渴望需要一种有力的新的力量，以代替旧的，而我们正是以新的力量代替了旧的，也就是说适应了广大人民的要求。

二、在军事上

（一）徐州虽被敌攻陷，但敌主力仍继续沿江西上，其后方十分空虚，而我军是深入其战略的主要后方，不仅有着当前正面友军的配合，更有着全国友军的配合。

（二）敌军骄奢淫逸，颇为轻敌，而其戒备又很疏忽，此足使敌人失败，也就是有利于我们的。

（三）敌人在后方的守兵太少，只以较弱之部队及后备兵和伪军等担任守备，因此更有利于我军取得胜利。

除了上面这些客观上优越的有利条件，再加上我们在主观上有着过去的游击战争经验，审慎地研讨现在的实际状况和本军指战员艰苦的不疲倦的工作，以及我们坚决果敢的行动与灵活的指挥，所以能够完满地达到任务。我们深信，在国内及国际有利于我国抗战的现在形势下，只要有正确的领导，艰苦的不疲倦的工作和坚决果敢的行动，而且确实与群众密切地打成一片，则不论在敌人占领区域的任何地方，都充分可能开辟成为我们胜利的游击战场，以配合全国主力争取抗战的最后胜利！

# 抗战初期新四军先遣支队斗争片断①

张铚秀②

（1984 年 6 月）

## 向江南挺进

向江南挺进，到敌后发展游击根据地！

这是我们祖国处在民族危亡的抗日战争初期，新四军组成先遣支队时候，大家共同的心声。

1938 年三四月间，新四军第一、第二、第三支队的部队，先后到达了新四军军部驻地安徽省泾县③的岩寺周围地区集中。4 月 28 日，

---

① 见《热血山河丛书》编辑委员会编：《将领讲述·新四军抗战》，中国文史出版社 2020 年 3 月第 1 版，第 244—251 页。该文原载 1984 年 6 月《高淳史志资料》第 4 辑。

② 张铚秀：抗日战争时期，1938 年春任新四军第一支队第二团侦察参谋，参加先遣支队到苏南敌后进行侦察，参加韦岗、新丰、东湾、下蜀车站、句容等战斗。1941 年 1 月"皖南事变"中，率部冲杀突围，昼伏夜行，转战月余，最后只剩下几十个人北渡长江至无为县。5 月，新四军第七师成立，任第七师第十九旅第五十六团团长，后任含和支队兼含和军分区参谋长。1955 年被授予少将军衔。是中共第十、第十二届中央委员，第十二、第十三届中央顾问委员会委员，是中国新四军和华中抗日根据地研究会名誉会长、北京新四军暨华中抗日根据地研究会会长。2009 年 8 月 14 日在北京逝世。见新四军和华中抗日根据地研究会编：《新四军和华中抗日根据地·人物辞典》，中共党史出版社 2016 年 9 月第 1 版，第 592—593 页。

③ 应为歙县。

从第一、第二、第三支队抽调部分干部和各支队、团的侦察分队组成先遣支队，先挺进江南敌后，侦察了解情况，为主力部队开进江南敌后创造条件。先遣支队由红军时期的名将、新四军第二支队副司令员粟裕同志担任司令员兼政治委员，钟期光同志任政治主任。下辖司令部、政治处和三个侦察连，共500人左右。[①] 当时我是侦察参谋。

先遣支队组成以后，大家心里想的和口头议论最多的是当时抗日战争的形势。

1937年8月至12月，日本帝国主义对上海发动了侵华战争中规模最大的一次登陆作战。8月13日，日军发动进击。具有革命传统的上海工人、学生、市民和各界同胞，奋起要求抗战。国民党上海守军的广大爱国官兵，在冯玉祥、张治中将军的指挥下，被迫进行抵抗。日军七次增援，最后在杭州湾登陆。于11月11日占领上海。接着，日军又于12月13日攻占南京。四个月中，蒋军伤亡惨重。国民党政府被迫由南京迁都重庆。日本侵略者的铁蹄践踏着祖国锦绣江南的土地，震惊中外的"南京大惨案"的情景像尖刀扎在人们的心头，抗日的怒火在战士们的胸中燃烧。我们清楚地记得卢沟桥事件发生的第二天，中共中央向全国发出通电，指出"只有全民族实行抗战，才是我们的出路"，号召"筑成民族统一战线的坚固的长城，抵抗日寇的侵略"。这个通电得到了全国人民的热烈拥护。然而，国民党则对我党领导的八路军、新四军实行限制、消灭的政策。如划给我新四军在京、沪、杭的作战地区，就是在东有大海、北有长江的水网地区，并在南京、上海、杭州等驻有日军重兵的战略要地包围中。先遣支队就是在这样艰难和险恶的形势下挺进江南的。

---

① 先遣支队由第一、第二、第三支队各抽调部分干部和侦察分队约400人，组成三个连，并有熟悉江南民情风俗、懂得苏南方言的战地服务团员随队活动。见中国新四军和华中抗日根据地研究会编:《新四军的组建与发展》，中共党史出版社2019年5月第1版，第107页。

为了更进一步地明确先遣支队挺进江南的任务，粟裕司令员向我们传达了中央军委毛泽东主席对新四军进行游击战发来的电报精神："在敌后进行游击战争虽有困难，敌情方面虽较严重，但只要有广大群众，活动地区充分，注意指挥的机动灵活，也会克服这种困难。在侦察部队出去若干天之后，主力就可以准备跟行。在广德、苏州、镇江、南京、芜湖五区之间广大地区，创建根据地，发动民众的抗日斗争，组织民众武装，发展新的游击队，是完全有希望的。在茅山根据地大体建立起来之后，还要准备分兵一部进入苏州、镇江、吴淞三角地区去，再分一部分渡江进入江北地区。在一定条件下，平原也是能发展游击战争的。"这个重要的指示，是我们先遣支队的行动方针。

## 通过封锁线

5月初，先遣支队到达南陵县城，准备通过敌人控制的铁路封锁线。

粟司令员于11日下午，对我们先遣支队进行了动员，说："今晚我们要渡过青弋江，越过铁路于12日天亮前赶到东门渡，这几十里都是敌伪地区，大家要战胜困难，连夜通过，不能掉队。"接着，粟司令员命令我带侦察员提前出发，到铁路上去了解情况。他交代我，一定要把情况弄清楚。于是，我同五个侦察员分成两个组，向铁路两头察看地形；然后，让两名侦察员分别担任观察警戒，并规定了联络信号。我带一名侦察员按规定的时间和地点去接应部队，并将情况向粟司令员做了报告。他说："很好。"接着问我："张参谋，敌人铁甲车开来，在比较远的地方能发现吗？"我说："不知道怎么发现。"于是粟司令员便走近铁轨，蹲下去用耳朵贴在铁轨上，又用手轻轻地抚摸轨道。他说："这样做，如果有铁甲车，你在较远的地方，就可以听到铁道传来的声响。"粟司令员亲自指挥部队，并告诉同志们注意，过铁路时可能遇到敌人的铁甲车，铁甲车上的探照灯很亮，照得四周像白天。如果碰到铁甲车，就卧倒不要动，这样他就看不到我们。当晚，我们顺利通过了这段敌人封锁线。

12日晚，由东门渡出发到达雁翅镇，在那里休息了一天，当我和王培臣、曹鸿胜、小公务员四人在一起吃早饭闲谈时，大家总想买点东西吃，可是又没有钱，我也只有几角钱，便拿出来买了一点猪大肠、猪肝和酒，并由王培臣去做拿手好菜——猪大肠炒酸菜，我炒猪肝片。这天中午我们几个人吃得特别高兴，后来曹鸿胜同志还想喝几杯，我说："老曹啊，不要再喝了，我们四个已喝了点酒，可以消除疲劳了，喝多了怕会误事。"曹鸿胜同志是1928年参加吉安起义的老同志，年龄比我大16岁。我从延安到新四军时，在南昌是由陈老总派他当交通，把我送到湘赣游击区的。他对我很好，又很尊重我，只要我说得对，他是会听的。尽管事情已经过去44年了，但是想起战争年代同志之间那种互相尊重、互相爱护、互相帮助、亲如兄弟的感情，就感到分外亲切。13日晚，我们到达了江宁县的叶家庄。①

## 宣传抗日前景

我们司令部驻在曾任过国民党政府财政部次长的叶文明先生家里。叶先生得知驻他家的是司令部，一见到副官曹鸿胜同志的长相和派头，就误认为是司令，忙搬来个竹躺椅叫他躺下休息。后来他发现躺在椅子上的是小个子，就小声地把正在睡觉的人唤起来："谁叫你睡在这里？这是给司令睡的。"曹鸿胜同志闻声赶来说："叶先生，他就是

---

① 又说"5月22日抵江宁县铜山镇西南叶家庄"。见中国新四军和华中抗日根据地研究会编：《新四军的组建与发展》，中共党史出版社2019年5月第1版，第107页。

司令员！我是他的副官。"叶先生问："司令，贵姓大名?"曹鸿胜同志介绍说："我们的司令员叫粟裕。"叶文明"啊哟"一声，说道："这个名字好熟识，在哪里听过?"粟司令员说："蒋介石不是通缉匪首方志敏、粟裕吗?"叶先生频频点头，连声说："想起来了，久仰，久仰！"我们全屋的人都会心地笑了。

有一天，叶先生说："粟司令，有件事要请教你。"粟司令员说："叶先生有什么事尽管说，一些事情一时弄不通，大家商量，何言请教呢?"叶先生说："请问贵军到此何干?"粟司令员说："我们新四军到这里来，是为了消灭我们民族的共同的主要敌人——日本帝国主义侵略军！"叶先生又说："果真是这样，我以朋友的身份斗胆地奉劝你几句，你们说的抗日大道理，是非常正确的；你们这支部队作为抗日宣传队，也是无可非议的。然而，真要同日军交战，事情并不那么简单。国军几十万大军，还有飞机、大炮、坦克的支援，在上海、南京都遭到惨败。何况你们呢?"粟司令员说："叶先生，你只看到我们部队现在的武器装备差。在十年内战中，我军以这样差的武器装备屡次打败了装备强过自己百倍的蒋军。今天，日寇的武器装备尽管比我们中国强，但我们中国地大物博，人口众多，特别是我们所进行的是民族战争，只要我们和各界人士团结一致，就一定能够战胜日本强盗。"叶先生听了信服地说："粟司令，你说的我完全相信。你们红军二万五千里长征到达陕北，围追堵截和万般困难都没法阻挡你们。由此可以料想，日本侵略军将来也一定会败在你们手下。"

6月的一天，我们在一个村庄宿营，没有惊动群众，就露宿在村前的坪场上，下雨时才到群众的屋檐下躲雨。天亮后，我们帮助群众挑水、扫地，人民群众看在眼里，想在心里，村里一位高龄老人说："我活80多岁了，看过清兵、孙传芳的兵和老蒋的兵，自古都是兵匪一家；但是，从没有看到过你们这样的好兵。"老人亲切地对粟司令员说："从没有见过，奇迹，奇迹！将来的天下一定是你们的。"

为了弄清敌情，我们派出三个小组，从叶家庄出发，先到铁路沿线侦察情况。不久，侦察小组先后回到叶家庄，向粟司令员汇报了情况。由于群众工作做得好，只几天的时间，铜山周围的群众都赞成我们共产党的抗日主张。

## 威震京沪线

几天以后，粟司令员带领我们向京沪铁路挺进。

6 月中旬的一天黄昏，我们告别了铜山父老乡亲，东渡秦淮，越过京、杭国道（即南京到杭州的公路），拂晓时抵达夏家边附近。江南乡村土路，一下雨就全是烂泥巴，加上水塘和路房的粪坑，夜晚行人稍不小心，就可能掉进水塘和粪坑里；特别是我们这些从南方山区来的人，对此很不习惯。王培臣同志一连坐了四次飞机（跌跤），第五次被粟司令员听到，说："怎么？王培臣又坐飞机了。"引得别人捧着肚子大笑。

第三天夜里，我们到了新桥附近的金家边。粟司令员根据我们挺进江南敌后近一月来的情况作了分析：国民党几十万大军惨败，上海、南京失守，整个江南非常混乱，汉奸趁机活动，建立伪政权；流氓、土匪假借抗日组织游击队，自称司令（如朱永祥、余宗承等），压榨人民，烧杀抢掠，一些人对抗战失去了信心；而我们武器装备差、经费困难，又缺乏平原水网地区作战的经验，更没有同外国军队打过仗。基于上述因素，我们要坚持江南抗战，取得同日军作战的经验，提高军民的抗战信心，就必须寻机同日军打一仗，并且一定要打个胜仗。

第四天黄昏后，我们除一部分兵力留在金家边外，其他人员轻装，在粟司令员带领下，奔袭南京及镇江之间的下蜀火车站。我们破坏了车站东西两侧的铁路和电线，做了一个多小时的抗日宣传工作，并抓到了一个放毒的小汉奸。当晚，我们撤回金家边，随即兵分两路：无线电台和勤杂人员由副官处主任陈荷龙同志带领，到东昌街东北山边的一个小村庄隐蔽；二支队侦察连和二团的两个连由粟司令员带领，到东昌街附近的卫岗①，伏击可能由镇江或句容方向来的敌人。

16 日晨，由镇江方向开来五辆日军汽车。当第一辆汽车距我只有50 米远时，侦察连的机枪手一个点射，把驾驶汽车的日本兵的头打碎了。后面的四辆汽车一辆挨一辆地停下，驾驶汽车的日本兵一个个被打死。这时，有两个日本军官右手高举军刀，带领剩下的二十几个日本兵，号叫着向我们冲来，欲与我们拼命。我们的伏兵从四面八方冲向敌人。日本兵看到自己被包围，准备用刺刀拼杀。我们则用刺刀、长矛向敌兵捅去，还有的同志抓起烂泥巴丢向日本兵的面部。有的日本兵眼睛被烂泥巴击中，我们的战士就乘机缴了他的枪。经过近一小时的战斗，这股敌人全部被我消灭了。这次战斗，共计打死日军土井少佐、梅村大尉以下 30 多人，缴获步枪 12 支，手枪两支、军刀两把、望远镜两具、军旗一面，日钞近万元，烧毁日军汽车 5 辆。②

新四军第一支队司令员陈毅率部队向江南敌后挺进途中，在江苏高淳县听到先遣支队取得卫岗战斗的胜利，非常高兴，作诗一首，以示庆祝：

> 弯弓射日到江南，终日喧呼敌胆寒。
>
> 镇江城下初遭遇，脱手斩得小楼兰。

---

① 应为韦岗。

② 韦岗战斗："6 月 17 日 8 时许，日军野战重炮兵第五旅团所属 30 余人分乘 5 辆汽车，从镇江向句容方向开进，进入伏击圈后，先遣支队经半小时激战，击毁日军汽车 4 辆，击毙日军少佐土井及大尉梅津武四郎以下 13 人，伤日军 8 人，缴获长短枪 20 余支和军用品 1 部。"见中国新四军和华中抗日根据地研究会编：《新四军的组建与发展》，中共党史出版社 2019 年 5 月第 1 版，第 108—109 页。

## 江南人民心中的火种

卫岗战斗，是我新四军挺进江南后的第一仗，影响所及，如黑夜中的火种，燃起了江南人民抗日的熊熊烈火。

战斗结束后，我们赶紧撤出战场。周围的群众听说在卫岗消灭日本鬼子的部队是共产党、毛泽东领导的新四军，都觉得很新奇，都想来看看打败日本鬼子的军队。一连几天，群众敲锣打鼓，抬着很多东西来慰问我们。粟司令员忙着热情地招待各方来的群众，宣传抗日道理。我们也用他们送来的猪肉、鱼、鸡、鸭和酒招待乡亲们。他们赞许地说："新四军不仅能打仗，而且做的菜也蛮好吃。"人们到处宣扬新四军的胜利消息，卫岗战斗只歼灭30多个鬼子，有人就说消灭了300个鬼子，还有的说消灭了3000个鬼子，甚至有的说消灭了3万个鬼子，其用意，是借此来吓唬日本鬼子和鼓舞人们的抗日斗志。所以，群众都说："国民党百万兵，被日本兵打得惨败。共产党、新四军能打败日本兵，我们有靠山了！"

有一天，国民党第三战区一个游击司令部派来两个人，向我们要日本步枪两支、手枪一支、军刀一把、望远镜一具、军大衣一件、军衣一套、军帽一顶、皮鞋一双等，甚至要以一挺机枪换一支日本步枪。粟司令员根本就不同意交换，他对来人说："你们要，我们可以送给你们，只要第三战区长官司令部打收条给我们。"来人看我们新四军不好骗，就灰溜溜地走了。我们说："粟司令员，人家出高价同我们交换，赚钱的生意你不做，还要白送给他们。"粟司令员笑眯眯地对我们说："国民党若得到这些日军武器装备，就可以拍出照片，到处吹牛皮，说这仗是他们打的。"

卫岗战斗之后，我新四军第一、二支队又接连打了几个胜仗。

1938 年 8 月，全歼新丰车站敌寇；① 1939 年 1 月，奔袭官陡门据点；同年 2 月，火烧东湾据点，夜袭丹阳、延陵据点，等等。这些著名的战斗，在苏、浙、皖三角地区，在茅山地区，以至在整个江南，鼓舞着人民掀起了更加高涨的抗日热潮！

---

① 新丰车站战斗："1938 年 7 月 1 日,新四军第一支队第二团第一营在丹北人民自卫团和千余群众配合下,夜袭新丰车站,歼灭日军广江中队一个小队 40 余人,摧毁车站大部设施,拆除路轨一段。"见《新四军战史》编辑室编:《新四军征战日志》,解放军出版社 2000 年 8 月第 1 版,第 31 页。

# 回忆傅秋涛同志节选<sup>①</sup>

李维贤

（1984 年 7 月 7 日）

傅秋涛同志是我的老首长。在第一次国内革命战争时期，他怀着共产主义必胜的信念，踏上了革命征程，从一个普通农民成长为一位伟大的将军。半个多世纪以来，他坚信党的领导，紧紧依靠群众，出生入死，艰苦奋斗，献身于无产阶级革命事业，永远值得我学习、敬仰。

## 开赴日前线

1937 年七七卢沟桥事变发生，抗日战争爆发了。与国民党联合抗日的主张从报纸上透露出来。湘鄂赣省委预感到新形势必将到来，但从长期斗争的教训中又感到新的斗争形势必将更加复杂，要提高警惕，

① 原载《南陵党史资料通讯》1986 年第 1 期。原文共分八个章节，本文只节选了其中前言、第四、第五节和结尾部分。见南陵县档案馆馆藏资料，中共南陵县委党史资料征集小组办公室编：《南陵党史资料通讯》1986 年第 1 期底稿，李维贤稿件原件。李维贤：1938 年 3 月参加新四军战地服务团，后调老一团任九连文化教员，1940 年任老一团政治处宣教干事。"皖南事变"被捕入狱，参与策划茅家岭暴动成功后，1942 年底回新四军第七师，任连指导员和营教导员。新中国成立后参加抗美援朝战争，回国后任云南军区副参谋长等。

红军武装绝不能交出，否则就是投降。

7月21日，国民党军五十师派了两个上尉军官来到义江山内找红军谈判。作为中共湘鄂赣省委、省军区主要负责人傅秋涛同志斩钉截铁地对他们说："两党谈判是件大事，要谈只能同你们武汉行营谈。"8月13日，湘鄂赣省委派了省委秘书长黄耀南到平江县的献钟，与国民党武汉行营派来的两个参谋接洽。8月18日，国民党军五十师的一个团副和武汉行营那两个参谋来到红军驻地谈判。傅秋涛同志不准他们带枪上山，还在山上布置了警戒，然后在义江山口的陈家大院和他们开始了初步谈判。他们接受了红军提出的几条停战协定，并约定28日在平江加义市关帝庙正式谈判。

8月22日正式谈判。国民党方面代表有五十师的一个旅长和团长、副团长及平江县县长、县党部书记长；共产党方面代表是傅秋涛、涂正坤、刘玉堂、钟期光、梁金华、阮汉清等同志。

在谈判中，国民党平江县党部书记长竭力宣扬他们的一个主义（"三民主义"）、一个党（国民党）、一个领袖（蒋介石）的滥调，企图吞并红军，取缔共产党组织。秋涛同志当即打断他的发言说："你有你的国民党，我有我的共产党，你们的领袖蒋介石，我们的领袖毛泽东。"双方争执起来。此时，国民党那个旅长便提出休息。休息时从那个旅长谈话中傅秋涛同志看出了国民党内部的矛盾，经过红军代表的内部商量，决定抓住这个机会，单独找这个旅长谈判。对方答复要请示师长后再作决定。

过了两天，驻在浏阳县的国民党五十师师长派人前来邀请红军代表。为了扩大影响，推动抗日活动，省委决定增加关咏湘、何继生等四个同志。代表们穿上整齐的红军服装前去谈判。谈判结果，五十师同意在浏阳设立湘鄂赣游击队办事处，释放被捕的共产党员，在五十师防区内不得再捕从事抗日救国工作的共产党员和革命群众。

8月底，湘鄂赣军区又派刘玉堂、黄耀南两同志到国民党武汉行营谈判。这时，董必武同志已代表中央到武汉与国民党政府洽谈南方红军开赴抗日前线问题，于是湘鄂赣红军的问题就由党中央和南方局统一解决了。从此，结束了孤军奋斗的局面。

经过多次反复的协商，南方红军统编为新四军。湘鄂赣苏区红军编为新四军一支队第一团。一支队司令员陈毅，副司令员兼一团团长傅秋涛，副团长江渭清，参谋长王槐生，政治处主任钟期光。经过千锤百炼保存下来的300多个游击健儿开始下得山来。接着，党又组织动员赤卫队员参军，迅速将一团充实为3个营10个连近千人的抗日劲旅。根据中央指示，一团由傅秋涛等同志分别率领，避开国民党指定路线，到浙江开化县一带会合。部队在马全岭背后大山进行短期休整扩充后，开赴皖南抗日前线。

## 浴血奋战在江南

1938年5月，陈毅同志率一支队一、二两个团向苏南敌后挺进。傅秋涛同志奉命率一团一、三营（二营归支队直接指挥）进入高淳、当涂、溧水三县之间地区。新四军到达江南后立即投入抗日斗争。一团曾派出一支精悍的小分队奇袭南京麒麟门及京郊秣陵关，震惊了南京城内日伪军政机关。

当时盘踞在小丹阳一带有股土匪武装，匪首朱永祥，收罗了京沪线上溃败下来的国民党散兵，号称三千，在地方为非作歹，欺压百姓。朱匪不仅吞并了附近的国民党地方武装力量，而且对我新四军也不放在眼里，虎视眈眈，伺机图我。

朱永祥部与国民党溧水县县长王某的武装，为争夺十八村地区曾数次火拼。傅秋涛同志为了联合他们抗日，多次派人调停。有一次朱永祥佯装欢迎新四军调停的姿态，暗地里阴谋筹划，妄图吞并。正当新四军服务团人员布置会场与他们联欢时，忽听数里外喊杀声震天，原来是朱永祥集中全部人马，驱使千余名大刀会徒呼啸而来。秋涛同志当机立断，立即命令特务连占据有利地形，集中火点打大刀会首，又令司号员吹号调一、三营增援。正当大刀会首倒下，攻势受挫，后面朱匪主力蜂拥向前，挤成一团之际，我增援部队从敌左右两侧进击，枪声大作，匪徒纷纷中弹倒下，敌队形顿时大乱。不到一个小时便结束战斗。匪首朱永祥被活捉，匪兵除被歼外皆缴枪投诚。

此后，一、三营迅速发展为 3000 人的队伍，成立了重机枪连并补建了第二营（一营长熊应堂、教导员汪克明，二营长徐赞辉、教导员肖辉锡，三营长丁林章、教导员李冰山）。从而，打开了溧水、句容、高淳一带地区的抗日局面。

一团在苏南驻防两个多月，后来为了保卫军部，于 1938 年 10 月奉命移防到皖南。开始驻防南陵蒲桥，11 月迁移到泾县云岭军部附近的南堡村、岗山李一带驻防。1939 年 4 月又移防至铜陵（团部驻在凤凰山），配合三支队五团开展铜繁地区抗日游击战争。

为了振奋铜陵军民的抗日情绪，傅秋涛同志命令一个副官带领四个侦察员，化装进入大通日军据点，生擒一个日军回来。这个副官勇敢机智地深入虎穴，胜利完成了任务。为此，秋涛同志还召开了千人以上的军民祝捷大会。

1939 年 3 月，二支队老三团从苏南调回皖南，同年冬接替一团在铜陵的防务。于是，一团又奉命返回军部附近（南陵土塘）驻防。

1940 年 3 月 30 日，大汉奸汪精卫在南京粉墨登场，成立了伪南京国民政府。为肃清京畿，保卫京沪后方，敌人集中了驻芜湖、湾沚、三山、横山等地的日军七八千人进攻皖南，企图威逼皖南国民党驻军降日，投靠汪伪政权。皖南国民党驻军溃退，让日军向我皖南山区长驱直入。为了保卫国土、保卫人民，我新四军奋起迎战敌人，杀退了日军进犯部队。

4月25日，日军池田联队2000余步、骑兵，在飞机的掩护下，突然向南陵、峨岭、三里店一线扑来，妄图攻占我新四军军部驻地——泾县云岭。军部闻讯后立即命令一团前往三里店一带顽强阻击。傅秋涛同志命令二营埋伏在父子岭附近，待机伏击敌人，命令二营四连（连长李元）机动阻击，引敌进入伏击圈。经过八小时的激烈战斗，杀伤敌人300余人，缴获日军军旗三面及部分武器弹药，迫使敌人仓皇向青阳方向溃逃。父子岭战斗的胜利，极大地振奋了南陵一带军民的抗日情绪。为了颂扬父子岭战斗的胜利，军部文艺工作者还谱写了一首歌曲《我们战斗在父子岭上》。

1940年10月初，日军又集中了大批兵力向皖南山区进行第二次"大扫荡"。国民党军队抵挡不住日军的"扫荡"向南转移，致使我军部正面露出很大的空隙。于是，一支800多人的日军突然窜犯到离军部云岭只有五华里的汀潭。为了打退敌人的进攻，保卫军部，叶挺军长命令一团集中兵力增援；命令军直属特务营和教导总队正面奋勇反击。日军获悉我已有准备，慑于父子岭之战的教训，不敢久留，连夜越小岭改向进攻泾县县城。驻守泾县县城的国民党五十二师弃城而逃，使日军轻而易举占领泾县县城，直接威胁着国民党三战区指挥部——屯溪。

在这关键时刻，傅秋涛同志奉军部命令，马不停蹄，人不歇脚，连夜率一团从小岭向泾县县城攻击前进。由于一团和六团三营全体指战员的浴血奋战，给敌人以重大杀伤，迫使敌人后退，终于在九日拂晓攻克泾县城，并交还友军接防。皖南（铜、南、繁、泾）反"扫荡"之战，使新四军在皖南的声誉大振，使国民党军队的威信大降。从而使国民党散布的"新四军游而不击"的谎言彻底破产。

在反"扫荡"战斗中，我军虽然取得了胜利，但部队战斗减员也很大。于是，军部开展了扩军（又称扩红）工作。秋涛同志建议派出肖辉锡等数十名过去在苏区有丰富"扩红"经验的老红军干部，到江北无为一带动员青壮年抗日参军。经过三个月艰苦工作，圆满完成了任务，带回1000多名新兵。老一团扩编为新一团、老一团和特务营。根据军部命令成立了新一支队。傅秋涛同志任新一支队司令员兼政委，江渭清同志任副政治委员兼政治部主任。

傅秋涛同志的一生，是为中国人民的革命事业，奋斗不息、尽力尽责的一生。缅怀秋涛同志，追念他的崇高品质和革命精神，不仅对于我自己是莫大的鞭策，而且对于激励广大党员，特别是年青一代，继承革命传统，积极为"四化"建设奋发努力，也有一定的意义。

# 新四军在皖南的民运工作[①]

(一九三八年——一九四〇年)

曾如清　陈茂辉　梁竹吉[②]

(1985 年 5 月 20 日)

## (一)

1938 年至 1940 年初，我们在邓子恢同志直接领导下，参加了新四军在皖南的民运工作，留下了难以磨灭的记忆。40 多年过去了，抚

---

①　见中共南陵县委党史办公室编：《南陵党史集萃》，中国展望出版社 1989 年 8 月第 1 版，第 20—29 页。《新四军在皖南的民运工作》原文分四个章节，本篇摘选了其中一、二、三章节，略去了回顾 1939 年民运工作的第四章节。该文定稿时间为 1985 年 5 月 20 日。见南陵县档案馆藏资料：案卷号(二)《南陵党史资料通讯》第六期底稿《新四军在皖南的民运工作》。

②　曾如清：1938 年任新四军司令部代理协理员，政治部组织科科长；1939 年 12 月，任新四军江南指挥部民运科科长、苏北指挥部第一纵队第一旅第一团政治处主任；1941 年 1 月新四军重建军部后，任新四军第一师第一旅第一团政治委员、政治委员、苏中军区第一教导旅政治部主任，后南下浙西，教导旅改称苏浙军区，任纵队政治部主任；1955 年被授予少将军衔；1989 年 4 月 27 日在南京逝世。陈茂辉：1938 年 3 月先后任第二支队民运科科长、军部特务营政治教导员、新四军政治部民运部第三科科长；1945 年 2 月，任苏浙军区第二军分区参谋长；1955 年授予少将军衔；2015 年 3 月 23 日在南京逝世。梁竹吉：抗战时期先后任新四军民众运动部组织科干事、新四军挺进纵队政治部民运科科长；新四军重建军部后，历任如西警卫团副政治委员、如泰警卫团政治委员、苏中军区第一旅教导大队政治处主任、苏中军区第三军分区特务团政治委员、泰州独立团政治处主任、苏中军区第五十二团政治处主任；1983 年按正军职待遇离休；2013 年 5 月 16 日在南京逝世。见新四军和华中抗日根据地研究会编：《新四军和华中抗日根据地·人物辞典》，中共党史出版社 2016 年 9 月第 1 版，第 1039—1040、639—640、978 页。

今追昔，我们更加怀念新四军民运工作的领导者老一辈无产阶级革命家邓子恢同志，怀念那如火如荼的斗争岁月。

遵照党中央的战略决策，新四军高举团结抗日的旗帜，冲破国民党顽固派的重重阻挠，慷慨激昂地开赴抗日前线。1938 年 4、5 月间，我军第一、二、三支队经短期集结岩寺、潜口等地接受国民党所谓点验后，分批经皖南泾县、南陵、繁昌等地进入敌后。军部及直属兵站、医院先后驻土塘、云岭、汀潭、章家渡、中村、小河口一带。国民党第三战区同意我军暂住皖南，是想把我军活动区域限制在横宽百余公里，深纵五六十公里沿江一线的狭长地区，为其看大门，借日军之手消灭我军。这个恶毒的要求被我军严正地拒绝了。我军为便于指挥和补给，提出军部暂驻泾县等地。第三战区借此为理由，强令我第三支队在繁昌、湾沚一线展开，我军迫于无奈而同意。

皖南（除沿江外）是蒋管区。国民党在宣（城）、芜（湖）、铜（陵）、繁（昌）、南（陵）、泾（县）、青（阳）诸县建有县、区、乡政权，第三战区也在此驻有重兵。他们在一段时间内执行着蒋介石消极抗日的政策，非但不收复失地，反而百般压制人民群众的抗日要求，不准公开宣传抗日，不准建立区乡抗日团体，用所谓"兵役法"来限制人民抗日自卫活动。我军初入皖南时，除岩寺等地有青年抗日救亡团体外，多数地区几乎没有工人、农民、青年学生、妇女、商人的基层抗日救亡组织，只有一些进步青年进行抗日宣传活动。国民党在各县搞的什么"抗日协会"，也是挂羊头卖狗肉，根本不搞一点实际的抗日活动。人民群众烈火般的抗战热情，被国民党重重压抑着。在这复杂的形势面前，我军要站住脚跟，发展部队，坚持长江南北的抗战，必须贯彻党中央和毛泽东同志关于放手发动群众、武装群众、独立自主地创建抗日民主根据地的指示，在统一战线的原则下，与国民党顽固派进行说理斗争。最迫切的任务，是放手发动群众，广泛宣传我党抗日民族统一战线的主张，把工人、农民群众和知识青年以及各阶层拥护团结抗日的人们组织起来，形成群众的抗战洪流，冲开国民党的重压，打破死气沉沉的局面，为我军在皖南坚持抗战奠定坚实的群众基础。为此，我军踏入皖南，叶挺、项英、袁国平、邓子恢等首长就先后拜访了第三战区司令长官，以及友军和各界上层人物。军政治部所属战地服务团、宣传队每到一地利用演剧、化装演讲等各种形式进行宣传，各支队机关的干部和各连队战士都深入群众中间进行访问。第一支队首批挺进苏南，途经茂林时，陈毅司令员拜访了驻地的军政官员，召开了各界人士参加的座谈会，还邀请驻茂林川军代表参加。陈司令员在会上宣传了党的抗日民族统一战线政策，表示拥护蒋委员长抗战到底，在新"三民主义"基础上国共两党两军应团结合作的正确态度，反响极大。支队宣传队和干部在各地开群众大会，广泛向群众宣传我军三大纪律、八项注意等，陈毅同志在茂林还向军部致电，建议尽快派出人员赴泾县茂林地区开展群众工作，满足人民群众抗日救亡的要求。经我军初步工作，皖南人民精神为之一振，被压抑的抗战热情如火山喷发。我军所到之处，群众无不热忱欢迎，街头巷尾到处议论全民抗战，纷纷要求建立抗日救亡组织，参加抗日战争。

在此情况下，邓子恢同志坚持了党中央和毛泽东同志的正确路线，根据皖南地区的斗争特点和我军抗战的需要，坚决利用民运工作这个在蒋管区唯一合法的斗争手段，在皖南广泛地开展发动群众的艰苦斗争。在半年里，先后开辟了茂林、章家渡、汀潭、三里店、中村、铜繁等地的民运工作，很快形成了发动群众、组织群众的热气腾腾的崭新局面。

## （二）

1938年5月，新四军皖南的第一支民运工作队，即泾县茂林工作队（对内是茂林工作委员会）组成了。邓子恢同志亲自从军部民运部、皖南特委和军战地服务团中，挑选干部与团员30余人，由皖南特委组织部长陈时夫同志领队，工委会由陈时夫、曾如清、胡明、方休、李桂英5人组成，陈时夫为书记。为了保障安全，军部派五团一个营同行暂驻茂林，该营副营长（即政教）阙中一同志列席工委会议。行前，邓子恢同志再三指示我们，到茂林后要深入调查研究，切实了解群众的情绪，并明确指出工作队中新同志不会做工作，老同志还不熟悉在新形势下的工作方法，千万不可想当然，凭老经验办事，在国民党统治区做工作，搞不好就会出乱子的。他最担心工作队不会做上层人士和国民党军的统战工作，反复提醒我们要加倍重视对我党抗日民族统一战线政策的学习与研究，在工作中广泛宣传。项、袁首长决定派战地服务团团长朱克靖率领演出队同去茂林，进行抗日宣传，由他代表军部开展统一战线工作。

茂林镇地处山区交通要道，人口稠密，物产丰富，市面繁华，历来有"大大的茂林镇，小小的泾县城"之说。抗战爆发以来，这里逃来了不少大小地主、资本家和知识分子。早在1934年12月初，方志敏、刘畴西、粟裕同志率红军北上抗日先遣队路过这里，播下了革命的种子。军团长寻淮洲同志牺牲后，就葬在茂林附近的马鞍山上，我一支队路过这里时，陈毅司令员重新安葬了寻淮洲同志，并亲笔书写碑文。群众知道新四军就是红军，对我们更加亲近。工作队进驻茂林时，各界群众都欢迎我们，一些开明士绅还打扫房子，恭请我们去住。

工委进驻茂林后，主要力量放在镇上，争取先打开局面，派部分队员分散到周围农村中去开展工作，时值春耕夏忙，我们白天帮助群众干活，晚上找群众谈心，有时教群众唱抗战歌曲，中间插一段演讲，形式活泼，群众很爱听。战地服务团的同志也深入农民中，通俗地宣传共产党的抗日主张，宣传新四军是过去南方八省的红军游击队，是坚决抗战的部队。我们在镇上经常召集各界知名人士开座谈会，报告各抗日救亡团体工作情况，与他们共商抗日救亡大计。他们对新四军的民主协商做法大加赞扬，那时各种纪念会、庆祝会是我们宣传抗战的好机会。我们还开各抗战团体联欢会，搞街头演出，如《放下你的鞭子》等。很快，贫雇农和各界群众的抗战热情高涨了。

国民党顽固派特工分子对工作队又怕又恨，便使出造谣、污蔑、欺骗的手段，在暗地里散布："共产党这一套是假的，做给你们看的，他们今天给你们点好处，将来要向你们共产共妻"；"新四军靠几支破枪和梭镖很快会被日本人消灭"等恶语，欺骗恫吓群众，妄图离间群众与我军的关系，降低我党我军威信。对此，工委会一方面向国民党当局提出严正抗议，另一方面做好党外群众和中上层进步人士的工作，由他们来揭穿国民党特务们的阴谋。茂林小学有位进步教员，名叫任重（又名任凌生），是当地有影响的人士。有一次，国民党特务召开"民众大会"，邀任在大会上讲话，企图利用他打击我军，来争取群众。他把此情况向工作队汇报后，工作队与他研究了通过大会讲台，以讲道理的方法，揭露特务分子的无耻谰言。任重与我们共同磋商讲话内容，并安排一些群众积极分子周密配合，任重在大会上以铁的事实，宣传团结就是力量，希望国共要互相尊重，精诚团结，揭露特务分子最近颠倒是非、污蔑新四军、损害新四军的声誉，同样也损害国军自己，这样都是对抗战不利的。今后不管是谁，只要他做有损于国共合作的事，说不利于抗战的话，我们爱国同胞都会坚决反对。群众积极分子对他讲的话报以热烈地鼓掌并不断高呼口号。主持会议的顽固派瞠目结舌，在一片口号声中，顽固派特工人员灰溜溜地离开了会场。这次斗争扩大了我党我军的政治影响。工委会趁热打铁，布置地下党和进步救亡团体，在各种场合揭露国民党顽固派反共反人民的险恶用心，彻底暴露顽固派的丑恶面目。同时，应各界群众强烈的要求，成立了全镇的工抗会、青抗会、妇抗会等群众组织，茂林周围也成立了各种农抗会。

当时，茂林地区的苛捐杂税较多，租息较重，工委会趁群众已发动起来的势头，提出审理苛捐杂税问题。先召集少量的各界人士协商，和筹组审检机关，调查摸底，然后发动群众揭查和抵制苛捐杂税，最后以适当形式——审理，合理的保存，需修改的修改，需废除的废除，照顾各方利益，合理处理。同年秋后，又领导农民进行减租减息斗争，工作一开始就遭到了国民党顽固派和反动大地主百般反对和恶毒咒骂，最反动的土豪劣绅联名向第三战区和当地的政府控告，并向军部施加压力。在此情况下，个别领导同志，严肃地向民运部提出，减租减息不要刺激国民党和大中地主，不要因此引起国民党的指责和挑衅，不能有害统一战线。邓子恢同志明确指出："二五减租减息是抗日纲领中明文规定的，我们在农村的路线是放手发动农民、依靠农民，实行减租减息是党的抗日民族统一战线纲领在农村最基本的政策。"开展减租减息斗争既可以发展巩固农抗会组织，又可以分化地主，争取开明士绅参加抗战，政治影响重大。为此，要赢得这场斗争的胜利，陈茂辉、章蕴同志还两次到茂林来，传达邓子恢同志的指示，了解实际工作情况。

根据邓子恢同志的指示，我们一方面提高农民的阶级觉悟，发动群众壮起胆子跟地主进行减租减息的说理斗争。另一方面做好少数开明地主的工作，宣传国难当头，"有钱出钱，有力出力"；讲清参军、支前工作，主要靠工农和知识青年；减租减息，改善他们的生活，才能有坚持抗战到底的人力和物力的道理。并通过他们开导，劝说少数顽固地主，促进减租减息的实现。由于工作队和农抗会的斗争，加上开明地主、士绅劝说，迫使顽固地主劣绅逐步软下来，同意减租。减租减息斗争取得胜利的消息传播很快很广，推动了其他地区的减租减息斗争。

我们还以茂林为中心，采取波浪式的推进方法，利用群众团体和个人的社会关系，逐步向茂林四周的乡村发展。很快，工作范围扩大到北至凤村、余家村，西至水东、翟家、董家村、包村，西北至水口村，东至溪里凤、荡里、东流山、石桥坑，南至潘村、铜山、小河口等地。我们向工作队提出"工作基础要做到背包背不走"的口号，培养当地群众领袖，让他们独立工作，这是衡量民运工作的标准。经过四个月的工作，茂林面貌变了，人民的抗日觉悟提高了，竭诚拥护共产党和新四军。同时吸收了一批积极分子入党，充实了地下党组织。茂林工委在邓子恢副主任直接领导下，为开展皖南民运工作积累了丰富的经验。

## （三）

1938年4、5月间，邓子恢同志抓紧健全部队各级民运组织。军政治部设民运部，由邓子恢兼部长，余再励任副部长（后为夏征农）。下设动员科，科长江靖宇（彭柏山同志后接任），组织科科长曾如清，武装科科长陈茂辉，民运部干事有梁竹吉、叶华、曾旦生、孙以栋、何哲广、谢镇军、凌云、陈正、周平非、杨明等20余人。军直属协理处有民运干事，军部战地服务团有民运工作队，有队员60至70人，各支队有民运科。一支队民运科长邱东平，二支队民运科长彭冲，三支队民运科长林开凤（后为金文萍），四支队民运科长熊挺。团设有民运股，设股长一人，干事若干人。连队党支部有民运委员，各班有民运战士，由支部民运委员任连队民运组长，做群众工作，检查群众纪律。这样上下形成一整套民运工作组织系统。

大量培训民运干部，从各支队民运工作队、军战地服务团和参军知识青年中抽调大批人员先后送教导总队和皖北与江南指挥部教导大队学习。邓子恢同志编写了民运工作授课大纲，并亲自到教导总队讲课。大纲的内容有：新三民主义与旧三民主义的基本区别；我们为什么拥护新三民主义，反对旧三民主义；我党抗日民族统一战线主张与政策；怎样发动群众组织群众和武装群众；减租减息改善民生与抗日战争的关系；怎样培养积极分子；怎样建立各抗日救亡团体；怎样做乡联保主任和保、甲长工作以及对民运工作队员的要求，等等。他还启发民运干部认识皖南民运工作特殊性，指出抗日民族统一战线指导下的民运工作必须放手发动群众、组织群众起来抗日，为民族和人民群众的利益而斗争。这是巩固抗日民族统一战线的基础，要敢于壮大自己的力量，在敌后迅速创建游击根据地，建立人民政权，逐步成为巩固的抗日根据地。他还指出，任何地区的民运工作，必须培养当地干部和地区性的群众领袖，特别要发展党员，建立党的组织，依靠他们来领导工作，邓副主任还亲自为抗日团体起草章程，经常总结工作经验。他的讲课和总结工作的报告，很快提高了民运干部的工作水平，使之掌握了正确的方针，明确了政策和工作方法，为皖南的民运工作健康发展打下了牢固的基础。

抽调大批老民运干部到新区去，把我军民运工作遍及皖南各地。8月左右，从民运部和老工作队里抽调出许多同志，组成新的工作委员会，经过短期培训分别到泾县、南陵、铜陵、繁昌等新的工作点开展工作，当时民运工作影响较大的开展最活跃的是南陵的三里店和泾县的章家渡、汀潭工作队。三里店工委会由曾如清任主任，梁竹吉、胡明、陈洪、方休为委员，队员有十五人。泾县章家渡工委会，主任江靖宇（后为刘和赓），队员有李桂英、吴敏慎、李友兰、潘明仲等十余人。还有汀潭地区工委会，工作人员配备与领导由一支队一团负责，各地工委会都大刀阔斧地开展工作。泾、南、铜、繁各地，很快打开了工作局面。我军打了胜仗，群众自发组织慰问和慰劳，并踊跃报名参加新四军。三里店一带盛产粮食，每天群众赶几十头毛驴拉粮食送往我军驻地出卖，减轻了我军向远地购粮的负担。

民运部协助皖南特委，在广泛开展群众工作的基础上，抓紧了秘密党组织的建设。陈茂辉同志先后多次到茂林、小河口、麻岭坑、章家渡、三里店等地检查民运工作，传达邓子恢的指示：不能用过去搞我们农民暴动时对知识分子的标准来衡量他们，只要他们拥护党，拥护新四军，用功读革命的书刊，积极参加抗战活动，与人民有密切联系，就可以发展他们入党。一个地方有了党组织，有了地方党员，比我们派工作队去有用得多。

1938 年冬，首先以茂林工委为基础，由一些身份未公开的同志和新派去的区、县干部组成了泾县县委，由上海地下党有工运经验的老党员林方任书记。之后，相继建立了繁昌、南陵、铜陵等地县委，后移交皖南特委领导。

邓子恢同志几乎到过所有的民运工作点了解群众情绪，听取各阶层人士的反映。他到群众家，总要先揭开锅看看，伸手在米缸里摸摸，然后和群众拉家常，了解情况，发现积极分子。三里店张村一个积极分子忽然消极了，他很快了解了原因，批评工委负责人说："那个积极分子家里生活困难，工作队不及时帮助解决，这样对待群众，怎么能保持他们积极性呢！"有个工作队员是教导总队毕业的知识青年，比较清高，不愿和各种人交朋友，他提出了严肃的批评。从此，要求工作队员广交朋友，并说谁交的朋友多，谁的成绩就大。他先后三次到三里店检查工作，每次都找这个区的国民党区长谈话，晓以民族大义，指明抗战形势，使这个区长从敷衍转变到与我们商量工作。邓子恢同志发现我军驻地周围青、红帮阻挠民运工作的开展，就把驻地周围青、红帮和理教会头目集中起来，在土塘办了两期短训班。由陈茂辉任主任，陈康任教员，邓子恢同志也亲自来上课，告诫他们要收敛恶行，抗日救国人人有责，谁破坏抗日救亡工作，谁就是民族的罪人。我们新四军主张，只要今后洗手不干，不咎既往；积极参加抗日活动，我们欢迎。为了改善与驻地川军的关系，得知川军五十军军长郭勋祺爱打篮球，还有支球队，邓副主任就组织机关球队和郭部比赛，增进接触，联络感情，改善了关系。由于邓子恢同志的言传身教，使我们提高了政策水平，学会了灵活多样的工作方法。

# 南三区工委会和南陵县委成立情况[①]

胡　明[②]

（1983 年 8 月 31 日）

　　我是 1938 年 4 月，随新四军军部从南昌来到皖南的。5 月，随军部政治部到达南陵上经村（现烟墩乡古城村）[③]。不久，被派到泾县水东翟工作，我当时是新四军政治部战地服务团民运科长。

　　在泾县水东工作两个多月，8 月上旬军部政治部在南陵若坑办了一期训练班，把我们搞民运工作的同志召集到一起学习。学习期间，军政治部副主任兼民运部长邓子恢同志经常给我们讲课，作抗日形势与任务的报告。学习约半个月时间，军部决定，为了开辟泾县和南陵新区工作，民运部和战地服务团民运科的工作人员，共同组成两个工作委员会（一个是泾县泾三区工委会，一个是南陵南三区工委会）。

--------

　　① 见中共南陵县委党史办公室编：《南陵党史集萃》，中国展望出版社 1989 年 8 月第 1 版，第 33—34 页。本文系中共南陵县委党史资料征集小组办公室鲍正启、马继庆，根据胡明同志 1983 年 8 月 31 日下午在上海申江饭店讲话录音整理的。见南陵县档案馆馆藏资料《南陵党史资料通讯》（第 1 期）底稿。

　　② 胡明：抗日战争时期，任新四军战地服务团民运科长，中共繁昌县委书记，中共旌德县委书记。1941 年 1 月皖南事变后，坚持皖南的抗日游击战争。中华人民共和国成立后，任中共皖南地委副书记兼皖南军区副政治委员、中共安徽省委统一战线部长，上海市纺织工业管理局局长，国家食品工业部副部长，中共旅大市委书记、市长，中共抚顺市委副书记，国家纺织工业部副部长。2001 年 7 月 13 日在北京逝世。见新四军和华中抗日根据地研究会编：《新四军和华中抗日根据地·人物辞典》，中共党史出版社 2016 年 9 月第 1 版，第 764 页。

　　③ 现上经村属南陵县烟墩镇刘店村。

南三区工作委员会设在三里店国民党三里区政府里，8 月下旬开始工作。南三区工委会主任是我，成员有陈洪、梁竹洁、方休。此外，在南三区工委会工作的同志还有李正济、凌菲（女）、洪琪（女）等人。陈洪负责整个南三区党的工作，李正济负责三里大王村工作，凌菲负责刘店铺工作，洪琪负责峨岭工作，我经常到峨岭、刘店铺和童村街一带活动。

我们的任务是：宣传党的抗日方针政策，发动群众成立抗敌协会（农抗会、青抗会、妇抗会），开展"减租减息"。我记得很清楚，在青抗会和农抗会中，有两个积极分子。一个是叶宗涛，知识分子干部，青抗会骨干。他工作认真负责，积极主动能干，在全县青年中颇有威望，是南陵县青年领袖。另一个叫经汉波，老农民干部，农抗会领导人。他不仅工作积极苦干，任劳任怨，而且工作很有起色，成绩显著，在群众中威望很高。邓子恢对他们非常信任，经常表扬他们。

1938 年 9 月下旬，我们开始搞建党工作。第一批入党的有叶宗柏、叶宗涛、经汉波等。这时，南三区工委会已由三里店迁到孔村（俞昌准家里）。

9 月底，经南三区工委会研究决定，成立了中共南陵三里区委，区委书记叶宗柏。11 月，党员人数发展多了，经皖南特委和南三区工委会共同研究决定，成立了中共南陵县委。县委书记叶宗柏，组织部长陈洪，宣传部长胡明，妇女部长洪琪。后来因叶宗柏工作消极不肯干将他撤了，任命叶宗涛为县委书记。

当时，南陵县委的工作是搞得比较好的，无论是发动群众，成立抗敌协会，开展减租减息，还是建党工作，都是搞得很有成效的，并多次受到上级表扬。我还记得，县委成立之后，还领导过三里地区人民群众，同国民党三里区区长易克健，进行过面对面的斗争。

南陵县委成立不久（11 月底），为了将南陵的何湾、丫山和铜陵凤凰山连成一片，打通军部同江北四支队联系的通道，军部将我和洪琪等人调到何湾、丫山地区工作。1939 年 3 月，我调回军部，4 月调到繁昌县委任县委书记兼三支队民运科长。

# 抗日时期在刘店地区活动情况①

## 凌 菲②

### （1986 年 10 月 27 日）

我原名叫凌敏庄，湖南平江县河东乡人。1936 年夏，因家庭贫困，寻找工作，流荡到了江西景德镇。1937 年春，经友人介绍进了景德镇教会学校（红道小学）任教。

抗日战争爆发后，我因同杜重远（景德镇陶业管理局负责人）陶业养成所（培养陶业人员技术场所）里面的地下党员和进步青年在一起搞抗日救亡活动，被学校强行辞退。从学校出来后，经陈毅同志动员和朋友推荐，进入了江西浮梁县景德镇各界抗敌后援会工作（主要是宣传抗日救国和搞募捐活动等）。在后援会工作期间，我曾到过江西苏区浮梁县瑶里村（湘鄂赣边地区红军所在地），聆听过陈毅同志的报告。

1937 年底，陈毅写了一封信给严兴让和我，要我们动员一些能写

① 见中共南陵县委党史办公室编：《南陵党史集萃》，中国展望出版社 1989 年 8 月第 1 版，第 103—107 页。此文系凌菲于 1986 年 10 月 27 日在芜湖市繁昌县招待所口述，中共南陵县委党史办公室马继庆整理而成。原载以"抗日战争时期我来南陵工作的前后情况"为题，刊发在 1986 年 12 月 10 日印《南陵党史资料》第四期。见南陵县档案馆藏资料：《1986 年南陵党史资料》第四期（总第十二期底稿），第 34—50 页。

② 凌菲：抗日战争时期，曾任新四军战地服务团成员，皖南特委妇女部长，"皖南事变"前夕，调至苏皖特委工作。新中国成立后，在济南铁路局工作至离休。

会画和会演戏唱歌的男女青年，到战地服务团工作。接信后，我们串联了一些进步青年（大都是陶业养成所里的工人和工作人员），如熊振作、李清泉、袁熙、戴修选、李雷、徐烈等 20 多人。1938 年初，我们 20 多个青年怀着抗日救国的宏愿，兴高采烈、边走边唱地来到了瑶里。我们到达瑶里的当天晚上，陈毅同志在露天广场召开大会。会上，陈毅宣布了两条重要新闻。一是，新四军军部已于 1 月 6 日在南昌正式成立，叶挺任军长、项英任副军长、张云逸任参谋长、周子昆任副参谋长、袁国平任政治部主任、邓子恢任副主任。二是，湘鄂赣边地区红军第十六师改编为新四军第一支队，陈毅任一支队司令员、张云逸任副司令员、胡发坚任参谋长、刘炎任政治部主任。此外，陈毅宣布我们从景德镇来的和其他地方来的知识青年，组成一支队随军战地服务团。陈毅要大家选举一个团长，我第一个提议让熊振作同志担任团长，大家一致同意。会议结束前，陈毅当着大家的面突然对我说："小凌，你凌敏庄的名字不好听，我给你改个名字叫凌菲吧！"于是，我凌菲的名字从那时起，就一直叫到现在。

一支队成立不久，部队就从瑶里出发，行军三个月，于 1938 年 3 月下旬到达浙江金马岭。翻过金鸡岭，与二支队胜利会合。二支队司令员张鼎丞、副司令员粟裕、参谋长罗忠毅、政治部主任王集成。二支队随军服务团团长彭冲，团员有骆平等好几十人。

一、二支队在金鸡岭会合后，休整了两三天时间，又继续行军，四月初到达安徽岩寺。在岩寺，我们又与军部和三支队会合了。军部和一、二、三支队会师后，我们一支队战地服务团遂被编入了军部战地服务团。军部战地服务团团长是朱克靖、秘书长白丁（徐白羽）。我因为喜爱唱歌和搞乐器，被朱克靖同志指名为战地服务团歌咏组组长。在军部战地服务团工作期间，我认识了张茜（陈毅爱人）、张伟烈、吴敏慎（女）、郭选（女）、田淑范（女）、林玲（女）、谢志诚、肖家亚、周纫惠（女）、王萱（女）、罗毅（女）、杨瑞莲（女）、叶绀弩、涵子（女）、卫诗可（女）等人。

部队在岩寺会师后，进行了较长时间的休整（个把月时间）。休整期间，部队进行了学习、整训和组织发展工作，我就是在此期间入的党，我的入党介绍人是熊振作和胡明同志。4月28日，粟裕同志率领一支100多人的抗日先遣队①从岩寺出发，向苏南敌后挺进。其任务是：冲过日军封锁线，深入到敌人后方，在南京附近一带迂回，实施战略侦察。粟裕先遣队走过之后，军部和一、二、三支队于5月初又继续向北行军，5月5日到达太平。在从岩寺向太平行军的途中，李一氓和白丁找我谈话，要我在行军途中兼搞随军社会调查组组长。社调组的任务是：利用行军空隙时间，深入群众调查访问，为领导了解社情提供参考。

5月中旬，陈毅率领一支队从太平出发，向江南敌后挺进。紧接着张鼎丞率二支队，东进敌后。一、二支队离开太平后，军部和三支队又继续行军，5月26日到达南陵土塘。部队在土塘期间，军部驻在土塘村，军政治部驻在上经村。这时军部战地服务团正式划归军政治部领导，分工搞民运工作。军政治部下面设有民运工作部，民运部长邓子恢（兼）、副部长余再励（后是夏震农②）。

当时，我领导了一个民运工作小组，我任组长，组员有曾铁心、袁先锋、盛同、朱（竹）平、卫诗可（女）等，我们小组住在刘店松树棵。我们经常到三里、大格里、峨岭、童村街一带开展抗日救亡活动（宣传党的抗日政策，组织农抗会、青抗会、妇抗会，慰问部队和

---

① 先遣支队由第一、第二、第三支队各抽调部分干部和侦察分队约400人，组成三个连，并有熟悉江南民情风俗、懂得苏南方言的战地服务团员随队活动。见中国新四军和华中抗日根据地研究会编：《新四军的组建与发展》，中共党史出版社2019年5月第1版，第107页。

② 应为夏征农。见新四军和华中抗日根据地研究会编：《新四军和华中抗日根据地·人物辞典》，中共党史出版社2016年9月第1版，第844—845页。

伤病员等）。我们在开展抗日救亡工作的同时，有时还要同国民党三里区分部书记丁继春和区长易克健进行有理有节的斗争和辩论。特别是三里区长易克健，此人比较顽固，我们同他辩论过多次。辩论的焦点，主要是以下五个问题：

1. 抗日救亡要不要发动群众，要不要组织农抗会、青抗会、妇抗会等群众抗敌组织？

2. "坚持抗战，反对投降；坚持团结，反对分裂；谁搞分裂谁就是中华民族的罪人"的口号能不能提？

3. "抗战高于一切，一切服从抗战"的口号正不正确？

4. "地不分东西南北，人不分男女老幼，一起起来抗日，打败日本侵略者"和"枪口对外，瞄准敌人，中国人不打中国人"的提法对不对？

5. "国难当头，大家有责；有钱出钱，有力出力；齐心协力，共同抗日"的提法错不错？

通过斗争和辩论，我们发现了两个积极分子，一个是经汉波（农民，刘店乡农抗会主任），一个是叶宗涛（小学教师，三里乡青抗会主任）。这两个人积极热情，工作雷厉风行。叶宗涛因为有文化，能写会讲，我们让他公开出面做工作和参加辩论。经汉波是秘密党员，为了不暴露他的身份，根据邓子恢同志的指示，我们让他秘密地做群众发动工作。这两个人因为积极认真，工作做得很有成效，曾几次受到邓子恢同志的表扬。

军政治部驻上经村期间，还办过一期识字班，参加学习的群众（男女兼有）有二三十人，我担任识字班教员，主要是教识字和唱歌。为了提高我的教学水平，邓子恢还几次深入识字班听我讲课，听后向我提出了不少有益的意见。

1938 年 7 月 1 日，军部从南陵土塘移防到泾县云岭。[①] 时隔不久，军政治部亦从上经村迁到了云岭。为了抓好三里、刘店地区的抗日救亡工作，军政治部从上经村迁走后，邓子恢同志仍要我们民运工作小组留在刘店松树棵，让我们在刘店、三里、大格里、峨岭、童村街一带地区继续发动群众，开展抗日救亡工作。由于刘店、三里群众基础较好，工作做得扎实，军部和军政治部迁到云岭后，刘店、三里地区的人民群众还自发地几次到云岭军部进行慰军活动。其中一次规模较大，百余群众敲着锣，打着鼓，扛着锦旗，抬着棉背心、布鞋、袜底、慰问袋和鸡蛋等物品到军部慰问。这次慰问活动，受到了军首长项英和邓子恢的多次表扬。

1938 年 8 月底，经中共南陵县工作委员会[②]批准，刘店地区成立了刘店区工作委员会，工委书记是我，党员有曾铁心、袁先锋等。刘店区工委会隶属于南陵县工委领导，县工委书记是胡明，组织部长陈洪。10 月上旬，我从刘店区工委调到南陵县工委任宣传部长兼妇女部长。同年 11 月，皖南特委决定，南陵县工委改为南陵县委，叶宗柏任县委书记、陈洪任组织部长、胡明任宣传部长、洪琪任妇女部长。南陵县工委改为南陵县委的决定是陈时夫同志（皖南特委组织部长）来三里店宣布的，同时宣布我调到皖南特委任妇女部长。宣布决定的第二天，我就随陈时夫同志一道来到了泾县云岭。我任皖南特委妇女部长时，特委书记是李步新、组织部长陈时夫、宣传部长黄祖炎、青年部长黄诚。不久，皖南特委机关由云岭迁到了白果树。这时，皖南特委的人事稍有变动，特委书记是邓仲铭、组织部长李步新（陈时夫调

---

① 应为 1938 年 8 月 2 日，新四军军部从南陵土塘移驻泾县云岭。见中国新四军和华中抗日根据地研究会编：《新四军的组建与发展》，中共党史出版社 2019 年 5 月第 1 版，第 156 页。

② 即南三区工委会，胡明任主任，陈洪负责南三区党的工作。见胡明著：《南三区工委会和南陵县委成立情况》；中共南陵县委党史办公室编：《南陵党史集萃》，中国展望出版社 1989 年 8 月第 1 版，第 33 页。

走了)、青年部长黄知真，其余未变动。与此同时，中共东南局迁到了泾县丁家山，与皖南特委相挨近。东南局书记是项英、组织部长曾山、宣传部长欧阳惠林、青年部长陈丕显、妇女部长李坚真（邓仲铭爱人）、秘书长温仰春。东南局下面还有青委会和妇委会组织。青委会书记由陈丕显兼，委员有杨斌、程一惠、黄知真（女）和我，杨斌、程一惠、黄知真参加青委常委。妇委会书记李坚真，副书记章蕴，委员有黄知真、邓六金（曾山爱人）和我，我参加妇委常委。

我任皖南特委妇女部长时，吴敏慎任泾县县委妇女部长，周喆任南陵县委妇女部长、田文任繁昌县委妇女部长、叶明任铜陵县委妇女部长……

1940 年底（皖南事变前夕），我离开了皖南，调到苏皖特委工作去了。

# 新四军抗日战争第一仗[①]

## ——四支队九团首战蒋家河口

高志荣 回忆 许 庶 整理[②]

（1938 年 5 月 12 日）

　　1938 年初，日寇为打通南北战略联系，侵占津浦路南段滁县、蚌埠等城镇，并分兵占领合肥、巢县，控制淮南铁路，掠夺我矿产资源。广大人民群众在敌伪及土匪双重蹂躏之下痛苦呻吟。

　　为解救处于水深火热之中的广大人民群众，发动敌后抗日游击战争，当时新四军军部根据党中央指示，派新四军参谋长张云逸到江北，向四支队广大干部传达中共中央关于东进皖中、皖东敌后抗日的方针。1938 年 3 月 8 日，我四支队司令员高敬亭，奉命率七团、九团及手枪团由湖北七里坪出发，3 月 14 日，全支队在皖西流波䃥会合。

　　当时皖东大部分地区已沦入敌手，老百姓纷纷逃难，部队所到之处，村村有哭声，处处是难民，山山水水一片凄凉。

　　为了解救灾难的人民，高敬亭司令决定要狠狠打击这些野蛮的侵

---

　　① 见合肥市新四军历史研究会编：《新四军第四支队组建与发展》，安徽人民出版社 2003 年 12 月第 1 版，第 267—270 页。蒋家河口战斗时间为 1938 年 5 月 12 日，标题下面的时间为战斗时间。

　　② 高志荣：抗日战争时期任新四军第四支队九团政治委员，抗日军政大学第八分校政治部主任，新四军第二师四旅副政治委员、政治委员。1955 年被授予少将军衔，1984 年在上海逝世。该文原由兰州军区作者许庶整理。

略者，并令我九团寻找战机。我九团进到盛家桥后，经过研究决定，由我（政委）和参谋长唐少田带领团侦察队和二营进入银屏山地区，寻找战机。团长顾十多、主任高立中率团直单位和一营在盛家桥、槐林嘴一带就地发动群众，开展抗日宣传和剿匪安民活动。

当时正处在抗日统一战线时期，为了宣传我军东进抗日的战略意义，摸清日军行动规律，曾由我前往国民党二十一集团军司令部去联系，了解情况。可是该地区国民党军队普遍患有"恐日症"，不敢在前线与日军交手，缩守在山里，根本不了解日军方面情形。只说前面一塌糊涂，乱得很，还吹嘘日寇如何如何厉害。当我问他们："敌人有多少？"他们说："多得数不清。"又问："为什么不守住巢县？"他们答："子弹打光了，就退了下来。"我又问："你们打死多少日本兵？"他们脸也不红地说："我们没见过日本兵。"可见他们连日本鬼子的影子都没有看见，就闻风逃命了。同时对我新四军表现出非常蔑视的态度，我气愤地说："你们往后退吧，我们倒要看看日本鬼子是不是长着三头六臂。"

我回团部后，当即派团侦察队化装成农民，到巢县附近侦察敌情，深入群众进行调查。从当地老百姓口中获悉巢县城沦陷后，日寇为发泄其兽欲，在沦陷区内烧杀抢掠，奸淫妇女，无恶不作。经常派出少数日伪军下乡"扫荡"，进行抢掠。蒋家河口一带是敌人经常骚扰抢掠的地方。根据群众提供的这一线索，我遂率二营一些干部亲自登上银屏山主峰，用望远镜仔细观察，进一步掌握敌情。为了保证首战告捷，我们又派团侦察参谋郭思进和团侦察队长率侦察人员化装到蒋家河口暗中侦察了3天。通过反复侦察发现：鬼子每天都要到蒋家河口一带来骚扰，时间通常是每天上午大约8至9点钟，从巢城出发到蒋家河口，有时乘一两艘汽艇，有时坐一两只木船，人数多时30余，少时十几个。上岸后在周围一带抢劫糟蹋一番后，于午饭前后返回巢城，由于国民党军队胆小如鼠，一直不敢触犯鬼子一根毫毛，致使他们来去如入无人之境，气焰嚣张，十分狂妄，因此戒备也比较松懈。当我把侦察情况报告支队后，高敬亭司令审时度势立即命令我们设伏，并指示："你们要打一个歼灭战，粉碎'皇军不败'的神话，让日本侵略者尝尝中国人民的铁拳。要教育干部战士，日本兵不是什么三头六臂的怪物，是人，要树立敢打必胜的信心。"

蒋家河口位于巢县东南十余里，裕溪口河西岸。河口一带杂草丛生，芦苇茂密，杂树交错，河道纵横，地形复杂，河堤埂便于设伏，是打伏击的理想地形。

根据掌握的情况和高敬亭司令指示，我和团参谋长唐少田同志召集二营长、政教、团侦察参谋开会研究，决心以团侦察队和二营四连在蒋家河口打一个伏击战，打击日本侵略者的嚣张气焰，让他们尝尝我们中国人民的铁拳。

5月11日下午3时，我们将部队集合于银屏山下，由我进行了战前动员后，部队在二营营长黄仁庭和参谋郭思进的率领下迅速向北行进。我们部队翻山越涧，涉水渡河，像一把利剑直插蒋家河口。12日拂晓前我军按预定计划，进入阵地，神不知鬼不觉地完成埋伏任务。我们的部署是：团部侦察队隐蔽在河口两岸堤埂后面，从正面截击敌人；四连二排隐蔽在团侦察队后面的小村里；四连连长率一排、三排潜伏在离河口四五里远的北面小山包下，准备阻击巢城来增援的敌人。战士们个个摩拳擦掌，弹上膛，刀出鞘，严阵以待，决心给侵略者迎头痛击。

12日上午8时许，巢城方向的河面隐约传来了汽艇的引擎声，大家顿时警觉起来。不一会儿敌两艘汽艇渐渐驶近了，清楚地看到一个日本鬼子趾高气扬地站在汽艇上，头上的钢盔和手中的刺刀在阳光照耀下闪着寒光，十分刺目。钢盔下面一双贼眼四处搜索，活像一只凶恶的秃鹫翻动着血红的眼珠在贪婪地寻觅食物。我们的战士一个个像守候多时的猎人，两眼紧盯着这群人面兽心的豺狼。只等他们一上岸，就叫他们束手待毙，有来无回。

敌汽艇靠岸了，一些日军下船后毫无戒备，敞着胸，捧起运漕河的水向胸脯浇着，哼哼呀呀地唱着歌，倒背着三八枪，大摇大摆地上岸了，仿佛这不是战争，而是游山玩水。埋伏在河口两岸的新四军战士们见此情景，个个都把牙齿咬得咯咯响。这时，只听"叭"的一声，子弹带着尖利的呼啸，划破长空，穿进敌人的罪恶胸膛，一个鬼子惨叫一声倒地了，这是郭参谋发出的战斗信号，紧接着，我侦察队的机枪、手榴弹一齐吼叫起来。敌寇纷纷中弹倒毙，有的企图夺船逃命，我二排遂以猛烈火力封锁河口，阻敌退路，侦察队见状乘势一跃而起，集中手榴弹将敌艇炸翻。我居高临下，占绝对优势，敌被逼下河后，困在水中，一时难以施展，陷于被动挨打境地。结果敌人大多在水中被歼。有个鬼子企图潜泳逃命，但被我侦察队一个参军不久的新战士发现，只见这个大个子新战士不顾危险，奋勇扑去，看准敌人潜泳的方向，猛力划水跟踪，当敌人从水面刚一露头，他一个鱼跃猛扑上前，泰山压顶一把卡住敌人的脖子，死死压入水中，不一会儿，敌人便死狗似的沉入河底。

这场战争，出敌不意，仅用了二十几分钟，全歼敌人 20 余名，我无一伤亡。①

蒋家河口战斗后，高敬亭司令让支队发了战报，表彰了参战部队，政治部门还专门出了宣传小册子，号召各部队学习。各地纷纷发来电报表示祝贺，连国民党政府也不得不承认事实，登报予以宣传，并发来嘉奖令。国民党第二十一集团军的军官们事后不无佩服地说：我们在这里这么长时间都没和鬼子碰，你们人没有我们多，枪没有我们好，

---

① 关于这次战斗的歼敌数字，还有 10 余人、20 余人、40 余人等说法。见《中国抗日战争军事史料丛书》编审委员会编：《〈中国抗日战争军事史料丛书〉·新四军·文献（1）》，解放军出版社 2015 年 12 月第 1 版，第 113 页。

一来就敢和鬼子拼，真了不起。当地群众还将此次战斗编成歌子演唱，歌颂蒋家河口战斗的胜利。

　　蒋家河口战斗虽然规模较小，但它是新四军组建四支队后东进抗日的第一仗，因此意义十分重大。这一仗有力地打击了皖东敌人的嚣张气焰，打破了日寇所谓"刀枪不入""皇军不可战胜"的神话，震惊了患有"恐日病"的国民党反动派，戳穿了国民党诬蔑新四军"游而不击"的谎言。更重要的是这一仗的胜利，大大激励了江北人民的抗日激情，使新四军赢得了敌后广大人民群众的衷心信赖和爱戴，同时也增强了新四军广大指战员坚持敌后抗战的胜利信心，使大江南北到处都燃烧起抗日斗争烽火。

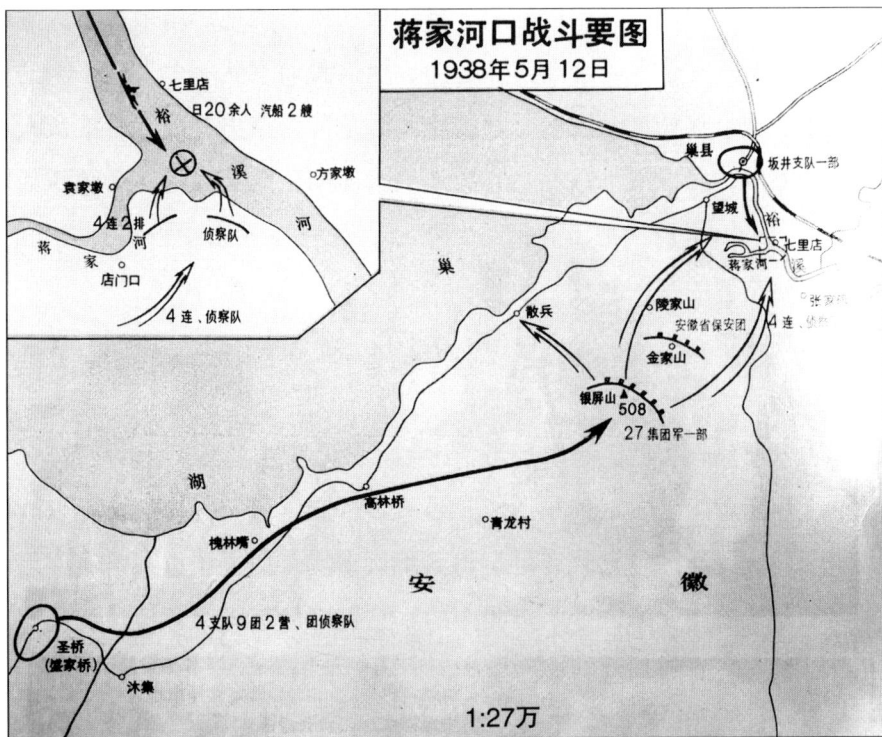

蒋家河口战斗要图
1938年5月12日

1:27万

# 江南处女战①

## 童炎生②

### （1987 年 4 月）

一

在赣船山的一个小竹林里，粟裕司令员召集我们去开会。

司令员早在山岗上等候我们，他穿着一身灰色的单军衣，面色清瘦，用一只手遮着太阳，全神贯注地眺望着从牌岗伸向韦岗、竹子岗的那条蜿蜒的公路……

几个连的干部到齐之后，司令员就向我们宣布了自己的决心：要在镇江到句容之间打一个伏击战，伏击点确定在韦岗，根据日军车队活动的规律，战斗可能在明天拂晓前后打响。

---

① 见《中国人民解放军历史资料丛书》编审委员会编：《〈中国人民解放军历史资料丛书〉·新四军·回忆史料(1)》，解放军出版社 1990 年 1 月第 1 版，第 294—297 页。原注：1987 年 4 月定稿。

② 童炎生：抗日战争时期，任新四军第一支队第二团连长、政治指导员、营政治委员、团政治处主任。参加新四军先遣支队的韦岗战斗。北渡长江后，参加过黄桥战役和曹甸战役。1941 年 1月新四军重建军部后，任新四军第一师第二旅第四团政治处主任，新四军第六师第十六旅第四十八团政治处主任，苏中军区特务第三团政治委员，新四军第一师第一旅政治部主任。1955 年，被授予少将军衔。是中国人民政治协商会议第三、第四、第五届全国委员会委员。1985 年 5 月 2 日在南京逝世。见新四军和华中抗日根据地研究会编：《新四军和华中抗日根据地·人物辞典》，中共党史出版社 2016 年 9 月第 1 版，第 1035 页。

我们早就期待着这个战斗号令了……

先遣支队是 1938 年 4 月 28 日从岩寺出发的，沿途受到国民党溃军朱永祥、陈德功等部的阻挠，到徐州陷落的那天，才进入苏南。我们作为新四军东进苏南的一支尖兵，沿途组织发动群众，宣传抗日。但当时群众对我们有怀疑，友军对我们瞧不起。有一位友军的将领，见了我们很不客气地说："你们军队有优良纪律，作为一支政治宣传队是好的，如到东线去打仗，那请听下回分解好了！"

苏南某些对抗战失掉信心的绅士们也说："你们明知山有虎，何必要向虎山行呢？"

对这些怀疑、劝告……应怎么回答呢？

马上投入战斗。当时我们在装备上是有许多困难的，整个先遣队只有两挺轻机枪，其余的武器都是用旧了的，有的缺少瞄准器，有的是长枪锯成了短枪，有的是埋在地下许久才挖出来的，国民党明知道拿这些武器去打日军是有困难的，但他们不履行诺言，不给新四军以武器弹药的补充。

面对这些困难，怎么办呢？

我们先遣队的口号是："一切靠打胜仗来解决！"

在部署韦岗伏击战的时候，粟裕司令员斩钉截铁地说："一定要把日本人的车队截住，否则我们今后在政治上、军事上的困难会更大……"

会议结束以后，他离开地图，一手握住竹枝，眼望着青青的竹叶，意味深长地说："4 年前，在方志敏同志领导的抗日先遣队里，我被任命为参谋长，但那支抗日先遣队的历史使命没有能完成，国民党反动集团仇恨它，在怀玉山上围困住我们……4 年后的今天，我们又搞出一个先遣队，胜利地挺进到苏南，现在我们面对着方志敏同志所预计的一个新的形势了：'雪压竹头低，低下欲沾泥，一朝红日起，依旧与天齐'……"

# 二

我们期待着 1938 年 6 月 17 日的第一个时刻，期待着黎明，期待着枪声和战斗……

所有的参战部队，在 16 日的夜里，紧张地进行了通宵的工作。七连指导员程祥元和连长忙得不可开交，这个班来请示："打汽车究竟打哪儿？"那个班来问："向鬼子喊话怎么个喊法？"连长和指导员也没有经历过这些，只好叫大家一起来讨论，想办法。

在树林里，在小山坡上，到处都是一组组的战士在谈着、争论着，有的战士一边擦拭武器，一边情不自禁地唱着："大刀向鬼子们的头上砍去……"指导员看看这些生龙活虎的战士，对连长说："下得山来，大家真有股虎劲哩！"连长笑着说："你自己不也是有这股劲儿吗！"

一班是七连的主力班，有 1 挺机枪。连长走过来了，向那个高个子的机枪手说："你可要沉着，打得要准、要猛，但不能浪费子弹！"高个子一口答应下来了："包在我身上！"

可是，他们班里的一个小鬼却跟他为难，跳起来问他："你先别吹牛，你知道打汽车该打哪里呀？"

"把开车子的打死了，汽车不就僵了！"高个子有些生气似的回答，却又反问起小鬼来：

"你说怎么个打法呢，小鬼？"

"我说应该打轮胎，把轮胎打出气了，车不就跑不动了！光打死开车的，说不定再冒出个活的来把汽车开走了呢……"小鬼的一番话，机枪班的同志都一致同意了。

机枪手却憋不住满肚子的不高兴，对小鬼粗声粗气地说：

"你也先别吹牛，鬼子的汽车一到，我看你就傻了眼啦……"

"你先别气人，战场上看吧，我一定要缴支东洋造！"


# 三

句容公路的两侧，山多林密，特别是韦岗到竹子岗这一带，山道曲折蜿蜒，隐蔽着山道两旁的一支奇兵。

为了封锁消息，防止句容方面的敌人北进而使伏击队受到夹击，部队在清晨前才开始行动，进入韦岗南赣船山的伏击位置。一夜的急雨，弄得山路很滑。当发觉从句容方面驶来 1 辆卡车经竹子岗向北时，有的部队还没有进入阵地，伏击队的火力又够不上，眼看着那辆汽车消失到山岗的背后去了。

8 时 20 分，从镇江方面开来的一支车队，很快进入了伏击区。一共是 5 辆，为首的一辆是包车。这时粟司令出现在机枪班后面，高喊了一声："开火！"日本人的车队顿时陷入了火力网，一个个敌人在泥地上挣扎翻滚，一下子被我们打死了十多个。

最后的一辆卡车被击中停在高坎上。第一辆包车周身是火，它触到一个土埂上，又退回去，停下了。两个军官中弹跌倒在车底下。

战士们浑身都被雨水浇湿了，仍在英勇战斗。

粟司令冒着弹雨冲到包车的近旁，一个受伤的日本人猛地抽出指挥刀向他的后脑劈下去。正在这紧急的时候，粟司令身后的警卫员举枪击毙了那个敌人。

在枪声沉寂之后，阵地上仍然进行着搏斗，溃散的日军突然从深草里跳出来，疯狂地叫喊着扑上来。战士们用刺刀刺向他们的胸膛，他们才痉挛地滚回深草里。

小鬼浑身湿淋淋地跑到连长面前说："我缴了 1 支崭新的 38 式！"

高个子机枪手也走过来了，他仔细搜索着汽车轮胎上的那些洞眼……

韦岗伏击战就这样结束了。战后清查了一下战果：击毙敌少佐土井，大尉梅泽武四郎以下 13 人，伤 8 人；击毁汽车 4 辆，缴短枪 2 支、步枪 20 余支，[①] 日本旗 1 面，指挥刀 1 把，日钞 7000 多元。

雨洒着江南，风送着捷报，抗战部队的声威在江南大地上传开了。陈毅司令员得知后高兴地说："江南处女战打得很好。"

---

① 又说"缴获长短枪 20 余支"。《新四军战史》编辑室编：《新四军征战日志》，解放军出版社 2000 年 8 月第 1 版，第 30 页。

# 袭击新丰歼敌寇①

张钰秀

（2006 年 7 月）


新丰车站位于京沪线镇江与丹阳之间，南距丹阳近 10 公里，西北距镇江约 40 公里，是日军交通运输线上靠近运河的一个重要据点。

新四军第一支队首长决定于 1938 年 6 月 30 日夜晚，由二团一营在丹阳抗日自卫总团的配合下，袭击新丰车站敌据点，歼灭这股敌人。由于这是我军挺进江南茅山地区后的第一仗，又是攻坚战，战斗的胜负对我意义极大。为此，支队首长十分重视，陈毅司令员亲自了解情况和部署战斗。他指示：新丰车站是日寇防守的重要据点，日本鬼子不容易打，而你们又是第一次与日军作战，因此，要有必胜的信心，机智灵活，顽强勇敢，以巧取胜。这一仗事关重大，意义深远，一定要打好。

张正坤团长受领任务后，立即派我（团侦察参谋）到一营布置对车站敌情、地形的侦察，并到访仙桥同管文蔚同志领导的丹阳抗日自卫总团取得联系。我当即到一营传达团首长指示，并组织有一营和自卫团同志参加的侦察小组，化装成商人、农民，潜入车站和铁路沿线

---

① 见新四军和华中抗日根据地研究会编：《新四军的传奇故事》，中共党史出版社 2006 年 7 月第 1 版，第 18—21 页。

侦察，很快就摸清了敌人情况：守卫车站据点的是日军第十五师团松野联队广江中队的 1 个小队，有 40 余人，另有宪兵、路警十几人，车站员工等十几人。敌人占领江南以来，由于国民党的不抵抗政策，没有受过任何打击，对我不大戒备。他们白天竟敢空手下乡抢掠，奸淫妇女，晚上敞门睡觉，甚至连岗哨都不设置。车站新盖一幢上下共 12 间的二层楼房，日军就驻扎在这里。周围有一道近两米高的围墙，院内堆放着各种货物。

敌情掌握后，张团长率领我们到一营，与段焕竞营长和自卫团的领导一起开会研究战斗方案。会上，团首长反复强调了这次战斗的重大意义，同时分析了该据点之敌虽然兵力单薄、骄横麻痹，但敌人装备精良、训练有素，战斗力很强；且距丹阳、镇江较近，交通便利，易于增援。而我部初到江南，又是初次和鬼子交锋，没有经验，装备较差。因此，必须采取以优势兵力奇袭制敌、速战速决的战法，打敌措手不及。具体部署为：二连担任主攻，选派 1 个班为突击队，连长张琼森为突击队长，采取突袭，用手榴弹、刺刀歼灭敌人；一连在车站西北 600 米地域占领有利地形，阻击镇江方向可能来援之敌，并掩护自卫团破坏铁路、电线杆等；三连为预备队，在车站西南 600 米地域占领阵地，随时增援二连实施攻击，并准备阻击丹阳方向可能增援之敌；丹阳抗日自卫总团所属 8 个自卫团，各抽 1 个排，并动员群众百余人负责破坏铁路、电线杆、电话线，另组织 1 个担架队抢救伤员。

会后，团政治处主任肖国生和一营营长段焕竞即在延陵昌国寺召开排以上干部会议，传达了本营的战斗部署。部队立即进行临战准备。

由于我在先遣支队时就和管文蔚的抗日自卫团有接触，熟悉他们的情况，因此，团首长命令我负责指挥和协调自卫团的破路行动。

6 月 30 日晚 10 时许，一营部队和丹阳抗日自卫总团的各路人马，都按时到达车站附近的孔家垄。张正坤团长和肖国生主任亲临指挥。据侦察报告，敌情没有什么新的变化，团长下达了按计划展开攻击的命令。

我率领自卫总团的同志到达预定地域后，按计划分为两步，分别在车站两侧五六百米地段展开，派出警戒。首先指挥他们切断了车站与外界的电话联系；战斗打响后，立即进行拆路轨、毁路基、割电线、锯电杆等破坏工作。自卫团的战士都是年轻力壮的小伙子，有一定的战斗经验，听到车站方向的枪声、爆炸声毫无惧色，紧张地进行着破路工作。这时，锯子声、钟子声、电杆的断裂声、镐锹和铁轨的碰撞声与远处传来的枪声、手榴弹爆炸声相呼应，仿佛奏起了一曲雄壮的军民抗日凯歌，回响在江南水乡。不久，车站燃起熊熊的烈火。我们都欢呼："一营的同志们得手了！"

车站的战斗十分激烈。开始，由于黑夜，向导对这一带地形不十分熟悉，把二连尖兵班同时又是突击队的同志领过了车站。段营长当机立断，令一连副连长彭寿生立即组织1个突击队接替，其他部队仍按计划行动。这时敌人没有发觉，楼下门堂里1个班的日军在睡觉，一个个光着上身横七竖八像死猪似的躺在木板床上。楼上灯火通明，门窗洞开，有的鬼子、汉奸还在打牌酗酒，毫无戒备。晚11时，攻击开始，彭寿生带领突击队翻过围墙逼近敌楼，大个子班长端着机枪冲进门堂，不料子弹卡壳；副班长田光秀扔出一颗手榴弹也未爆炸；接着彭寿生又扔进一颗手榴弹，撞在墙上爆炸了。这突如其来的爆炸声把敌人全惊醒了，门堂里的鬼子惊慌地跳起来端着枪就往外冲，被我突击队的火力压了回去。我们又向里面扔了几颗手榴弹。这时，楼上的敌人都清醒过来，分别占领各个房间，向我射击。门堂里有两个鬼子冲了出来，突击队战士想抓活的，但鬼子光着背，浑身是汗，油滑得像条泥鳅，难以擒获。战士们只得围上去，用大刀、刺刀将其砍死。其余的敌人被压在房内，均上了刺刀守在大门内左右两侧。突击队的同志侧身向里面投了几颗手榴弹，借着烟雾冲了进去和敌人展开搏斗。

经一阵拼杀，敌人抵挡不住，退缩到二楼。这时，敌人居高临下，以机枪猛烈的火力压制我后续梯队，同时组织了 1 个班的兵力冲下楼来，妄图消灭我突入楼房的突击队。又一场肉搏战开始了。我二连三排长彭遗生见此情景，主动请战，带领全排冒着弹雨冲进敌楼，一边与敌人拼杀，一边将我伤亡人员抢救出来。经 15 分钟的激战，全歼了这十几个鬼子。日军吃了苦头，再不敢轻举妄动了，龟缩在二楼各房间里，用机枪向外扫射，构成了一道火力封锁线，妄图固守待援。我攻击分队难以接近，更冲不上二楼去，形成了对峙。

拖延时间对我不利，当时营指挥所分析战场形势，为尽早结束战斗，当即决定采用火攻。迅速组成火攻班，命主攻连组织火力，压制住敌各窗口火力点，掩护火攻班接近敌人放火。正好车站里存放着不少煤油，附近又有成垛的麦草。我火攻班在火力掩护下，将麦草放到楼下的门窗旁、楼梯口，浇上煤油；还专门把两桶油放在大门口的过道里，随即点燃了麦草和油桶。顿时风助火势，火借风威，火上浇油，越烧越旺。烈火熊熊，浓烟滚滚，大火焚烧着楼房，浓烟吞噬了车站。这下鬼子可再也忍受不住了，纷纷从窗口跳出来逃命。被烟熏火燎后的日本鬼子，从二楼跳下，一个个都晕头转向，战斗力大减，立刻成了我军的活靶子。有几个从倒塌的楼梯上窜出火海的敌人，经过一阵肉搏之后，也成了战士们的刀下之鬼。其余的鬼子在里面被烧得嗷嗷乱叫，顷刻全部焚毙。

战斗经过两小时，整个新丰车站敌据点在烈火中化为灰烬。清查战果，此战全歼守敌 58 名，缴获步枪 6 支，刺刀 6 把，其余枪支弹药等均被火烧毁。① 破坏铁路一段，电线杆几十根。我牺牲 4 人，伤 6

---

　　① 又说"战斗历时一个半小时，缴获步枪 6 支、刺刀 6 把，歼日军 10 余人，又后火攻烧死日军 30 余人"。见中国新四军和华中抗日根据地研究会编：《新四军在华中》，军事科学出版社 2012 年 5 月第 1 版，第 145 页。

人，以较小的代价换得了较大的胜利。丹阳守敌虽距离很近，但由于夜黑，不敢贸然行事。直至翌日晨 6 时，才派出百余人开出丹阳，名曰增援，实则为其同伙收尸。而此时，我军早已凯旋多时了。

新丰战斗是我二团向党的生日献上的一份厚礼，也是我军在江南铁道线上打的第一仗，使不可一世的日军大为震惊，京沪铁路中断交通一天多，迫使各处敌人从此增强戒备，起到了调动和支配敌兵力的作用。

# 五十军和新四军合作抗日的一段往事①

罗显功

（1987 年）

　　郭勋祺是川军中著名的爱国将领之一。当日本侵略者深入我国国土，民族危难日益加深的历史时刻，身任国民党军第一四四师师长的郭勋祺恨不能立即冲向抗日前线，同日本侵略军决一死战。他渴望国民党当权集团真正改弦更张，接受中国共产党的主张，停止内战，一致抗日。所以，中共中央 1937 年 7 月 8 日号召全国军民团结抗日的通电，蒋介石 1937 年 7 月 17 日在庐山表示准备抗战的谈话，使他深感兴奋。为了迎接抗战，他反复向所属官兵讲解抗日救国的道理，讲述"兄弟阋于墙，外御其侮"的古训，鼓励大家做好合作抗日，保家卫国的准备。

　　抗战的一天终于来到了。1937 年 8 月 13 日，日本侵略军大举进攻上海，中国人民人心愤激，强烈要求抗日。客观形势的发展，迫使国

　　① 摘自《中国人民解放军历史资料丛书》编审委员会编：《〈中国人民解放军历史资料丛书〉·新四军·参考资料(2)》，解放军出版社 1991 年 11 月第 1 版，第 714—719 页。此文是罗显功于 1987 年撰写的。在撰写过程中，曾参阅林华钧回忆郭勋祺的遗稿，并引用了其中部分事例。林华钧，抗日战争中任国民党军第五十军少将参谋处长，中华人民共和国成立后曾任中国人民政治协商会议四川省成都市委员会委员。罗显功，郭勋祺夫人，撰写本文时任中国人民政治协商会议四川省委员会委员。

民党当权集团不得不放弃继续向日本寻求妥协的幻想。八一三事变以后，蒋介石于 9 月 23 日发表了实际上承认国共两党合作抗日的谈话。这样，抗日民族统一战线正式形成，全国性抗战开始了。不久，郭勋祺奉命率第一四四师从四川眉山、乐山等地出发，先到河南新乡、博爱地区，旋即转赴江苏南京以南溧阳、宜兴地区集中，以掩护上海国民党军的退却，并参加保卫南京之战。部队出发前，郭勋祺在朋友为他饯行时，他端起酒杯激动地说："勋祺这次出川抗战，定要奋勇杀敌，光复河山，个人生死祸福，在所不计，誓为中华民族血战到底！诸位相信我，就请满饮此杯！"

1937 年 11 月 24 日夜，郭勋祺所部第一四四师在江苏、浙江交界的长兴、夹浦地区警戒阵地，开始与日军追击部队久留米师团接触，随即在碌砂岭一带进行阻击。在激烈的战斗中，全师官兵奋勇拼杀，郭勋祺不时冒着敌人的猛烈炮火，到第一线指挥部队作战，终以一支劣势装备的部队，阻击了日军精锐部队达三昼夜之久，掩护了上海国民党军队的战略转移。但当战役即将结束时，郭勋祺身负重伤，被转送汉口治疗。1938 年春，郭勋祺伤愈出院，升任第五十军中将军长，下辖第一四四师、第一四五师、新七师，归属第三战区第二十三集团军。

郭勋祺到皖南后，第五十军驻防青阳、南陵、繁昌和铜陵一带。任务是担任江防，保卫皖南战区。第五十军的驻防地区与新四军的驻防地区相比邻，第五十军军部在青阳县木镇，与设在泾县云岭村的新四军军部相距仅数十华里。当时，国民党顽固派已经在许多地方制造摩擦，袭击八路军、新四军的事件时有发生，而对八路军、新四军的枪支弹药、粮饷军需补给，则是经常克扣、拖延甚至不发。郭勋祺对此甚感气愤和忧虑。他经常告诫所属官兵，定要与新四军精诚团结，亲密合作；大敌当前，民族利益高于一切。而善于游击战的新四军，经常活动于安徽芜湖、当涂和江苏南京附近，扰乱日军的后方，牵制日军的行动，从而掩护了第五十军的右侧背，使第五十军能够更好地固守江防，掩护皖南战区。所以，在第五十军和新四军联防一年多的时间里，两军之间在军事上的互相配合以及日常的友好往来方面，都有不少往事值得追述。

1938 年春，郭勋祺在木镇组建第五十军军部时，陈毅是新四军第一支队的司令员。共同抗战的神圣任务和陈、郭两人在北伐战争时期建立起来的深厚友谊，使他们在木镇重逢时格外亲切。记得陈毅第一次看望郭勋祺，是与新四军军部一些同志步行而来的，当他们经过镇东第五十军的补充团驻地时，团部立即用电话报告了郭勋祺。郭赶忙派人用自己的轿子去迎接。途中有人问："你们用军长的轿子去抬哪个？"轿夫回答："去抬共产党先生。"不久，派去的副官打来电话说："陈司令坚决不坐轿子。"郭只好改派卫士牵了自己的坐马去接。

这次，陈毅在五十军军部住了三四天。郭勋祺热情地接待了并肩抗战的新四军战友。郭、陈两人旧友重逢，长谈竟夜。陈毅对郭勋祺谈了巩固和发展抗日民族统一战线的重大意义，谈了新四军今后进行敌后游击作战的原则和打算。郭勋祺深受感动，赞佩不已。陈毅还对罗显功建议："嫂子，你既然随军到了前线，就该把妇女们组织起来，搞点战地服务工作嘛！这是很有意义的。"此外，陈毅还给五十军官兵讲了许多抗日救国和抗战必胜的道理，大大鼓舞了五十军的士气，增长了五十军官兵对抗战胜利的信心。

由于受到陈毅建议的启发，不久，皖南太平、泾县的妇女抗敌协会成立了。太、泾妇女抗敌协会由罗显功担任主任委员，成员包括随军家属和当地妇女群众。协会的主要任务是进行抗日宣传，慰问伤病员，筹集和制作慰问品，代伤病员写信以及缝补、浆洗衣服等。其经费一部分由郭勋祺调拨，一部分在第五十军高中级军官中募集。协会还经常为第五十军官兵和当地群众演出抗战话剧，宣传抗日的意义。每当舞台上演到日本侵略军的暴行时，观众都异常激动，愤怒地高呼打倒日本帝国主义等口号。太、泾妇女抗协的成立，对鼓舞士气和教育群众，起到了积极的作用。

在此期间，新四军参谋长兼第三支队司令员张云逸也曾到第五十军军部会晤郭勋祺。他们两人深入商讨了两军相互配合，共同对敌的问题。林华钧参加了讨论。从那时起，新四军第三支队也常配合第五十军作战。因新四军长于打游击，在配合作战中，充分发挥了轻骑兵的作用。一次，郭勋祺亲自指挥第一四四师佯攻芜湖，并预先同新四军第三支队联系。第一四四师正面攻击芜湖以南的日军重要据点湾沚，并引诱芜湖之敌出击；新四军第三支队伏击芜湖出击之敌，配合作战，战斗打响后，两军紧密协作，奋勇杀敌，斩获颇多，取得了重大胜利。

第一四四师缴获了一批机枪、步枪、子弹、军用地图、3把战刀及大量其他军用物资。新四军第三支队在卡子口南北伏击日军的战斗中，还俘获了两名日军，一名叫松石正恒，一名叫羽太胜。湾沚战斗结束后，新四军第三支队将这两名日军俘虏押送南陵，交第一四四师转送第五十军军部。

湾沚之战，牵制了芜湖日军第一一六师团不能北上，配合了第五战区战略行动的胜利进行。由是，郭勋祺再次被提升为第二十三集团军副总司令兼第五十军军长。这次战役后，郭勋祺电谢新四军第三支队，并令第一四四师补充第三支队步枪子弹3万发、黄军服和白衬衣各500套。

湾沚战斗是郭勋祺任第五十军军长之初，指挥所属部队，在新四军有力配合下取得的重大胜利。因此，两军的战斗友谊，从上到下，很快地建立和发展起来。

之后，在新四军第三支队对第一四四师右后侧给予有力的掩护和支持下，郭勋祺又指挥该师攻占了馒头山制高点 725 高地，使第三战区派出的两个炮兵团得以迅速占领馒头山阵地，胜利腰击日军在长江行驶的舰艇，给准备进攻武汉的日军以沉重的打击。当时，被击中的日军舰艇，相继爆炸，火光冲天，目睹的官兵群众，莫不拍手称快。

郭勋祺为了不断给日军以沉重打击，很重视学习和发挥新四军的作战经验。以后，他还多次命令第一四四师在新四军第三支队的配合下，在安徽南陵竹丝港三埠营①、湾沚附近，破坏敌人的铁路线和桥梁，先后俘获日军观测排排长山本和海军中尉日村正夫两人；而在取得第三支队的协同，命令新七师攻击安徽荻港、大通之敌时，又俘日军数名。这些，对固守江防，掩护皖南战区，都起了积极作用。

由于第一四四师直接与新四军接壤联防，配合作战。一次，陈毅在第五十军秘书长陈作孚陪同下，到繁昌县城访问了第一四四师，举行了联欢会。会上，陈毅高唱了《马赛曲》。会后，陈毅还向第一四四师官兵讲述了抗日战争的光明前途，增强了广大官兵的抗战决心和信心。

有一天，新四军参谋长兼第三支队司令员张云逸等急需赴江北处理重要公务，必须通过第五十军的江防。他们前往第五十军军部联系，待到木镇时，已是深夜。郭勋祺热情接待，第二天又派出得力人员护送张云逸一行通过江防，安全到达江北。

在此期间，郭勋祺从陈毅、张云逸谈话中了解到新四军缺乏枪弹，补充也困难，便主动给予支援，曾数次赠送枪支弹药。其中一次是1938 年秋，由管理武器库的军械员李文尧（现名李根培）经手，送给步枪 30 支，子弹 1 万发。为此，新四军曾专门写信表示感谢。新四军副军长项英还曾亲自到木镇向郭勋祺及第五十军致谢。

---

① 应为芜湖竹丝港、南陵三埠管。

一次，郭勋祺接到蒋介石的防共密电。他一方面设法示意新四军领导人，要他们提高警惕，防止突然事件的发生；另一方面，则仍与新四军友好相处，不断联系，搞好联防，共同对敌。

在联防期间，郭勋祺学习运用新四军的好经验。为了巩固江防，加强全军的战斗力，郭勋祺开办了军官训练班，聘请新四军领导人到训练班讲授游击战术，介绍新四军开展游击战的经验，轮训全军初级军官和军士（班长、副班长）。还通过当地政府，发动、组织群众，增强抗战力量，防止汉奸活动。同时，他还收容沦陷区的流亡青年，组织战地服务团，开展各种文体活动，活跃部队情绪。第五十军的战地服务团不仅在军内轮流为前线部队作文艺演出，而且还组织军民联欢，大力宣传全民抗战，宣传保家卫国人人有责的思想。战地服务团演出的内容，很多是学习新四军文工队演出的剧目，如《放下你的鞭子》等。

陈毅在皖南期间，曾多次走访第五十军军部。陈、郭一见面，总是畅谈抗战形势和军事上的一些问题。他们两人在皖南的最后一次会面，是陈毅去江北，路过第五十军防地，向郭勋祺辞别。交谈中，陈毅在两军合作问题上，语重心长地对郭寄以重托。对此，郭勋祺一直念念不忘。

陈毅走后，新四军的一些领导人还经常往来于两军之间，进行联系和友好活动。而郭勋祺也非常注意两军友好关系的继续发展。一次，应第五十军的邀请，新四军战地服务团的领导人率领文工团和篮球队到第五十军进行演出和比赛。郭勋祺殷切接待，并观看了文工团演出的《卖梨膏糖》和张茜主演的《张大嫂送鸡蛋》等歌舞剧以及篮球比赛。随后，郭勋祺立即派有关领导率领第五十军的战地服务团演出队到新四军驻地回访，受到新四军首长和广大官兵的热烈欢迎。

1938 年秋，在新四军采访的英国《曼彻斯特卫报》记者、美国进步作家史沫特莱，在新四军战地服务团领导人的陪同下，访问了第五十军。为此，第五十军举办了盛大的招待会。访问中，史沫特莱因坐马失蹄将脚胫摔伤，住招待所休养。当天晚上，郭勋祺去看望史沫特莱并和她进行了长谈。史沫特莱向郭勋祺谈了许多民主自由的道理和当时的形势；郭也向她谈了自己同共产党人交往所受到的启发以及个人对抗战的看法和抱负。交谈是坦率而诚挚的，直到深夜才结束。

两天后，史沫特莱坚持要下床活动，并要求向官兵讲话和走访部队。郭勋祺为她做了安排。那天史沫特莱在军部军士队讲话的主要内容是中国的抗战前途和对抗战的胜利要有信心，给官兵们很大鼓舞。一连几天，第五十军为她和新四军的同志们举行文艺演出、球赛和登山活动等。宾主之间亲密和谐，气氛极为热烈。在一次小会上，史沫特莱和新四军的同志还唱了《国际歌》。他们庄重而兴奋，大家也显得严肃而欢快。史沫特莱还特别关心医务工作，每到一处，总要到医疗部门看望，提出了许多有益的建议，使第五十军在工作上得到许多启迪。

史沫特莱在第五十军前后逗留了十几天。回到新四军后，她亲笔写了一封英文信向第五十军全体官兵致谢。而新四军也在自己的油印刊物上刊出一幅体现两军密切合作的画面：两只巨手紧握，一只手上写着"新四军"，另一只手上写着"五十军"，生动地表现了两军的友谊。在这次访问中，新四军的同志为第五十军拍了一组照片，共13幅。其中一幅是郭勋祺全身戎装立像。后来这组照片被刊登在美国的一家报纸上，题为《川军保卫皖南》，并附有英文说明。

郭勋祺及其率领的第五十军在皖南前线和新四军的友谊是深厚的。这种友谊是建立在打败日本侵略者这个共同事业基础上的。为了抗战的胜利，他和第五十军的官兵尽力做一些有利于团结对敌、共御外侮的事情。

郭勋祺同陈毅等新四军领导人的交往，第五十军与新四军的联防、配合作战以及频繁的友好往来，均被第五十军内的反共顽固分子告密。1939 年冬，在国民党第三战区向日军发动的冬季攻势结束不久，蒋介石竟给郭勋祺加上"作战不力"的罪名，撤去了郭的第五十军军长职务。

事实上，在冬季攻势中，郭勋祺指挥的右翼兵团，在开始进攻时，由于全体官兵奋勇杀敌，连克日军六七个据点，两三天内突进 15 至 20 华里。而担任主攻任务的中央兵团，在连续两三天的战斗中，不仅毫无进展，而且被日军打退下来，几乎连自己的后方青阳县城都没能保住。右翼兵团前进了，而中央兵团却后退了，因此冬季攻势终于受挫。但为了掩盖冬季攻势受挫的真正原因，蒋介石反给指挥了胜仗的郭勋祺加上一个"作战不力"的罪名，撤去军长职务，颠倒是非，别有用心，莫甚于此！

郭勋祺被撤销了军长的职务，"护送"回重庆。他的"不赶走侵略者，决不回来见大家"的誓言无法实现。"抗敌有心，报国无门"，是他被迫离开前线时沉痛心情的写照。

# 第四编　家书诗抄

　　本编为家书诗抄。家书收录了军部驻土塘前后，军政治部主任袁国平家书3封，军副参谋长周子昆家书1封，新四军人物沈尔七、刘宗歆家书各1封。诗抄收集了当时一支队司令员陈毅诗作2首，二支队副司令员、先遣支队司令员粟裕诗作1首，新四军人物杨采衡、毛英奇、扬帆、石平诗作各1首。这些家书和诗作，从不同角度体现了党领导下的新四军将士舍小家为大家的家国情怀，展现了他们舍生忘死奔赴抗日前线英勇杀敌的英雄壮举，展示了他们韦岗初胜、皖南反"扫荡"胜利后的喜悦与自豪，是新四军抗战生活的生动写照。

# 袁国平致袁醉如信（三封）[1]

醉如吾兄：

屡信未得一复，不知何故。弟部现驻皖南之太平县，不日推进至南陵附近。本军先遣队已挺进至敌人后方，活动于京沪国道上。

徐州退出后，敌人兽蹄正向着开封、郑州，预计陇海线上，大战还在继续进行之中，你们勤务与工作，或许再没有以前那样安闲了吧。

倘郑州危急，贵署将如何部署，兄之行止有无变动，望尽可能见告。接快电，知郑州又被敌人狂炸一次，损失一定很大的，贵署无恙么，甚念！

一涵仍留南昌，担任某种重要工作，她的胞兄邱炳最近病死在长沙，刺激甚大。自到四军后，尚未接得家中来信，已嘱一涵在南昌多与家中通讯，以慰亲心。

依据江南近况，在开封、郑州未失前，敌情不会十分紧张，故我们目前甚利积极行动，以打开江南局面。

来信请直寄安徽南陵三里店探交本军为盼，要信仍由一涵转为妥！
敬礼！

弟幻成

1938 年 5 月 30 日

---

① 见江苏省新四军和华中抗日根据地研究会编：《袁国平纪念文集》（下卷），中共党史出版社 2014 年 10 月第 1 版，第 601—604 页。

醉如兄①：

洛阳来信收悉。

珍霞②、哲明相继夭亡，真不幸之至，母亲当较我们更为悲痛，已去信慰藉。

一涵于 7 月 20 日来前方，任教导营政治教官。

本军主力已挺进出去，活动于京沪杭地域，40 天来打了 7 个小的胜仗，得蒋委员长三次奖电，现正积极行动中。

目前敌人正在积极进攻武汉，主力沿长江两岸及皖西向豫东侵犯，马当攻破，湖口失陷，形势相当紧急。关于保卫武汉问题，在敝方《新华日报》6 月 15 日载有陈、周、博③三人的一篇意见书可供参考，请注意参阅。

如形势剧变，我军仍坚决执行江南挺进任务，有进无退，其作战方针大致同于目前在华北之八路军，以江南目前环境论，前途希望甚大，不过很有可能断绝交通时将与你们隔绝起来。

我们率一部在安徽之南陵前线，大概南陵、太平、泾县这三县将为本县之后方。倘信件不通时，如有要事可发有信电报联络，电寄南陵、太平或泾县电报局转本军即可收到，最近来信可寄安徽泾县章家渡新四军兵站转，即可收到。

兄最近状况及将来时局剧变时行止如何，盼来信详告！

---

① 见江苏省新四军和华中抗日根据地研究会编：《袁国平纪念文集》（下卷），中共党史出版社 2014 年 10 月第 1 版，第 605—611 页。

② 珍霞为袁国平、邱一涵的小女儿。袁国平、邱一涵的第一个孩子雅音，生下来没多久就被送往平江思村芦洞外婆家，因外公和舅舅都为革命牺牲，靠外婆拉扯大，后来外婆去世，生活无着，13 岁就做了"童养媳"。送回邵东农村奶奶家的二女儿，因病无钱医治夭亡。1939 年 5 月生浣郎（取皖南的谐音），学名叫振威。8 个月后，被送回湖南老家邵东袁家台村。见江苏省新四军和华中抗日根据地研究会编：《袁国平纪念文集》（上卷），中共党史出版社 2014 年 10 月第 1 版，第 273—274 页。

③ 即 1938 年 6 月 15 日《新华日报》发表的以陈绍禹、周恩来、博古（秦邦宪）署名的《我们对于保卫武汉与第三期抗战问题的意见》。

敬礼！

袁醉涵

1938 年 7 月 20 日

醉如兄：①

洛阳来信收悉。承殷殷慰问，至为感念。初闻哲明、珍霞夭折讯，颇为难过，后亦释然，所关心者，恐母亲之悲伤更有甚于我们，殊觉难以自安也。一涵在南昌时，继兄死之后，又丧珍霞，悲痛自不待言，至前方经我劝慰后，现已安心致力于工作了。

一涵是 7 月 22 日抵我处，现分配随营学校任政治教官，精神身体均好，请勿念。

本军主力，现仍活动于京沪杭地域之间，曾先后与敌战斗了 15 次，均获胜利。另有本部出版之战斗汇报特刊，日内即付来。江南之敌略有增加，但基本上仍未改变过去战略钳制布置，因目前敌人主力用在沿长江两岸及皖西、豫东地区故也。

九江已于 25 日②沦陷，南昌在危急中，敌人企图是先取南昌攻长沙，截断粤汉路，造成围攻武汉形势。目前军事上的急务在巩固前线，但政治上如无更大的进步，亦殊难挽危回局也。我方对保卫武汉及争取三期抗战胜利具体意见曾在汉口《新华日报》与《群众》周刊上发表过，不知兄已阅及否，以后望兄常订新华报看，本军消息，亦经常以快电通讯该报发表，阅该报，即可常知本军之动向。

本军在战况变动条件下，亦将坚持在敌后行动，将来苏浙皖赣这一广大地域均为我们之活动场所，目前后方在皖南，主力在宣城、芜

---

① 见江苏省新四军和华中抗日根据地研究会编：《袁国平纪念文集》（下卷），中共党史出版社 2014 年 10 月第 1 版，第 612—618 页。

② 又说 1938 年 7 月 26 日九江沦陷。见中国新四军研究会编：《永恒的记忆·新四军发展史》，山西人民出版社 2005 年 3 月第 2 版，第 347 页。

湖以东及浙赣路以北。如果万一南昌不保，则将来我们势必为敌隔断，通讯就不容易了。

保卫武汉成为目前极迫切的任务，不过武汉之得失还不能最后决定中日战争之最后胜负。倘政府锐易〔意〕革新，前途尚有胜利希望也。

西线战事尚不紧张，估计陇海西段尚可相安于一时，如将来战局继续变化时吾兄行止如何，仍盼很快复我一信，据弟意，如仅为斗升之计，则不如南归，以便就近料理家事也。

本军在江南环境甚好，群众热忱拥护，发展前途甚大，一切请勿释念！

国事如此，愿以最后一滴血贡献于国家民族，家事更不能不仰仗吾兄独立支持，知我如兄，当不见责也。

振鹏①宜令勤加攻读，并以学理科为宜，因今日与将来之中国，都是急需科学人才也，同时要谆嘱他保养身体，培养品格，勿沾社会恶习，婚姻应由自主，并不应早婚。

母亲我很挂念，不过有兄奉养亦甚放心，请劝她不要挂念我们，很好地愉快地生活下去，在我只能报效于国家民族，事实不能不放弃承欢膝下之责了。

最近来信请寄安徽泾县章家渡新四军兵站转。

顺祝

近安

胞弟醉涵<br>1938 年 7 月 29 日

---

① 振鹏为袁国平的侄儿。见摘选自江苏省新四军和华中抗日根据地研究会编：《袁国平纪念文集》（下卷），中共党史出版社 2014 年 10 月第 1 版，第 352 页。

# 周子昆家书①

老母：并告维敏、维惠两弟：

敏弟5月11日贵县来信，于7月23日在皖南收到。诵读敏弟信，使两年来渴望家书，欲知家情的我，直至内心激动，泪水涟涟，等于旱天之遇雨，溺水之于救然，同时知悉老母肺病更趋严重，我很焦急。15年来，离家奔波在外，我真是欲回不能之际，难于安心。老母一生伟大，我们应好好侍奉。在目前政局下，很难依靠我养家奉母。我每月只有四块钱，仅用于鞋袜、洗衣、洗面用具之余，多年结存下200元，原准备给惠弟结婚之用，将设法汇回为老母备用。因此，请求你们原谅我，我不是军阀，更不是贪官，乃是一个前途远大的革命者。决心牺牲自己的一切，而为人类幸福与解放向前奋斗，坚持我一贯的意志，向前奋斗到最后一滴血。

1940年8月1日

---

① 录制《江西卫视》频道《舍家》，2022年12月18日播放。1940年7月，跟家里中断联系两年多的周子昆，终于收到弟弟维敏寄来的信，他非常激动。于8月1日和7日，周子昆用原名维宽，给老母并维敏、维惠两弟和秀容、少英两弟媳写去两信，全文约7000字，托请由皖南赴桂林的朋友杨先生带去。两封家信字写得一丝不苟，整整齐齐，充满着忠孝双全的浓厚气息和骨肉情深的赤子情怀，令人感动。这是周子昆在皖南第二次反"扫荡"前写给母亲信的摘选。

# 沈尔七致母书[①]

慈母亲：

　　来信敬悉，儿平安，勿念。

　　儿为了革命——抗日救国，多年未寄分文到家，致母亲生活更苦，心殊不安。惟今如不抗日救国，民众将永无翻身之半日，故儿愿牺牲一切奋斗到底。"家中甚然困苦"，不言□[②]知，望母亲能以儿为光明事业努力，勿怪儿之不肖，安心教养弟弟。致联溪叔与天渊之信，顺便夹上，乞即设法交予。父亲抵厦，待厦门战事结束后，当即修禀问安，并催促其从速回家一视，祈勿介虑。以后凡关于吾乡征收各种捐税，均各告以儿已回国报效，请其准免征收。

　　此致敬请

　　康安

儿沈尔七叩禀

1938 年 5 月 17 日

---

　　① 　见中共中央宣传部宣传教育局编：《重读抗战家书》，中华书局 2015 年 12 月北京第 1 版，第 54—57 页。沈尔七(1914—1942)，1914 年 1 月 11 日出生于福建省晋江县池店镇一个贫农家庭。1930 年前往菲律宾求学和经商。1938 年 1 月 18 日带领 28 名华侨青年回到福建，到龙岩集体参加新四军第二支队，组成菲律宾华侨回国随军服务团任团长。随军到皖南后，在新四军政治部做民运工作，并转为中国共产党党员。1942 年 11 月遭国民党顽固派突袭，在战斗中牺牲。

　　② 　□应为遗漏的"可"。

# 刘宗歆致妻妹书①

四妹②：

　　来信收到，谢谢您为二囡日夜操劳！这孩子的身体本弱，又遭灾难，如今还能平安归来，又寄居在尊府，这是他的造化。将来如能长大成业，他该向您表示无限的恩谊。

　　孩子的皮肤病，还是因为乳水不良的缘故，所以身体的抵抗力很差，夏天必多疮毒，根本治法，还在他的身体，最好请岳父就近雇一个听话细心的女雇人，来管理他，四妹妹只请不时地督察着就是了。最要紧的是叫他一定的时候睡和起身，中午叫他睡午觉，一日二餐不可吃得过饱，蔬菜豆腐之类，对他的身体较宜，肉食□③反而不很好。一切的坏脾气不可养成，有则力改。夏天如有疮毒，赶早揸〔搽〕药水，一天数次（碘酒最好，我附上一纸处方，有便可请到大同医院去配，那边的医生认识我的）。但若已出毒，就没用了。如发皮肤疹时，

　　① 见中共中央宣传部宣传教育局编《重读抗战家书》，中华书局2015年12月北京第1版，第58—60页。刘宗歆(1912—1941)，浙江上虞人。九一八事变后，两次赴南京请愿。1938年6月，参加中国红十字会救护总队，并曾经到新四军小河口军部后方医院工作。1941年3月9日，受命到浙江衢县组建临时防疫处，筹设隔离医院，投入扑灭鼠疫的战斗。12月30日，因抢救病人感染鼠疫，以身殉职，时年29岁。

　　② 四妹：刘宗歆的妻妹陈丽。这封家书是刘宗歆于1938年6月11日在去浙江金华之前，写给妻妹丽丽的信。

　　③ □应为遗漏的"多"字。

要紧的是减少他的食粮，或完全素食。

我现在又加入红十字会医疗队了，大考已完，成绩还满意。两三天后，就动身到金华去。金华现在比较是算前方了，伤兵很多，没有好医生来救护，医官都是不好的。金华现在虽然比较的危险，但我们仍是前去，多少人被枪杀了，多少财产土地被毁灭劫去了，难道我个人的生命还过分的重视！我很高兴能到前方去生活几时。到了那里，以后当再详告近况。

顺颂

近好

五妹妹和二舅嫂请代候

宗歆于吉安白鹭洲

1938 年 6 月 11 日

# 东征初抵高淳①

## 陈　毅

波光荡漾水纹平，河汉沟渠纵复横。
扁舟容与人如画，抗战军中味太平。

堤柳低垂晚照斜，农家夜饭话桑麻。
兵船初过群疑寇，及见亲人笑语哗。

江东风物未曾谙，梦寐吴天廿载前。
此日一帆凭顾盼，重山复水是江南。

芦苇丛中任我行，星星渔火水中明。
步哨呼觉征人起，欣然夜半到高淳。

1938 年 6 月

①　见邵凯生、朱强娣编注：《烽火诗情——新四军诗选》，安徽人民出版社 2005 年 8 月版，第 10 页。1938 年 5、6 月间，陈毅、罗忠毅等先后率新四军一、二支队，取道皖南泾县、南陵、宣城，挺进江南敌后，不久，即在茅山地区建立起抗日游击根据地。高淳，县名，在江苏省南部，与皖南接壤。这首诗是陈毅于 1938 年 6 月初在高淳吴氏宗祠即兴之作。

# 卫岗初战<sup>①</sup>

陈　毅


弯弓射日到江南，终夜喧呼敌胆寒。

镇江城下初遭遇，脱手斩得小楼兰。

1938 年 6 月 21 日

---

① 卫岗为镇江市韦岗，本诗系陈毅闻知新四军韦岗伏击战胜利后的即兴工作。这首诗是陈毅闻讯后的即兴之作。首句原为"故国旌旗到江南"，又曾改作"抗日旌旗到江南"；第二句中的"喧呼"曾作"惊呼"。见邵凯生、朱强娣编注：《烽火诗情——新四军诗选》，安徽人民出版社 2005 年 8 月版，第 12 页。卫岗对日伏击战是新四军在江南的处女战，战斗虽小，却影响巨大。

# 卫岗初胜[①]

## 粟 裕

新编第四军，先遣出江南。
卫岗斩土井，处女奏凯还。

1938 年 6 月

---

① 卫岗为镇江市韦岗。见邵凯生、朱强娣编注:《烽火诗情——新四军诗选》,安徽人民出版社 2005 年 8 月版,第 13 页。

# 震撼江南的枪声①

## ——卫岗处女战的胜利

杨采衡②


东洋鬼子的血掌，

抓住上海、南京，

腥风，血雨，

笼罩沉沉的人寰；

军刀，枪刺，

戳透祖国的胸膛，

一条黑流毒水到处泛滥，

整个江南，

搅得纷扰，混乱，

显现悲伤，彷徨。

---

① 见邵凯生、朱强娣编注：《烽火诗情——新四军诗选》，安徽人民出版社 2005 年 8 月版，第 14—17 页。

② 原注：这首诗发表于 1938 年冬。杨采衡（1908—1996），福建连城人，青年时代投身民主斗争，1933 年参加中国共产党。曾任连江地区红军十三独立团参谋长、闽中游击支队参谋长、新四军司令部参谋处作战科副科长、特务团参谋长、三野十兵团司令部参谋处长等。1949 年后，曾任军分区副司令员、地质部水文局副局长等。生平喜爱诗词，写作和编辑了不少诗歌。

我们人民的队伍，

来自闽、浙、赣、鄂、皖、湘……

集中皖南，赶上前线，

它的先遣队挺进到敌后方，

担任战略上的试探；

戴月，披星，朝走，夜行，

东出，西没，时隐，时现，

如同夏日的风，

天边的虹，

夜空的雷电。

这支队伍人数虽少，

可是个个都很精悍，

枪支破烂，

作战却是挺顽强，

地形不利，

也能利用适当，选择有方。

这支队伍充满爱国的壮志；

都有英勇杀敌的愿望。

粟司令英明，果敢，

这支队伍的指战员

像生龙活虎一样。

他们要给打击者以打击，

向祖国各地

传播新四军胜利的快电。


六月十七号早上，

是个大风大雨天，

大风扇起战士们决斗的烈火，

大雨浸润勇士们沸腾的热肠。

队伍埋伏在卫岗①，

试一试三年游击战的老手，

显一显初次出马的锋芒，

把辛辣滋味叫鬼子尝尝，

大家精神沉着紧张，准备战斗，

要敌人清偿多年欠下的血账。


等到八时卅分光景，

那山坡上的一挺重机枪，

吐出猛烈的火舌，

把第一只镇江来的兜风老虎击伤，

还打穿了敌酋包车的汽缸。

这时候，

从路沟里跳出温参谋②，

奔上去和敌人搏斗，

他夺了少佐土井的军刀，

一刀把对手砍死在车旁。

剩下大尉梅泽武四郎，

---

① 应为韦岗。见《中国人民解放军历史资料丛书》编审委员会编:《〈中国人民解放军历史资料丛书〉·新四军·文献(1)》,解放军出版社 1988 年 12 月第 1 版,第 221 页。

② 新四军先遣支队侦察参谋温国德,在与日军展开白刃作战中负伤,勇猛抱住日军土井少佐,将其刺死,自己也因流血过多牺牲。陈毅称他首开与敌肉搏的"光荣的先例"。见九江市新四军暨华中抗日根据地历史研究会编:《新四军历史上的今天》,中共党史出版社 2017 年 10 月第 1 版,第 359 页。

被流弹打出了脑浆！

呜呼哀哉见阎王。

接连而来装满鬼子的

第三辆、第四辆……

陷进我们浓密交叉的火网，

烧的烧了，翻的翻了，

鬼子们死的死，伤的伤，

被打得晕头转向，

摸不透哪里来的"神兵天将"。

这就是我们先遣队，

为新四军辉煌战史写下第一章。


卫岗这一仗：

打击了鬼子的横行霸道，

震撼了沦陷的江南城乡，

提高了人民抗敌的信念，

唤起了群众潜在的力量，

在千百万人民心中，

产生了新的希望。

我们民族革命战争的战士，

为卫岗捷报而纵情歌唱；

旗开得胜的

卫岗之战，

是漫漫长夜中的火光，

是最后胜利一定属于我们的征象。

# 东进诗抄选[①]

## 毛英奇[②]

南陵道上

前军报道入南陵，远水平畴景色更。

绿柳吹绵春正满，层林泼翠上麾旌。

小桃林外植桑麻，广映清溪满径花。

怪底人人皆楚语，湖南村落百来家。

扶老携儿迓路隅，东征喜讯满村知。

乡音异地多亲切，况复同仇国难时。

一片寒暄故国温，烹鲜煮酒款亲人。

① 见邵凯生、朱强娣编注:《烽火诗情——新四军诗选》,安徽人民出版社 2005 年 8 月版,第 18—21 页。

② 毛英奇:湖南省平江县人。1919 年 9 月生。1938 年 4 月加入中国共产党。抗日战争时期在新四军工作,担任过新四军第一支队一团特务连政治指导员,新四军江南指挥部政治部秘书兼直属队支部书记。1941 年起,历任新四军第一师二旅四团一营政治委员,新四军第三师兼苏北军区盐东独立团政治处主任,苏南军分区作战科科长兼团参谋长。新中国成立后,历任华东军政大学四总队政治委员,第三高级步校三大队政治委员,总高级步校战术教授会副主任。1957 年 4 月离职休养。见马洪才编:《新四军人物志》(上集),江苏人民出版社 1985 年 4 月第 1 版,第 33 页。

儿童争识家乡客，攀满墙头看大军。

## 青弋夜渡

青弋江头战马嘶，春潮带雨扑渔矶。
心潮更比春潮急，舢板如风渡若飞。

老太人前递水情，他乡恍惚见慈亲。
阶前小立躬身饮，一盏温茶暖透心。

古渡群情鼎沸腾，眉飞色舞说东征。
乡亲争为充先导，抢向人前数里程。

黄尘扑面汗如浆，日夜兼程赴战场。
好个老天知爱国，连朝吹雨洗行装。

## 过宣州境

荆棘荣春亩，千村剩劫灰。
风号疑鬼泣，月黑见狼窥。
败屋蒙蛛网，颓棚覆子遗。
无言对国土，按剑不胜悲。

## 水阳夜宿

惨聒饥鸦集废墟，千村万落一烟孤。
春田徒沃如油雨，原上无人更把锄。

欹斜茅舍傍颓墙，瓦砾堆中认水阳。

父老满噙悲喜泪，嘘寒问暖接行囊。


鱼米当年集散场，鱼行废破米行荒。
桅樯栉比繁华地，剩得残荷吊夕阳。


尽展愁眉满笑容，江村劫后又春风。
亲朋远近奔相告，无数红旗指向东。


### 自水阳过固城湖至高淳

湖天澄碧月如霜，剪浪飞舟自在航。
不是波花惊梦觉，哪知身处水云乡。


### 自肇倩圩过石臼湖

十里长杨一字排，柴门尽向水云开。
碧波绕宅花临砌，疑是蓬瀛人梦来。


寂寂凉宵古渡头，空村颓岸系孤舟。
不知打桨人何去，柳荫犹眠喘月牛。


东征号角醒渔乡，万桨千桡竞出航。
旗影刀光帆似雪，河山妩媚着戎装。


### 小丹阳平叛①

千营一夕传军令，秣马严装待斗斜。

_____

① 原注："1938年6月，我新四军一支队一团在支队副司令傅秋涛将军率领下于安徽当涂县之十八村地区，全歼叛逆朱永祥匪部。"应为1938年7月6日。

拭目万民翘首望，雄师今夜斩长蛇。

闯阵斫风霜刃疾，飞骑逐北马蹄红。

朝阳初上千山顶，已报生擒贼首功。

# 皖南军次杂诗①

## 扬 帆②

反"扫荡"防谍扶病出巡

烽火初传山色黯，炮声惊破一江云。

强扶病体持枪出，不许妖魔乱我军。

父子岭之战移驻焦石埠

此地曾游古谪仙，吾来恰是暮春天。

锦鳞佳酿非无意，喊杀声酣北岭边。

---

① 见邵凯生、朱强娣编注:《烽火诗情——新四军诗选》,安徽人民出版社 2005 年 8 月版,第 224—225 页。1940 年 4 月 24 日,日寇 5000 人"扫荡"皖南。26 日,其中一部在飞机掩护下的步、骑、炮兵 2000 人,在南陵的父子岭遭新四军抗击败退,史称"父子岭战斗"。此战歼敌 300 多人。焦石埠,地名,在青弋江边。相传,李白曾来此游览过。

② 扬帆(1912—1999),原名石蕴华,又名殷扬,江苏常熟人。1932 年考入北京大学文学院中文系,投身学生运动,参加了左联。1937 年到上海,参加上海文化界救亡协会的领导活动。1939 年初,与吴大琨带领"慰问三战区将士演剧团"30 多人到云岭慰问新四军时,扬帆与慰问团大部分成员参加了新四军。在新四军,曾任教导总队文化队指导员,军法处科长、副处长、处长,三师政治部保卫部部长,华中局敌工部部长等。抗战胜利后,曾任华中局联络部部长、华东局社会部副部长。1949 年后,任上海公安局副局长、局长。1955 年,因"潘(汉年)扬(帆)"案被捕入狱,直至 1980 年平反昭雪。

# 纪实的战歌①

## 石 平②


1940 年 10 月皖南反"扫荡"之战随军纪实

皖南好风光，群山锦绣村。

抗日烽火起，举国兴刀兵。

两党重合作，组建新四军。

泾县有后方，云岭是中心。

挺进长江岸，直捣东海滨。

卫岗初开战，震动沪杭宁。

创立根据地，敌后显威名。

友邻失战机，退却难安身。

日寇攻势猛，山区大祸临。

血洗三里店，危及到县城。

川兵无准备，遗害众居民。

我军陷重围，炮声近耳闻。

幸有老叶挺，果断亲上阵。

---

① 见邵凯生、朱强娣编注：《烽火诗情——新四军诗选》，安徽人民出版社 2005 年 8 月版，第 286—287 页。

② 石平，在新四军时用名李涤非。1949 年后曾任苏州大学副校长。

机关铁石固，有劳警卫营。

率领直属团，一举扫残存。

鬼子惨遭败，丢尸去南陵。

百姓归故里，沿途迎亲人。

将士凯歌还，上下皆欢腾。

笔者在现场，火线记真情。

不写长报导，赋诗能阐明。

# 第五编　人物传略

　　本编为人物传略，共收集了军部在土塘期间的 11 位新四军重要人物传略，为突出反映这些人物在这个时期战斗、工作和生活历程，每位人物传中都专段编入了军部驻土塘时的一段经历。本编还选录了 6 位有关新四军人物的简介。

# 叶 挺①

　　叶挺（1896—1946），原名叶为询，字希夷，广东省归善县淡水镇周田会水楼村人。1912 年考进黄埔陆军小学堂，1915 年升入湖北陆军第二预备学校，1916 年入保定陆军军官学校工兵科。1919 年任粤军少校副官，加入中国国民党。1920 年参加讨伐桂系军阀莫荣新部。1921 年调任孙中山大本营警卫团第二营营长。1922 年参与讨伐陈炯明叛变的战斗。1924 年以国民党员身份赴苏联莫斯科东方劳动者共产主义大学学习，并加入中国社会主义青年团；10 月加入中国共产党。②1925 年 2 月转入苏联红色教授学院中国班学习；8 月回国；9 月被任命为国民革命军第四军参谋处处长；11 月任第四军第十二师第三十四团团长。1926 年第三十四团改称第四军独立团，仍任团长；5 月率独立团先遣北伐，攻汀泗桥，克贺胜桥，破武昌城，为第四军赢得"铁军"称号，叶挺被誉为北伐名将，晋升为第二十五师副师长。1927 年，升任第二十四师师长。1927 年，蒋介石、汪精卫先后叛变革命。叶挺率部参加了南昌起义，任前敌总指挥。同年底，任广州起义军军

---

　　① 见新四军和华中抗日根据地研究会编：《新四军和华中抗日根据地·人物辞典》，中共党史出版社 2016 年 9 月第 1 版，第 1—2 页。本文第二段见中共芜湖市委党史研究室编：《先驱的足迹》，安徽师范大学出版社 2014 年 12 月第 1 版，第 264 页。

　　② 又说"叶挺于 1924 年 12 月间加入了中国共产党（旅莫支部）"。见中共芜湖市委党史研究室编：《先驱的足迹》，安徽师范大学出版社 2014 年 12 月第 1 版，第 263 页。

事总指挥、工农红军总司令。起义失败后，潜往香港。1928 年赴莫斯科，因受到共产国际不公正对待，遂流亡德、法。1932 年秋回澳门。1937 年春，为参加抗日迁居上海，受周恩来委托，参与改编南方红军游击队为抗日武装。1937 年 9 月 28 日，国民政府军事委员会任命叶挺为国民革命军陆军新编第四军（简称新四军）军长；11 月，赴延安接受中共中央关于抗日战争路线、方针、政策的指示，返武汉后即开始新四军的筹建工作，并介绍友人朱克靖、沈其震、黄序周和亲属叶辅平等参加新四军；12 月 25 日与项英在武汉共同主持新四军军部的成立。1938 年年初，赴香港、广州为新四军筹措军费、物资。返部后整训部队，指挥部队向敌后挺进。

1938 年 5 月上旬率部由皖南岩寺出发，途经泾县茂林，于 26 日到达南陵县土塘村（现为南陵三里镇吕山村）。1938 年 6 月 9 日任新四军委员会副主任。① 军部到土塘不久，为了酬谢群众和宣传群众，叶挺曾亲自主持召开两次会议，一次是有地方士绅、乡村教师、农民和妇女参加的各界人士会议；一次是数百名群众参加的群众大会。经过叶挺的宣传鼓动之后，土塘及周边的群众共有 1000 多人参加了抗敌协会。军部驻土塘期间，适逢夏令季节。叶挺除经常冒着炎热天气，深入群众，了解民情，宣传抗日，鼓动群众外，还常到涌珠泉（现三里镇山泉村境内）洗澡。当地群众回忆说："军部驻土塘时，叶军长常来涌珠泉洗澡。他平易近人，不摆架子，常穿一套灰布军装，佩戴很整齐，有时也穿西服、戴礼帽、执手杖。他来涌珠泉洗澡，从不设岗布哨，路过群众见到叶军长，都亲热地上前向他致意，同他亲切交谈。"8 月 2 日，军部移驻泾县云岭。土塘群众得知消息后，于 8 月 2 日清晨列成队伍，敲着锣鼓，放着鞭炮，抬着轿子来到军部，准备欢

---

① 《新四军战史》编辑室编：《新四军征战日志》，解放军出版社 2000 年 8 月第 1 版，第 29 页。

送叶挺等军首长去云岭，可是，却扑了个空。叶挺等军首长为了不扰劳群众，不耽误群众生产，早在拂晓前就步行去云岭了。土塘群众谈及此事，至今仍感受很深，钦佩不已。

1939年3月在新四军第二次参谋工作会议上作《现代战争的性质特点与指挥》的报告。4月率邓子恢、罗炳辉、赖传珠赴皖中，5月主持组成新四军江北指挥部，整编在江北的部队；并去立煌（今金寨）县与国民党安徽省当局会谈。9月上旬离皖南去重庆，向蒋介石交涉新四军军费、编制等问题。因叶挺拒绝蒋介石要他加入国民党的要求，蒋介石不解决新四军增加军费、编制。叶挺返回澳门家中以示抗议。1940年1月10日，中共中央任命叶挺为新四军委员会主任。①1940年7月，返回新四军军部。1940年10月，指挥新四军皖南部队打退日伪军对皖南的第二次大"扫荡"，收复了被国民党军弃守的泾县县城。1940年11月，中共中央书记处任命叶挺为华中新四军八路军总指挥部总指挥。1941年1月4日，率新四军军部和皖南部队北移。在国民党发动的皖南事变中，指挥新四军北移部队奋力抗击。在命令部队分散突围后，下山与国民党军谈判，被扣押，旋被囚于上饶、桂林、重庆、恩施等地长达5年余。曾书《囚歌》以明志。抗日战争结束后，经中共中央营救，于1946年3月4日获释。3月5日致电中共中央和毛泽东，要求重新加入中国共产党。中共中央于3月7日复电，接受叶挺入党。1946年4月8日，由重庆飞延安途中在山西省兴县黑茶山失事罹难。1989年被中共中央军事委员会确定为33位无产阶级军事家之一。

---

① 1939年1月8日周恩来建议叶挺任新四军委员会主任致中共中央书记处电，1939年1月10日中共中央书记处同意叶挺为新四军委员会主任致新四军电。见《中国人民解放军历史资料丛书》编审委员会：《〈中国人民解放军历史资料丛书〉·新四军·文献（1）》，解放军出版社1988年12月第1版，第106—107页。

# 项　英[①]

项英（1898—1941），原名项德隆，化名江钧、张成等，笔名夏英，湖北省武昌县舒安乡项家村（今属武汉市江夏区）人。1913年进厂当工人。1920年参与发动武汉纺织女工罢工。1922年4月加入中国共产党。参与领导了1923年的京（北京）汉（口）铁路工人二七大罢工和1925年2月沪西日商纱厂工人的罢工。1925年起，任中华全国总工会第二、第三、第四届执行委员，第五届委员长。1926年秋发动武汉工人配合北伐军攻克武昌。是中共第二、第三、第四、第五、第六次全国代表大会代表，中共第三、第四、第五、第六届中央委员。1928年2月，任中共江苏省委书记；6月，参加在莫斯科举行的中共第六次全国代表大会，在六届一中全会上当选为中共中央政治局委员、常务委员。1929年任中华全国总工会执行委员会委员长兼中共党组书记。1930年8月，任中共中央长江局书记，同年11月进入中央苏区[②]。1931年1月起，任中共苏区中央局代理书记，中央革命军事委员会主席、中华苏维埃共和国第一届、第二届中央执行委员会第一副主席。1934年10月，中国工农红军

---

① 见新四军和华中抗日根据地研究会编：《新四军和华中抗日根据地·人物辞典》，中共党史出版社2016年9月第1版，第2—3页。

② 又说"1930年12月，项英奉调赴中央苏区，任中共苏区中央局代理书记，中央革命军事委员会主席、副主席，中华苏维埃共和国临时中央政府副主席等职"。王辅一著：《项英传》，中央党史出版社1995年10月第1版，第510页。

第一方面军主力长征后，留在南方坚持游击战争，任苏区中央分局书记，中央军区司令员兼政治委员。在与中共中央失去联系的情况下，与陈毅等一起领导了南方三年游击战争，保存了革命的武装力量，保持了南方革命战略支点。全国抗日战争爆发后，得知中共中央关于国共合作抗日的主张，主动与国民党江西省政府谈判，达成把江西红军游击队改编为抗日武装的协议。1937 年 10 月，与中共中央取得了联系，并奉命赴延安，被任命为新四军副军长，12 月起任中共中央长江局委员、东南分局（后东南局）书记、中共中央军委新四军分会书记。12 月 25 日，与叶挺在武汉主持了新四军军部的成立。1938 年年初，率新四军军部移驻南昌，并与陈毅等分赴各游击区传达中共中央的指示，动员、组织南方红军游击队下山整编、集结。又与叶挺等一起组织部队整训、向敌后挺进，开展游击战争，创建抗日根据地。同时抓紧东南各省中共地方组织的恢复、建立和发展。

新四军军部在土塘期间。5 月 28 日，项英从土塘军部赴三里店参加第一支队干部动员大会，着重阐述了游击战的战术原则。① 6 月 4 日，项英关于第一支队已开进敌区及与顾祝同会谈情况致毛泽东等电。② 6 月 9 日，毛泽东、张闻天批准成立新四军委员会，以项英为主任。③ 6 月 15 日，项英致电毛泽东，报告第一、第二、第三支队部署情况。④ 项英参加了 6 月 17 日至 19 日召开的全军第一次政治工作会议，他要求各部队提高对政治工作重要性的认识，推进政治工作建设，健全政治工作机构，保证军队政

---

① 见中国新四军和华中抗日根据地研究会编：《新四军的组建与发展》，中共党史出版社 2019 年 5 月第 1 版，第 118 页。

② 见《中国人民解放军历史资料丛书》编审委员会编：《〈中国人民解放军历史资料丛书〉·新四军·文献(1)》，解放军出版社 1988 年 12 月第 1 版，第 218 页。

③ 见《中国人民解放军历史资料丛书》编审委员会编：《〈中国人民解放军历史资料丛书〉·新四军·文献(1)》，解放军出版社 1988 年 12 月第 1 版，第 95 页。

④ 见《新四军战史》编辑室编：《新四军征战日志》，解放军出版社 2000 年 8 月第 1 版，第 29 页。

治团结和战斗力的提高，保证作战的胜利。① 项英参加了 6 月 22 日召开的全军第一次参谋工作会议，并作《指挥机关与参谋工作》讲话，他要求各级首长重视参谋工作，配齐配好参谋人员，建立参谋工作制度，明确参谋人员的职责和要求，提高参谋人员的业务水平，以适应作战和部队建设的要求。② 6 月 23 日，项英关于第一、二支队进入敌后的行动原则致信陈毅。③ 7 月 28 日，项英离开土塘前往延安参加党的扩大的六届六中全会。④

　　1938 年 9 月 30 日，在党的扩大的六届六中全会上作了《关于新四军的成立与现状》的报告。1939 年年初，赴苏南敌后视察部队；2 月主持新四军第二次政治工作会议，作了《新阶段中我们在江南抗战的任务》的报告；7 月主持中共新四军第一次代表大会，在会上作了《对三年游击战争的总结》报告。1940 年春，组织指挥了皖南反"扫荡"作战。⑤ 同年秋，与叶挺一起指挥了皖南秋季反"扫荡"作战。⑥ 1941 年 1 月 4 日，与叶挺率新四军军部和皖南部队北移。在国民党发动"皖南事变"后，1 月 6 日至 15 日分散突围时，项英率 10 余人突围，隐蔽于泾县南容乡赤坑山蜜蜂洞。1941 年 3 月 14 日晨，被叛徒刘厚总杀害。1955 年 6 月 19 日，遗骸移葬于南京雨花台烈士陵园。主要著作有《三年来坚持的游击战争》《南方三年游击战争经验对于当前抗战的教训》《项英将军言论集》《项英军事文选》。

---

① 见王辅一著：《项英传》，中共党史出版社 1995 年 10 月第 1 版，第 362 页。
② 见王辅一著：《项英传》，中央党史出版社 1995 年 10 月第 1 版，第 319 页。
③ 《中国人民解放军历史资料丛书》编审委员会编：《〈中国人民解放军历史资料丛书〉·新四军·文献（1）》，解放军出版社 1988 年 12 月第 1 版，第 230 页。
④ 见《新四军战史》编辑室编：《新四军征战日志》，解放军出版社 2000 年 8 月第 1 版，第 33 页。
⑤ 第一次反"扫荡"又称南繁战役，时间为 1940 年 4 月 23 日至 5 月 3 日。见《中国人民解放军历史资料丛书》编审委员会编：《〈中国人民解放军历史资料丛书〉·新四军·文献（1）》，解放军出版社 1988 年 12 月第 1 版，第 355 页。
⑥ 第二次反"扫荡"时间为 1940 年 10 月 3 日至 10 月 11 日。《新四军战史》编辑室编：《新四军征战日志》，解放军出版社 2000 年 8 月第 1 版，第 132 页。

# 陈　毅[①]

　　陈毅（1901—1972），原名陈世俊，字仲弘，四川省乐至县复兴场张安井村人。1919 年夏赴法国勤工俭学，因参加留学生爱国运动，1921 年 10 月被押送回国。1923 年 10 月入北京中法大学学习，11 月加入中国共产党，不久任中共中法大学支部书记，开始职业革命家生涯。1927 年 5 月任武汉中央军事政治学校党委书记。南昌起义后，陈毅任第十一军第二十五师第七十三团政治指导员。1928 年 1 月，与朱德一起领导了湘南暴动。同年 4 月，与朱德一起率工农革命军第一师和湘南农军上井冈山与毛泽东领导的秋收起义部队会师。此后，任中国工农红军第四军第十二师师长，中共红军第四军委员会书记、政治部主任，红军第六军政治委员，红军第三军政治委员，红军第二十二军军长，江西军区总指挥兼政治委员，西方军总指挥。1934 年 8 月在前线负伤；10 月，中央红军主力长征后，任苏区中央分局委员，中华苏维埃共和国临时中央政府办事处主任，与项英一起领导了南方三年游击战争，坚持了赣粤边游击区。全国抗日战争爆发后，与项英一起与国

　　① 　见新四军和华中抗日根据地研究会编：《新四军和华中抗日根据地·人物辞典》，中共党史出版社 2016 年 9 月第 1 版，第 3—5 页。本文第二段见中共芜湖市委党史研究室编：《先驱的足迹》，安徽师范大学出版社 2014 年 12 月第 1 版，第 266—267 页；陈毅著《茅山一年》。见《中国人民解放军历史资料丛书》编审委员会编：《〈中国人民解放军历史资料丛书〉·新四军·文献(1)》，解放军出版社 1988 年 12 月第 1 版，第 265 页。

民党江西省当局谈判，达成了将江西红军游击队改编为抗日武装的协议。1937 年 12 月，任中共中央军委新四军分会副书记。1938 年年初，赴游击区动员红军游击队下山整编，并任新四军第一支队司令员。

为贯彻党中央指示，建立以茅山为中心的抗日根据地，陈毅奉命率领新四军第一支队东进抗日，于 1938 年 5 月 26 日到达南陵县公鸡坦（现为南陵三里镇山泉村）。① 5 月 28 日，陈毅在公鸡坦召开第一支队干部会议。会上，他作了题为《新的战斗条件和新的战斗任务》的报告。5 月 29 日，陈毅率领第一支队离开公鸡坦，移防到南陵县东乡朱连塘（现籍山镇麒麟社区）。其时，国民党川军五十军军长郭勋祺邀请陈毅于 30 日下午到南陵城内东南饭店赴宴。30 日晚，陈毅带着一个 20 余人的文艺演出队，为友军作慰问演出。晚宴后，文艺演出开始，陈毅首先唱了个法文歌《马赛曲》，获郭军长及在场观众热烈鼓掌。6 月 1 日，陈毅率部离开南陵朱连塘，向苏南挺进。1938 年 6 月 3 日夜陈毅率部通过芜湖宣城铁路踏入苏境，6 月 9 日任新四军委员会委员，② 6 月 12 日到溧阳竹簧桥，13 日北进，14 日部队到达茅山。15 日继续前进到宝堰，部队积极布置战斗。……接着于 6、7、8 三个月在竹子岗、孔家边、东西谢、新塘、新丰、东昌街、句容城诸地连战连捷。

一系列游击战的胜利，创建了茅山抗日根据地。1939 年 11 月，任新四军江南指挥部指挥。1940 年 7 月，率新四军苏南主力渡江北上；10 月与粟裕指挥了黄桥自卫反顽战役；11 月任华中新四军八路军总指挥部副总指挥，并代总指挥。1941 年 1 月皖南事变后，任新四军

---

① 陈毅、傅秋涛率第一支队于 5 月初离歙县岩寺潜口，进抵太平县甘棠。在此，陈毅向支队干部传达了《五四指示》精神。5 月 12 日从太平出发，14 日到泾县茂林，祭寻淮洲墓；18 日至南陵县里店，作短期整训。见中国新四军和华中抗日根据地研究会编：《新四军的组建与发展》，中共党史出版社 2019 年 5 月第 1 版，第 118 页。

② 见《新四军战史》编辑室编：《新四军征战日志》，解放军出版社 2000 年 8 月第 1 版，第 29 页。

代军长，7 月指挥盐阜区反"扫荡"作战。1942 年春代理中央军事委员会新四军分会书记。1945 年 6 月，当选为中共第七届中央委员。同年 8 月，任新四军军长、中共中央华东局副书记。1946 年 1 月，兼任山东军区司令员，山东野战军司令员和政治委员。1947 年 1 月，任华东军区司令员、华东野战军司令员兼政治委员，与粟裕一起指挥了宿北、鲁南、莱芜、孟良崮等战役。1948 年 5 月，兼任中共中央中原局第二书记、中原军区和中原野战军第一副司令员。同年 11 月起，参与组织指挥淮海战役和渡江战役。1949 年 5 月起，兼任中共上海市委第一书记、上海市市长。中华人民共和国成立后，继续担任华东军区、第三野战军司令员。1954 年任国务院副总理，中央人民政府人民革命军事委员会副主席和国防委员会副主席。1955 年被授予共和国元帅军衔，荣获一级"八一"勋章、一级独立自由勋章、一级解放勋章。1958 年 2 月起兼任中华人民共和国外交部部长。1959 年起任中国人民政治协商会议第三、第四届全国委员会副主席，中共第八届中央政治局委员，第九届中央委员。1966 年任中共中央军事委员会副主席。"文化大革命"中，与林彪、江青反革命集团进行了坚决斗争，遭受迫害。1972 年 1 月 6 日在北京逝世。1989 年 1 月被中央军委确定为 33 位军事家之一。

# 张云逸[1]

张云逸（1892—1974），原名张运镒，又名张胜之，广东省文昌县（今海南省文昌市）头苑镇上僚村人。1908 年入广东陆军小学堂。1914 年毕业于广东陆军速成学校。曾参加辛亥革命和护国战争，历任排长、连长、营长、旅长。1926 年加入中国共产党。北伐战争中任国民革命军第二方面军第四军第二十五师参谋长。1929 年 12 月，与邓小平等领导广西百色起义，创建右江苏区，任红军第七军军长，率部转战桂黔湘粤边地区。1931 年 7 月同中央红军会师后，1932 年起，历任中共中央革命军事委员会副参谋长兼作战局局长，粤赣军区司令员，红军总司令部兼第一方面军司令部副参谋长和作战部部长。参加长征。1936 年 12 月任中共中央革命军事委员会委员。1937 年以中共中央代表身份于 5 月到达南方，做余汉谋、陈仪、李宗仁、白崇禧的抗日民族统一战线工作，并到闽西南向张鼎丞、邓子恢、谭震林等传达中共中央关于红军游击队改编的方针；12 月到武汉，参加了新四军军部成立大会，并任新四军参谋长兼第三支队司令员。参与领导新四军的组编、集中、整训和展开等工作。

军部在土塘期间。6 月 2 日，项英、张云逸与国民党第三战区司

---

① 见新四军和华中抗日根据地研究会编：《新四军和华中抗日根据地·人物辞典》，中共党史出版社 2016 年 9 月第 1 版，第 8—9 页。

令长官顾祝同会谈，商定新四军在江南的活动区域和任务。① 6 月 9
日，新四军委员会成立，张云逸为委员。② 6 月 22 日至 23 日，张云逸
主持召开了全军第一次参谋工作会议，作了《参谋工作建设》报告，
阐述了参谋工作的地位、参谋工作主要任务、参谋工作组织系统、参
谋长及各科的工作、新干部的培养和参谋人员的教育。③ 这次会议对
加强新四军各级司令部建设，建立参谋工作制度，提高参谋业务水平，
起了促进作用。④

　　1939 年 11 月，率军部特务营和部分干部赴江北，向第四支队党
的活动分子传达中共六届六中全会精神，动员第四支队东进。1939 年
5 月，兼任新四军江北指挥部指挥，统一领导长江以北的新四军第四、
第五、第六支队，参与指挥定远、半塔反顽自卫作战，领导皖东抗日
根据地的创建。1941 年 1 月，新四军重建军部后，任新四军副军长兼
第二师师长；4 月，任中共中央军事委员会新四军分会委员；5 月，兼
任抗日军政大学第八分校校长。1942 年 2 月兼任淮南军区司令员，与
郑位三、罗炳辉一起指挥挫败了日伪军对淮南地区的"扫荡"和国民
党顽军的进攻，巩固了淮南抗日根据地。1943 年 1 月 4 日，专任新四
军副军长，不再兼任第二师师长。3 月，参与组织淮北山子头战役；
11 月陈毅奉命赴延安后，代理主持新四军军事工作。1945 年 2 月增补
为中共中央华中局常务委员会委员。在中共第七次全国代表大会上当
选为中央委员；12 月任中共中央华东局常务委员会委员，新四军副军
长兼山东军区副司令员。全国解放战争时期，历任华东军区副司令员

① 《新四军战史》编辑室编：《新四军征战日志》，解放军出版社 2000 年 8 月第 1 版，第 28 页。
② 《新四军战史》编辑室编：《新四军征战日志》，解放军出版社 2000 年 8 月第 1 版，第 29 页。
③ 见《中国人民解放军历史资料丛书》编审委员会编：《〈中国人民解放军历史资料丛书〉·新四军·文献(1)》，解放军出版社 1988 年 12 月第 1 版，第 711—717 页。
④ 见中国新四军和华中抗日根据地研究会编：《新四军在华中》，军事科学出版社 2012 年 5 月第 1 版，第 308 页。

兼山东军区第一副司令员，华东军政大学校长，中共华东后方工委书记。中华人民共和国成立后，历任中央革命军事委员会委员，中共广西省委书记，广西省人民政府主席，广西军区司令员兼政治委员，中共中央华南分局第二书记，华南军区副司令员，中南行政委员会副主席，国防委员会第一、第二、第三届委员，中共第七、第八、第十届中央委员，中共中央监察委员会副书记。1955年被授予大将军衔，荣获一级"八一"勋章、一级独立自由勋章、一级解放勋章。1989年1月被中央军委确定为33位军事家之一。1974年11月19日在北京逝世。

# 袁国平[①]

  袁国平（1906—1941），原名袁幻成，又名袁裕，字醉涵，笔名最寒。湖南省宝庆县梅神村袁家台村人。1925 年毕业于湖南省立第一师范学校，参加进步学生运动，被推选为湖南省学生联合会执行委员。10 月考入黄埔军校第四期政治科，年底加入中国共产党。1926 年 7 月任国民革命军左翼宣传队第四队队长，随第四军叶挺独立团参加北伐；12 月任第十一军政治部宣传部科长。1927 年参加南昌起义、广州起义。起义失败后起义军转移至海（丰）陆丰地区，任工农革命军第四师党代表、第五师师长。1928 年到上海中共中央机关工作，任中共湘鄂赣特委常务委员兼宣传部部长。1929 年 6 月任中国工农红军第五军政治部主任。1930 年 6 月任红军第三军团政治部主任，兼红军第八军政治委员；7 月参加第一次打长沙，创办《红军日报》。1931 年 1 月 15 日任中华苏维埃中央革命军事委员会委员。参加中央苏区历次反"围剿"。先后任红军第三军团副政治委员兼政治部主任，第一方面军政治部副主任、代主任，红军总政治部副主任和第一方面军党委书记，东方军政治部主任，参与主持召开红军第一次全国政治工作会议。1934 年 2 月当选为中华苏维埃共和国全国执行委员；10 月参加长征，

  ① 见新四军和华中抗日根据地研究会编：《新四军和华中抗日根据地·人物辞典》，中共党史出版社 2016 年 9 月第 1 版，第 9—10 页。

曾荣获中革军委颁发的二等红星奖章。1935 年 2 月调中央革命军事委员会工作；7 月任红军第三军（红三军团改称）政治部主任。到达陕北后，任红军陕甘支队第一纵队政治部保卫局局长；11 月任中国工农红军学校政治部主任；中共中央军事委员会后方办事处政治部主任。1936 年 2 月起任红军学校政治委员；7 月任抗日红军大学政治部主任兼第三科政治委员；12 月任抗日红军大学第二校政治委员，抗日军政大学步兵学校政治委员、校长兼政治委员。全国抗日战争爆发后，任中共陇东特委书记兼八路军驻陇东办事处主任。1938 年 3 月任新四军政治部主任，中共中央东南分局（东南局）委员、中央革命军事委员会新四军分会常务委员。

新四军军部在土塘期间。6 月 9 日，新四军委员会成立，袁国平任委员。① 1938 年 6 月 17 日至 19 日全军第一次政治工作会议在皖南南陵县土塘村召开，袁国平主持会议并作了报告；报告对全军过去政治工作进行了检阅，指出了全军政治工作的基本方针与任务，明确了坚持江南抗战中战时政治工作的任务，提出了政治工作领导方式和工作方法。② 7 月 26 日，军政治部制定《敌军工作纲要》，规定敌军工作的主要任务是提高和加强自己人员的战斗情绪，防止敌人的破坏，并从政治上瓦解敌军。③ 8 月，新四军政治部颁发《全军第一届政治工作会议总结》，以为全军目前政治工作建设和战时政治工作之准绳。④

1938 年 8 月，袁国平兼任新四军教导总队政治委员；10 月起先后四次赴江南敌后部队视察、调查研究。1939 年 2 月主持召开新四军第

① 见《新四军战史》编辑室编：《新四军征战日志》，解放军出版社 2000 年 8 月第 1 版，第 29 页。
② 见《中国人民解放军历史资料丛书》编审委员会编：《〈中国人民解放军历史资料丛书〉·新四军·文献（1）》，解放军出版社 1988 年 12 月第 1 版，第 718—726 页。
③ 见《新四军战史》编辑室编：《新四军征战日志》，解放军出版社 2000 年 8 月第 1 版，第 33 页。
④ 见《中国人民解放军历史资料丛书》编审委员会编：《〈中国人民解放军历史资料丛书〉·新四军·文献（1）》，解放军出版社 1988 年 12 月第 1 版，第 718 页。

二次政治工作会议，作新四军一年政治工作总结和今后任务的报告，主持编写了《新四军政治工作组织纲要（草案）》，主持新四军军歌的集体讨论。7月参与主持召开中共新四军第一次代表大会，作了《过去党的工作总结及今后党的建设的报告》。主持新四军第一次青年代表大会。在新四军宣传教育工作会议上，就加强共产党对新四军的领导，加强部队青年工作、宣传教育工作作了重要讲话。1941 年 1 月 15 日在"皖南事变"突围中牺牲。1955 年 6 月 19 日遗骸移葬于雨花台烈士陵园。

# 周子昆[1]

周子昆（1901—1941），原名周维宽，字仲和，今广西壮族自治
区桂林市人。1919 年毕业于广西省立第一甲种工业学校。1920 年从
军，在桂军任战士、上士、司务长、排长。1925 年 5 月，在孙中山平
息滇系军阀杨希闵和桂军刘震寰的叛变后，参加国民革命军第四军。
不久，调到孙中山的建国陆海军大元帅府铁甲车队任班长。在铁甲车
队，受到革命思想教育，10 月 15 日加入中国共产党。11 月，任叶挺
独立团第二营第四连排长。1926 年 5 月随军北伐，参加攻打汀泗桥、
贺胜桥和武汉三镇等战役，晋升为连长。1927 年春，任国民革命军第
四军军官教导大队大队长。4 月下旬，参加上蔡城和东洪桥等战斗。
战斗结束后，晋升为营长。8 月参加南昌起义。1928 年 1 月参加湘南
起义，任工农革命军第一师第二十八团第一营营长。4 月，随起义部
队转移到井冈山。此后，历任工农红军团长、师长、军参谋长、军长、
军团参谋长、江西军区参谋长、福建军区司令员兼第三十四师师长。
参加了中央苏区历次反"围剿"作战和长征。1936 年任中央革命军事
委员会第一局局长，不久入抗日军政大学学习，兼第一队队长，后转
任训练部部长。1937 年冬，任新四军副参谋长，中共中央革命军事委

---

① 见新四军和华中抗日根据地研究会编：《新四军和华中抗日根据地·人物辞典》，中共党
史出版社 2016 年 9 月第 1 版，第 10—11 页。

员会新四军分会委员。

1938 年 4 月 28 日新四军先遣队出动后，第一、第二和第四支队分别挺进到苏南、苏皖边和皖中敌后地区开展抗日游击战争，先后取得蒋家河口、韦岗、新丰等战斗的胜利。周子昆及时组织参谋处向延安军委总部报告，并向国民党第三战区通报战斗的情况，在《新华日报》等报刊上刊登战斗的消息，一方面使中共中央和中央军委及时了解新四军在抗日前线的战情，便于总部及时指导，另一方面也扩大了中国共产党和新四军的政治影响，鼓舞了新四军活动区域和敌占区的广大军民的抗战志气。①

新四军军部在土塘期间。6 月 9 日，新四军委员会成立，周子昆任委员。② 6 月 22 日至 23 日，全军第一次参谋工作会议在土塘召开，周子昆参与主持了会议③，并在会上作了加强参谋教育训练的报告④。这次会议还将刘伯承翻译的《苏军司令部野外勤务条令》一书分发给各级首长和参谋人员，供学习研究之用。⑤

随着新四军抗战不断取得胜利以及由此而导致新四军和共产党的政治影响的日益扩大，长江三角洲地区沦陷城市的大批爱国青年纷纷投奔皖南。为了加强干部的培训工作，新四军军分会于 1938 年 8 月决定将教导队（营）扩编为教导总队，由周子昆兼任总队长，立即得到中央军委批准。筹建工作仍由周子昆主持。教导总队于 1938 年 9 月正式成立，下设军事和政治两个大队 6 个队，加上各种专业的队，最多时达到 13 个队，1200 人。他主持的教导总队，始终以抗大为榜样，

---

① 见安徽省新四军历史研究会编：《安徽新四军人物》第一卷（上），中央文献出版社 2008 年 8 月，第 49 页。

② 《新四军战史》编辑室编：《新四军征战日志》，解放军出版社 2000 年 8 月第 1 版，第 29 页。

③ 王辅一主编：《新四军事件人物录》，上海人民出版社 1988 年 8 月第 1 版，第 193—194 页。

④ 中国新四军和华中抗日根据地研究会编：《新四军在华中》，军事科学出版社 2012 年 5 月第 1 版，第 308 页。

⑤ 王辅一主编：《新四军事件人物录》，上海人民出版社 1988 年 8 月第 1 版，第 194 页。

特别强调理论联系实际，教与学都要从实战需要出发，认真贯彻毛泽东为抗大制定的"坚定正确的政治方向，艰苦朴素的工作作风，灵活机动的战略战术"教育方针，以抗大的校训——"团结、紧张、严肃、活泼"为校训，将毛泽东为抗大学员的毕业证书所写的"勇敢、坚定、沉着，向斗争中学习，为民族解放事业，随时准备牺牲自己的一切"的题词作为学员的座右铭。他认真组织教学，有时还亲自讲授一些重要的课程。在他的领导下，教导总队为新四军培养了大批军政兼优、德才兼备的优秀干部，被誉为"南方抗大"。①

在参谋长张云逸赴江北主持新四军江北指挥部工作后，他主持全军的参谋工作。1940 年 4 月，协助项英指挥部队取得皖南春季反"扫荡"作战的胜利。10 月，协助叶挺、项英指挥部队取得皖南秋季反"扫荡"作战的胜利。1941 年 1 月"皖南事变"中分散突围时，与项英一道隐蔽于泾县南容乡赤坑山蜜蜂洞，3 月 14 日凌晨被叛徒刘厚总杀害。1955 年 6 月 19 日遗骸移葬于南京雨花台烈士陵园。

---

① 见安徽省新四军历史研究会编：《安徽新四军人物》第一卷（上），中央文献出版社 2008 年 8 月，第 50 页。

# 邓子恢[①]

  邓子恢（1896—1972），曾用名邓建中，福建省龙岩县东肖镇泉井村人。1917 年公费到东京留学。1921 年在龙岩成立"奇山书社"，传播新文化思想。1923 年创办《岩声报》，揭露封建社会的黑暗和腐败。1926 年 12 月加入中国共产党，从事农民运动。1927 年冬，任中共龙岩县委宣传部部长。1928 年 3 月 4 日，领导闽西"后田暴动"，组成闽西第一支游击队。3 月底，调任中共上杭县委宣传部部长；6 月参加"永定暴动"，任闽西红军营党代表；7 月任闽西暴动委员会副总指挥。1929 年，率部配合红军第四军三克龙岩城，任龙岩县革命委员会主席；7 月任中共闽西特委书记。1930 年 3 月，任闽西苏维埃政府主席；5 月，任中国工农红军第十二军政治委员兼闽西红军学校政治委员。1930 年 10 月任中共福建省委巡视员，先后在闽中、闽东、闽南地区发动和领导农民运动，开展土地革命和武装斗争，建立游击根据地。1931 年 11 月，任中华苏维埃中央执行委员及财政人民委员。1934 年 10 月，中央红军主力长征后，留在闽西坚持游击战争。1935 年 4 月，任闽西南军政委员会财政部部长兼民运部部长、副主席。

---

  ① 见新四军和华中抗日根据地研究会编：《新四军和华中抗日根据地·人物辞典》，中共党史出版社 2016 年 9 月第 1 版，第 11—12 页。本文第二段见中共芜湖市委组织部、芜湖市档案馆、中共芜湖市委党史和地方志研究室编：《红色芜湖》，安徽师范大学出版社 2021 年 6 月第 1 版，第 46 页。

1937 年 7 月，代表闽西南军政委员会到龙岩与粤军谈判，双方于 7 月 19 日实现停战。1938 年 3 月，任新四军政治部副主任兼民运部部长。

新四军军部移驻土塘后。6 月 17 日至 19 日，参与主持了全军第一次政治工作会议。[①] 7 月中旬，新四军战地服务团由土塘刚迁至左坑时召开了民运工作会议，邓子恢参加会议并作了民运工作报告。[②] 其间，邓子恢曾先后 3 次找国民党三里区长易克健谈话，对其晓以民族大义，鼓励其积极抗日，终于把这位易区长的抗战热情激发起来，同新四军一道共同抗日。此外，邓子恢还把军部驻地周围的青红帮和理教会头目集中起来，在土塘办了两期短训班。邓子恢有时亲自前往讲课，对他们进行耐心教育，告诫他们要遵守统一战线政策，收敛恶行，并向他们明确指出，抗日救国，人人有责，谁破坏抗日救亡工作，谁就是民族罪人，希望他们以抗战大局为重，积极参加抗日活动。通过学习，大多数青红帮头目都提高了觉悟，弃暗投明，积极参加抗日活动。

1939 年 4 月，随叶挺军长到江北视察；5 月，兼任新四军江北指挥部政治部主任。1939 年冬，与张云逸、罗炳辉等领导新四军第五支队，开辟淮南津浦路东敌后游击根据地。1940 年 3 月参与指挥半塔集保卫战；8 月任淮南津浦路东人民抗日联防办事处主任。1941 年 1 月新四军重建军部后，任军政治部主任，中共中央军事委员会新四军分会委员。5 月代表中共中央华中局视察淮北和新四军第四师工作；7 月 11 日任第四师政治委员；11 月，又任中共淮北区委书记兼淮北军区政治委员。1942 年冬，参与指挥了淮北 33 天反"扫荡"作战。1943 年春，参与指挥山子头战役。1945 年 6 月，在中共第七次全国代表大会

---

① 见《中国抗日战争军事史料丛书》编审委员会著：《中国抗日战争军事史料丛书·新四军·文献（1）》，解放军出版社 2015 年 12 月版，第 161 页。

② 见北京新四军暨华中抗日根据地研究会军部分会编：《回顾新四军军部》（内部资料），2007 年 4 月 1 日，第 129 页。

上当选为中央委员；10 月任中共中央华中分局书记兼华中军区政治委员。1946 年 8 月参与组织苏中战役。1947 年 1 月任中共中央华东局副书记，主持华东局后方工作委员会工作。1948 年 5 月，任中共中央中原局第三书记兼中原军区副政治委员，负责后勤财经工作，参与淮海战役的组织工作。1949 年 3 月任中原临时政府主席；5 月，任中共中央华中局第三书记，并任第四野战军兼华中军区第二政治委员。参与组织指挥解放中南战役。中华人民共和国成立后，当选为中央人民政府委员、人民革命军事委员会委员。1950 年 2 月，任中南军政委员会副主席、代主席，中共中央中南局第二书记、代理第一书记，第四野战军和中南军区第二政治委员。1953 年 1 月，调任中共中央农村工作部部长兼国家计划委员会副主席。1954 年 9 月，任国务院副总理。1955 年，邓子恢在农业合作社发展速度和 1962 年因倡导农村家庭联产承包责任制问题上两次受到错误的批判。1965 年，任中国人民政治协商会议第四届全国委员会副主席。"文化大革命"中，遭到残酷打击和迫害。1981 年中共中央为邓子恢彻底平反。是中共第八、第九届中央委员，全国人民代表大会第一、第二、第三届代表。1972 年 12 月 10 日在北京逝世。

# 谭震林[①]

谭震林（1902—1983），原名谭喜起，曾化名林俊、梅城，湖南省攸县人。12 岁开始在书纸店当装订工人。1925 年冬参加革命。1926年 10 月加入中国共产党。历任攸县工农纠察队队长，茶陵县总工会主席和工农兵政府主席，中共湘赣边特委委员、副书记，红军第四军第二纵队党代表兼政治部主任。参加了"古田会议"。1931 年 11 月被选为中华苏维埃共和国第一届中央政府执行委员和中央革命军事委员会委员。1932 年 6 月任福建军区司令员兼政治委员，率部参加了中央苏区第一、第二、第三、第四次反"围剿"。1934 年红军主力长征后，留在福建任闽西南军政委员会军事部部长、副主席，坚持了三年游击战争。1937 年全国抗日战争爆发后，参加与驻闽西粤军谈判；10 月任中共闽粤赣边省委常委、军事部部长；12 月，接到新四军军部正式成立的电报，前往军部接受命令和商谈部队改编事宜。1938 年 1 月，任新四军第二支队副司令员。到达皖南后，调任第三支队副司令员。

新四军军部驻土塘期间。谭震林率第三支队随新四军军部离开太平，挥师北上，6 月 2 日抵达南陵县土塘村。[②] 正当新四军第一、第二

① 见新四军和华中抗日根据地研究会编：《新四军和华中抗日根据地·人物辞典》，中共党史出版社 2016 年 9 月第 1 版，第 19—20 页。

② 九江市新四军暨华中抗日根据地历史研究会编：《新四军历史上的今天》，中共党史出版社 2017 年 10 月第 1 版，第 319 页。

支队向敌后挺进之际，第三支队以一个营在湾沚到宣城公路两侧展开，争取群众，保持前后方的交通联络。① 第三支队主力按项英关于"暂留此地帮助建立根据地，以备将来成为发展的基本力量"的计划，于1938 年 7 月初进抵泾县汀潭的杨村、南陵县葛林的六甲村一带进行整训，拱卫军部。②

8 月中旬，率部挺进皖南南（陵）芜（湖）宣（城）地区。10 月 7 日，第三支队接管青弋江防线，进行了马家园战斗。1939 年，指挥了繁昌保卫战。1940 年 4 月，奉调进入苏南东路地区，任东路军政委员会书记，江南抗日救国军东路指挥部司令员兼政治委员。1941 年 1 月新四军重建军部后，新四军苏南部队改编为第六师，任第六师师长兼政治委员和政治部主任，中共苏南区委书记，领导苏南军民抗击日伪军"清乡""扫荡"和国民党顽固派的袭击，取得了包括溧阳北部黄金山三战三捷在内的一系列胜利，保卫了苏南抗日根据地。1942 年，任新四军第一师政治委员；10 月 26 日任新四军政治部主任。1943 年 2 月到 1945 年，调任新四军第二师政治委员和中共淮南区委书记，领导了淮南地区的抗日反顽斗争。1945 年 6 月，当选为中共第七届中央委员。抗日战争胜利后，任中共中央华中分局副书记，华中军区副政治委员兼政治部主任和华中野战军政治委员。1946 年，和华中野战军司令员粟裕共同指挥部队，取得苏中战役的胜利。1947 年 1 月任华东野战军副政治委员，参与指挥宿北战役、鲁南战役、莱芜战役、孟良崮战役。华东野战军分成东西两个兵团后，兼任东兵团政治委员。从 1947 年 9 月到 1948 年 6 月，和东兵团司令员许世友一起，率部粉碎了国民党军对胶东的重点进攻，并发起攻势作战，解放了山东大部

---

① 《中国人民解放军历史资料丛书》编审委员会编：《〈中国人民解放军历史资料丛书〉·新四军·文献(1)》，解放军出版社 1988 年 12 月第 1 版，第 220 页。

② 见中国新四军和华中抗日根据地研究会编：《新四军的组建与发展》，中共党史出版社 2019 年 5 月第 1 版，第 150 页。

分城乡。1948 年 9 月，在华东野战军领导统一运筹下，和许世友、王建安一起，指挥攻城兵团取得了济南战役的胜利。淮海战役中，任总前委委员，参与战役的组织和指挥。1949 年年初，华东野战军改称第三野战军，任第三野战军第一副政治委员兼第七兵团政治委员。4 月 20 日晚，指挥中集团 7 个军，从贵池到当涂段强渡长江。5 月，率部解放杭州以后，先后担任中共浙江省委书记，浙江省人民政府主席，浙江军区政治委员，江苏省人民政府主席，中共中央华东局第三书记、代理书记，华东军政委员会副主席等。1954 年 12 月，调任中共中央副秘书长兼中央书记处第二办公室主任。1956 年 9 月，当选为中共中央书记处书记，主管全国农村工作。1958 年 5 月，被增选为中共中央政治局委员。1959 年 4 月，任国务院副总理。1962 年，兼任农林办公室主任。"文化大革命"期间，对林彪、江青反革命集团进行了针锋相对的斗争。1975 年起，先后任第四、第五届全国人民代表大会常务委员会副委员长、中共中央顾问委员会副主任等。1983 年 9 月 30 日在北京逝世。

# 粟　裕[①]

粟裕（1907—1984），侗族，湖南省会同县伏龙乡（今坪村镇）枫木树脚村人。1925年在湖南常德省立第二师范参加中共领导的青年学生运动。1926年11月加入中国共产主义青年团。1927年5月参加叶挺为师长的国民革命军第二十四师，任教导队学员班长；6月转为中国共产党党员；8月1日参加南昌起义，任起义总指挥部警卫队班长。1928年1月参加湘南起义；4月上井冈山，参加了创建井冈山革命根据地的斗争。1929年1月随毛泽东、朱德进军赣南闽西，参加了创建中央革命根据地和历次反"围剿"的斗争。历任中国工农红军连长、营政治委员、团长、师长、红军第四军参谋长、第七军团参谋长等。1934年7月任红军北上抗日先遣队参谋长，转战闽浙赣皖边。怀玉山战斗失利后，奉命率余部组成红军挺进师，任挺进师师长。进军闽浙边，任中共闽浙边临时省委组织部部长和闽浙边临时省军区司令员。在与中共上级组织失去联系的情况下，领导部队粉碎了国民党军两次兵力各40个团的大规模"围剿"。1938年3月率浙南红军游击队开赴皖南；4月，任新四军第二支队副司令员、先遣支队司令员，率部挺进江南敌后。

---

① 见新四军和华中抗日根据地研究会编：《新四军和华中抗日根据地·人物辞典》，中共党史出版社2016年9月第1版，第26—28页。

新四军军部在土塘期间。6 月 8 日，粟裕率先遣支队与新四军第一支队在溧水县新桥地区会师，粟裕向陈毅汇报了先遣支队活动和苏南情况。[①] 6 月 11 日，接军部转来第三战区司令长官顾祝同电令：着请军派员一部挺进于南京、镇江间破坏铁道，以阻京、沪之敌，务于 3 日内完成任务。[②] 6 月 15 日，粟裕率部进抵南京至镇江间铁路上的下蜀街，破坏铁路一段，第二天使日军火车一列驶抵下蜀出轨。[③] 6 月 17 日，指挥部队于镇江西南之韦岗，伏击由镇江开往句容之日军野战重炮兵第五旅团司令部车队，取得新四军江南首战告捷。[④] 6 月 21 日，新四军先遣支队在完成挺进苏南进行战略侦察的预定任务后，各连奉命按原建制归队，[⑤] 粟裕回到新四军第二支队司令部。[⑥] 6 月 28 日，粟裕率部击退向横溪桥进攻的陶吴镇、禄口镇之敌各 200 余人。[⑦] 7 月 6 日，粟裕指挥第二支队一部在当涂、芜湖之间击毁日军军用火车 1 列。[⑧] 7 月 15 日，第二支队第四团一部在下蜀街附近消灭汉奸武装孟谢两部约百人。[⑨]

粟裕接着率领第二支队，进行了小丹阳、南京中华门、雨花台及坍桥、和尚桥、狸头桥、禄口、水阳桥、横山及芜湖官陡门等战斗。1939 年 11 月，任新四军江南指挥部副指挥。1940 年 7 月率部挺进苏

---

① 九江市新四军暨华中抗日根据地历史研究会编：《新四军历史上的今天》，中共党史出版社 2017 年 10 月第 1 版，第 343 页。

② 中国新四军和华中抗日根据地研究会编：《新四军的组建与发展》，中共党史出版社 2019 年 5 月第 1 版，第 108 页。

③ 见中国新四军和华中抗日根据地研究会编：《新四军的组建与发展》，中共党史出版社 2019 年 5 月第 1 版，第 108 页。

④ 见《新四军战史》编辑室：《新四军征战日志》，解放军出版社 2000 年 8 月第 1 版，第 30 页。

⑤ 见《新四军战史》编辑室：《新四军征战日志》，解放军出版社 2000 年 8 月第 1 版，第 30 页。

⑥ 见中国新四军研究会编：《永恒的记忆·新四军发展史》，山西人民出版社 2005 年 3 月第 2 版，第 345 页。

⑦ 见安徽省新四军历史研究会编：《项英年谱》（内部资料），第 482 页。

⑧ 见中共江苏省委党史工作办公室编：《粟裕年谱》，当代中国出版社 2006 年 6 月版，第 44 页。

⑨ 见中国新四军和华中抗日根据地研究会新四军图书馆馆藏资料，南京军区司令部战史编辑室编：《抗日战争新四军电报汇集》第 3 册，第 5 页。

北，任新四军苏北指挥部副指挥；10 月与陈毅一起组织指挥黄桥战役，打开了华中敌后抗战的新局面。1941 年 1 月新四军重建军部后，任新四军第一师师长和苏中军区司令员（后兼政治委员），中共苏中区委书记。1942 年 10 月新四军第一、第六师合并为第一师，粟裕任师长兼政治委员。1945 年 1 月任苏浙军区司令员；9 月任中共苏浙区委书记，10 月任新四军华中军区副司令员兼华中野战军司令员。1947 年 1 月任华东野战军副司令员。1948 年 5 月任华东野战军代司令员兼代政治委员，6 月兼任豫皖苏军区司令员。1949 年 2 月任第三野战军副司令员代理司令员、政治委员、兼华东军区副司令员。在渡江战役中，指挥中、东两集团，突破江防，追歼敌 5 个军于皖南郎溪、广德山区，解放南京、杭州；5 月指挥上海战役，歼敌主力 8 个军于上海外围。1951 年，任人民解放军副总参谋长。1954 年，任总参谋长。1955 年被授予大将军衔，荣获一级八一勋章、一级独立自由勋章、一级解放勋章。1958 年秋，调任国防部副部长兼军事科学院副院长。1972 年，任军事科学院第一政治委员。1967 年至 1968 年、1975 年至 1982 年，任中央军事委员会常务委员。是中共第七届中央候补委员，第八至第十一届中央委员；第一至第三届国防委员会委员。1980 年当选为全国人民代表大会常务委员会副委员长。1982 年，当选为中共中央顾问委员会常务委员。1989 年 11 月，被中共中央军事委员会确定为 33 位军事家之一。1984 年 2 月 5 日在北京逝世。

# 傅秋涛①

  傅秋涛（1907—1981），曾用名武名，湖南省平江县安定区鸣山乡程家园村人。1925年参加农民运动，被选为乡雇农委员会委员长。1927年参加平江农民暴动。1929年加入中国共产党。任红军第六军第八师师长，湘鄂赣省赤色职工联合会书记，中共湘鄂赣省委委员，少共湘鄂赣省委书记，中共湘鄂赣省委副书记、代理书记，湘鄂赣军区政治委员，中共湘鄂赣省委书记。坚持南方湘鄂赣边三年游击战争。全国抗日战争时期，率领湘鄂赣红军游击队编入新四军。任新四军第一支队副司令员兼第一团团长。

  新四军军部在土塘期间。6月1日，傅秋涛、江渭清率部东进，沿着先遣支队走过的路线，于6月3日从东门渡出发，4日进至苏南高淳，8日到达溧水县的新桥附近与先遣支队会合，11日率第一团第一、第三营和教导队北渡石臼湖，12日经博望到小丹阳，开辟江（宁）当（涂）溧水抗日根据地。②6月20日，率部摧毁宁沪线上的禄口、朱门等地伪政权。③7月6日，率部并在第二支队第三团配合

  ① 见新四军和华中抗日根据地研究会编：《新四军和华中抗日根据地·人物辞典》，中共党史出版社2016年9月第1版，第1026—1027页。

  ② 中国新四军和华中抗日根据地研究会编：《新四军的组建与发展》，中共党史出版社2019年5月第1版，第119页。

  ③ 安徽省新四军历史研究会编：《项英年谱》（内部资料），第482页。

下，于苏南江宁县朱门地区消灭勾结日军、残害人民的土匪武装朱永祥部。① 7 月 14 日，率部夜袭南京近郊西善桥敌据点，击毙日军 3 人，破坏京善铁路一段。②

　　参加九里镇战斗，开辟敌后抗日根据地。1939 年调回皖南，③ 参加 1940 年皖南春季反 "扫荡" 和父子岭战斗④。同年秋，任刚成立的新编第一支队司令员。11 月至 1941 年 1 月任新四军皖南第一纵队司令员兼政治委员。皖南事变中与顽军浴血奋战，在弹尽粮绝的情况下，组织部队分散突出重围，到达苏南地区。1941 年 11 月，任新四军第七师副师长、第七师军政委员会委员。后任中共皖鄂赣（皖江）区委代理书记。1943 年 3 月，任新四军第七师兼皖江军区副司令员、中共湘鄂赣（皖江）区委军事部部长。在皖江地区开展游击战，指挥过南义战斗、皖中反 "扫荡" 战斗。全国解放战争时期，任中共中央华东局委员，中共鲁南区委书记，社会部部长，鲁南军区政治委员，中共鲁中南区委第一副书记，鲁中南军区司令员、第一副政治委员兼华东野战军鲁中南纵队司令员、政治委员，华东支前委员会主任、支前司令部司令员，中共山东分局第一副书记，华东运输司令部司令员，上海市军事管制委员会运输司令部司令员，山东军区副司令员兼副政治委员。中华人民共和国成立后，历任中共中央山东分局第一副书记、代理书记，华东军政委员会委员，山东省人民政府第一副主席，山东省各界人民代表会议协商委员会副主席，中共中央军事委员会人民武装部副部长、部长，中共中央复员委员会（后改为中央转业建设委员

　　① 《新四军战史》编辑室编：《新四军征战日志》，解放军出版社 2000 年 8 月第 1 版，第 32 页。
　　② 《中国人民解放军历史资料丛书》编审委员会编：《〈中国人民解放军历史资料丛书〉·新四军·回忆史料(1)》，解放军出版社 1990 年 1 月第 1 版，第 217 页。
　　③ 编者在编辑本书期间，曾多次到土塘调研、考证，据当地多位老人讲述 "傅秋涛曾率部常驻土塘及周边地区。其间，老一团官兵与当地居民建立了深厚感情，军爱民，民拥军"。
　　④ 1940 年，皖南春季反 "扫荡" 战斗其中之一为父子岭战斗。傅秋涛还参加了 1940 年皖南秋季反 "扫荡" 战斗。见殷云著：《皖南骁将》，百花洲文艺出版社 2004 年 8 月第 1 版，第 95 页。

会）秘书长，解放军总参谋部队列部部长、动员部部长，总参谋部顾问。1955 年，被授予上将军衔。荣获一级"八一"勋章、一级独立自由勋章和一级解放勋章。中共第七、第八次全国代表大会代表，中共中央纪律检查委员会常务委员，中华人民共和国第二、第三届国防委员会委员，第二、第三、第四届全国人民代表大会代表，第四、第五届全国人民代表大会常务委员会委员。1981 年 8 月 25 日在北京逝世。

# 江渭清[①]

  江渭清（1910—2000），湖南省平江县秀水乡余家洞人。1926年加入中国共产主义青年团和农会。1927年参加平（江）西（乡）游击队，任勤务员、警卫员。参加秋收起义和平江起义。1929年2月转为中国共产党党员。历任中队党代表，大队党代表，红军第七师的团部党总支书记，团政治委员，红军第三总医院政治委员。1934年秋中央红军长征时，因负伤留在湘鄂赣边区坚持游击战争，任东南军分区副政治委员兼政治部主任，中共湘鄂赣省西北特委书记和省苏维埃驻西北代表兼军分区政治委员。坚持湘鄂赣边区三年游击战争。1937年春，从国民党报刊上看到国共合作的消息，及时向中共湘鄂赣省委提出和国民党地方当局谈判合作抗日的建议。后任中共湘鄂赣人民抗日红军军事委员会委员，湘鄂赣抗日游击纵队纵队长。全国抗日战争时期，于1938年2月随湘鄂赣红军游击队编入新四军第一支队第一团，任副团长。

  新四军军部在土塘期间。6月1日，傅秋涛、江渭清率部东进，沿着先遣支队走过的路线，于6月3日从东门渡出发，4日进至苏南高淳，8日到达溧水县的新桥附近与先遣支队会合，11日率第一团第

---

  ① 见新四军和华中抗日根据地研究会编：《新四军和华中抗日根据地·人物辞典》，中共党史出版社2016年9月第1版，第44—45页。

一、第三营和教导队北渡石臼湖，12 日经博望到小丹阳，开辟江
（宁）当（涂）溧水抗日根据地。[①] 6 月 20 日，率部摧毁宁沪线上的
禄口、朱门等地伪政权。[②] 7 月 6 日，率部并在第二支队第三团配合
下，于苏南江宁县朱门地区消灭勾结日军、残害人民的土匪武装朱永
祥部。[③] 7 月 14 日，率部夜袭南京近郊西善桥敌据点，击毙日军 3 人，
破坏京善铁路一段。[④]

1938 年 10 月，江渭清随第一团调回皖南[⑤]，率部参加父子岭战斗
和泾县保卫战。1940 年 12 月，新四军皖南部队为北移编成三个纵队，
任第一纵队副政治委员兼政治部主任。[⑥] 1941 年 1 月"皖南事变"中，
为掩护新四军军部突围，率 3000 余人连日与国民党顽军战斗，后分散
突围到达苏南。新四军重建军部后，任新四军第六师第十八旅旅长。
10 月，率部北渡长江开辟苏中江（都）高（邮）宝（应）地区。
1942 年 5 月，任中共苏皖区委书记兼新四军第十六旅政治委员。1943
年 3 月，任苏南行政公署主任，是苏南抗日根据地的主要领导人之一。
1945 年 2 月，任苏浙军区第一纵队政治委员。全国解放战争时期，先
后任华中野战军第六纵队政治委员，第六师副政治委员、政治委员，

---

① 中国新四军和华中抗日根据地研究会编：《新四军的组建与发展》，中共党史出版社 2019
年 5 月第 1 版，第 119 页。

② 安徽省新四军历史研究会编：《项英年谱》（内部资料），第 482 页。

③ 《新四军战史》编辑室编：《新四军征战日志》，解放军出版社 2000 年 8 月第 1 版，第 32 页。

④ 《中国人民解放军历史资料丛书》编审委员会编：《中国人民解放军历史资料丛书·新四
军·回忆史料(1)》，解放军出版社 1990 年 1 月第 1 版，第 217 页。

⑤ 根据军部的部署，1938 年 9 月底，原已进入苏南敌后的第一团（第二营留茅山）调回皖南。
见中国新四军和华中抗日根据地研究会编：《新四军的组建与发展》，中共党史出版社 2019 年 5 月
第 1 版，第 123 页。编者在编辑本书期间，曾多次到土塘调研、考证，据当地多位老人讲述："为拱卫
军部，江渭清曾率部常驻土塘及周边地区。其间，老一团官兵与当地居民鱼水情深。"

⑥ 1940 年 11 月，新四军军部为准备北移，决定将留在皖南的部队进行整编，以新四军直属第
一团（原第一支队第一团）为基础，扩编为第一团和新一团，编为新四军第一纵队（又称新一支队）。
纵队司令员傅秋涛，政治委员傅秋涛（兼），副司令员赵凌波，副政治委员江渭清，政治部主任江渭
清（兼），参谋长赵希仲。见中国新四军和华中抗日根据地研究会编：《新四军组织沿革》，解放军出
版社 2015 年 9 月第 1 版，第 69 页。

华东野战军第六纵队政治委员，第三野战军第八兵团副政治委员兼政治部主任，率部参加苏中、涟水、莱芜、孟良崮、豫东、淮海、渡江等战役。1949 年 4 月，承担接管南京的任务。历任中共南京市委副书记兼南京市警备司令部司令员，中共江苏省委第二书记、第一书记，中共中央华东局书记处书记，中国人民政治协商会议江苏省第一、第二、第三届委员会主席，江苏省军区第一政治委员，南京军区第三政治委员、代理第一书记。在"文化大革命"期间受迫害。复出后任中共江西省委第一书记、省革命委员会主任，福州军区政治委员，江西省军区第一政治委员。是中共第八、第十届中央候补委员，第十一届中央委员，第十二、第十三届中央顾问委员会委员，第四、第五届全国人民代表大会代表。2000 年 6 月 16 日在南京逝世。

# 其他有关人物简介①

　　**黄火星**（1909—1971），祖籍河南省。1930 年 10 月参加中国工农红军，1931 年 4 月加入中国共产党，1938 年 2 月任第二支队第三团团长，1939 年 1 月率部在横山地区击溃从禄口、横溪桥、小丹阳以及溧水、洪蓝埠向横山地区"扫盐"的日军 500 多人，毙伤日军 50 余人。随后参与指挥第三团奇袭日军芜湖官陡门据点，摧毁伪军司令部，全歼伪军 300 余人。1939 年 3 月，率第三团调回皖南。1940 年 4 月参加皖南春季反"扫荡"作战，指挥何家湾战斗，毙伤敌 300 余人，取得重大胜利。中华人民共和国成立后，曾任江苏省军区第二政治委员，解放军军事检察院检察长，中华人民共和国最高人民检察院副检察长兼解放军军事检察院检察长，兼任中央军委总直属队政治部主任。是中华人民共和国第三届人民代表大会代表。1955 年被授予中将军衔。荣获一级"八一"勋章、一级独立自由勋章和一级解放勋章。1971 年 4 月 27 日在北京逝世。

　　**李步新**（1907—1992），1907 年 8 月 11 日出生于江西省上饶县湖

---

　　① 黄火星、李步新、陈茂辉、胡明、罗白桦简介，见新四军和华中抗日根据地研究会编：《新四军和华中抗日根据地·人物辞典》，中共党史出版社 2016 年 9 月第 1 版，第 926—928、395—396、639—640、764、688 页。叶宗涛简介，见中共南陵县委党史办公室编：《中共南陵地方史》（1919—1949）（内部资料），2007 年 9 月 26 日，第 103—106 页；见芜湖市人民政府网站"魅力芜湖"专栏，芜湖市党史方志办，2020 年 5 月 15 日发布，芜湖英烈叶宗涛(1910—1942)。

村乡石嘴村的一个贫农家庭，1929 年 10 月加入中国共产党。全国抗日战争爆发后，历任中共皖浙赣省委代理书记、中共皖南特委书记兼组织部部长。1949 年 4 月任芜湖市军事管制委员会副主任、主任，后任中共芜湖市委书记兼市长、中共皖南区委副书记。中华人民共和国成立后，曾任中共中央组织部副部长。1992 年 1 月 30 日在北京逝世。

**陈茂辉**（1912—2015），1912 年 7 月 15 日出生于福建省上杭县旧县乡铁东村。1931 年加入中国共产党，1938 年 3 月任第二支队民运科科长，后任军部特务营政治教导员，新四军政治部民运部第三科科长。军部驻土塘期间，举办了两期"青红帮、理教会"学习训练班，陈茂辉任班主任。当时陈茂辉还与曾如清、梁竹吉等在南陵县三里店一带如火如荼开展民运工作。1955 年，被授予少将军衔。2015 年 3 月 23 日在南京逝世。

**胡明**（1914—2001），生于缅甸淡棉市一个华侨家庭。1930 年回国，1937 年加入中国共产党，1938 年任新四军战地服务团民运科科长，1938 年 8 月任南陵南三区工委会主任，1938 年 11 月任中共南陵县委宣传部部长，1939 年 4 月任中共繁昌县委书记。中华人民共和国成立后，曾任中共皖南地委副书记兼皖南军区副政治委员，后任国家纺织工业部副部长。2001 年 7 月 13 日在北京逝世。

**罗白桦**（1914—2007），安徽贵池县人。1938 年 6 月加入中国共产党；10 月从延安到南芜宣地区，先后在西河（当时属宣城县，现属芜湖市湾沚区）、南陵县蒲桥一带开展民运和建党工作，1939 年 1 月任中共南芜宣县委宣传部部长兼青年部长；8 月任中共宣城县工委书记。1978 年 6 月任上海市建设交通委员会副主任。2007 年 2 月 7 日在上海逝世。

**叶宗涛**（1910—1942），安徽南陵县三里镇孔村人。1938 年 10 月经胡明、陈洪介绍加入中国共产党；11 月任中共南陵县委民运工作部部长。1939 年 2 月担任南陵县民族解放先锋总队副队长；4 月任中共南陵县委书记，成为南陵县委的主要领导人，组织领导全县人民开展抗日救国斗争。1939 年 9 月，调中共东南局党训班学习。1940 年 3 月分配到江苏茅山地区 4 县抗敌总会任秘书。1941 年 3 月调到苏南长滆地区 5 县（金坛、溧阳、宜兴、武进、丹阳）联合政府任秘书；8 月调金坛县抗日民主政府任秘书，主持工作。1942 年 2 月，叶宗涛带领部队在金坛北湖头活动时，被数倍于己的日伪军包围。率部突围时，不幸身负重伤，因失血过多，壮烈牺牲。中华人民共和国成立后，他的遗体被安葬在江苏金坛县烈士陵园。

**陈洪**（1903—1991），湖南省浏阳县人，1927 年加入中国共产党。抗战初期，派往皖南从事民运工作。1938 年 8 月，陈洪奉命来到安徽省南陵县三里店，任南三区工作委员会委员；同年 9 月兼任中共南陵县三里区委组织委员，同年 11 月任中共南陵县委组织部长，1939 年 9 月任中共南陵县委书记，1940 年 5 月任中共泾南县委书记。皖南事变后，他突破重围，在安徽铜陵、繁昌等地创建抗日根据地。渡江战役前夕，他带领一支部队先行渡过长江，部署配合解放军渡江的准备工作。中华人民共和国成立后，他历任中共宣城地委书记兼军分区政委、安徽省卫生厅副厅长、中共安徽省委纪律检查委员会副书记、中共安徽省委组织部副部长等职。1991 年 11 月 4 日病逝。

# 第六编　珍闻轶事

　　本编为珍闻轶事。收集了新四军将领们在军部驻土塘期间的往事、故事8篇，采集了军部驻土塘时的民间传说4篇，选录了陈毅、谭震林、老一团在南陵的纪实3篇。这些往事、这些纪事、这些故事，客观反映了新四军将领们开展政治工作、统战工作、民运工作与征战取得的成就，生动再现了当年新四军火热的抗战生活和军民团结一家亲的情景，为我们更好地了解抗战初期江南新四军、新四军在南陵提供了多维视角。

# 叶挺军长帮贫济困①

　　军部在南陵县土塘时，家住泾县云岭的王老五，原是一个理发匠，因天灾人祸，贫病交加，眼睛都快哭瞎了，生活无着，就带着 5 岁的孩子外出逃荒要饭，人饿得皮包骨头，只剩一口气。有一天，他到土塘村向一个富户讨饭，这个富户不但不给，还拿棍子边赶边骂："你这穷鬼，一年到头把嘴长在我家，有本事找新四军去！"

　　王老五一听，实在气不过，朝他家门上吐口唾沫就跑。那时部队刚到，他对新四军还不了解，但心想，找新四军就找新四军，有什么了不得，顶多不给饭吃，把我撵出去吧！要是抓去那就更好，总有个住处，有碗饭吃吧，那样倒能少受有钱人的气。他想着想着，就朝新四军的驻地走去，没想到竟然到了叶军长住处的门口，只喊了两声，叶挺就叫炊事员给了王老五一瓢米饭。王老五感动得连忙拉着小儿子跪下，向叶军长磕头。叶挺见状，对他说："起来，起来，你年纪轻轻的怎么要饭？"

　　王老五把家里的情况叙说一遍，并要求参加新四军去给部队烧锅做饭。

---

　　① 见《新四军故事》群众路线篇之《叶军长访贫问苦》。刘以顺著：《新四军故事》，人民出版社 2018 年 8 月版，第 126—127 页。本文选取了叶军长驻南陵土塘时的帮贫济困之一事，题目为编者加。

叶挺说："照讲呢，你年纪轻轻的可以做点事，现在抗日，国家正要人，不过，你眼睛不好，又有个小孩子，没有人照应，跟部队干不方便。我给你几块钱做本钱，做个小生意糊口！"说完，就从口袋里掏出一张5块钱的票子给了王老五。

王老五从土塘回到云岭，乐呵呵的，人也精神多了。村上很多人像看热闹一样地围着他问："瞎老五哇！几天没见你，今天回来这么高兴啊！"

"我这几天心里好快活！新四军来啦！我不讨饭啦！"王老五讲得神气活现的。别人不大相信，在一旁讥笑他。王老五接着说："笑什么？是真的。瞧，你们来看！"说着，他从怀里掏出一张5块钱的大票子来，得意地在人们面前晃了晃，说："这是叶军长给我的。"

大家不相信，说："你真是闭着眼瞎吹！军长是高是矮恐怕都没看到，军长能给你钱，还不晓得你在哪里捞来的。"

"真的是叶军长亲自给我的。"接着，他叙述了叶军长给他5块钱的经过。最后，他说："叶军长真好啊，是我的大恩人！以后，我想开一个茶棚，不再讨这个受气饭了！"王老五说罢，眼里闪着激动的泪花。

后来，军部从土塘移到云岭，叶军长在与乡亲们谈心时，还问老农柳松林："这里有个讨饭的王老五，现在怎样啦？"

柳松林告诉他，在三里岗开了个茶棚子。

叶军长听了很高兴，说道："他的眼睛不大看见了，又有个小孩，你们在一个村子上，要多照顾点。"

王老五在三里岗的茶棚子里，一见到村子里的乡亲们就说："托叶军长的福，现在有碗饭吃了，叶军长救了我爷儿俩的命，我一直想带小儿子到叶军长那里叩头道谢，就是一直抽不开身。请你们转告叶军长一声，说我王老五到死也不会忘记他的恩情。"当时，在土塘发生的这件事，很快不胫而走，传遍了附近村庄，老百姓都说新四军的叶军长真是一位大好人。

当土塘的乡亲们得知新四军军部要移驻到泾县云岭时，对叶挺等军部领导人更是依依不舍，纷纷前去欢送。临离开土塘那天，数百名群众敲锣打鼓，燃放鞭炮，抬着轿子来到军部准备送叶军长等领导人时，谁知叶军长等领导人生怕给群众增加麻烦，早已提前走了。土塘人民每每谈到这些，都肃然起敬。

# 叶军长的士兵情[①]

特务团住在军部附近，叶挺军长很关心战士们的训练、学习和生活，经常到一些连队去看看。他往往不经过团部、营部，就一头跑到连里、排里、班里去了。一去，便和战士们亲切交谈，征求战士们的意见，然后再根据了解的情况，对营里、团里作些指示。他对待下级和蔼可亲，平易近人，但又严格要求，一丝不苟。有一次，他到一个连队里去，路经一个岗哨，相距还很远，那个哨兵就向他敬礼。军长端量他一番之后，便走到岗哨跟前说："你看，风纪扣都没扣，裹腿也没绑好，敬礼也敬得不对。来，我做给你看看。"那个哨兵难为情地把枪递给军长，军长接过枪来，整理一下自己的服装，持枪站在哨兵的位置上。他已经不像是一位首长，俨然是一个精神抖擞的哨兵了。他示范表演了一遍敬礼的动作，然后亲自帮哨兵扣好风纪扣，又告诉哨兵裹腿怎样打才能不松不紧，并和气地对哨兵说："革命战士要有精神，要雄壮！"临走时，军长又叫哨兵做一遍敬礼的动作，看看做得差不多了，才高兴地说："你很聪明，学得快，这次做得很好，以后就这么做。"

军长住的房子里设有三层岗，第一道和第二道门岗是特务团派的，

---

① 见石言、望昊等编：《新四军故事集》，江苏人民出版社 1981 年 9 月第 1 版，第 125—128 页。题目为编者加。

第三道内卫岗由他的警卫班轮流担任。军长工作很忙，每天都要到深夜12点才休息。为了照顾军长的健康，伙房天天给他烧点夜餐。当警卫员把夜餐端上桌子的时候，他总叫警卫员去替换一下外面的哨兵，请他们进来一起吃。他说："我们忙，战士们也忙，我们要有福同享！"有一天下大雪，半夜里他把警卫员熊辉喊进去，拿起一件黑毛羊皮大衣递给他说："去，把这件大衣送给第一道门岗穿上，叫他们按班往下交。回头再把这盆火送给第二道门岗，让他们暖一暖手脚。"小熊看看军长铺上那条薄薄的军用被子，实在不忍让他冻着，就说："首长，你自己……"军长笑着说："看你，我睡在屋里已经很暖和了，快送去吧！"

军长有三个嗜好：一是抽烟，他的烟瘾大到有时一天只用三根火柴就够了。吃完早饭划根火柴把烟点着之后，就一支接一支直到午饭；午饭到晚饭一根火柴，晚饭后直到睡觉再用一根。二是喜欢吃猪肚子。三是喝盐开水，小熊初到警卫班时，头一天给军长冲了杯盐开水，他喝了一口说："唔，咸了一点。"坚持着喝了下去。第二天小熊给他冲淡了一些，他喝了一口说："唔，淡了一点。"还是坚持着喝了下去，不要警卫员重弄。喝完之后，他才告诉他们多少水放多少盐才合适。在生活上，他是不拘小节的，从不因为一点不如意而发火，所以，他身边的六个年轻的警卫员都非常尊敬他，而且像对父辈一样的热爱他。

军长的生活也极其简朴，衬衣总是补丁叠补丁，实在破得不像话时，警卫员就到副官处给他领件新的，他不要，拿着那件破衬衣看了看说："不是蛮好嘛，只要补一补领子，还能穿个时期。"最后硬要警卫员把新领的衬衣退回去。有次，警卫员拿了他的破衬衣请一位大娘补一补，大娘惊诧得嘴也合不拢了："哎哟，你们军长还穿这种烂衣裳啊！"

有一次，警卫班长刘德胜和熊辉等四个警卫员随军长外出。刘德胜和熊辉闲扯起来，扯着扯着，扯到了指导员以前讲过的北伐战争和南昌起义，他们记得指导员说过："在北伐战争中，共产党领导的第四军独立团打得最漂亮，大战汀泗桥，大战武昌城，威名远扬。南昌起义时，这支部队就是起义的骨干，那时候领导这个独立团的团长是叶挺。"所以，这两个小伙子心里老是有个疑团，那个叶挺是不是就是身边的军长？为什么在南昌起义之后和新四军成立之前一直没有听说这个人呢？他们因为年纪小，文化水平低，缺乏历史知识，几次争来争去都争不出个结果，想当面问问军长又没有合适的机会。这次，他们恰好和军长同坐在一辆汽车里，汽车在公路上飞跑着，大家一句话也不说，车里很静。小熊看看是个好机会，捅了班长一下，悄悄凑着他的耳朵说："班长，趁现在问一问吧！"班长明白他的意思，便问军长说：

"首长，我们有件事不明白，能问问您吗？"

"行啊，行啊！怎么不行呢？"

"首长，指导员说，北伐战争和南昌起义时有个叶挺同志，他是谁？是不是你？"

"是我。"军长不在意地回答说，看样子他在考虑什么问题。

"首长，那为什么南昌起义之后就没有听说您呢？"

这两个小伙子是出于好奇和深深的关切，可这一问，军长的脸立即刷地沉下来了。过去，不管什么时候，军长总是那么沉着镇定，即便是在某种严重场合下，或是和国民党针锋相对时，也从来是面不改色，庄严持重。今天，他的脸色突然变得那么沉痛，这是小刘、小熊他们跟随军长以来头一次见到。过了好一会，军长才痛苦地向他们说了一句："这就是小资产阶级的动摇性，可耻！"说过，他就难过得再也说不下去了。

小刘、小熊他们看到军长心里难过，后悔得要命，觉得不该问这个问题，所以也就不作声了。军长却从深沉的思索中冷静过来，叹口气，严肃而又内疚地说："同志，干革命不容易啊！革命的路上，随时都会碰上艰难危险，会有挫折和失败，但是，要干就要干到底，不能半途而废。你们要记住：刀放在脖颈子上，也要把革命继续干下去！"

叶挺军长身体力行，实践了他自己的誓言。

# 两垄山芋地的故事①

　　我的老家在皖南南陵县三里镇，这里红色基因浓郁。我的大嫂徐金兰老家在吕山土塘村，这里曾是68天的新四军军部所在地，时间虽短，却留下了许多可歌可泣的动人故事。多年前，大嫂曾给我讲述过她的祖辈与叶挺将军发生的一起故事——两垄山芋地，令我终生难忘。

　　1938年5月26日，叶挺将军率军部进驻南陵县土塘村，开展敌后军民抗日工作。当地民众积极支持。五、六月间，正是农忙季节，大嫂老家在土塘通往三里区的山道旁有一块麦地（这里是村里通往区里的必经要道），收割完麦子后，5月29日上午她祖父徐逢财带着12岁的儿子徐正国（大嫂的父亲）正整地插山芋，忽然听到急奔的马蹄声停了下来，回头望，见到叶挺将军与两位警卫员正下马向地里观望。叶将军向祖父挥手高呼："老哥，你这路旁的一畦地怎么不整啦？"祖父说："那路太窄了，骑马跑不快，改路了，没事的，你们尽管跑。"可将军说："老哥，我知道你的心意是好的，可我们是有纪律的，不能损害群众利益，再说，这下坡的路很陡，骑马跑不安全，下马牵着走稳当。老哥，你还是把地给种上吧！"说完，就匆匆赶路去了。

　　老爹爹知道将军的心思，但不可误了他们打鬼子的时间，于是那

　　①　故事来源：由伍雪村于2022年8月15日回忆整理（伍雪村：现家住三里镇，系三里镇孔村中学退休教师），郑基星、严加中（均为南陵县新四军研究爱好者）校稿。

畦地还是给结结实实平整成了路。

可第二天下午，老爹带着儿子正国去地里给芋苗浇水。一看，傻眼了，地全改回来了，多了两垄山芋地，打了宕，插了苗，全斜插，很整齐。连昨天插得不标准的地方也全给改插了，地垄子也给整漂亮了，看上去真养眼。谁干的？不是行家里手是干不出来的。老爹想，肯定又是铁军（当地人习惯了称叶挺的军队为铁军）干的，他们爱为老百姓做好事。

那时候，全村100多户人家，家家都住上了铁军，于是老爹就问住在他们家的战士，战士说："这种事大家都在做，没人记，也没人问，我们也不知道是谁干的。"当时，小正国脑子一转说："一定是将军他们干的。昨天早上他们不是叫我们把那块地给种上吗？"老爹说："将军多忙，哪有工夫做这种事。"不过转念一想，还是去问问吧。

晚饭后，老爹与儿子正国一道去了本家徐恩禄家，将军住在他家。此时将军正在香油灯下批阅文件，一见老爹来了，马上放下毛笔，端出凳子、递上凉开水，笑着问道："老哥，找我有事吗？"老爹说："我想问问，我那山边的地是你帮我又给整回来的吗？"将军爽朗地说："是我和两位战士整的。昨天下午我们从区里开完会回来，见你那块地整成了路，这哪成。我不是跟你说了嘛，我们是人民的军队，有严肃的纪律，是不能损害群众利益的，你要是少了这两垄地，这一季至少就要损失百多斤山芋。这哪成，不行，不行。所以今天起早给整了。"老爹感叹地说："我说不过你，但你们太辛苦了，本想为你们做点什么，这倒好，反过来却连累了你们，把地和苗比我弄得还好。你是将军，怎么连种地也会？"将军高兴地笑着说："我也是农民出身呀，老家广东惠阳，家父租地11亩，从小我就跟随父亲干农活，这插山芋的活，还是我从父辈那儿传来的。天下穷人是一家，我参军闹革命、打鬼子，就是为我们都能过上好日子……"老爹感动得热泪盈

眠，此后，老爹一家都参加了铁军组织的"抗敌协会"，后来全村
1000 多人都参加了"抗敌协会"。

大嫂《两垄山芋地》真实的故事讲完了，可我们至今还时时沉浸
在故事的情感中，真乃是：

军爱民，

民拥军，

军民团结如一人，

试看天下谁能敌！

# 项英高度重视军队政治工作①

　　新四军是中国共产党领导下的人民军队。首先必须坚持中国共产党对新四军的绝对领导。作为副军长、实为政治委员的项英，高度重视军队政治工作，他"要求新四军全体党员以布尔什维克的精神，团结一致的在党中央领导之下"完成民族解放的伟大任务。针对新四军组建时大部分成员是农民的特点，经常强调加强党的领导的重要性。他说："如果没有共产党的领导，则这种农民军队不但不能循着正确路线，坚持革命，任其自流，还会变成流寇土匪。"他要求共产党员在任何时候、任何工作中都要做模范，做到在新四军内部最能团结友爱；在行动上，最能服从命令、遵守纪律；在学习中，最虚心，力求进步；对群众，最能爱护群众、关心群众利益；在平时日常生活中，最能吃苦耐劳；在战场上，最坚决勇敢、冲锋在前、退却在后，不怕流血牺牲。

　　1938年6月，在南陵土塘召开的全军第一次政治工作会议总结中，项英提出，要健全党的工作，提高党支部在连队中的领导作用。支部应教育党员成为最好的群众模范；每一个党员都应是吃苦耐劳、工作紧张、努力学习、遵守纪律、尽忠职守、勇敢作战的模范指战员；

---

　　① 见徐则浩、宋霖主编：《新四军军部在皖南》，当代中国出版社2003年1月第1版，第150—153页。题目为编者加，选取时文章格式略做了少许调整。

加强党员教育，培养每一个党员具有共产主义的思想和布尔什维克的党的组织观点，并教育党员深刻了解目前党的主张与战略路线，以及党员在军队中的责任和工作。

必须坚持把新四军置于中国共产党的绝对领导之下。当新四军进入苏南地区时，当地新建的游击武装很多，项英指出，这些游击武装凡是愿意与新四军建立联系的，首先必须接受共产党的领导，拥护共产党的主张和政策，然后派干部进去帮助改造，使其迅速成为人民的武装。根据这一要求，陈毅对"司令多如毛"的地方游击武装分别做工作，根据不同情况，采取不同措施。除少数投敌、不可救药的部队坚决予以消灭外，其余都做了工作，把他们争取过来，共同团结抗日。对一些素质好的，则派得力党员干部帮助其逐渐转化。使其能独立对敌作战，有的发展为共产党领导的正规军。

项英狠抓新四军思想政治教育，以全面提高全军指战员的政治素质。他注重政治教育与文化教育的关系，坚持理论联系实际。在他的倡议下，新四军领导机关确定，部队教育"要以政治教育为骨干，以文化教育为基础，以科学教育为辅助"，做到学用结合，学以致用，反对只说不做。

在三年游击战争的艰苦岁月中，项英孜孜不倦地学习好不容易得到的马列著作。陈毅曾号召大家要学习项英的钻研精神，说："一本《列宁主义问题》，项英不知读了多少遍，甚至把书角都翻烂了。"

项英经常给机关部队讲课、作报告，强调每个新四军官兵应当了解政治，学习政治，指出政治生活是生活的主脑，一切从政治上去理解问题。他还要求大家"利用一切可能的机会来学习，这样使我们不断前进，成为最进步的军队"。

# 陈毅："党的统战政策的天才执行者"①

——这是毛泽东对陈毅统战工作的高度评价②

## 杨鼎侯　国民党高淳县长给新四军送来了"岳家军"的锦旗

1938 年 6 月 3 日，傍晚。安徽宣城狸桥镇，东门渡。

新四军一支队陈毅司令员和支队的指战员，越过日军的封锁线，在这里登上木船，行驶在固城湖上，向苏南的高淳前进。

自 4 月 28 日以粟裕为司令员兼政治委员的先遣支队东进侦察之后，陈毅司令员和傅秋涛副司令员便率领第一支队于 5 月初从歙县岩寺潜口出发，沿着先遣支队走过的路线，挺进江南敌后开展游击战争。一支队的干部都还记得，5 月 18 日部队至南陵县三里店，陈毅、傅秋涛决定作短期整训。5 月 28 日，在支队干部动员大会上，陈毅根据毛泽东主席的"五四指示"精神，作了题为《新的战斗条件和新的战斗任务》的报告，着重指出："中国共产党领导的抗日民族统一战线，

---

① 见中共江苏省委党史工作办公室等编：《新四军统战纪实》，中共党史出版社 2007 年 11 月第 1 版，第 89—101 页。题目和三个章节标题为编者加。

② 毛泽东曾说过"陈毅是党的统战政策的天才执行者"。见中共江苏省委党史工作办公室等编：《新四军统战纪实》，中共党史出版社 2007 年 11 月第 1 版，第 91 页。

是战胜日寇的基本路线""只要依靠模范的群众纪律,广泛的统一战线和胜利的战斗,我们就能在敌后生存和发展。"他解释说:"抗日民族统一战线是战胜日寇、分化阴谋毒计的基本经验。统一战线的基本内容,是团结一切中国人对日军抗战,使日寇、汉奸、卖国贼陷于孤立。"项英副军长还专程从土塘军部赶来参加会议,着重阐述了游击战的战术原则。

江南的初夏时节,晚风习习,岸边杨柳拂堤,晚霞映照着湖面,波光荡漾,扁舟如在画中前行,眼前美丽的景色令人沉醉。37 岁的陈毅倚着桅杆,向远处凝望,江南的山色水光尽收眼底,心潮激荡。他对"江东"的风物从未见过,20 年前曾梦想着到江南"吴天"一游,如今梦想成真了。

木船继续在湖面上行驶,夜幕也渐渐降临了。水中一片片青纱帐似的芦苇向船后退去,不时见到芦苇丛中星星点点的渔火,令人遐思。这会儿,陈毅想到以前曾率领红军部队在赣南的崇山峻岭中同敌人巧妙周旋,如今要与指战员们一起,在平原水网地区建立抗日根据地,在河湖港汊的芦苇丛中自由来往。我们要在江淮河汉书写着抗日的新篇章。这是一项神圣而伟大的事业!党和人民正期待着我们去歼敌寇、打胜仗啊!

直到半夜,陈毅和指战员们才到达了目的地。然而,运载新四军战士的"兵船"初来乍到,乡亲们还疑为是"日本鬼子来了",引起了一阵恐慌。自从 1937 年 12 月初,日军飞机轰炸淳溪镇以来,日寇不断到高淳城乡烧杀抢掠、奸淫妇女,无恶不作,百姓无不痛恨。当乡亲们得知是陈毅司令员率领新四军开赴江南打鬼子来了,都非常高兴,激起了阵阵欢声笑语。乡亲们忙着给子弟兵做夜饭,军民一起谈农事、谈抗日、谈家常,十分融洽,亲如一家人。

新四军一支队分驻高淳的淳溪镇(县治所在地)及东甘、肇倩、姜家、夹埂、南塘、大巷等地。司令部驻淳溪镇吴家祠堂，陈毅住双塔的姜家村。

对于陈毅来说，地处江苏西南部的高淳县是陌生的，也是他向往的地方。高淳是一座历史文化名城，山川秀丽，人才辈出，物产丰富，盛产鱼虾，素有"鱼米之乡"之称。境内古邑漱渚乃公元前 541 年吴国所建。古溪胥河相传开凿于春秋吴楚相争之时。唐之鲁阳五堰，明之广通镇坝，在水利史上均有重要位置。一支队司令部所在的位于县城中山大街东端的吴氏宗祠，相传建于南宋年间，为吴柔胜及吴渊、吴潜父子三进士所建。民间传说当年建祠时，破得"避尘虫珠"安放其上，故大殿内梁架整洁如初，没有蛛网、灰尘，实为楠木、柏木芬芳气味所致。中国历史上的一些杰出人物如伍子胥、周瑜、李白、白居易、韩世忠、吴敬梓等，以及韩国新罗时代的著名学者和诗人崔致远，都在这块钟灵毓秀的土地上留下了美丽动人的故事和传说。如今，抗日烽火燃遍大江南北，这里又成了新四军东进、深入苏南的第一站。

翌日上午，风和日丽。

陈毅司令员不忘自己的使命，他想利用部队正作短暂休整的空隙，到这个令他向往的鱼米之乡去宣传中国共产党的抗日民族统一战线政策，向乡亲们表达新四军与民众生死与共的抗日决心。早饭后，陈毅身穿灰布军装，腿打绑带，脚蹬布鞋，气宇轩昂，英气勃勃，健步来到县立初级中学，向师生们作了关于抗日救国和走革命道路的讲话。陈毅的报告在师生中产生了巨大的反响，顿时，校园里涌起了一股抗日热潮。有不少青年学生纷纷报名，要求参加新四军，扛枪抗日打鬼子。整个学校都沸腾起来了。

当天下午，陈毅司令员还走访了 6 月初才被国民党政府委派正式担任高淳县县长的杨鼎侯先生及地方士绅。作为一名成熟的政治家，陈毅在革命战争中非常重视党的统一战线工作。毛泽东曾说过"陈毅是党的统战政策的天才执行者"，而实践证明，陈毅是创造性地执行党的统战政策的楷模。部队每到一地，他总是喜欢走访各阶层人士，广交朋友，无论是开明的、不那么开明的，甚至有些反动人士，只要政治和军事上的需要，只要条件允许，他都愿意与之交往，或者来者不拒。由于他学识渊博，气度不凡，待人态度诚恳，言必有信，因此，深受那些有识之士的叹服和敬佩。就是对于某些顽固不化的人士，他也能博引古今，晓以大义，披肝沥胆，诚挚相待，常令对方愧颜相对，心悦诚服。正因为陈毅善于团结各阶层人士，所以新四军无论开往何处，都深受各方拥戴，为赢得抗日战争的胜利创造了许多有利条件。

有关这方面的事例不胜枚举。据当年新四军一支队二团连长、先遣支队侦察参谋、后曾任昆明军区司令员的张铚秀将军回忆，在江西南昌筹建新四军时，"陈毅同志在东南局的领导下，与国民党的各种官员多方周旋，为新四军的集结和整编争取了时间，扩大了影响；以后在开进途中还吸收了一批抗日青年参军，壮大了队伍。新四军在皖南的岩寺集中时，由于陈毅同志通过旧交向川军第五十军军长郭勋祺部做了大量工作，使我军在向敌后挺进前，有一个较好的整训机会，在向敌后挺进时，又得以顺利通过该军的防区。"这次，部队路过高淳时，张铚秀又亲眼看到，陈毅司令员设法找到了高淳县杨鼎侯县长做工作，与杨县长足足谈了一个下午，宣传新四军的宗旨和中国共产党的统一战线政策，宣传抗日的有利条件和前途。他动之以情，晓之以理，明之以义，亲自开展抗日统战工作，把原来愁眉苦脸的杨县长说得满心喜悦，笑逐颜开，满口答应要为新四军多做些事情。后来，陈毅离开高淳即将开船时，杨县长还让随员找来一条"大联珠"香烟（当时最好的香烟）相赠，说是"日军劫后无物相送，请笑纳作为征途消遣"。后来，新四军人员和伤员经由高淳来往，新四军在该县设立办事处，开展抗日活动，都得到了杨县长的不少方便和富有成效的配合。

6月5日上午，陈毅在东平殿广场向4000余名群众作了长达3小时的演讲，宣传抗日救国的道理，号召大家团结起来，打败日本侵略者。一团副团长江渭清随团驻沧溪的夹埂村，应地方士绅的邀请，在大巷口的横溪小学（今湖口头小学）向群众作抗日报告。一团政治处主任钟期光住双塔的南塘凯六公屋，诚邀地方人士进行座谈。战地服务团亦在县城张贴标语，发表演讲，演出文艺节目，宣传中国共产党和新四军的抗日主张。部队还广泛开展了助民劳动。高淳人民群众受到极大的鼓舞，抗日情绪日益高涨。杨鼎侯县长还给部队送来了"岳家军"的锦旗。

当日，陈毅正在吴氏宗祠，姜家村村民姜铨送来一篮自家刚采摘的"芒种桃"请他尝鲜。陈毅首先感谢乡亲们的盛情美意，随即要司务长按市价付钱，并让钟期光将桃子送给参加乡民座谈会的代表品尝，这真是民拥军、军爱民，军民团结一家亲啊！当年"陈毅让桃"的动人故事至今还在高淳人民中广为传诵。

在吴氏宗祠，陈毅诗情涌动，夜不能寐，欣然命笔，写下了《东征初抵高淳》的长诗，诗云：

> 波光荡漾水纹平，河汉沟渠纵复横。
>
> 扁舟容与人如画，抗战军中味太平。
>
> 堤柳低垂晚照斜，农家夜饭话桑麻。
>
> 兵船初过群疑寇，及见亲人笑语哗。
>
> 江东风物未曾谙，梦寐吴天廿载前。
>
> 此日一帆凭顾盼，重山复水是江南。

芦苇丛中任我行，星星渔火水中明。

步哨呼觉征人起，欣然夜半到高淳。

在这首长诗的字里行间，展现了陈毅率部东征抗日初到江南的激动心情，抒发了诗人的崇高志向，凝聚着对高淳的山山水水和高淳人民的深情厚谊，读了令人振奋，深受鼓舞。

6月7日，陈毅怀着依依惜别的心情，离开高淳，从肇倩乘船渡过石臼湖，兵分两路，向茅山地区挺进。在茫茫的石臼湖上，陈毅极目远眺，只见野鸭满天飞，渔帆列队成行，渔民们撒网捕鱼，动听的渔歌飞向远方。突然，陈毅眼睛一亮，不禁喜出望外：这里可是隐蔽自己、歼灭日寇的好战场啊！

……

## 樊玉林　旧区长毅然参加新四军

1938年6月15日，清晨。江苏句容行香镇樊古隍村。

该村豆腐店老板领着两位身穿灰布军装的军人来见樊玉琳。38岁的樊玉琳是国民党员，曾任过国民党区长及县政府科长，后辞职回乡任小学教师、校长，是当地有名的开明人士。1937年12月，日军侵占句容。为保乡安民，他与本村进步教师、比自己小9岁的樊绪经等人发起、组织了一支自卫武装。老板向樊玉琳介绍了昨晚为不惊动樊先生而等在本店的这两位军人。原来，6月14日，陈毅司令员率领新四军一支队抵达茅山，将在这里发动和依靠群众，开展敌后游击战争，开辟茅山抗日根据地，而樊玉琳则是陈毅到达茅山后邀请的第一位地方知名人士。两位战士先敬礼后递上书信，向樊玉琳说明来意。深受感动的樊玉琳拆信一看，开头便称"玉琳兄"，顿时心头涌起一股暖流，再往下看，内容是邀请他到茅山乾元观会晤，信的末尾署名是

"陈毅"。颇为动情的樊玉琳当即请两位军人坐下，小心探问："新四军是什么部队？""陈毅是什么人？"由于两位军人都操着浓重的江西、福建口音，问了半天也没有弄明白，只是看了信封上印的番号条戳和连听带猜，方得知这支部队为"国民革命军新编陆军第四军第一支队"，支队的司令员是陈毅。但他并不了解新四军的性质，还以为新四军也是国民党的军队呢。樊玉琳觉得眼前这两位军人和蔼可亲，也颇为文明礼貌，这给他留下了良好的印象。

早饭后，樊玉琳怀着忐忑不安的心情，与家人打了招呼，便随着两位军人一起向茅山走去。茅山，原称句曲山，位于江苏西南部，地跨句容、金坛、溧水、溧阳等县境。茅山为南北走向，高峰有丫髻山（海拔411米）、方山（海拔308米）等，有蓬壶、玉柱、华阳3洞和唐碑、元碣等名胜古迹。相传，西汉茅盈、茅固、茅衷兄弟三人修道于此，因又名三茅山。晋许谧、梁陶弘景、唐吴筠等著名道士，均曾于此修道。道教称茅山为"第八洞天"。

到达乾元观时，陈毅司令员迎上前来与樊玉琳亲切握手，互致问候。虽然他俩是初次见面，但却一见如故。只见陈毅神采奕奕，气度非凡，落落大方，令樊玉琳肃然起敬。他俩一阵寒暄之后，便促膝交谈。樊玉琳介绍了当地情况。陈毅从当前国共合作、新四军到江南敌后开展游击战争谈起，分析了国内外的形势，介绍了中国共产党的抗日民族统一战线政策，展望抗战的前途，还谈到茅山道教、名胜古迹、名人逸事，以及先遣支队了解到的情况，指出当地一片混乱，特邀请樊玉琳一起共同抗日，卫国保家乡。陈毅谈古论今，使樊玉琳大开眼界，深受启发。樊玉琳从政执教17年，从未遇到过像陈毅这样知识渊博、才气横溢、坦诚豪爽、平易近人的将军。谈话中，樊玉琳几次提醒陈毅长途行军，一路鞍马劳顿，颇为辛苦，早点儿休息。而陈毅谈笑风生，毫无倦意，说："现在领兵打仗，哪里还谈得上休息。我们新四军挺进江南，必须有立足之地，要仰仗地方各界人士鼎力相助。樊先生在地方颇有声望，希望能带头支持新四军。"樊玉琳连忙回答："这是应尽之责。"二人谈兴甚浓，一直谈到鸡叫三遍，东方发白，才稍事休息。

第二天早上，陈毅一见樊玉琳便说："我们一起打鬼子吧!"话语亲切，也很直率、急切。樊玉琳未及深思，随口说道："'国家兴亡，匹夫有责'，凡有血性的中国人，决不甘心做亡国奴!"陈毅听后极为高兴，用赞赏的语气说："对嘛! 抗战是神圣的任务，每一个有志之士，都应当'尽忠报国'。"

此间，陈毅诚邀樊玉琳一起到乾元观散步。乾元观位于茅山地区的青龙山，是茅山道教圣地"三宫五观"之一。自秦朝建观以来，香火不断，游人不绝。清末以后，风云变幻，战火连天，乾元观游客渐稀，观内冷冷清清，杂草丛生。直到新四军开辟茅山抗日根据地之后，这里才又热闹起来。陈毅与樊玉琳边走边谈。陈毅说，陶弘景在茅山修道还过问朝中大事，被人们称为"山中宰相"，可见他的确与众不同，虽然出世而爱国之心不变，令人敬仰。樊玉琳点头称是，颇有同感。说话间，他们健步登上了郁冈峰，放眼望去，峰峦起伏，松竹成林，山风吹过，松涛阵阵，令人神往。二人来到了松风阁，凭栏远眺，茅山的秀丽风光尽收眼底，使人心旷神怡。当他们谈到祖国大好河山惨遭日寇的蹂躏时，胸中愤慨不已。樊玉琳情不自禁地吟诵起岳飞《满江红》中"仰天长啸，壮怀激烈"的词句。

"你喜欢写诗吗?"陈毅喜形于色地问道。

"喜欢读诗，可惜不会写诗。"樊玉琳坦率地说道。

"我倒喜爱写诗。"陈毅说。

在畅谈中，陈毅还向樊玉琳背诵起记录他战斗经历和展现生活哲理的《赠同志》中的诗句：

二十年来是与非，一生系得几安危？

莫道浮云终蔽日，严冬过尽绽春蕾。

然后，陈毅又吟诵起《梅岭三章》中的第一首诗来：

断头今日意如何？创业艰辛百战多。

此去泉台招旧部，旌旗十万斩阎罗。

这首诗是陈毅在粤赣边坚持 3 年游击战争期间艰苦卓绝战斗生活的生动记录，也展现了陈毅宁死不屈的大无畏革命精神，使樊玉琳深为感动，敬佩不已。

这一天，陈毅与樊玉琳又一直谈到深夜才就寝。

第三天，樊玉琳见陈毅军务繁忙，便准备告辞回家。

"不是谈好一起打鬼子吗？回去干什么？"陈毅听了十分惊异地说，再次坦诚而真挚地提出，"我们正需要你，现在是困难时期，顾得了国就顾不了家嘛！"

在陈毅的启发和感召下，樊玉琳决心为国纾难，毅然参加了新四军，追随陈毅，同心抗日。当天，樊玉琳便与陈毅一起到了宝堰镇，筹办镇江、句容、丹阳、金坛 4 县人民抗敌自卫委员会，陈毅请樊玉琳作为该会发起人之一。7 月 7 日，陈毅在宝堰镇主持召开了镇、句、丹、金 4 县各界人士会议，筹备成立 4 县人民抗敌自卫委员会，樊玉琳被推选为筹委会副主任，后来金坛县茅麓公司经理纪振纲因种种原因只担任挂名主任，实际上由樊玉琳主持 4 县抗敌自卫委员会的工作。

此后，樊玉琳在中国共产党抗日民族统一战线政策的影响下，不断提高政治觉悟，积极拥护和支持新四军抗日。不久，由王丰庆、陈洪介绍，樊玉琳加入中国共产党，曾先后担任过中共苏南特委委员、苏南第五行政区专员公署保安司令、第一行政分区专员（兼县长）等。他由一个国民党旧人员，成长为共产党、新四军的一位领导干部，真可谓茅山地区拥护并实践党的统一战线政策的一个重要典型。

## 纪振纲　民族资本家从走中间道路到倾力支援新四军

1938 年夏，遵照党中央、毛泽东主席的指示精神，陈毅司令员率部挺进苏南茅山，开辟抗日根据地。当时，一支队驻在茅山脚下的宝堰镇，陈毅住南镇街王氏旅店的二层楼上。一天，奉命前去打听茅麓公司经理纪振纲情况的侦察连排长小魏回来后，专门向陈司令作了汇报。小魏说，纪振纲那里有一支 300 多人的自卫连不假；除有一大批新式武器，还有轻机枪二三十挺，重机枪、迫击炮 10 多挺（门）。听说他现在还是金坛、丹阳、镇江、句容 4 县防匪委员会的主任呢。

"看来，纪振纲可能是我们立足茅山的一颗很重要的棋子。"听完小魏的汇报，陈毅便对粟裕说："我们一定要争取和感化这位纪经理。"粟裕完全同意陈毅的意见。

经过进一步调查了解，陈毅还知道了纪振纲的许多情况。纪振纲不是本地人，而是湖北英山县人。他原名纪纲，别名大鹏、载之，号农诚。1887 年九月初六出生于英山麓溪冲的一个农民家庭。纪振纲 13 岁举童生，曾执教武汉。1905 年考入南京讲武堂，毕业后回湖北编入新军，参加辛亥革命，曾先后任黎元洪的秘书、冯玉祥的军事参谋。1912 年，纪离开军界到九江办报，因抨击时弊，翌年曾遭袁世凯通缉，6 月去新加坡等地经商。1917 年 4 月，纪振纲出南洋回国，立志走实业救国之路。在旧友冯玉祥、聂云台等人支持与资助下，6 月间在金坛茅山东麓投资 40 万银圆，购地 15000 余亩，雇工百余人，拓荒种茶、种稻和植树，创办起"茅麓农林场"，并由黎元洪亲题匾额，且自任其经理，开始运作。他在上海中国国货公司里设立"茅麓农林场发行所"，将该场培育出的"旗枪""银毫"等茅麓名茶在津浦线上销售，占领了市场，还远销新加坡等地。1928 年，纪振纲赴德国考察，并从那里买回了柴油机、发电机、开山机、揉茶机等一批先进机械设备，又兴办了畜牧场、米面加工厂、罐头厂等，工人增加到千余人。为适应新的形势，他将原场名改为"茅麓农林公司"。1932年农历十月，纪振纲与徐琬英结婚，在上海（法租界环龙路18号）定居，经常往来于上海和茅麓公司之间。在上海期间，纪振纲与李次山、沈钧儒、邹韬奋、史良、沙千里、李公朴、王造时、章乃器等爱国进步人士过从甚密。"七君子"被捕，纪振纲曾设法营救。

1936年前后，茅山地区盗贼蜂起。1937年卢沟桥事变后，时局混乱，人心浮动。为维护公司利益并保境安民，纪振纲组织了一支二三十人的自卫队。不久，因日寇进犯上海、南京，国民党军淞沪战败，一批广东兵携带武器溃逃到茅山，纪振纲收留200多人枪，与本厂自卫队合编成自卫连，命广东籍的李安邦为连长，担任防土匪、保地方的任务，但并不抗日。从此，纪振纲集士绅、政客、民团头目与民族资本家于一身，成为苏南地区有钱、有枪、有势的著名头面人物，其人生经历富有传奇色彩。

陈毅来到茅山后，便听到人们的种种议论：

"茅麓公司自卫连的武器真好，不打日本鬼子太可惜了！"

"纪振纲要能抗日就好了。"

"要不，来个突然袭击，解除他的武装。"

……

陈毅听了沉默不语。他认为，我们新四军初到江南，正处于敌、伪、顽3方夹击的复杂形势之下，而茅山地区则是国民党的大本营，是日寇向内地进犯的军事要地，又是当地土顽组成的"游击队"割据称霸的地方。当前，我们必须贯彻执行党的抗日民族统一战线，团结一切可以团结的力量，组成浩浩荡荡的抗日大军，粉碎敌、伪、顽的夹击，使新四军在茅山地区生根发芽、开花结果。对于纪振纲这样蛰声江南、颇具实力的人物万万打不得，应尽可能团结、争取，增强抗战力量，至少使他保持中立，这对我们都是十分有利的。

于是，陈毅决定亲自写封信，特派通信参谋吴肃送往茅麓公司，邀请纪振纲来茅山指挥部一叙。

纪振纲接到陈毅的信后，只见信笺上的毛笔字十分流畅、秀逸，内容颇为令人心动，可谓情真意切：

"……我军此次东进，配合国军抗日。先生乃一介名流，诚希不吝赐教，共商抗日大计……陈毅谨上。"

纪振纲拿着这封沉甸甸的信，心头涌动着复杂的情愫。他见过日军的凶残，也受过伪军的敲诈，但对新四军并不熟悉。为探听虚实，他还是决定亲自拜会一下陈毅。

这天，风和日丽，空气清新。一顶豪华、气派的凉轿在南镇街王氏旅店门前缓缓落下，手持崭新马枪的自卫连人员分立两侧，当轿帘掀开之后，身穿白绸长衫、头戴乳白色礼帽的纪振纲从里面走出来。

"纪先生亲临本军司令部，有失远迎，请见谅。"身材魁梧、手握芭蕉扇的陈毅赶忙迎上前去，满面春风地说。

"陈司令客气了。"文雅大度又气宇轩昂的纪振纲微笑着说。

吴肃也上前握手，欢迎纪经理的到来。

随后，纪振纲连忙招呼挑夫们将土特产、茶叶以及公司里储藏的专用泡茶的"天水"送进屋里。

"不成敬意，还请陈司令笑纳。"纪振纲向陈毅拱了拱手，很有礼貌地说。

"那就不好意思了，我如数收下，深为感谢。"陈毅笑声朗朗地说，并转身吩咐勤务员用纪先生送来的茶叶和"天水"泡一壶茶来。

两人边说边上二楼，在客厅里坐下。

"陈司令，我听说共产党是不主张坐轿子的，这次我因行动不便坐轿子来拜访，不会有所失敬吧？"纪振纲谦虚而好奇地问道。

"哪里哪里，不碍不碍！"陈毅爽朗地一笑，"这也要看具体情况，我们新四军的伤病员有时也躺担架，指挥员也骑马。"陈毅平和幽默地回答说，令纪振纲顿感亲切。

"纪某生在草莽，久仰陈司令的大名，今日幸会，大慰平生！"纪振纲语气激动地说。

"纪先生是地方名流，又是实业家，既造福一方百姓，又不失民族气节，算得上侠骨英豪！"陈毅也连忙说。

接着，陈毅先以纪振纲带来的茅峰茶叶为题，谈起"茶经"。他从唐代茶圣陆羽谈到现时国内几十种名茶的优劣，旁征博引，展示了他的儒将风度，这使纪振纲渐渐感到坐在他面前的这位陈司令员绝非等闲之辈，不可轻视。

谈完"茶经"论茅山。于是，陈毅话锋一转，坦陈自己的经历，表达自己的爱国爱乡之情，直抒自己对抗日图存、复兴中华、江南抗战的一些想法。在亲切的交谈中，陈毅说："纪先生不愿做亡国奴，武装自卫，我十分钦佩先生的民族气节。"

"陈司令过奖了。倒是陈司令治军有方，深得民众拥戴。""纪先生对时局有何高见？"

"唉，一言难尽啊，时局如此动荡，令人忧虑不安！纪某旨在实业，我投资40万，苦心经营20年，无心卷入军界，来去自由，不受约束。"

然后，陈毅分析了当时的战局，并开导纪振纲说："日寇侵吞中国的虎狼之心，国人皆知；国民党消极抗战，大家心中早已有数。先生洁身自好，自由经商，走中间道路，恐怕时局不允许。我们共产党领导的新四军到茅山的宗旨是：打日本鬼子。希望纪先生能同我们携手团结，互助合作。"

陈毅的恢宏气度、谦和坦诚及真知灼见，使纪振纲感同身受，一下子就拉近了他与陈毅的距离。

在谈话中，纪振纲既有对日寇、伪军的愤恨，对国民党政权腐败的不满，又对新四军势单力薄、不足以抗衡日寇表示担忧。

陈毅便耐心地开导纪振纲说："敌强我弱是相对的，以日军几十万对我几百几千，自然我弱；但以我几百几千对他几十几百，攻其不备，我则强矣！我们可以积小胜为大胜，这是其一；我国疆土辽阔，民众向着我们一边。日寇强占我国土，蹂躏我中华民族，既失天时、地利，又失人和。只要我四万万同胞齐心合力，日寇焉有不灭之理？再者，即令先生事业现时鼎盛，然而覆巢之下岂有完卵？个中道理，相信先生定会明白。请先生三思……"

一席话说得纪振纲心悦诚服。纪振纲当即诚恳地向陈毅表示："请陈司令放心，纪某决不会当汉奸，也不愿做亡国奴，我会支持抗战的。"

陈毅见这次会晤的目的已基本达到，遂叫人拿来文房四宝，铺纸挥毫，写下一幅字以赠纪振纲和他的茅麓公司："一览众山小，浩歌大江东。"

为进一步团结争取纪振纲支持抗日，陈毅还派吴肃代表他去回访纪振纲，继续用党的抗日主张、方针、政策开导他，得到了纪振纲"支援新四军，应付日本鬼子"的保证，陈毅心中的疑虑释然。

1938年6月17日，新四军先遣支队在粟裕指挥下，于镇江、句容公路上的韦岗伏击日寇，击毁日军汽车4辆，击毙日军少佐土井和大尉梅泽武四郎以下13人，伤日军8人，缴获长短枪20余支和军用品一部。新四军江南首战告捷，震动了茅山地区。纪振纲听到这一喜讯后，立即给陈毅写信祝贺，并送去一批药品表示慰问。6月下旬，新四军一支队摧毁了宁沪线上禄口、朱门等地的伪政权。7月1日，支队第二团第一营又奇袭镇江至丹阳的新丰车站，全歼日军广江中队一个小队 40 余人。不久，新四军某部又在丹阳的横塘截击日军汽车 12 辆，击毙日军 5 名。这一系列的战斗捷报，使得新四军声威远播宁、沪、苏、浙。

新四军连连挫败日寇，纪振纲听了极为振奋，逐步看到了新四军的力量，也进一步感受到陈毅对抗日的决心及其真诚待人的品格，也坚定了他抗日的信心。

1938 年 7 月 7 日，镇江、金坛、丹阳、句容 4 县各阶层的人民代表大会在宝堰镇召开，成立 4 县抗敌自卫委员会，陈毅请纪振纲"出山"抗日，担任主任。纪向陈毅、吴肃等深表感谢之忱，然而，因考虑自身利益，只愿挂名 4 县抗委会主任之职，他对陈毅、吴肃等说："我不同于你们，我若公开出来任职，茅麓公司就得关门，倾家荡产了。我不出来担任职务，还可以拥护和支援你们抗战，为国家为民族做些实际有益的事情，比如在物资上支援你们，还可以供给你们情报。"

对于纪振纲的思虑，陈毅表示充分理解。于是，4 县抗委会的实际工作均由副主任樊玉琳去做了。

1938 年秋天，由于江南的新四军部队不断发展、扩编，而国民党的供给却有减无增，尽管大家勒紧腰带过苦日子，但是，仍时常揭不开锅。陈毅只好再派吴肃去找纪振纲借银洋 5000 元，以解燃眉之急。纪振纲十分爽快地答应了，他还为吴肃献计："你们仅靠打汉奸筹款子这个办法不行，最好是搞税收，我可以告诉你哪些地方能安税卡。"

陈毅听了十分高兴，立即采纳纪振纲的意见设卡收税，不仅解决了江南新四军部队的经费开支，还往皖南新四军军部上交了一部分。

同年冬，天气骤冷，新四军棉衣奇缺，战士们仍着单衣行军打仗，无奈之下，陈毅只好又派吴肃找纪振纲商量，请他出主意想办法。于是，由纪振纲出面牵头，召集当地区长、士绅开会，发动募捐，吴肃作动员，要求大家"有钱出钱，有力出力，支援抗日。"纪振纲率先发言，带头捐献棉衣 500 套（实捐 300 套），大家见经理慷慨捐助，也纷纷报名捐献。几天之内，就筹集棉衣 3000 多套，使新四军指战员顺利地度过严冬。纪振刚还在上海为新四军买西药，设法保护伤病员。

1939 年春，陈毅第一次亲自去茅麓公司拜访纪振纲。此间，他说古道今，纵论时政，从古代的苏武、岳飞、文天祥，谈到近代的林则徐、邓世昌，进一步向纪振刚宣传爱国主义思想。纪当面称新四军为"王者之师"，并向陈毅表达了由衷的敬意。此后，陈毅又两赴茅麓公司，并先后派新四军战士与纪的自卫连联欢，派文工团去慰问演出，以增进友谊。后来，纪振纲又慷慨解囊，给新四军送去一大批长短枪和 3000 发子弹。

以后，日寇派出一个大队的人马占领了茅麓公司，并把纪振刚软禁。经陈毅多方营救，使纪振刚获释。在万般无奈的情况下，纪振纲不得不忍痛离开他经营 20 多年的茅麓公司，决定去上海。临别时，纪振刚将茅麓公司自卫连 200 余人、200 多支枪、30 多挺轻重机枪、1 门迫击炮和一批弹药，全部交给陈毅。①

---

① 当日军一度侵占茅麓公司时，纪振纲把该公司自卫武装 300 人枪，全部交给了新四军。见中国新四军和华中抗日根据地研究会编：《新四军的组建与发展》，中共党史出版社 2019 年 5 月第 1 版，第 125 页。

# 陈毅在南陵

1938年4月28日，先遣支队在潜口西大祠堂门前集合，召开了大会。军长叶挺、副军长项英、参谋长张云逸、政治部主任袁国平和一些支队的领导同志亲临大会，欢送部队出征。中央军委新四军分会副书记、一支队司令员陈毅同志作了动员讲话。动员之后，部队情绪饱满。随之部队乘汽车经太平、石埭（今石台县）到青阳，住了一夜，然后徒步行军到南陵。陈毅同志一路送行到南陵，并做国民党川军的工作，使部队顺利通过了川军郭勋祺的防区。[①]

1938年5月12日，陈毅率第一支队从太平出发，18日至南陵县三里店，作短期整训。5月27日，南陵活动分子纪自友和董醒华到三里店找到陈毅，要求帮助将南陵党组织重新建立起来。陈毅热情地接待了他们，并回答说："你们先将群众发动起来，把青抗会组织发展壮大，待条件成熟后，再建立党组织。这件事你们今后可以到军部政治部找邓子恢同志汇报。"

5月28日，一支队在三里公鸡坦（现三里镇山泉村）召开了支队干部动员大会，陈毅在会上作《新的战斗条件和新的战斗任务》的报告。着重指出："中国共产党领导的抗日民族统一战线，是战胜日寇

---

① 见北京新四军暨华中抗日根据地研究会军部分会编：《回顾新四军军部》（内部资料），2007年4月，第24—25页。

的基本路线""只要依靠模范的群众纪律、广泛的统一战线和胜利的战斗，我们就能在敌后生存和发展。"他解释说："抗日民族统一战线是战胜日寇、分化阴谋毒计的基本经验。统一战线的基本内容，是团结一切中国人对日军抗战，使日寇、汉奸、卖国贼陷于孤立。"项英副军长还专程从土塘军部赶来参加会议，着重阐述了游击战的战术原则。这次会议使第一支队指战员明确挺进敌后初期的作战方针，对之后打开苏南的抗战局面起了重要作用。

一支队在公鸡坦期间，陈毅司令员和政治部主任刘炎决定由新四军战地服务团对当地开展一次社会调查和宣传，了解人民群众对抗战的认识和态度，对抗日军队有什么反应，群众生活有什么困难。针对群众的实际情况进行宣传，动员他们积极参加抗战，支援前线部队。服务团分组进行调查，在三里店一带工作了一整天。服务团队员走店铺，访群众，进学校，向群众和学生宣讲抗战形势和新四军如何抗战，分析讲解陈毅司令员的报告，动员有志青年积极报名参加新四军。①

5月29日，一支队离开三里公鸡坦，移防到南陵东乡朱连塘（现籍山镇麒麟社区），一支队司令部住在朱连塘，所属一、二团分别驻扎在朱连塘附近的土桥李、叫花墩、凤村一带地方。

5月30日，国军五十军军长郭勋祺请陈毅到南陵城里赴宴。当晚，陈毅率20多人组成的服务团向川军作慰问演出。

6月1日，陈毅率新四军第·支队从朱连塘出发，3日夜通过芜湖至宣城铁路日军封锁线，4日凌晨进入苏南敌后地区。出发前陈毅要求所有干部应问路线、问敌情、问地形，搜集和了解一般社会情况，以便全面掌握情况，实施正确领导。

抗战初期，陈毅司令虽在南陵驻防只有半个多月，但他在南陵开

---

① 见中共芜湖市委党史研究室著:《中国共产党芜湖历史》(第一卷)，安徽人民出版社2008年10月第1版，第283—285页。

展了一系列抗日救亡工作，激励和鼓舞了南陵人民的抗战信心、热情与斗志。

　　新中国成立后，1963 年 10 月 22 日，陈毅副总理和夫人张茜陪同 80 余个国家的使节前往黄山，返京途中又在南陵县城停留半天，了解南陵有关情况，对南陵经济社会发展作出重要指示。

# 谭震林在南陵

1938 年 7 月初，新四军第三支队进抵泾县汀潭的杨村、南陵县葛林的六甲村一带进行整训，拱卫军部。9 月 28 日，第三战区司令长官顾祝同下令新四军第三支队接替国民党军第一四四师红杨树至峨桥、青弋江一线正面防务，担负阻止湾沚之日军西犯南陵的任务。1938 年 10 月 7 日，谭震林奉命率第三支队第五团、第六团三营进抵青弋江西岸的西河镇一带，与国民党军共同守备皖南前线阵地。① 12 月 15 日，新四军第三支队又奉国民党第三战区命令，从皖南南陵的青弋江地区转移至铜陵、繁昌一带，执行防御任务。② 1939 年 4 月 23 日，三支队司令部由南陵沙滩脚迁至繁昌中分村。③ 其间，谭震林率支队司令部先后驻南陵蒲桥和沙滩脚。④

---

① 见中国新四军和华中抗日根据地研究会编：《新四军的组建与发展》，中共党史出版社 2019 年 5 月第 1 版，第 150—151 页。

② 《新四军战史》编辑室编：《新四军征战日志》，解放军出版社 2000 年 8 月第 1 版，第 44—45 页。

③ 见芜湖市委组织部、芜湖市档案馆、中共芜湖市委党史和地方志研究室编：《红色芜湖》，安徽师范大学出版社 2021 年 6 月第 1 版，第 207 页。为防止日机空袭，三支队司令部由南陵沙滩脚迁到繁昌中分村——当时第三支队民运工作负责人汪大铭日记。见中共南陵县委党史办公室编：《南陵党史集萃》，中国展望出版社 1989 年 8 月第 1 版，第 409 页。繁昌县中分村现为繁阳区孙村镇中村村。

④ 见中共芜湖市委党史研究室著：《中国共产党芜湖历史》（第一卷），安徽人民出版社 2008 年 10 月第 1 版，第 289 页。见中共南陵县委党史办公室编：《南陵党史集萃》，中国展望出版社 1989 年 8 月第 1 版，第 405 页。

## 一、谭震林在蒲桥

### 赢得了民心①

1938 年 8 月，第三支队从南陵县格林乡六甲张村移防到南陵蒲桥。司令部设在蒲桥附近一个叫潘乐山的地主家里。当时，部队口粮十分缺乏，补充给养很困难，地主潘乐山家中存有 200 多担稻谷，可是他平日受反动宣传影响较深，对新四军存有种种戒心。三支队刚进南陵地区时，他就跑到国民党军防区去了，家中只留下两个佣人看家，仓里的稻谷用封条封着，不准别人动用。当时副官处副官就住在潘家楼下，进进出出看着仓里装着那么多稻谷，就向佣人打听一下能否买点粮食。佣人们连连摇头说，不敢做主，于是只好作罢。通过相处，佣人们见副官们说话和气，并不相强，便觉得新四军与传说中的"土匪"形象大不一样，态度就自然而然地亲近起来。谭震林同志知道此事后，指示副官处对潘家的财产要严加保护，秋毫不染，尤其要保护好那些封条，让潘乐山亲身体会到我军的严明纪律。他说："不要盯住几担谷子嘛！争取民心，团结中间派，扩大统一战线才是大事。潘乐山是个地主，对我们有成见，怕我们'共产共妻'，很有代表性嘛！我们要用模范行动扭转他的看法，把新四军的牌子亮出去！"

潘乐山家的佣人多数是佃户，是穷苦人出身，对我们的抗日宣传听得进，很快地就成了我军的义务宣传员。蒲桥集镇上的群众听了他们关于我军纪律严明、秋毫无犯的介绍，开始还不大相信，不时有人跑到潘家门口探头探脑地偷看。当看到我军确实没有动过潘家的东西，

---

① 见中共南陵县委党史办公室编：《南陵党史集萃》，中国展望出版社 1989 年 8 月第 1 版，第 75—76 页。

稻谷的封条仍然贴着时，这才信服。一个个翘起大拇指说："新四军是不一样，对潘老儿都这么客气，真是爱护百姓！""谁说人家'共产共妻'，这不一颗籽粒也没动嘛？倒是政府军说拿就拿，买东西不给钱，你也没办法！"

消息传进南陵县城，潘乐山将信将疑。几天后，潘家佣人进城将情况向潘乐山作了介绍，潘乐山心中的石头落了地。第二天他回到家中，一见到副官处同志就连连作揖道歉，并主动以低廉的价格卖给三支队100多担稻子，还赠送了一些。潘乐山的转变影响了周围的地方士绅，此后他们纷纷向新四军靠拢，穷苦群众更同新四军心贴心。与此同时，蒲桥地区的地下党组织正不断发展壮大，农抗会、青抗会、妇抗会等群众性的抗敌组织，犹如雨后春笋般地发展着，减租减息运动亦积极逐步地推开。

## 收复了红杨树①

第三支队接防青弋江防线前不久，这一带阵地前沿的红杨树已落入日寇之手。接防后的部署是：支队部带六团三营移驻蒲桥，五团团部留驻西河镇，一营驻离西河不远的王村，三营驻金家阁，二营准备进驻红杨树。部队按布置展开后，迅速帮助群众修建被鬼子践踏的家园，并立即构筑工事，做好阻击日军南犯的战斗准备。

为了夺回红杨树，10月上旬，谭震林同志来到五团，他说："鬼子刚占领红杨树，立足未稳，地形不熟悉，人心惶惶，你们夜里去闹闹它，让他们六神无主。"按照谭震林指示，三支队五团第二营派出十余名作战经验丰富的侦察员，利用夜黑摸进红杨树，对日军进行袭

---

① 见《中国人民解放军历史资料丛书》编审委员会编：《〈中国人民解放军历史资料丛书〉·新四军·回忆史料(1)》，解放军出版社1990年1月第1版，第231页；九江市新四军暨华中抗日根据地历史研究会编：《新四军历史上的今天》，中共党史出版社2017年10月第1版，第644页。

击骚扰。谭震林亲率两个连前沿指挥。立足未稳的日军摸不清虚实，害怕被围歼，仓皇撤离，第三支队收复红杨树。

## 召开了全支队干部会议①

收复了红杨树，完成了一线阵地防御的配置，大大鼓舞了部队干部、战士的求战情绪，但要在这里进行防御，迎击日寇进攻，大家思想上难免有些顾虑。过去打游击战，"打得赢就打，打不赢就走"，而现在要与日寇在水网稻田地区打阵地战，究竟怎样才能打好这出师的第一仗，战士们心里没底，部队干部也觉得压力很大。

谭震林同志了解到部队思想情况以后，在蒲桥召开了全支队干部会议。在会上，他分析了抗战以来的形势，指出："虽然新四军装备较差，火力又弱，不宜担负正规阵地防御作战任务，但为了顾全抗战的大局，即使付出大的牺牲也要守住阵地，把仗打好。我们在红杨树一线作战的胜利，大大鼓舞皖南人民的抗战热情，粉碎日军不可战胜的神话。"军政治部袁国平主任说："五团（指二营）1934 年在崇安四渡桥打了一场漂亮的阵地战，是有经验的，鬼子并不可怕，你们要好好研究水网地带作战的特点，发动群众想办法，就一定能取得胜利。"他还在会上就如何做好战地群众工作，紧密依靠人民群众以及遵守群众纪律等问题作了具体指示。蒲桥会议以后，五团又在西河镇召开了连以上干部会，决定尽快了解敌情，在走访友邻部队和老乡的基础上，集思广益，充分发扬军事民主，制定了确实可行的阵地防御措施。

部队在乡亲们的帮助下，日夜苦战，在河流、稻田圩埂的拐弯处构置好了阵地，又在挖断的堤圩两侧巧妙地挖好隐蔽部，做好暗射击

---

① 见《中国人民解放军历史资料丛书》编审委员会编:《〈中国人民解放军历史资料丛书〉·新四军·回忆史料(1)》,解放军出版社 1990 年 1 月第 1 版,第 231—232 页。

孔，还在掘开的地段上挖好陷阱，埋上芦柴。一切准备就绪，只等日军上门。

## 创办了抗日救亡干校①

谭震林非常关注民运工作，经常到民运队了解和指导工作。他明确要求："三支队不只是单纯的军事组织，也不能单纯地搞统一战线，要做好发动群众的民运工作、帮助发展地方党员，建立党的地方组织。"为此，1938年10月，三支队在蒲桥开办了抗日救亡干校，任务是训练政治干部、民运干部和地方干部，主要学习论持久战、游击战、民运工作、政治常识等课程。校长张鏖，学员五六十人。

## 开展了建党工作②

1938年夏，三支队到达南芜宣地区。当时，支队司令部驻在南陵的蒲桥，其所属部队及五团团部驻扎南陵、芜湖、宣城3县交界前线的前沿地区，分布在宣城的西河、红杨树和南陵的金家阁、马家园一线（当时的湾沚、红杨树以及青弋江西岸的西河镇均隶属宣城县辖，现归芜湖市湾沚区管辖）。三支队进驻后，派出民运工作干部和服务团员在三支队驻地周围农村，开展抗日救亡活动，宣传《抗日救国十大纲领》，组织各种抗敌协会。在谭震林同志亲自关怀和过问下，民运工作干部和服务团员中的共产党员，还要在抗敌协会会员积极分子中进行建党工作，帮助发展地方党员，建立地方党的秘密组织。三支队司令部驻地蒲桥的党组织中，就有谭震林同志亲自发展的党员。与

---

① 见中共芜湖市委党史研究室著：《中国共产党芜湖历史》（第一卷），安徽人民出版社2008年10月第1版，第316—317页；中共南陵县委党史办公室编：《南陵党史集萃》，中国展望出版社1989年8月第1版，第404页。

② 见中共南陵县委党史办公室编：《南陵党史集萃》，中国展望出版社1989年8月第1版，第50、51、405、407页。

此同时，皖南特委也先后派来党的工作干部，如凤石山（洪林）、罗克（罗白桦）、董醒华等同志来到南芜宣地区。他们在谭震林同志和三支队党组织的关怀与帮助下，开展了南芜宣地区全面建党活动。1938 年 12 月，中共南陵金阁区委成立，属三支队领导，区委书记凤石山，全区有 14 个党支部，60 多名党员，这为 1939 年 1 月建立南芜宣县委打下了基础。

## 建立了南芜宣地区第一支抗日游击武装①

余子才原是帮会头子，门下的"学生"遍及南陵东乡。他原系贫农出身，家境不富裕，年轻时颇有些侠义肝胆，时常为贫苦群众打抱不平。后来时局动乱，他趁机拉起了一股队伍，有七十来人，土步枪加起来有十多支，成了"草头王"。他的部下虽然流里流气，然而在乡间并不十分作恶逞霸，有时虽然强取一些钱财，但对象多是财主富豪或是有劣迹的恶棍。他们的所作所为近似古代的绿林好汉，呼其为"土匪"的，都是那些有钱的人。尽管如此，但在三支队的防区内，有这样一支盲目行动的武装，不能不引起支队领导的高度重视。为了变消极因素为积极因素，团结更多的人一道抗日，支队首长研究决定，采取适当措施，把余子才收编过来，以壮大我军力量。

1938 年 10 月的一天，谭震林在支队民运科长金贯一的引荐下，召见了余子才。见面时，谭震林高兴地说："欢迎欢迎，余先生愿意同我军合作，共同抗日，实乃壮举！"他还向在场的支队部领导介绍说："这就是余子才先生，他行侠仗义，打富济贫，在这一带威望很高……"余子才连忙拱手道："不敢不敢，小人不才，今后还要仰仗各位多多指教！"接着，谭司令向余子才一一介绍了我方人员，当介

---

① 见中共南陵县委党史办公室编:《南陵党史集萃》,中国展望出版社 1989 年 8 月第 1 版,第77—80 页。

绍到俞炳辉时，他对余子才说："这是我们副官处的俞主任，今后有什么事多同他联系好了……"

自此以后，余子才时常带着部下与我方来来往往。为了顺利完成收编余子才部任务，参谋处派出专人做各种准备工作，金贯一同志奉首长之命同对方保持着频繁的联络。谭司令也亲自向余子才阐述了我党我军的抗日主张，并对他作了正确的评价。

随后，余子才很快地就同三支队达成了四条协议：1. 余子才部改编为抗日游击支队，受新四军三支队指挥；2. 游击支队协助三支队担任防区警戒，并执行侦察情报、护送干部去长江北岸及筹粮等任务；3. 游击支队如发展壮大，三支队应支援部分枪支弹药；4. 为避免同三战区发生冲突，游击支队主要向芜湖方向行动。几天后，游击支队正式成立，谭司令到会致词，热烈欢迎各界志士一同抗日。余子才在会上表示，今后一定以新四军的纪律管束部队，坚决抗日，完成三支队司令部交给的各项任务。

改编半个月后，适逢余子才的小儿子做周岁，谭震林还指示副官处买了4瓶酒、4只老母鸡、4块布料和一些其他礼品送到余子才家贺喜。

后来游击支队发展到100多人时，谭司令命参谋处送去1挺轻机枪、20多支步枪和部分弹药。此外，还派俞炳辉去讲过军事课，教授他们操练队列和做军事动作。

收编余子才后，为三支队在防区内外活动提供了很大方便。游击支队耳目灵通，他们经常给我军送来日伪和三战区部队活动的情报。五团和六团（三营）行动时，他们派人给我军带路。到军部培训的地方干部要回敌后，他们沿途护送过青弋江和长江。我军短缺的军用物资（如电筒、电池、药品等），常由他们帮助从国民党防区或敌占区购来。我们部队需要的钱粮，也由余子才部帮助解决一些。

### 指挥了马家园战斗①

1938 年秋，谭震林率三支队奉命担负马家园一带的防御任务，阻止日军西犯南陵。为坚守马家园阵地，三支队六团三营担负正面防御，以班为战斗单位，分散与敌作战。10 月 30 日，日军在湾沚出动 500 余名步骑兵，分 3 路向新四军阵地进犯。早有准备的新四军一次次打退了敌人的猛烈炮击。11 月 3 日，日军又出动了近千人，分 4 路再次西犯马家园，先是用大炮猛轰，后令骑兵进攻。新四军采取迂回战术，避实击虚，集中主力从三面包围马家园，对敌进行猛烈反攻。经过几次战斗，敌伤亡 300 余人，新四军伤亡 32 人。新四军用落后武器打败武器装备先进的日军，取得了首战马家园的胜利，开创了新四军阵地战的先例，极大地鼓舞了皖南人民抗战必胜的信心和决心。

## 二、谭震林在沙滩脚

### 成立了中共铜南繁中心县委②

1938 年 12 月，第三支队在副司令员谭震林率领下，由西河前线开进铜南繁边境。支队司令部驻在南陵的沙滩脚，政治部驻铜陵燕子牧。三支队进驻铜繁地区后，根据谭震林"帮助发展地方党员，建立党的地方组织"的指示，经三支队党委决定成立了中共铜南繁中心县委，由时任中共铜陵中心区委书记的张伟烈担任中心县委书记，并派田文任妇女部长，金志才任青年部长。因当时皖南特委还在后方，所

---

① 见中共芜湖市委组织部、市档案馆、中共芜湖市委党史和地方志研究室编：《红色芜湖》，安徽师范大学出版社 2021 年 6 月第 1 版，第 49 页。
② 见中共芜湖市委党史研究室著：《中国共产党芜湖历史》（第一卷），安徽人民出版社 2008 年 10 月第 1 版，第 330、331、332 页。

以由谭震林代表三支队党委领导中心县委工作，县委的经费亦由三支队提供。中心县委管辖的范围为整个铜陵县、繁昌3个区和南陵第四区（工山区）。三支队采取首先建立党的领导机构，再通过领导机构去推动发展党员，建立党的基层组织的方法开展建党工作。支队司令部驻地南四区在桂镇一带发展党的组织，建立了桂山乡等支部和第四区区委，潘效安先后任桂山乡书记和区委书记。

铜南繁中心县委成立后，为培养三县地方干部，曾配合三支队连续开办了两期抗日救亡训练班，校长张鏖。学员主要是本地的知识青年，人数以铜陵为多，繁昌、南陵次之，为党培养了一批地方领导干部。同时，由田文负责在铜陵燕子牧附近开办了妇女训练班，专门培训地方妇女干部，其中大多数是南陵西河工委派来的学员。1939年3月，铜南繁中心县委曾在沙洲地区成立抗日民主政权铜繁无（为）边区政府，区长章啸衡。

## 组织了系列抗日救亡活动[1]

第三支队进驻铜南繁抗日前线，要求派驻铜南繁各区乡的战地服务团和民运工作队员，都要把建立、巩固和扩大抗日民族统一战线作为民运工作的主要任务。当时，谭震林特别强调做好"对上层的统一战线工作"。因此，三支队在统一战线工作中，尤其注意争取当地士绅和联保主任工作，在改组县动委会时，主任委员仍由当时的繁昌县政府县长张孟陶兼任，并特地安排了25名地方士绅为动委会委员。为推动国民党进步、抗日，谭震林等三支队负责同志亲自参加国民党县政府的有关活动，同时也邀请国民党地方官员和士绅参加有关活动，

---

[1] 见中共芜湖市委党史研究室著：《中国共产党芜湖历史》（第一卷），安徽人民出版社2008年10月第1版，第278、279页；中共芜湖市委党史征集小组编：《中江烽火》，1987年7月，第33、73、507页；中共南陵县委党史办公室编：《南陵党史集萃》，中国展望出版社1989年8月第1版，第408页。

共商团结抗日大计。由于坚持执行党的抗日民族统一战线政策，形成了这一时期芜湖地区国共合作的良好局面。

1939年4月1日，三支队政治部在铜陵大屋基方村，召开铜南繁三县县长、动委会及三县各界代表共130多人参加的座谈会，商讨加强对敌斗争具体对策。谭震林、邓子恢、胡荣、三县县长及各界代表都讲了话。

1939年4月4日至8日，三支队政治部在铜陵大屋基方村方家祠堂，召开民运工作会议。出席会议的有铜陵二区，南陵四区，繁昌一、二、三区民运工作人员及铜南繁中心县委成员。叶挺军长到会讲了话。7日，邓子恢作了《三个月来铜南繁民运工作总结》报告。

其间，支队司令部办了一个教导队，又叫学兵队，主要是训练军事干部的场所，参加学习的人员是优秀的班排连干部。还办了一个抗日救亡干部学校，也叫"救亡训练班"，共办了两期，每期近百人，任务是训练铜南繁三县政治干部、地方干部，民运干部也不定期参加学习。

## 英勇保卫繁昌[①]

1938年冬，大通、顺安、铜陵、繁昌等沿江城镇相继陷入敌手。国民党军第三战区司令长官部又令新四军第三支队移防铜陵、繁昌等地，与国民党军协同守备铜繁前线阵地。

1938年12月26日，敌伪200多人趁三支队刚刚进驻铜南繁立足未稳之时攻打中分村。三支队占领岭头有利地势打退了敌人，迫使敌伪军退至青山嘴，后向三山败退，新四军趁势收复了被日伪军占领的

---

① 见中国新四军和华中抗日根据地研究会编：《新四军的组建与发展》，中共党史出版社2019年5月第1版，第151页；中共芜湖市委组织部、市档案馆、中共芜湖市委党史和地方志研究室编：《红色芜湖》，安徽师范大学出版社2021年6月第1版，第49页；见《新四军战史》编辑室编：《新四军征战日志》，解放军出版社2000年8月第1版，第48、50、52页。

繁昌县城。

1939 年 1 月 13 日，第三支队在第一团配合下，再克皖南繁昌县城，歼日军 20 余人。

1939 年 2 月 5 日，第三支队集结主力反击再占皖南繁昌城的 300 余名日军，迫使日军退出繁昌。

1939 年 3 月 2 日，第三支队一部在皖南南陵、繁昌间之横山桥与日军激战 1 小时，毙日军 8 人。

# 民运专家邓子恢①

新四军军部在皖南时，邓子恢除担任军政治部副主任外，还兼任军政治部所属的民运部部长和中共中央东南分局民运部部长。作为人民军队的老政治工作者，邓子恢一到政治部，就特别强调部队群众工作的重要性。他经常告诫部下要认真学习贯彻毛泽东彻底的群众观念、群众路线的思想，强调宣传群众、组织群众、武装群众是我军的优良传统，特别是在皖南群众还不了解我们新四军时，宣传工作就更加重要。

为了加强部队的宣传工作，邓子恢把来自各地的抗日青年和知识分子组织起来，建立战地服务团和宣传队，运用戏剧、文学、美术、歌咏等各种形式开展生动活泼的宣传工作，扩大新四军的影响，动员各阶层民众配合和支援新四军的抗日活动。

在民运部工作的大多是学生出身的青年知识分子，他们来自城市，缺乏群众工作经验。邓子恢亲自带着他们深入群众，让他们在实际工作中接受锻炼和教育。

邓子恢知道，单靠军部民运部和战地服务团是难以担负起全军的民运工作的，因此，他以极大的努力建立和健全各级民运组织。首先，

① 见《新四军故事》群众路线篇之《民运专家邓子恢》。刘以顺著：《新四军故事》，人民出版社 2018 年 8 月版，第 138—140 页。本文摘选时略去了该篇最后段。

他大力加强军部民运部的组织建设，在民运部里设立了动员科、组织科和武装科，分别由江靖宇、曾如清和陈茂辉担任科长。此外，各个支队设民运科，团设民运股，连队党支部设民运委员，各班有民运战士。这样，在邓子恢的领导下，全军上下就形成了一套完备的民运工作的组织系统。

邓子恢对农民怀有深厚的感情，是一位真正同农民群众同呼吸、共命运的共产党人。他经常到农民家里调查研究，每次到群众家里，总要先揭开锅盖看看，伸手在米缸里摸摸，然后再和群众拉家常，问寒问暖，了解情况。有一次，邓子恢到三里店的张村，发现有一个积极分子忽然对工作消极起来。他很快就查明了原因，原来是那位积极分子家里的生活发生了困难。他立刻批评那里的民运工作队负责人，要求他们及时帮助解决生活困难。

又有一次，邓子恢与民运部的同志到农村进行抗日宣传，中午在一农民家里和老百姓一起吃饭。饭是稀饭糠窝头，菜是一碗夹着许多蛆的烂腌菜。一开始，民运部的同志看到碗里的蛆就不敢下筷。邓子恢见状，便带头吃起来。队员们见邓副主任带头吃蛆，也都壮着胆子把蛆送进嘴里。这件事对当地农民震动很大，都说没有见过当官的吃这样的饭菜，新四军的官真平易近人，是老百姓的贴心人。在民运工作队更是引起了强烈反响。很多青年知识分子队员更是从内心钦佩这位曾经留学日本的老革命家，从他身上学到了与群众打成一片的勇气和力量。他们主动地接近群众、深入群众，帮助农民插秧割稻，为群众挑水砍柴，干对老百姓有利的事情，再也不叫苦叫累、嫌脏嫌臭。

新四军进入皖南后，形成了"三大纪律、十项注意"。"三大纪律"是：坚决抗日救国，服从命令听指挥，爱护老百姓。"十项注意"是：上门板捆稻草（在民家借宿时用），地下扫净，说话要和气，买卖要公平，借物要送还，损失要赔偿，大小便要找厕所，洗澡要避开女人，进出要宣传，不杀害俘虏兵。

为了广而告之，密切军民关系，邓子恢亲自执笔，以新四军名义起草了一份布告详细地阐明了新四军的宗旨、纪律和任务。他派军政治部宣传科长张凯立即前往屯溪镇，赶印布告，以最快的速度发到即将出发的部队中去。这是新四军挺进江南的第一个布告。新四军开到哪里，布告就贴到哪里。江南老百姓从这份布告里知道了有一支专打日本鬼子的新四军。这份通俗易懂、大义凛然的布告，打动了许多老百姓的心，为后来新四军在江南站稳脚跟，发挥了很好的宣传作用。

在皖南，有个突出的社会现象就是青洪帮特别集中。据中共皖南特委调查：加入帮会的除了大地主，普通群众有80%加入过帮会。当地有个顺口溜说道："有钱的人靠它保财产，有官职的人靠它保位置，穷人靠它来过活，年轻人靠它来流浪。"新四军进入皖南后，有些帮会分子受国民党策动利用，专门与新四军作对，民运工作受到很大影响。邓子恢认为，这是一个群众性的问题，不能操之过急，必须妥善解决。他决定筹办抗日游击战争训练班，通过分批训练江南各界的代表人士，来解决这个问题。他把筹办训练班的任务交给了陈茂辉，并规定第一期受训对象主要是统战人物，其中有不少是皖南青洪帮的首脑。陈茂辉一时想不通，向邓子恢反映说："开展抗日游击战争，靠的是会打仗的青年人，把那些老头子找来起什么作用呢？"

邓子恢解释说："这些青洪帮的老头子都是地方上的实力派，有影响的人物，他们年纪大，我们并不是真要他们上前线，只是请他们来学习党的抗日民族统一战线政策，向他们讲讲抗日形势罢了。这些老头子们，都有许许多多年轻的徒子徒孙，你收了这些做师傅的人为学生，他们的徒子徒孙都成了你的重学生啦。"这么一说，陈茂辉理解了邓子恢的良苦用心和意图，高高兴兴地接受了任务。这样的训练班共办了两期。结果，一些地方名流和青洪帮首脑经过训练，变成了新四军的朋友，回去以后输送推荐了许多青年到新四军学习，在以后的抗日战争中发挥了不少作用。

1939 年 3 月 29 日，邓子恢率领民运部的一批干部赴铜陵、繁昌、南陵三县交界处的三支队政治部检查工作。4 月 7 日，他出席三支队民运工作会议，作总结报告。邓子恢善于做长篇演讲，这次报告也是如此。出席这次会议的汪大铭在当时的日记中写道：邓子恢的这个报告"讲了一天没有讲完，晚上继续讲了三四个钟头，还是没有讲完，决定再讲。我这个做记录的一天日夜不停地写了十多个钟头，手指都写得僵痛了"。当年在皖南和邓子恢一起工作过的许多老同志一说起邓子恢，无不称颂他是"群众运动专家""民运工作专家"。

# 粟司令的先遣队和他们的电台[①]

1938 年 4 月，新四军组织先遣支队，任命粟裕为司令员，挺进苏南敌后，实施战略侦察。毛泽东 4 月 24 日电示："先遣支队去敌后，惟须派电台及一有军事知识之人随去。"

## 告别皖南岩寺

1938 年 4 月 28 日，新四军先遣支队 500 余人[②]，精神饱满，威武雄壮地集合在皖南山区岩寺潜口的坡地上接受检阅，准备开赴敌后抗日。先遣支队电台的收发报机、手摇发电机、天线及其他备件，分放在装有木箱的四副担子里，6 名战士负责监护，依次排列在队伍的右侧。不一会，在参谋人员伴随下，粟裕司令、钟期光主任来到集合地。首长们审视队伍后，粟裕问："到齐了没有？"参谋回答道："全到齐了！"粟裕又问："电台来了没有？"电台队长江如枝高声回答道："我们全来了。"在部队集合出发的时候，粟裕专门查询电台随队情况，

---

① 见斯简著：《新四军将帅通信记事》粟裕倾情军事通信篇之《东进敌后的尖兵电台》，上海人民出版社 2009 年 9 月第 1 版，第 44—54 页。题目为编者加。

② 先遣队从第一、第二、第三支队各抽调部分干部和侦察分队约 400 人，组成三个连，并有熟悉江南民情风俗，懂得苏南方言的战地服务团员随队活动。见中国新四军和华中抗日根据地研究会编：《新四军的组建与发展》，中共党史出版社 2019 年 5 月第 1 版，第 107 页。

虽然只问一句话，却使电台同志受到莫大鼓舞，一种报效国家、报效民族的自豪感油然从心底升起。电台同志都知道粟司令从浙南赶来岩寺仅几天，就奉命率先遣支队深入苏南敌后，无数大事需要思考、运筹和决策。可是，一个小小电台，粟司令却始终牵肠挂肚。前一天，他找电台队长江如枝谈话，昨天又亲切询问电台出发准备情况。他与江如枝谈话时指出："我们先遣支队先于主力进入苏南敌后，情况非常复杂，我们需要随时保持与延安党中央联系，保持与军部的联系，还有我军的其他友邻部队，以至某些国民党友军，都要保持一定的联络。我们没有其他的通信手段，这个远距离通信任务，只能靠你们来完成，你们肩上的担子不轻呀！"又说："部队在敌后行动，电台联络非常重要。当年我们从闽浙赣南下，途中遭到国民党保安团袭击，电台没有保护好，被敌人打掉了。此后，我们就同党中央和上级失去了联系，党中央召开遵义会议，我们也不知道。对于全国革命形势和党的路线、政策，只能从搜集敌人报纸中分析判断，真困难呀！这次出去，你们务必保护好电台，使之不受损失……"电台的同志听了粟司令的指示，心中久久不能平静，深感此次深入敌后抗战，既光荣，又艰难，任重道远。

不一会儿，几位军首长相偕来到集合场，对先遣支队进行简短的出发动员后，队伍便出发了，离开了岩寺小镇，离开了无数真挚的战友和热情的乡亲，离开了秀丽的青山绿水和散落的村庄，还有那座新安江支流上的石拱古桥。这一切是多么熟悉、亲切啊！先遣支队日夜兼程，向苏南敌后挺进。行军路上电台挑着走，部队宿营时，立即架线工作。报务员、运输员轮流值班、摇机。虽然行军生活极为辛苦，但同志们却个个精神饱满，情绪乐观，士气高昂。自从出发以来，粟司令总是走在队伍的前列，每日行军都要集合大家讲话，明确当天任务要求，每到一地都要亲自部署好部队的宿营与警卫，给电台选择最好的房子，安排岗哨，确保电台安全。

## 征途上的斗争

先遣支队经青阳到达南陵，受到当地百姓热烈欢迎，部队在东门外宿营，由于连日行军疲劳，指战员很快进入梦乡。粟司令突然下令紧急集合。电台正在沟通联络，立即拆线赶到集合场。粟司令对部队讲话说："这里老百姓欢迎我们，是因为我们不是从前线溃逃下来，而是向敌人开进。这周边情况复杂，离芜湖很近，说不定敌特、汉奸已经监视我们，我们随时有可能遭敌人攻击。因此，我们必须立即转移。"天刚破晓，不出粟司令所料，敌机果然到南陵东门外盘旋，狂轰滥炸。而这时先遣支队早已转移到南陵的麒麟桥一带山村宿营，部队安然无恙。①

先遣支队深入敌后，沿途遭到很多不应有的阻碍，不仅有日伪军阻击，还有一些杂牌部队以及一心只想抢地盘的所谓"游击队"、土匪武装，他们相互勾结，为非作歹，鱼肉人民。他们对我军挺进敌后，多方刁难、阻挠。为了争取一切力量共同抗日，粟司令顾全大局，凡经过这些队伍驻地，都事先派得力干部前往宣传抗日道理，通报我军深入敌后的宗旨和意图。5 月 11 日，我们在南陵地区短暂休息和整顿后，又继续向苏南进发。当先遣队尖兵准备渡过一条大河时，一支来

---

① 又据时任先遣支队见习参谋董南才同志回忆说："先遣队在南陵城内宿营，司令部住在孔庙。几架敌机飞临南陵上空，盘旋几圈后向北飞去。晚上，粟司令下达命令：部队于拂晓前到南门外集合。天将晓，部队按命令集合。大家采摘树枝，插到稻草圈上，进行伪装。接着，向东北方向行军，进行了一次防空演习。走了十几里，到达麒麟桥就宿营了。粟司令告诉大家，南陵离芜湖很近，这一带情况复杂，有特务、汉奸搞情报，估计敌人已知道我们在南陵。昨天敌机是侦察行动，今天可能会来轰炸。果然，我到城里去买货时，刚进了东门，就听见敌机声由远而近。街道上的人群慌乱地奔跑呼叫。9 架敌机反复盘旋俯冲轰炸，丢下几十颗炸弹，群众死伤数十人。孔庙与二连的住房遭到轰炸。"见北京新四军暨华中抗日根据地研究会军部分会编：《回顾新四军军部》（内部资料），2007 年 4 月，第 25 页。

历不明的"游击队",展开在河对岸上,妄图阻止我军渡河,对方一个头目气势汹汹地说:"这是我们的地盘,谁也不准通过!"先遣队派出的联络员,耐心与之说理,晓以民族大义,可他们置之不理,还强词夺理说:"你们经过这里去打日本人,不是把日本人引来打我们吗?你们快撤回原来地方去!"双方你来我往,气氛紧张,一场冲突大有不可避免之势。直至大部队到达渡口,对方仍不放行。粟司令听取报告后,命部队稍稍后撤,警惕待命。这个地区,各方关系极为复杂,有些情况和问题,需要及时向上级报告,不到万不得已,绝不动武。粟司令命电台立即选择位置,迅速架设,沟通与军部的联络。这时,十几个顽军竟渡过河来挑衅,有的贼头贼脑赶到电台跟前,盯着装机器的大木箱,以为箱子里装着金银财宝,大有油水可捞呢!直到我们找地方架设电台,他们才怏怏而去。在这剑拔弩张的情况下,粟司令不顾个人安危,亲自渡过河去,找他们头目交涉,向对方宣传国共合作、团结抗战的道理,说明我军开赴敌后打击日寇、拯救江南人民的宗旨;向他们表明,这不仅是新四军的神圣职责,也是所有中国军队责无旁贷的任务,希望以团结抗战的大局为重,让我们过河去,执行第三战区司令长官赋予的任务……粟司令神态自若,高屋建瓴,道理透彻服人。对方听了,态度逐渐软下来,不得不同意让我们渡河东去。

## 在叶家庄

先遣支队经过长途跋涉,历尽周折,进抵苏南敌后,5月22日进驻江宁县叶家庄。粟司令及司令部住在前国民党财政部次长叶文明家里,电台开设在毗邻的茅屋里。当部队进庄后,纪律严明,又备有电台,叶文明看到这次队伍很有来头,急忙准备住处,还特地放一张竹榻供司令员休息。不一会儿,支队部副官曹鸿胜陪同粟司令走进叶家。

曹年龄较大，体态魁梧，很有气派，叶误认为他是"司令"，慌忙让座。此时，粟裕就近坐在榻上。叶见后，严肃地说："这是给司令准备的，请你让司令坐吧！"曹笑着介绍说："这是我们粟裕司令员！"叶听后，惊异地"啊哟"一声，说："好熟悉的名字呀！记不起在哪里听到过！"叶在国民党中央政府干过，不会不知道粟裕的名字。于是，粟司令略带风趣地说："蒋介石不是悬赏捉拿过匪首方志敏、粟裕吗？"顿时，满屋人哄堂大笑。叶尴尬地说："久仰！久仰！"趣事一桩，意味深长。

　　叶家庄地处苏、皖交界，地形有利我军周旋活动。粟司令考虑在此短暂停留，广泛宣传抗战形势，阐明我党的政治主张，开展统一战线工作；同时，多方搜集敌情，摸清日军设防的底细，寻找战机，突袭敌人。派作战参谋张藩率一个侦察小组到东路的丹阳，侦察常州方向的敌情。派宣传队长吴福海率一个侦察小组到中路的溧水、句容侦察镇江方向敌情，派侦察参谋张铚秀率一个侦察小组到西路的汤山、龙潭侦察南京方向敌情。

　　电台日夜紧张工作，电报来往频繁。粟司令不时到电台检查工作，一次，他随意地问道："你们这部机器质量怎么样？"队长江如枝答："这部电台是从国民党军政部领来的，质量、性能很不可靠。我们小心谨慎，认真维护，及时排除隐患，直到现在总算没有出过大毛病。"粟司令说："那很好！就是要这样谨慎小心，保证电台不出毛病，保证不中断联络。"粟司令还让电台同志经常参加先遣支队的各种活动。他对身边工作人员说："电台同志了解一些全面情况，对工作是有好处的。"即使进行统一战线工作，粟司令也让电台同志参与。有一次，叶文明对我们的抗日力量提出疑问，他向粟司令说："粟司令，有件事不知能不能请教？"粟司令谦逊地说："叶先生，你有什么话尽管讲，大家一起商量、讨论，谈何请教！"叶说："贵军来此抗日，本人非常钦佩，你们宣传抗日道理，也非常正确，只是你们队伍的人数、装备都很弱小，如果真要同日军较量，恐怕……"叶文明没有说下去，但他的意思谁都明白。粟司令笑着说："叶先生，你只看到我们这支队伍的武器装备不如敌人，可就是这样的队伍，却打败过比我们强大得多的国民党'围剿'军。今天，日本侵略者虽然武器装备比我们精良，但是，抗日战争是正义的战争，只要中华民族团结起来，万众一心，经过持久作战，就一定能战胜日本强盗……"叶文明听了，频频点头说："粟司令说得对，我也相信，中国要是真能万众一心，团结抗战，那就一定可以打败日本人的……"接着，粟司令说："叶先生，我相信，你一定会运用你的声誉，和江南抗日军民一道，对中华民族神圣的抗战伟业作出应有的贡献。"叶文明笑着说："那自然！那自然！国家兴亡，匹夫有责嘛！"

在叶家庄期间，我们与军部电台联络，随叫随应，配合默契。凡是侦察得来的情报，送到电台，绝不过夜，但也遇到过麻烦。有一次，粟司令根据三路侦察所得沪宁铁路西段的情况，准备做出先遣支队下一步的行动。这一地区敌情严重，日寇随时可能对我进行袭击。同时，还有顽军朱永祥部队千余人，装备较好，有战斗力，对我军怀有叵测之心。译电员何凤山未曾预告，送到电台一份发往军部的特急电报，并说明粟司令指示要即刻发出。这是先遣支队军事行动的请示电文。但就在这个关键时刻，收报机突然发生故障，噪声骤起，不能工作了。经逐一检查，发现一个低压变压器坏了。这是一个重要部件，非经拆修绕装不可。这份特急电报关系到支队的安全，关系到进军敌后的前途，是绝不能贻误的。正当全台同志焦躁万分、束手无策之时，粟司令到电台来了，他了解机器出了毛病，和蔼地说："遇事先别急躁，冷静地想一想，有没有别的办法可以替代？"经粟司令启发，报务员廖辉抢先说："粟司令，只要请侦察分队协助，从老乡家里找一架收音机，先借用他机上的变压器应急，尔后设法购买归还。"粟司令听后说："那好！就让侦察分队去征借吧！"在侦察分队的努力下，由于宣传工作深入、有力，反复说明我们的需要，终于找到一户人家，愿将收音机卖给我们。这样，不仅解决了眼前的困难，而且还增加不少备用零器件。很快，收报机修好了，接上电源，清晰的信号犹如山泉流水，从耳机里传出来，特急电报发出去了。电台出征以来遇到的第一个难题，在粟司令启发下，终于顺利地得到解决。

## 一份微妙的电报

在南京近郊，先遣支队向各阶层人士宣传我党团结抗战的政治主张，宣传抗战的胜利前途。我军严格遵守"三大纪律、八项注意"，和江南人民同生死共患难，改变了某些人原来对我们疏而远之的态度，逐步加深了对我军的了解。经过短暂的活动后，部队沿沪宁铁路以南侦察东进，深入敌顽腹地。这里，铁路、公路密集，日寇在交通要道遍设据点，豢养走狗，拼凑伪政权，汉奸、敌特到处刺探我军情。尤其是我们电台行动起来，笨重担子夹在队伍中间，一到宿营地，高架天线，马达发出嗡嗡响声，数百米清晰可闻，极易为敌侦悉。当地群众受到那些所谓"游击队"的蹂躏，害怕国军甚于害怕日本兵。特别困难的是，部队在夜间向老乡借宿，任你在屋外宣传，百般呼唤，他们蜷缩屋内，始终不吭一声。遇此情况，部队只得露营，司令部及首长们也同样在草堆旁、屋檐下休息。电台却得到高级待遇，凡是住宅门檐楼、柴草屋等，优先分给我们架线工作。部队一日数次转移，凡停留一小时以上，电台都要开机工作。

6月11日，部队途中休息，我们刚架好电台，打开收报机电源，转动调谐旋钮，一个紧急呼叫的信号使值班报务员非常惊异，原来是军部转发三战区命令我军赶到南京、镇江间，破袭敌人的铁路的电报，而且限定三日之内完成任务，否则，要受严厉处分。真是一份微妙的电报。明眼人都可看出，这是国民党借刀杀人之计。虽然国共两党达成一致抗日的协定，但国民党对我党我军却实行限制、消灭政策。现在，我先遣支队刚进入敌后，在尚未站稳脚跟的情况下，他们便想利用敌人之手消灭我们，其用心何等险恶。殊不知深入敌后开展游击战争，正是我党的战略方针，也是我军的特长。粟司令深谋远虑，韬略在胸，将计就计，立即指挥部队深入镇江至龙潭之间的铁路线，寻机打击敌人，断敌铁路交通。当时，正值江南雨季，大雨滂沱，驻地距铁路线尚有200多华里，夜间行军，视线极差，道路泥泞湿滑，走在蜿蜒曲折的田埂上，个个满身泥水。无线电台每三人包干一副担子，一人肩挑，前后各一人把住，以保主机不被摔坏。经过三个雨夜艰苦行军，到达下蜀东南的金家边，隐蔽待机。电台开设在一家农舍里，天线隐蔽架设在两座房子中间，虽然低矮，但并不影响发射和收报效果。当夜，在粟司令亲自指挥下，部队轻装奔袭下蜀车站，割断车站东西两侧的电话线路，再破坏铁路路轨及信号设备。我军完成任务后，立即转移。次日，到达句容东北之上元庄，电台隐蔽开设，与军部联络畅通无阻。

## 威震江南的韦岗之战

根据镇江方向侦察小组获悉：在镇江、句容公路上，日军来往的汽车，一日内竟达数十辆，气焰十分嚣张。粟裕听过汇报，经过审慎分析，为了激励我军士气，鼓舞苏南敌后广大群众的抗日热情，决定打一次伏击战，选定韦岗以南赣船山口作为伏击点，那里山势险要，山上长满阔叶桦，便于隐蔽，是打伏击战的好地方。6月16日，粟裕挑选了六个步枪班、一个短枪班、一个机枪班组成精悍作战分队，连夜做了战斗动员。6月17日凌晨2时，参战分队冒雨出发，上午8时10分到达预定伏击地点，发现敌情，立即发起战斗。激战一上午，全歼日军少佐土井以下官兵15人，击毁敌汽车4辆。这就是新四军威震江南的首战——韦岗之战。当天下午，粟司令率领部队撤回上元庄，再转移至圩桥一带休整。① 电台收到军部转来三战区发来的所谓中央政府嘉奖电，大意是："粟部袭击韦岗，斩获颇多，殊堪嘉尚，希继续努力，切勿骄怠。"韦岗胜利的捷报传遍苏南城乡，广大敌后军民欢欣鼓舞。三战区借刀杀人阴谋未逞，新四军威望却空前提高了。

---

① 经半小时激战，击毁日军汽车4辆，击毙日军少佐土井和大尉梅泽武四郎以下13人，伤日军8人，缴获长短枪20余支和军用品一部。战斗结束半小时后，日军增援部队即从镇江方面赶来，并有坦克数辆、大炮数门、飞机3架配合，但先遣支队早已安全撤离战地，日军增援部队扑空。见中国新四军和华中抗日根据地研究会编：《新四军的组建与发展》，中共党史出版社2019年5月第1版，第109页。

# 傅秋涛初战苏南[①]

1938 年 6、7 月，过端午节的时候，傅秋涛奉命率部队出发，从泾县，经过南陵、宣城到苏南的高淳县东坝地区，在这里停了六七天。陈毅召集开会，讲清东进的有利条件和重要意义，决定从一、二团各抽出一个营，组成一个团，由张正坤任团长，有王必成、刘培善等，随陈毅东进苏南的茅山地区。决定傅秋涛率两个营，进入到江宁、当涂、溧水、高淳地区，过石臼湖，在博望镇登岸，击溃少量国民党军队的阻挡，进入到小丹阳以东，占领一片山区。当时，陈毅是一支队司令员，傅秋涛是副司令员，陈毅的决定，傅秋涛是坚决服从的。指战员们斗志高昂，个个摩拳擦掌。

部队一开进去，就很快发现这个地区情况复杂，局面很乱。主要是 1937 年底南京沦陷后，国民党的散兵游勇四处流窜，有些兵痞流氓以及土豪、国民党的党棍等等，乘兵荒马乱之际，拉了一些人，打着"抗日"旗号，自封为"司令"，总共有好几十个。他们到处抢劫，鱼肉人民。有些暗地里和日寇私通，为日寇效劳。群众反映强烈，新四军是正规部队，傅秋涛是个大司令，又有威望。经过细致的工作，阐

① 见殷云著：《皖南骁将》，百花洲文艺出版社 2004 年 8 月第 1 版，第 88—92 页。题目为编者加。殷云，曾任新华社《经济参考报》广东记者站站长、新华社深圳新闻信息中心主任等，现任《求是》杂志直属《小康》杂志社常务副社长。

明抗日民族统一战线的政策，许多"小司令"都纷纷向新四军缴械投诚。穷苦出身的凡愿意参加新四军的就留下，不适合留下来的就遣散。

有个地头蛇刘春发，拉了200多人，自封"司令"，他们不仅不打日本鬼子，而且丧失天良地抢来一些青年妇女，关在"司令部"的楼上，专供"皇军"来这里时"慰劳"。

傅秋涛愤慨地说："这样的民族败类，死有余辜！"下决心要除掉这个汉奸"司令"。经过侦察，决定不须强攻，只用智取即可。一团采取调虎离山计和掏心战术，没费一枪一弹就把他们全部解决了。共缴获机枪2挺、步枪200多支、日造手榴弹几百枚，还缴获日伪政权的"大印"一个。解救出来的妇女含泪而别。

当时，一团只有两个营，六七百人，枪支也不多，大部分战士扛的还是大刀。"小司令"们的人和枪，壮大了我们的部队，武器装备也有了改善。

没想到项英对此大为不满，指责傅秋涛："收了民枪，发展太快了，破坏抗日民族统一战线。"傅秋涛回答："我们收缴的是土匪、汉奸的枪，连他们的日伪政权的'大印'都缴获，并上报了，难道就没有看见吗？"从此项英对傅秋涛就不那么信任和放心了。

1937年底，南京失陷后，国民党十多万军队溃不成军，有个叫朱永祥的中士班长，心想：在此兵荒马乱之时，何不拉起支队伍，占一块地盘，自立为王呢？他的想法很快得到一些逃散弟兄们的赞同。于是，陆续聚集了几百人，编成两个大队，自封为"抗日司令"。当地原有自发的反抗日寇的农民自卫组织——青红帮大刀队约500人受其蒙蔽，也参加朱永祥的队伍，扩大了声势。

因此，朱永祥部一度被国民党第三战区长官司令部承认是"江南游击队"，成了个合法司令。而这个司令谁也调动不了他。

原本无名的桑园铺镇，地处偏僻，但由于国民党江苏省党政机关纷纷逃到这里，挂起形形色色的牌子，摇身变成了赫赫的"战时省会"。南京仓皇逃出来的一些资本家、达官富翁，也跑来这里立足避难，使这个小镇更显得繁华了。

朱永祥觉得自己有1000多人，武器也不错，应有较大的地盘才是。决定用武力霸占桑园铺，以扩大自己的"独立王国"。

一个初夏的早晨，朱永祥部队倾巢而出，占领全镇后，朱永祥犒赏全军，下令可以"自由行动三天"。这些匪徒疯狂地进行奸淫掳掠，无恶不作，其暴行与日本鬼子没有两样。深受其害的国民党官员及其家属、资本家等，纷纷向国民党第三战区司令部提出控告，要求严惩。

第三战区司令长官顾祝同，以阴险狡诈著称。经秘密策划：他以长官司令部名义，通过新四军军部向傅秋涛团下命令，限期将朱永祥部解决。

这是一个"借刀杀人"和"坐山观虎斗"的毒计。企图让刚挺进苏南的傅秋涛部在立足未稳、装备又差的情况下，去同朱部厮杀，借朱部来消灭新四军，或者使之两败俱伤，他可坐收渔人之利。

傅秋涛召开干部会议讨论对策。决定先派汪克明前往朱部，以"联合抗日"名义去那里侦察实力。

因为朱永祥为了蒙蔽视听，谎称他是朱德之侄，新四军是自己人。群众曾一时为其所骗，后来观其行，才醒悟过来。现在新四军代表来了，朱永祥不得不表示热情，亲陪汪克明到驻地视察一番，吃饭、看戏……

根据侦察情况分析：朱部虽然人多枪好，但部队有半数是农民大刀队，没有经过严格的军事训练，是乌合之众。由原"国军"组成的两个大队，武器虽好，但成天胡混，抽烟、喝酒、搞女人，也没有多大战斗力。

正在这时，傅秋涛布置的统战工作告捷：朱部的电台台长携带电台投归我们。并且报告了一个重要情况：朱永祥要投敌。已派他的参谋长林楚材去南京面洽，日本方面定于1938年7月6日派伪军到朱门镇附近，以接应朱部叛变。

这时，侦察员已搞清：林楚材确实不在朱部，傅秋涛随即下决心打。他先派部队把前来接应的伪军堵死，将其击溃，而后将朱永祥团团包围。

战斗打响，被朱永祥驱赶在前面、号称"刀枪不入"的大刀队员，听到新四军的机枪扫射以及"新四军不打红枪会、大刀队，专打汉奸朱永祥"的喊话后，顿时一哄而散。朱部的机枪阵地，也被我尖刀连攻占，一、三营又从两侧猛冲过来，将朱部拦腰斩断。经一个多小时战斗，即将朱部全部歼灭。朱永祥、副司令韩吉昌等均被活捉。共缴获轻机枪 12 挺、重机枪 2 挺、迫击炮 2 门、迫击炮弹 60 发、步枪 159 支，还有一大包金条和银圆。[①]

军部指示，将朱永祥押往第三战区长官司令部。不久这个投敌害民的"司令"就被枪毙了。

消灭朱永祥部队后，当地社会情况安宁多了。老百姓拍手称快，称赞："新四军真好，既抗日，又为民除害。"

这次战斗后，全团已达 3000 人，2 个营扩充到 3 个营，装备也大为加强，差不多每个班都有一挺机枪。顾祝同的阴谋彻底破了产。

战后的一天，当地最大的青红帮头子陈玉庚前来求见傅秋涛，还带了两匹马、两挺机枪和两支驳壳枪，作为见面礼。原来陈玉庚的三弟是朱永祥的警卫连长，被我军俘虏了，请求释放。

傅秋涛一直重视开展抗日民族统一战线的工作，遂利用这个时机，向陈玉庚阐明我军抗日主张和各项政策，并答应陈的要求。此后，双方保持一定的联系，更有利于我方开展工作。

---

　　① 又说"缴获轻机枪 7 挺、重机枪 2 挺、迫击炮 2 门、步枪 150 支"。见 1938 年 7 月 11 日《大公报》报道新四军消灭勾结日伪的土匪武装。《中国人民解放军历史资料丛书》编审委员会编：《〈中国人民解放军历史资料丛书〉·新四军·参考资料(1)》，解放军出版社 1992 年 6 月第 1 版，第 46 页。

# 新四军老一团和中共泾南县委驻土塘

1938 年 12 月，为保卫新四军云岭军部，傅秋涛、江渭清率领老一团进驻土塘。[①] 为了反投降、反妥协，加强团结，一致对敌，老一团团长傅秋涛同志曾于 1940 年 4 月，在上经村召开过一次规模较大的群众大会，到会群众近千人。会上，傅秋涛同志作了慷慨激昂的讲话，他号召广大民众在国难当头、民族危亡之际，大家要消除隔阂，加强团结，一致对敌；要树立抗战必胜的坚强信念；悲观、投降、妥协是绝对没有出路的……傅团长的讲话受到了与会群众的一致拥护。讲话结束，群众热烈鼓掌。[②]

1940 年 5 月，因泾县汀潭、丁桥等地划归南陵县委管辖，南陵县委改为泾南县委，县委机关迁至南陵土塘。县委书记陈洪，组织部长许振华，宣传部长李国元，民运部长裴文学，青年部长陈繁生，妇女部长韩金秀。这时，泾南县委仍下辖三里、田坊、城关、戴汇、乔木、刘店 6 个区委。[③] 为了搞好抗日救亡宣传工作，泾南县委书记陈洪于

---

① 见芜湖市委组织部、芜湖市档案馆、中共芜湖市委党史和地方志研究室编：《红色芜湖》，安徽师范大学出版社 2021 年 6 月第 1 版，第 206 页。
② 见中共南陵县委党史办公室编：《南陵党史集萃》，中国展望出版社 1989 年 8 月第 1 版，第 115 页。
③ 见中共芜湖市委党史研究室著：《中国共产党芜湖历史》（第一卷），安徽人民出版社 2008 年 10 月第 1 版，第 326 页。韩金秀又说"韩锦秀"，见中共南陵县委党史办公室编：《南陵党史集萃》，中国展望出版社 1989 年 8 月第 1 版，第 112 页。

1940年夏，在土塘召开了一次区委宣传科长会议，所属六个区的宣传科长参加了会议。这次会议的中心议题是：搞好抗日民族统一战线的宣传教育；加强与巩固"三抗会"组织；开展反投降、反妥协斗争。[①]中共南陵（泾南）县委成立后，做了大量的工作。一是广泛深入地宣传《抗日救国十大纲领》和民族统一战线方针政策；二是发动农民开展减租减息运动；三是与新四军和民运工作队配合开展统战工作；四是动员青壮年参加新四军；五是发动群众，帮助新四军抢修工事、运送弹药、抬担架、做军鞋、看护和慰问伤病员，积极支援前线作战；六是开展动员宣传。在南陵（泾南）县委的领导下，南陵县的宣传活动开展得有声有色，无论是发动群众成立抗敌协会，开展减租减息运动，动员群众参加新四军，还是发展党员建立地方组织都做得很有成效。在1940年云岭保卫战斗中，南陵县的党组织积极动员青壮年参军参战，取得了很大成绩，仅金村党支部一次就输送30多名党员参加新四军，因此受到皖南特委的特别表扬。[②]

---

① 见中共南陵县委党史办公室编：《南陵党史集萃》，中国展望出版社1989年8月第1版，第115页。

② 中共芜湖市委党史研究室著：《中国共产党芜湖历史》（第一卷），安徽人民出版社2008年10月第1版，第327页。

# 新四军江南化①

在连续的战斗中，江南人民抗日的信心更强了，江南人民的抗日热情更高了，新四军和人民游击队也在斗争中不断地发展壮大。有一次，陈毅司令员在一个独立支队的军人大会上问大家：

"初到江南你们几百人？"

"我们记得那时 300 多人！"

"现在你们多少人？"

"现在多了五六百人！"

陈司令员接着说："我建议，让我们来统计一下吧！你们中间是江西人的举手！"举手的仅有 21 人；"湖南人举手！"仅 8 人；"广东人举手！"仅 2 人；"北方人举手！"仅 14 人；"四川人举手！"连陈司令仅 4 人。陈司令最后说："江南人举手！"立刻仿佛出现了一座茂密的竹林，遮盖了一切，数也数不清了。

陈司令员经常用新四军的前身——工农红军的优良传统，现身说法地来教育部队。这也是新四军部队整训的重要内容之一。陈司令员在这次讲话中接着问道：

"从前江西、湖南来的那些老同志哪里去了？"

---

① 见石言、望昊等编：《新四军故事集》，江苏人民出版社 1981 年 9 月第 1 版，第 51—52 页。

"光荣牺牲了！"听众一齐怒吼似的回答。

"我们应当怎么办？"

"踏着他们的血迹前进！"

"好！"陈司令员大喊一声，接着说："新四军坚持江南抗战，就是江南人民的抗日武装，江南人民爱护新四军，爱护自己的子弟兵。军队与地方血肉相连，团结一致，争取抗日战争的胜利；新四军江南化，江南新四军化！"

会场上还有另一支队伍，那是附近的村庄自动集拢来的老百姓，有三四百人，他们站在部队的外围，聚精会神地听着。

检阅在笑声中散会。这笑声分不清来自军队，还是来自民众。

同一天，当陈司令员回到他住地的时候，政治部的一位同志告诉他说："今天有一个老太太送她一个 16 岁的女儿来，要求参加服务团。"又有一个镇江人来见他，还带了 30 多个新兵来入伍。在他的桌子上还放着新四军一团的一份工作报告，那里面写着他们近来扩大部队的成绩，特别提到一个老农民亲自送他的儿子来当兵，并且带着一支步枪。

抗战的江南，到处都是和那个独立支队军人大会一样的热烈情景，新四军江南化，江南新四军化，军队与地方血肉相连，团结一致地争取抗日战争的胜利。

# 思源井[①]

　　当我们走进南陵县三里镇新四军土塘军部陈列馆，就能看到院子内有一口水井，这口井内部直径约 80 厘米，外部直径约 140 厘米，井深约 9 米，名曰"思源井"。这口井背后有一段感人的军民鱼水情。

　　土塘地处皖南丘陵山区，水资源并不丰富，若是当年夏季降雨量少，村民吃水和庄稼灌溉往往会缺水。1938 年 5 月底，新四军军部在叶挺军长率领下进驻土塘，直到 8 月初离开。驻扎期间正值盛夏，干旱少雨，军部近千人生活需要用水，村民吃水也成了困难。村民们就经常到村子外边一处水洞挑水吃，来回一趟要走好几公里，当时村里大多数是老弱妇孺，担一担水满足不了一家子人一天的用水量，村民往往一大早忙着去村外水洞取水，一天来回三四趟。村民们吃水困难，新四军战士看在眼里、急在心里，就常常帮一些缺乏劳力的村民担水，并寻思着为村民们在村内挖一口水井，以解决他们的吃水问题。由于土塘所处地势较高，地形也复杂，当时条件又有限，村内水系走向不太清楚，只能凭借村民们口述提供的信息，选择在村子内地势相对低洼处开始挖井，战士们用锄锹掘挖、用绳子提土、用竹筐外运，手提

---

　　① 故事来源：由徐根生老人于 2022 年 8 月 12 日复述父辈们讲的"思源井"的来历（徐根生：现年 70 岁，家住三里镇土塘村，其父徐逢元当时家中曾驻新四军），经程亚平（三里镇宣传委员）、王丽（中共南陵县委党校教师）记录整理，郑基星、严加中（均为南陵县新四军研究爱好者）校稿。

肩扛持续挖了好多天，都没有挖出水来，后因部队军事战略计划，转移到泾县云岭。这井在当时也就暂时搁置了。

新四军离开后，虽然这口井没有挖出水来，但是新四军将人民群众的每件事放在心上，积极为群众帮贫济困解忧的为民之情，村民们始终没有忘怀。为了纪念新四军，村民们后来就自发地接着挖水井，直至挖出水，水井至今保存完好，虽然村民现在都用上了自来水。这口井取名"思源井"，充分体现了新四军驻扎土塘期间与当地村民深厚的军民鱼水情。

# 夺　枪[①]

土塘村位于三里镇以南，泾县、南陵两县交界处，村中居民绝大多数拥有共同的祖先——徐氏。这是一个山清水秀之地，在青山绿水中，不经意路过一棵古树、一株老藤、一段断壁、一眼泉水。除了秀美的景色，这里还留下了许许多多的红色故事。

新四军驻土塘期间，一户徐姓人家的小阁楼上住着一个操外地口音的新四军战士，姓常，个高、力气大、沉默寡言。白天他除去参加军事训练外，还帮着徐家人去田地里干些农活。这位常战士的腰间，时刻挂着一个布袋子，布袋子包裹得严严实实，没有人知道里面是什么。

这一天，土塘又来了两个陌生人，他们的肩上挎着烧火袋，手里握着根扁担。一样的不多言辞。他们是来找这个大个子新四军战士的，并且带来一个消息——泾县田坊的沈财主家藏有枪支。听到这个消息，常姓新四军战士立即收拾好东西，告别徐家人，与来人一道，马不停蹄地赶往土塘东面约 5 公里的田坊。

沈家在田坊很有势力和实力。家中有两个作坊，有一支十多人组

① 故事来源：由徐道福老人于 2022 年 6 月 1 日复述父辈们讲的"夺枪"故事（徐道福：今年 67 岁，现家住三里镇土塘村，其父徐正国家当时曾驻新四军）。经何晓慧（三里镇中心初中教师）记录整理，郑基星、严加中（均为南陵县新四军研究爱好者）校稿。

成的保安队。晌午过后，沈家的小儿子带着几个人去了孤峰。这样，安保的力量被削弱，这让他们3人有了可乘之机。经过仔细观察后，他们迅速地打晕了门口的两人，奔进作坊，反手将门锁好。这时的家中只有一位上了年纪的老太太和两名伙计。常战士解开布袋，拿出里面珍藏的手枪指着老太太，逼着她说出藏枪的地方。老太太先是矢口否认家中有枪，奈何抵不过面前3人的义正词严。不得不拿出钥匙哆哆嗦嗦地打开了阁楼的门。阁楼上放着一个结实的大木头柜子。3人撬开了柜子，取出了4杆枪支，常战士让他俩用烧火袋子裹好枪背在身上，迅速离开，自己殿后。

因为天气炎热，路上行人稀少，倒是没有引起旁人的注意。当他们穿过栗子园快要进入宾山的时候，后面有七八个人气势汹汹地追赶而来，这是沈家财主得知消息后带来的人，他们想要抢回那几杆枪。常战士果断地让背枪的两人迅速向山林中奔去，自己则趴在山边的田埂上，再次掏出布袋中珍贵的手枪，这次他没有任何犹豫地扣动扳机，撂倒一人。并大声地说道："再追上来，我身后的宾山上有我们的队伍，让你们有来无回!"众家丁面露胆怯之色，谁也不敢再上前冒险。犹豫之间，常战士也快速隐入山林。他们一口气跑了好几里地，来到了若坑旁的枫树岗，这里离土塘已经很近了，终于脱离险境，并将夺来的枪支顺利地带回了土塘。

# 机智的通讯员①

军部驻土塘期间，受国民党限制，新四军装备落后，尤其是通讯设备少，一些关键情报，仍然会选择让通讯员亲自带着信件进行传递。因通讯员担负着重大责任，如在送信期间，若被敌伪军抓住，一旦要事消息泄露，不仅通讯员自己有生命危险，而且还会使部队遭受难以估量的损失。所以，一名合格的通讯员需要勇气与智慧并存。

徐光泽就是当时新四军通讯连的一名通讯兵，有一天接到一个任务，要去辋峰大黄冲的战地医院送信。六七月份的天，正是炎热的时候，他沿着小路一直往目的地赶。过了位于山泉村玉塘小村前的"狼人桥"，远远地看到迎面走来两个人。徐光泽用警觉的目光望去，隐约觉得那两个人似乎背着枪，他顿时心里一紧，心想会不会是国民党的士兵，万一被他们发现自己的身份就不好了。他立刻提高了警惕，眼看与两人距离越来越近，他心想一定不能让他们发现自己身上带着新四军的信，更不能让信的内容泄露出去。在转过一个路弯时，他急中生智，将身上的信藏进路边的草丛里，装作路人继续往前走，心里盘算着，等那两人走远了，自己再回头去拿。

---

① 故事来源:由徐道福老人于 2022 年 6 月 1 日复述父辈们讲的"机智的通讯员"故事(徐道福:今年 67 岁,现家住三里镇土塘村,其父徐正国家中当时曾驻新四军)。经王丽(中共南陵县委党校教师)记录整理,郑基星、严加中(均为南陵县新四军研究爱好者)校稿。

　　结果走近一看，那两人就是普通老百姓，他们背着的也不是枪，而是装着纸伞的伞套。徐光泽心里虽然松了口气，但是也得尽快把信找回来。他心里盘算着，就算是普通老百姓，也不能在他们面前暴露自己的身份。于是，他就有了一个想法并付诸实施。他一边在自己身上口袋到处找，一边口中念叨："哎呀，我的钥匙呢，钥匙怎么不见了，刚刚还在呀？"边说就边往回走，同时也在路上找着，不时也去草丛翻翻。

　　路过的那两人一看，这人在找什么，忙上前问："兄弟，找什么呢？什么东西不见了吗？你说，我们帮你一起找找。"说着，他们也在地上、草丛里帮忙翻翻找找。徐光泽一看慌了，这要是让他们找着了，那不就暴露送信的事了。于是借口说："我丢的是钥匙，你们等会儿找到了，是不是想晚上开我家的门啊？"这两人一听，恼了，"你这人真是，我们好心想给你帮忙，你还这么说我们，真是不知好歹，算了算了，我们走，让你自己找吧。"说完就走远了。徐光泽心里的石头，这才落了地。不一会儿，草丛里的信终于找到了，然后他拿起信，重新在衣服里隐藏好，赶紧快步赶往目的地去，顺利完成了这次送信任务。

# 第七编　大事记

## 1938 年 5 月 26 日—8 月 2 日

本编为大事记。收集了新四军军部驻土塘时，有关新四军的重大事件、重大活动、重要会议、重要战斗等。其间，为做好新四军初期的政治、参谋工作，军部召开了全军第一次政治工作会议、全军第一次参谋工作会议；为及时贯彻毛泽东关于新四军应进行敌后游击战争的指示精神，军部令第一、第二支队先后东进苏南，第四支队开赴皖中。其间：新四军在敌后开展对敌游击战 17 次，毙敌 215 人，伤敌 8 人，俘敌 3 人；发起对伪军的战斗 10 次，歼灭伪军 203 人，俘伪军 159 人；剿灭 2 支盘踞南、北称霸一方的土匪武装，灭匪 310 人，俘匪 344 人。共破坏铁路 5 段，公路 2 段，桥梁 13 座；共击毁日军火车 2 列，汽车 10 辆；共缴获军马 7 匹，迫击炮 2 门，步兵炮 1 门，轻重机枪 34 挺，长短枪 878 支；共解救被押群众 330 余人，我亦伤亡 43 人。这些战斗的胜利，狠狠地打击了日伪军的嚣张气焰，极大地鼓舞了广大民众的抗日热情，为新四军发展壮大奠定了坚实的基础。

### 5 月 26 日

新四军军部由皖南太平县移驻南陵县土塘村。[①] 军政治部驻上经村。[②]

同日　毛泽东在延安抗日战争研究会上作《论持久战》的演讲，主要内容：1. 全面分析了中日战争所处的时代及双方相互对立的 4 个

---

① 见《新四军战史》编辑室编：《新四军征战日志》，解放军出版社 2000 年 8 月第 1 版，第 28 页。项英 5 月 25 日上午去南陵，同时军部下达出发命令，军直准备 29 日开动。26 日，三支队开至汀潭及茂林。见赖传珠著《赖传珠日记》，解放军文艺出版社 2000 年 3 月第 1 版，第 126 页。
② 见中共南陵县委党史办公室编：《南陵党史集萃》，中国展望出版社 1989 年 8 月第 1 版，第 105 页。上经村现为南陵县烟墩镇刘店村上经自然村。

基本特点，指出抗日战争是持久战，最后胜利是中国的这一客观规律；2. 科学地预见了抗日战争将经过战略防御、战略相持、战略反攻三个发展阶段；3. 争取抗战胜利的唯一道路是实行人民战争；4. 论述了抗日持久战中的战略战术原则，强调了抗日游击战的极端重要的战略地位。①

## 5 月 27 日

陈毅到达南陵三里公鸡坦（现三里镇山泉村）的第二天，南陵活动分子纪自友和董醒华找他，要求帮助将南陵党组织重新建立起来。陈毅热情地接待了他们，并回答说："你们先将群众发动起来，把青抗会组织发展壮大，待条件成熟后，再建立党组织。这件事你们今后可以到军部政治部找邓子恢同志汇报。"②

## 5 月 28 日

新四军第一支队在南陵召开全体干部会议。项英副军长专程从土塘军部赶来参加会议，着重阐述了游击战的战术原则。③ 支队司令员陈毅在会上作了题为《新的战斗条件和新的战斗任务》的讲话，着重指出：抗日民族统一战线是战胜日寇的基本路线，取得广大群众的拥护是开展游击战争的基本条件，而我军的模范纪律、宣传和执行党的政策及不断取得战斗胜利，又是发动敌后人民抗战的中心环节。新四军作战必须充分发扬主动、灵活的游击战特长，以分散对集中，以伏

---

① 见中国新四军研究会编：《永恒的记忆·新四军发展史》，山西人民出版社 2005 年 3 月第 2 版，第 343 页。

② 见中共芜湖市委党史研究室著：《中国共产党芜湖历史》（第一卷），安徽人民出版社 2008 年 10 月第 1 版，第 283—285 页。5 月 26 日，陈毅率部到达南陵三里公鸡坦。

③ 中共江苏省委党史工作办公室等编：《新四军统战纪实》，中共党史出版社 2007 年 11 月第 1 版，第 89 页。当日，一支队是在南陵县三里乡公鸡坦召开部队干部会议的。

击、袭击、近战、夜战等游击战法战胜优势装备的敌人，集小胜为大胜。这次会议使第一支队指战员明确挺进敌后初期的作战方针，对尔后打开苏南的抗战局面起了重要作用。①

### 5月29日

一支队离开三里公鸡坦，移防到南陵东乡朱连塘（现籍山镇麒麟社区），一支队司令部住在朱连塘，所属一、二团分别驻扎在朱连塘附近的土桥李、叫花墩、凤村一带地方。②

### 5月30日

国军五十军军长郭勋祺请陈毅到南陵城里赴宴。当天，陈毅率20多人组成的服务团向川军作慰问演出。③

### 5月31日

因新四军挺进华中敌后屡建战功，国民政府军事委员会（蒋介石）给新四军发出嘉慰电，"泾县叶军长、项副军长感午参电悉。该军游击屡有斩获，至堪嘉慰，仍希继续努力破坏交通使敌兵力无法转运为要"。④

下旬，谭震林率第三支队随新四军军部离开太平北上，6月2日

---

①　见中国新四军和华中抗日根据地研究会编：《新四军在华中》，军事科学出版社2012年5月第1版，第307页。

②　见中共芜湖市委党史研究室著：《中国共产党芜湖历史》（第一卷），安徽人民出版社2008年10月第1版，第285页。

③　见中共芜湖市委党史研究室著：《中国共产党芜湖历史》（第一卷），安徽人民出版社2008年10月第1版，第285页。

④　见九江市新四军暨华中抗日根据地历史研究会编：《新四军历史上的今天》，中共党史出版社2017年10月第1版，第317页。

抵达南陵县土塘村。①

## 本月

叶挺、项英就新四军的作战任务、方针和主要原则对全军发出指示："我军的任务是深入敌人后方，开展广泛的游击战，达到牵制和分散敌人的兵力，配合国军主力正面作战，在持久战中争取最后的胜利。""我们的作战方针是集小胜为大胜，团结群众以游击动作进行胜利的战斗，并力求达到自身的壮大和战斗力量的坚强而能进一步进行大的运动战歼灭大的敌人！"②

毛泽东针对国内外有些人轻视敌后游击战的战略地位，写了《抗日游击战的战略地位》一文。他首先阐述了为什么要把敌后游击战提高到战略地位来考察，这是由于中日战争的双方基本特点和战争发生的时代决定的。接着提出了游击战的战略纲领：主动地、灵活地、有计划地实行防御战中的进攻战，持久战中的速决战，内线作战中的外线作战；游击战与正规战相配合；建立根据地；战略防御与战略进攻；逐步由游击战向运动战发展；正确的指挥关系等。这些就是争取抗战胜利的必要途径。抗日战争的胜利，主要取决于敌后抗日游击战的发展规模与程度，任何轻视游击战的战略地位的思想都是错误的。③

周恩来与来到武汉的项英研究新四军工作，并陆续介绍青年学生赴新四军工作。④

---

① 见九江市新四军暨华中抗日根据地历史研究会编：《新四军历史上的今天》，中共党史出版社 2017 年 10 月第 1 版，第 319 页。

② 见《中国人民解放军历史资料丛书》编审委员会编：《〈中国人民解放军历史资料丛书〉·新四军·综述·大事记·表册》，解放军出版社 1993 年 11 月第 1 版，第 169 页。

③ 见中国新四军研究会编：《永恒的记忆·新四军发展史》，山西人民出版社 2005 年 3 月第 2 版，第 343 页。

④ 见北京新四军暨华中抗日根据地研究会编：《新四军军史珍典》，党建读物出版社 2005 年 8 月第 1 版，第 31 页。

中共河南省委由开封移至确山县竹沟镇。①

中共河南省委决定在杞县建立豫东特委（水东），吴芝圃任书记。②

董必武偕边章五到舒城视察新四军第四支队，向高敬亭传达中央关于新四军东进敌后的指示。③

## 6月1日

陈毅率新四军第一支队从皖南南陵麒麟桥出发，3日通过芜湖至宣城铁路日军封锁线，4日进入苏南敌后地区。出发前陈毅要求所有干部应问路线、问敌情、问地形，搜集和了解一般社会情况，以便全面掌握情况，实施正确领导。④

## 6月2日

毛泽东致电项英，指出新四军可放手在敌后活动："地区扩大，已不患无回旋余地。望根据战争的实际经验，凡敌后一切无友军地区，我军均可派队活动。不但太湖以北、吴淞江以西广大地区，即长江以北，到将来力能顾及时，亦应准备派出一小支队。""敌之总目标在进攻武汉，你们可放手在敌后活动。"⑤

同日　项英、张云逸与国民党第三战区司令长官顾祝同会谈，商

　　① 见《中国人民解放军历史资料丛书》编审委员会编：《〈中国人民解放军历史资料丛书〉·新四军·综述·大事记·表册》，解放军出版社1993年11月第1版，第169页。

　　② 见中国新四军研究会编：《永恒的记忆·新四军发展史》，山西人民出版社2005年3月第2版，第343页。

　　③ 见九江市新四军暨华中抗日根据地历史研究会编：《新四军历史上的今天》，中共党史出版社2017年10月第1版，第320页。

　　④ 见北京新四军暨华中抗日根据地研究会编：《新四军军史珍典》，党建读物出版社2005年8月第1版，第31页。

　　⑤ 见《新四军战史》编辑室编：《新四军征战日志》，解放军出版社2000年8月第1版，第28页。

定新四军在江南的活动区域和任务。① 经交涉，划定丹阳湖至当涂、芜湖和溧水、天王寺以东之金坛、武进、江阴一带归新四军，在宣城以东选择一条与皖南之交通路线。决定新四军在江南的任务，主要是破坏京沪、京芜铁路，钳制敌人，吸引敌兵力于各据点。新四军并在上述地区争取群众配合保卫武汉。②

## 6月4日

项英致电毛泽东并陈绍禹、周恩来、曾山、黄道等，报告第一支队已开进敌区，正向溧水、天王寺方向前进及与顾祝同会谈情况。③

## 6月6日

河南开封失陷。④

同日　新四军先遣支队在溧阳西北与100余名日军激战，并袭击上沛埠之敌军。⑤

同日　《新华日报》发表彭雪枫撰写的《目前在河南应该做些什么?》一文。文章根据敌人在中原的大小迂回计划，提出目前战争的主要着眼点，不在一城一地之得失，应当是大量杀伤敌之有生力量，大量消耗敌之火器弹药，困苦敌人，瓦解敌人。要发动敌人后方的游击战，建立敌后抗日政权。据此，作者指明目前河南抗日工作在政治上、军事上、民众工作等各方面的具体方向与要求。他说："敌人铁骑纵横，形势万分迫切，在中州原野广大地域，江淮河汉间的众多勤

---

① 见《新四军战史》编辑室编:《新四军征战日志》，解放军出版社2000年8月第1版，第28页。
② 见安徽省新四军历史研究会编:《项英年谱》(内部资料)，第476页。
③ 见九江市新四军暨华中抗日根据地历史研究会编:《新四军历史上的今天》，中共党史出版社2017年10月第1版，第336页。
④ 见《新四军战史》编辑室编:《新四军征战日志》，解放军出版社2000年8月第1版，第28页。
⑤ 见九江市新四军暨华中抗日根据地历史研究会编:《新四军历史上的今天》，中共党史出版社2017年10月第1版，第339页。

劳勇敢的人民，必能战胜敌人，胜利必为我们所有。"①

## 6 月 7 日

王明、周恩来、博古、叶剑英致电毛泽东、张闻天："叶挺来汉，经费增加，情绪甚好。要求在新四军组织一个委员会，以便共同商议处理一切军政问题。""拟组织新四军委员会，人选以叶、项、陈毅、张云逸、周子昆、袁国平、邓子恢或张鼎丞 7 人组织之，项为主席，叶副。"②

## 6 月 8 日

陈毅率新四军第一支队进抵苏南溧水县新桥地区与先遣支队会师，听取粟裕关于先遣支队活动和苏南情况的汇报。③

## 6 月 9 日

中共中央致电陈绍禹、周恩来等，同意组织新四军委员会，以项英、叶挺、陈毅、张云逸、周子昆、袁国平为委员，项英为主任，叶挺为副主任。④

## 6 月 11 日

共产国际主席团召开会议，讨论中国共产党的政治、军事、组织等问题。任弼时、王稼祥等参加了会议。会议主要讨论中共代表任弼

---

① 见中国新四军研究会编：《永恒的记忆·新四军发展史》，山西人民出版社 2005 年 3 月第 2 版，第 344 页。
② 见《新四军战史》编辑室编：《新四军征战日志》，解放军出版社 2008 年 8 月第 1 版，第 29 页。
③ 见九江市新四军暨华中抗日根据地历史研究会编：《新四军历史上的今天》，中共党史出版社 2017 年 10 月第 1 版，第 343 页。
④ 见《中国人民解放军历史资料丛书》编审委员会编：《〈中国人民解放军历史资料丛书〉·新四军·综述·大事记·表册》，解放军出版社 1993 年 11 月第 1 版，第 170 页。陈绍禹即王明。

时所作的关于中共工作的报告。王稼祥在会上做了补充发言，他主要说明中国共产党当前的第二次统一战线和第一次统一战线的区别。会议通过的《共产国际主席团关于中共代表报告的决议案》指出，中国共产党的政治路线是正确的。在复杂和困难的条件下，中国共产党灵活地转到抗日民族统一战线的政策之结果，已建立起国共两党的新合作，团结起民族的力量，去反对日本的侵略。为了继续执行这个政治路线，必须特别注意抗日民族统一战线不能限制参加统一战线的各党派在政治上和组织上的独立性，应在敌后继续开展游击运动，说服国民党实行民主政策，提高八路军、新四军的战斗力等。另外，共产国际主席团还有一个支持以毛泽东为中国共产党领导人的文件。季米特洛夫向王稼祥和任弼时说："应告诉全党，支持毛泽东同志为中国共产党的领导人，他是在实际斗争中锻炼出来的领袖。其他的人，如王明，不要再争当领导人了。"这些决议案和文件，会后由王稼祥带回国内。这次会议及通过的文件，对维护毛泽东在全党、全军的领导地位具有重要的意义。①

同日　先遣支队奉命赴下蜀破路，陈毅当即下令第二团七连随粟裕部行动，当晚傅秋涛、江渭清率第一团第一、第三营和教导队北渡石白湖，12 日经博望到小丹阳，开辟江（宁）当（涂）溧（水）抗日根据地。团部设在小丹阳。②

## 6 月 12 日

安庆失陷。日军占领安庆后继续向北、向西进犯，连陷舒城、桐城、六安、商城、潜山、太湖等十余座县城。新四军第四支队挺进安

---

① 见姜思毅主编：《中国人民解放军大事典》，天津人民出版社 1992 年 6 月第 1 版，第 392 页。
② 见中国新四军和华中抗日根据地研究会编：《新四军的组建与发展》，中共党史出版社 2019 年 5 月第 1 版，第 119 页。

（庆）合（肥）公路两侧积极开展游击战，牵制日军的西犯行动。①

　　同日　新四军第一支队司令员陈毅在苏南溧阳县竹箦桥主持召开干部会议，对新四军初进敌后的作战行动做出部署，他说："我们业已到达指定地区，我们马上就要开始战斗。"要求对敌情做进一步深入的了解、分析，耐心细致地搞好群众工作，要以自身模范的行动，铁的纪律，以战斗的胜利来教育群众、鼓动群众，并正确贯彻执行党的抗日民族统一战线政策，最终会使江南人民奋发起来。②

　　同日　国民党军根据蒋介石9日命令，掘开河南省郑州附近花园口黄河大堤，企图迟滞日军西进，致使洪水泛滥豫东和皖北44个县，受灾人口达1000万以上。③

## 6月13日

　　华东人民武装抗日会情报人员刘光洲到竹箦桥，将一份长江以南东部地区各种武装力量，包括日伪军、国民党军、忠救军及各种游击队的名称、番号、指挥官、头目姓名、队伍人数、武器配备、活动地区、规律及日军侵略计划部署的详细材料交给了陈毅。陈毅大喜："今后我们不再做瞎子了"，连夜派人送往军部。④

　　同日　因6月12日傍晚第四支队第七团侦察获悉，有一日军中队宿营于南港街，并在营地南侧打谷场设一骑兵班警戒。第七团第三连连长受命率一排武装，在凌晨1时秘密占领南港街南侧小高地，向敌

---

① 见《中国人民解放军历史资料丛书》编审委员会编：《〈中国人民解放军历史资料丛书〉·新四军·综述·大事记·表册》，解放军出版社1993年11月第1版，第170页。
② 中国新四军和华中抗日根据地研究会：《新四军在华中》，军事科学出版社2012年5月第1版，第307页。
③ 见《中国人民解放军历史资料丛书》编审委员会编：《〈中国人民解放军历史资料丛书〉·新四军·综述·大事记·表册》，解放军出版社1993年11月第1版，第170页。
④ 见北京新四军暨华中抗日根据地研究会编：《新四军军史珍典》，党建读物出版社2005年8月第1版，第32页。

骑兵班突然开火。敌人摸不清虚实，仓皇逃向镇内。这次夜袭，击毙敌人 3 名，炸毁帐篷 5 座，缴获军马 7 匹，步枪 3 支。①

同日　晚间，第一支队第二团和第一团第二营北越溧（水）武（进）公路进入茅山地区，以营为单位展开于宁杭公路以东、溧武公路以北的镇（江）句（容）丹（阳）金（坛）等县之间。支队司令部驻镇江县宝埝镇南（今属丹徒县）前隍村。②

同日　中共苏鲁豫皖特委组织领导的铜山、沛县、萧县、丰县、砀山、永城、宿县等地抗日武装，在丰县的华山镇会合，组成"鲁南人民抗日义勇队第二总队"，李贞乾任总队长，王文彬任政委（后为郭影秋），张如任参谋长，孙叔平任政治部主任。该总队共有 23 个大队（连），约 2000 人。③

同日　一支队一团，破坏江南铁道采石矶、铜井间铁桥 3 座。④

## 6 月 14 日

陈毅率部抵句容东南茅山，与政治部主任刘炎各带两连到达茅山山脉一带活动并侦察地形。⑤

同日　一支队一团破坏南京、镇江线及南京至秣陵关间公路

---

①　见黄朝军、沈杨、田崇杰著：《东进新四军：新四军抗战影像全纪录》，长城出版社 2015 年 8 月第 1 版，第 127 页。南港街应为舒城县南港镇街道。

②　见中国新四军和华中抗日根据地研究会编：《新四军的组建与发展》，中共党史出版社 2019 年 5 月第 1 版，第 119 页。

③　见中国新四军研究会编：《永恒的记忆·新四军发展史》，山西人民出版社 2005 年 3 月第 2 版，第 344 页。又说"1938 年春，中共徐州西部党组织负责人王文彬在微山湖西部的沛县、萧县、砀山等县组织抗日武装，中共鲁西南工委在微山湖西部的金乡、单县一带建立抗日武装。6 月 13 日，上述各起义队伍在丰县华山镇会合，组成苏鲁人民抗日义勇队第二总队，李贞乾任总队长，王文彬任政治委员，编成 31 个大队，人数多达 5000 余人。"见姜思毅主编：《中国人民解放军大事典》，天津人民出版社 1992 年 6 月第 1 版，第 393 页。

④　见安徽省新四军历史研究会编：《项英年谱》（内部资料），第 482 页。

⑤　见北京新四军暨华中抗日根据地研究会编：《新四军军史珍典》，党建读物出版社 2005 年 8 月第 1 版，第 32 页。

一段。①

## 6 月 15 日

项英致电毛泽东和长江局，报告第一、第二、第三支队部署情况：陈毅率领的一支队与粟裕率领的先遣队已在溧水会合，目前正着手在茅山一带建立根据地；二支队主力，在当涂以东小丹阳两侧山区为根据地开展活动；三支队一个营到湾沚至宣城公路的两侧活动，军部及三支队（以一营）位置于南陵至泾县间山地整训。从南京经秣陵关至溧水县之东北地区属于第一支队，西南地区属第二支队。②

同日　项英发表题为《新四军的昨天和今天》的署名文章，分四个阶段介绍了新四军的历史：坚持南方三年游击战争时期的各红军游击队；抗战爆发后与国民党当局谈判改编的历程；部队编队、集中的艰难过程；坚决出动敌后，逼进南京。③

同日　陈毅接见当地民主人士樊玉琳，表明新四军挺进江南敌后抗战，需要地方各界的鼎力相助。并拟在樊的带领下，亲自会见茅麓公司经理纪振纲，同时筹备召开茅山地区各界人士代表会议，成立镇江、句容、丹阳、金坛四县抗敌自卫委员会，因情况有变，后于 7 月 7 日在宝堰召开了四县总会成立大会。④

同日　粟裕率先遣支队进抵南京至镇江间铁路上的下蜀街，破坏铁路一段。⑤ 当日晚，经四个半小时的破袭，破坏铁路 40 米，并向火

---

① 安徽省新四军历史研究会编：《项英年谱》（内部资料），第483页。
② 见北京新四军暨华中抗日根据地研究会编：《新四军军史珍典》，党建读物出版社 2005 年 8 月第 1 版，第 32—33 页。
③ 见安徽省新四军历史研究会编：《项英年谱》（内部资料），第477页。
④ 见北京新四军暨华中抗日根据地研究会编：《新四军军史珍典》，党建读物出版社 2005 年 8 月第 1 版，第 33 页。
⑤ 见《新四军战史》编辑室编：《新四军征战日志》，解放军出版社 2000 年 8 月第 1 版，第 29 页。

车站日军发起攻击，16 日上午 8 时，敌军一列火车行驶至下蜀出轨。①

## 6 月 16 日

新四军第四支队第八团在皖中舒城、桐城间的大、小关伏击日军，毙日军 23 人，俘 1 人。②

同日　项英完成长达 6000 字的自传，是根据中央组织部的要求撰写的。自传在简述了家庭和本人青少年时期的情况后，主要写自己参加革命后的重要经历、所遇到的重大事件，以及对这些重要问题的认识。③

## 6 月 17 日

新四军政治部在皖南南陵县土塘召开第一次政治工作会议，讨论新四军政治工作的基本方针和任务。至 19 日结束，会后公布了《全军政治工作会议总结》。④

同日　先遣支队司令员粟裕率部在镇（江）句（容）公路上的韦岗（今镇江市丹徒区境内）伏击日军。当日 8 时许，日军野战重炮兵第五旅团 30 余人分乘 5 辆汽车，由镇江向句容方向开进。日军进入伏击圈后，新四军突然发起猛烈攻击。经半小时激战，击毁汽车 4 辆，毙伤日军少佐土井和大尉梅泽武四郎以下 13 人，伤日军 8 人，缴获长短枪 20 支、日钞 7000 余元和大量军需物资。新四军伤亡 5 人。这是

---

① 见北京新四军暨华中抗日根据地研究会编：《新四军军史珍典》，党建读物出版社 2005 年 8 月第 1 版，第 33 页。

② 见《新四军战史》编辑室编：《新四军征战日志》，解放军出版社 2000 年 8 月第 1 版，第 29 页。又说"16 日晚，第八团第一营在通过舒桐公路时，遇日军一运输车队，立即先发制敌，毙伤敌 23 人。"徐则浩、宋霖主编：《新四军军部在皖南》，当代中国出版社 2003 年第 1 版，第 84 页。

③ 见安徽省新四军历史研究会编：《项英年谱》（内部资料），第 479 页。

④ 见《新四军战史》编辑室编：《新四军征战日志》，解放军出版社 2000 年 8 月第 1 版，第 30 页。

新四军进入江南敌后对日军的首次战斗。[①]

## 6月19日

周恩来将与中央书记处商定的"同国民党交涉的十条意见"交予蒋介石，内容包括：保障各抗日党派的合法存在；释放被关押的中共党员；停止查禁抗日书刊；保护第十八集团军及新四军军人家属；在敌后普遍发动游击战等，同时提出第十八集团军扩编为三个军九个师，新四军增编为七个支队。[②]

## 6月20日

新四军第一支队一部将宁沪线上的禄口、朱门等地伪政权摧毁，获机枪4挺，步枪60余支。[③] 并破坏磁湖、南京间之铁桥1座。[④]

---

① 见中国新四军和华中抗日根据地研究会编：《新四军在华中》，军事科学出版社2012年5月第1版，第144页。关于韦岗战斗战绩：一说"毙敌十三名，伤敌七八名，缴获步枪×支，缴手枪、军刀各一把，日钞七千余元，军用品四车"。见《中国人民解放军历史资料丛书》编审委员会编：《〈中国人民解放军历史资料丛书〉·新四军·文献（1）》，解放军出版社1988年12月第1版，第224—225页。二说"毙敌少佐土井及大尉梅泽武四郎等十余名，伤敌数十名，获长短枪十余支，钢盔十余顶，日钞七千余元，日军军旗、军刀、军服，以及满载车中的军需物品"。见《中国人民解放军历史资料丛书》编审委员会编：《〈中国人民解放军历史资料丛书〉·新四军·文献（1）》，解放军出版社1988年12月第1版，第260页。三说"斩获敌军土井中佐以下数十人，获得日币伪票万余元，枪械数十枚"。见《中国人民解放军历史资料丛书》编审委员会编：《〈中国人民解放军历史资料丛书〉·新四军·文献（1）》，解放军出版社1988年12月第1版，第265页。四说"毙日军少佐土井及大尉梅泽武四郎等13人，伤日军8人。击毁日军汽车4辆，缴获长短枪20余支及军用品一部"。见《新四军战史》编辑室：《新四军征战日志》，解放军出版社2000年8月第1版，第30页。

② 见北京新四军暨华中抗日根据地研究会编：《新四军军史珍典》，党建读物出版社2005年8月第1版，第33页。

③ 见中国新四军研究会编：《永恒的记忆·新四军发展史》，山西人民出版社2005年3月第2版，第345页。

④ 见安徽省新四军历史研究会编：《项英年谱》（内部资料），第482页。

### 中旬

新四军第二支队第三团在罗忠毅、王集成率领下开始分批东进。①

新四军第四支队第七团第三营袭击了窜犯干汉河的日军，击毁汽车 3 辆，歼敌 10 余人，俘敌 1 人，缴获步枪 10 余支及部分军用物资。②

### 6 月 21 日

新四军先遣支队在完成挺进苏南进行战略侦察的预定任务后，各连奉命按原建制归队。③ 粟裕回到新四军第二支队司令部。④

### 6 月 22 日

新四军司令部在皖南南陵县土塘召开第一次参谋工作会议。⑤ 各支队、各团参谋长和军部参谋人员共 20 多人参加会议。副军长项英作《指挥机关与参谋工作》的报告，讲述从现代战争的要求看参谋工作的重要性，从新四军参谋工作的现状看加强参谋工作建设的必要性。军参谋长张云逸作了题为《参谋工作建设》的报告，系统地论述了司令部建设在现代战争中的作用和参谋工作的地位、任务。军副参谋长周子昆在会上作了加强参谋教育训练的报告。这次会议对加强新四军各级司令部建设、建立参谋工作制度、提高参谋业务水平起了促进

---

① 见中国新四军和华中抗日根据地研究会编：《新四军的组建与发展》，中共党史出版社 2019 年 5 月第 1 版，第 119 页。

② 见徐则浩、宋霖主编：《新四军军部在皖南》，当代中国出版社 2003 年第 1 版，第 84 页。

③ 见《新四军战史》编辑室编：《新四军征战日志》，解放军出版社 2000 年 8 月第 1 版，第 30 页。

④ 见中国新四军研究会编：《永恒的记忆·新四军发展史》，山西人民出版社 2005 年 3 月第 2 版，第 345 页。

⑤ 见《新四军战史》编辑室编：《新四军征战日志》，解放军出版社 2000 年 8 月第 1 版，第 30 页。

作用。①

## 6 月 23 日

项英致信陈毅，第一支队目前的中心任务是开展胜利的游击战来配合各方执行保卫武汉的总任务，同时使本军在全国政治地位提高。建立根据地是在执行这个任务中同时并进，开展游击战在目前主要是切断交通，阻碍敌人的运输和兵力转移，扰乱敌人，牵制敌人保守据点。②

## 6 月 24 日

新四军第四支队八团二营大、小关战斗。朱绍清营长率六连在舒城、桐城公路上的大关、小关之间地区，伏击日寇运输车队。上午 9 时许，七八辆日军运输车满载物资由南向北行驶，当日军车队为我部设置的路障所阻、押车的敌兵下车排障时，新四军一、三排迅猛出击。此战共击毙日军 10 余人，新四军伤亡 5 人，其中一排长王文山牺牲。③

## 6 月 25 日

陈毅在丹阳县延陵接见丹北抗日自卫总团团长管文蔚派来联络的朱士俊等人，④ 听取他们的汇报。随即陈毅派新四军第一支队第二团

---

① 见中国新四军和华中抗日根据地研究会编：《新四军在华中》，军事科学出版社 2012 年 5 月第 1 版，第 308 页。

② 见北京新四军暨华中抗日根据地研究会编：《新四军军史珍典》，党建读物出版社 2005 年 8 月第 1 版，第 34 页。

③ 见胡炜著：《征程纪事》，中国文联出版社 2002 年 2 月第 1 版，第 13—14 页。战斗名称为编者题。胡炜时任新四军第四支队第八团第二营六连指导员；朱绍清时任第四支队第八团第二营营长。

④ 见九江市新四军暨华中抗日根据地历史研究会编：《新四军历史上的今天》，中共党史出版社 2017 年 10 月第 1 版，第 373 页。

第一营营长段焕竞到访仙桥拜访管文蔚，约管会面。①

## 6 月 26 日

新四军驻赣办事处邀请国民党和各派人士在励志社举行宴会，座谈国共合作抗战事宜。曾山、黄道在会上讲话，并散发《我们对于保卫江西的意见》。②

## 6 月 27 日

新四军第四支队一部在舒城与桐城之间小关附近伏击由舒城南开日军 200 余人，将其击溃后，又追至昌亭驿歼其一部。③

## 6 月 28 日

新四军第一支队第二团副团长刘培善和参谋长王必成率第二营在江苏省镇江西南竹子岗、孔家边地区（今属镇江市丹徒区）公路两侧有利地形伏击日军。9 时许，6 辆装载军用物资的日军车队驶入伏击地段，设伏部队迅即开火，汽车中弹起火，押车日军被歼。午后，增援日军 300 余人、骑兵 1 个小队，附 4 门火炮，向徐家边扑来。第二营分头予以堵击，激战 3 小时，毙伤日军 20 余人，俘日军特务机关经理官明弦政南，击毁日军汽车 6 辆。④

同日　陶吴镇、禄口镇之敌各 200 余，向横溪桥进攻，当被我粟

---

① 见北京新四军暨华中抗日根据地研究会编：《新四军军史珍典》，党建读物出版社 2005 年 8 月第 1 版，第 35 页。

② 见九江市新四军暨华中抗日根据地历史研究会编：《新四军历史上的今天》，中共党史出版社 2017 年 10 月第 1 版，第 375 页。

③ 见中国新四军研究会编：《永恒的记忆·新四军发展史》，山西人民出版社 2005 年 3 月第 2 版，第 345 页。

④ 见中国新四军和华中抗日根据地研究会编：《新四军在华中》，军事科学出版社 2012 年 5 月第 1 版，第 144 页。又说毙日军 20 余人，见《新四军征战日志》第 30 页。

部配合民众武装将敌击退。由于我军在南京附近积极活动，日寇大感威胁，连日增兵，计江宁增×余人，秣陵关200余人；俭（28）日由句容、镇江，开向宝堰600余，洪蓝埠百余人，常州7000余。①

### 下旬

陈毅会晤茅山地区头号企业家纪振纲。向他详尽地分析了抗战的形势，阐明了决定战争胜负的不是武器而是人的道理，指出新四军依靠人民群众，开展游击战争，坚持持久战，定能取得最后的胜利。在陈毅不断争取教育下，纪振刚逐渐靠近新四军，为支援新四军抗战做了不少事。当时新四军缺少西药，他就设法替新四军到上海募捐，采购药品，并从上海运到茅山地区。同期，陈毅还接见拥有100多人、枪的句东北抗敌自卫团团长巫恒通，介绍共产党的抗日政策和全国抗日斗争形势。②

### 本月

为了化消极因素为积极因素，团结各界人士共同抗日，邓子恢邀集军部驻地附近的青红帮和理教会头目，在土塘办了两期学习班。③

邓子恢多次到三里店做国民党三里区区长易克健的统战工作。由于邓子恢明之以礼，晓之以义，待之以诚，使易克健一度转变了顽固态度，与我党合作较好。④

新四军战地服务团与川军一四四师举行联欢。新四军战地服务团

---

① 见安徽省新四军历史研究会编：《项英年谱》（内部资料），第482页。

② 见北京新四军暨华中抗日根据地研究会编：《新四军军史珍典》，党建读物出版社2005年8月第1版，第34页。

③ 见中共南陵县委党史办公室编：《南陵党史集萃》，中国展望出版社1989年8月第1版，第401页。

④ 见中共南陵县委党史办公室编：《南陵党史集萃》，中国展望出版社1989年8月第1版，第401页。

一行 30 人，应川军一四四师战地服务团的邀请，来到南陵城关与之进行联欢。在联欢会上，我方合唱队首先演唱了《义勇军进行曲》《大刀进行曲》《向前走别退后》等抗战歌曲；友方演唱了江南小调《送郎上前线》和《伤兵莲花落》。最后，双方合作表演了短剧《放下你的鞭子》和《八百壮士》。①

新四军政治部在南陵马家镇（现为籍山镇麒麟社区）召开群众大会。会上，新四军政治部主任和川军一四四师政治部主任先后讲话。②

中共湖北省委正式成立，郭述申任书记。③

中共河南省委在豫东组建两支抗日武装：一支由中共西华特委书记沈东平等领导的西华人民抗日自卫军（后称第一战区自卫军第七路）；一支由省委组织部部长吴芝圃等领导的豫东抗日游击第三支队。④

中共中央长江局派萧望东、谭友林到竹沟，加强新四军竹沟办事处的领导力量。⑤

中共鄂东特委成立，郑位三任书记，方毅任副书记。⑥

中共鄂中特委成立，杨学诚任书记。⑦

中共福建省委成立，曾镜冰任书记。⑧

---

① 见中共南陵县委党史办公室编：《南陵党史集萃》，中国展望出版社 1989 年 8 月第 1 版，第 401 页。

② 见中共南陵县委党史办公室编：《南陵党史集萃》，中国展望出版社 1989 年 8 月第 1 版，第 402 页。

③ 见《新四军战史》编辑室编：《新四军征战日志》，解放军出版社 2000 年 8 月第 1 版，第 31 页。

④ 见《中国人民解放军历史资料丛书》编审委员会编：《〈中国人民解放军历史资料丛书〉·新四军·综述·大事记·表册》，解放军出版社 1993 年 11 月第 1 版，第 171 页。

⑤ 见《新四军战史》编辑室编：《新四军征战日志》，解放军出版社 2000 年 8 月第 1 版，第 31 页。

⑥ 见《中国人民解放军历史资料丛书》编审委员会编：《〈中国人民解放军历史资料丛书〉·新四军·综述·大事记·表册》，解放军出版社 1993 年 11 月第 1 版，第 171 页。

⑦ 见《中国人民解放军历史资料丛书》编审委员会编：《〈中国人民解放军历史资料丛书〉·新四军·综述·大事记·表册》，解放军出版社 1993 年 11 月第 1 版，第 171 页。

⑧ 见安徽省新四军历史研究会编：《项英年谱》（内部资料），第 481 页。

## 5月底至6月

军部驻土塘之初，在土塘村举办宴会，邀请群众代表参加，军领导除向土塘人民表示谢意外，还向群众宣传抗日救国道理，宣传新四军的严明纪律以及新四军与老百姓的鱼水关系。晚上，军部战地服务团为群众演出了丰富多彩的文艺节目。军民关系更加密切了。此后不久，军部又在土塘召开了300多人的群众大会，宣传共产党抗日主张，号召广大群众成立农抗会、青抗会、妇抗会。通过广泛深入的宣传发动，土塘及周边的群众共1000多人参加了各种抗敌协会。[①]

此间，军政治部在上经村还办过一期识字班，参加学习的群众（男女兼有）有二三十人。为了提高教学水平，邓子恢多次深入到识字班听课，并提出不少有益的意见。[②]

## 夏

项英听取中共江苏省委书记刘晓等关于上海郊区和苏南游击战争情况汇报后，指出：要对游击队加强领导，游击队要配合新四军，上海要为新四军输送干部，并经济上支援，要宣传新四军和掩护新四军的后勤部门在上海采购军需用品等。[③]

## 7月1日

7月1日夜11时许，在管文蔚率领的丹（阳）北抗日自卫团配合

---

① 见徐则浩、宋霖主编：《新四军军部在皖南》，当代中国出版社2003年第1版，第94页。原文为"又土塘一地参加各种抗敌协会的就有1000多人"，经编者实地采访和考证，应为当时土塘及周边群众参加各种抗敌协会的有1000多人。

② 见中共南陵县委党史办公室编：《南陵党史集萃》，中国展望出版社1989年8月第1版，第106页。凌菲时任驻刘店松树棵民运工作小组组长。

③ 见安徽省新四军历史研究会编：《项英年谱》（内部资料），第481页。

下，对驻守新丰车站的日军第十五师团松野联队广江中队 40 余人以及汉奸、路警等共百余人发起突然攻击。这是新四军首次进行的夜间战斗。此次战斗历时一个半小时，缴获步枪 6 支，刺刀 6 把，并和丹（阳）北抗日自卫团千余人一起，破坏京沪铁路一段、电话线杆数十根。①

同日　新四军第一支队一部夜袭丹阳城。敌紧闭城门顽抗，连日不敢出城，恐慌异常，宣布前发良民证无效，须重新登记。②

同日　我军第一支队一团在秣陵关附近执行如下任务：一、解决朱门伪组织维持会；二、解决禄口伪组织维持会。是役击溃伪保安队，缴获步枪 73 支，驳壳枪 1 支，轻机枪 5 挺，手枪 5 支。③ 解救伪政权准备送往南京供寇军蹂躏而强征的青年妇女 30 余人。④

## 7 月 2 日

萧望东率先遣大队 70 余人由确山县竹沟镇出发，途经西华休整补充后，开赴睢（县）杞（县）太（康）地区，配合豫东抗日游击第三支队等部开展豫东敌后游击战争。⑤

## 7 月 3 日

毛泽东、张闻天、刘少奇致电彭雪枫、朱理治。同意对游击战争

---

① 见中国新四军和华中抗日根据地研究会编：《新四军在华中》，军事科学出版社 2012 年 5 月第 1 版，第 144—145 页。

② 见《中国人民解放军历史资料丛书》编审委员会编：《中国人民解放军历史资料丛书·新四军·参考资料(1)》，解放军出版社 1992 年 6 月第 1 版，第 44 页。

③ 见《中国人民解放军历史资料丛书》编审委员会编：《中国人民解放军历史资料丛书·新四军·参考资料(1)》，解放军出版社 1992 年 6 月第 1 版，第 54 页。原文为我军某支队，经考证为第一支队一团。

④ 见《中国人民解放军历史资料丛书》编审委员会编：《中国人民解放军历史资料丛书·新四军·参考资料(1)》，解放军出版社 1992 年 6 月第 1 版，第 44 页。

⑤ 见九江市新四军暨华中抗日根据地历史研究会编：《新四军历史上的今天》，中共党史出版社 2017 年 10 月第 1 版，第 395 页。原文为肖望东，经考证为萧望东。

的布置，指出游击战争要在敌人后方比较空虚的地区发动。对于伏牛山脉须即去建立党与群众工作的基础。①

## 7月5日

中国共产党参政员毛泽东、陈绍禹、秦邦宪、董必武、吴玉章、林伯渠、邓颖超在武汉《新华日报》上发表《我们对于国民参政会的意见》一文。②

同日　王明、周恩来、博古就东南分局工作电复项英：东南分局主要工作区域应放到赣北，利用一切机会加强上层统一战线活动，赣南等处仍注意开展秘密工作。③

## 7月6日

新四军第一支队第一团在第二支队第三团配合下，在苏南江宁县朱门地区消灭勾结日军、残害人民的国民党军江南第一挺进支队朱永祥部（上报国民党第三战区司令长官），生俘司令朱永祥、副司令韩令昌，解送第三战区司令长官部法办。④ 是役俘获伪逆官兵344名，击毙10名，缴获步枪159支，迫击炮2门，重机关枪2挺，轻机关枪12挺，迫击炮弹60发。⑤

---

① 见北京新四军暨华中抗日根据地研究会编：《新四军军史珍典》，党建读物出版社2005年8月第1版，第36页。

② 见姜思毅主编：《中国人民解放军大事典》，天津人民出版社1992年6月第1版，第395—396页。

③ 见北京新四军暨华中抗日根据地研究会编：《新四军军史珍典》，党建读物出版社2005年8月第1版，第36页。

④ 见九江市新四军暨华中抗日根据地历史研究会编：《新四军历史上的今天》，中共党史出版社2017年10月第1版，第401页。

⑤ 见《中国人民解放军历史资料丛书》编审委员会编：《中国人民解放军历史资料丛书·新四军·参考资料(1)》，解放军出版社1992年6月第1版，第54页。又说："全奸反动土匪武装朱永祥部800余人。"见《中国人民解放军历史资料丛书》编审委员会编：《〈中国人民解放军历史资料丛书〉·新四军·综述·大事记·表册》，解放军出版社1993年11月第1版，第483页。

同日　新四军第二支队第三团第一营和支队侦察连，伏击当涂至芜湖间的日军军用火车，击毁 1 列，缴获大批军毯、军呢大衣等军用品。①

## 7月7日

陈毅在苏南镇江县宝埝镇（今属丹徒县）主持召开镇江、丹阳、金坛、句容四县各界人士代表会议。会上陈毅就国内外形势和成立四县抗敌总会的宗旨作了说明。他说，对于地方各种自卫武装，只要愿意抗日，就是一家人，新四军愿意尽力相助。新四军主张有力出力、有钱出钱、有枪出枪、有粮出粮，合理负担。新四军还主张实行减租减息，借以调动广大农民的抗日积极性。希望大家赞同和协助。他号召各界同胞团结一致，结成最广泛的抗日民族统一战线。会上成立四县抗敌总会，推选民族资本家、茅麓公司经理纪振纲为主任，樊玉琳、王丰庆为副主任。②

同日　毛泽东、陈昌浩、刘亚楼、萧劲光、郭化若等写的《抗日游击战争的一般问题》一书发表。③

同日　新四军第一支队第二团一部在丹阳东南横塘地区截击日军汽车 12 辆，击毁 2 辆，毙日军 5 名。④ 并破坏丹（阳）金（坛）公路

---

① 见中国新四军研究会编：《永恒的记忆·新四军发展史》，山西人民出版社 2005 年 3 月第 2 版，第 346 页。

② 见北京新四军暨华中抗日根据地研究会编：《新四军军史珍典》，党建读物出版社 2005 年 8 月第 1 版，第 36 页。

③ 见姜思毅主编：《中国人民解放军大事典》，天津人民出版社 1992 年 6 月第 1 版，第 396—397 页。

④ 见中国新四军研究会编：《永恒的记忆·新四军发展史》，山西人民出版社 2005 年 3 月第 2 版，第 346 页。又说"将敌辎重兵 5 名，下士官 3 名全数击毙。"见《中国人民解放军历史资料丛书》编审委员会编：《〈中国人民解放军历史资料丛书〉·新四军·参考资料（1）》，解放军出版社 1992 年 6 月第 1 版，第 54 页。

横塘段 10 余千米，拆毁桥梁 6 座。①

同日  新四军驻赣办事处，在南昌市组织了纪念抗战一周年的游行活动。游行队伍高呼"坚持团结抗战""反对投降"的口号。当游行队伍到达洗马池时，遭到军警特务的包围、捣乱，新四军办事处部分工作人员和群众遭无理拘捕。在社会舆论的声援下，经过交涉，江西省警察局无条件释放被扣人员，警察局长出面赔礼道歉。②

## 7 月 10 日

新四军第一支队侦察得知南京至句容公路上日军运输车辆频繁，决定伺机伏击日军汽车。1938 年 7 月 10 日晨，日军载有 100 余人的 9 辆汽车由南京向句容县新塘驶来。2 辆在前，其余 7 辆相距数百米在后跟进。新四军第二团第二营在新塘埋伏。当日军进入伏击地域时，伏击部队发起突然袭击，击毁日军汽车 2 辆。日军下车顽抗。经半小时激战，毙伤日军 40 余人。此时句容县城、汤山镇日军 500 余人在飞机、坦克掩护下前来增援，新四军迅速转移。新四军无伤亡，地方武装伤、亡各 1 人。③

同日  新四军第四支队手枪团，对盘踞皖中舒城县西张母桥、天龙庵的土匪武装进行攻击，歼灭土匪武装 300 余人，活捉匪首罗大刚。④

---

① 见九江市新四军暨华中抗日根据地历史研究会编：《新四军历史上的今天》，中共党史出版社 2017 年 10 月第 1 版，第 403 页。

② 见中国新四军研究会编：《永恒的记忆·新四军发展史》，山西人民出版社 2005 年 3 月第 2 版，第 346 页。

③ 见中国新四军和华中抗日根据地研究会编：《新四军在华中》，军事科学出版社 2012 年 5 月第 1 版，第 145 页。又说"毙日军 40 余人"，见中国新四军研究会编：《永恒的记忆·新四军发展史》，山西人民出版社 2005 年 3 月第 2 版，第 346 页。

④ 见北京新四军暨华中抗日根据地研究会编：《新四军军史珍典》，党建读物出版社 2005 年 8 月第 1 版，第 37 页。

## 7 月初

第三支队先后在泾县汀潭镇的杨村、南陵县葛林乡的六甲村，进行了两个多月的整训。[1]

新四军第二支队参谋长罗忠毅、政治部主任王集成率第三团和第四团一个营展开于京芜铁路以东、京杭公路以西的江宁、高淳、溧水、当涂地区。[2]

## 上旬

陈毅在丹阳县延陵附近的村庄，接见丹北抗日自卫总团团长管文蔚，介绍共产党在抗日战争时期的路线、方针、政策。[3]

陈毅派军部参谋张云龙到延陵地区开展工作。行前陈毅交代两件事：一、延陵是丹阳县属最大的镇子，是东进上海、北过长江的交通要道，日军被赶走后，各种势力明争暗斗，要张云龙带一个连，插到他们中间，告诉他们不准互相争斗，否则予以消灭。二、让张云龙带上陈毅的亲笔信，面交纪振刚，并要他们与纪振纲和国民党区长贡友山等人处好关系。[4]

## 7 月 13 日

新四军一支队二团，在团长张正坤、参谋长王必成的指挥下，夜袭句容城。仅半小时战斗，全歼日、伪军各一个中队，计 200 余人，

---

① 见南京陆军指挥学院、中国新四军和华中抗日根据地研究会编：《新四军对日作战研究》，军事科学出版社 2015 年 8 月第 1 版，第 12 页。

② 见《新四军战史》编辑室编：《新四军征战日志》，解放军出版社 2000 年 8 月第 1 版，第 31 页。

③ 见《新四军战史》编辑室编：《新四军征战日志》，解放军出版社 2000 年 8 月第 1 版，第 32 页。

④ 见北京新四军暨华中抗日根据地研究会编：《新四军军史珍典》，党建读物出版社 2005 年 8 月第 1 版，第 37 页。

救出被抓捕的群众 300 余人，摧毁了伪政权。①

## 7 月 14 日

新四军第一支队第一团一部，夜袭南京近郊西善桥日军据点，毙日军 3 人，缴获枪 3 支，破坏铁路 2 里。②

同日 新四军第四支部一部，在皖中东汤池附近跟汉奸部队一部遭遇，经激战后将其全歼，毙 30 名，俘获 77 人，缴获步兵炮 1 门，步枪 40 余支。③

## 7 月 15 日

新四军第二支队第四团一部，在下蜀街附近消灭汉奸武装孟、谢两部约百人，获步枪 60 余支、轻机枪 2 挺、子弹千余发。④ 毙敌 50 余名。⑤

## 7 月 18 日

新四军第四支队一部在桐（城）舒（城）地区及三河镇一带，连续歼灭伪军数百人，缴获轻机枪 3 挺、步枪 235 支。⑥

---

① 见北京新四军暨华中抗日根据地研究会编：《新四军军史珍典》，党建读物出版社 2005 年 8 月第 1 版，第 37 页。

② 见《新四军战史》编辑室编：《新四军征战日志》，解放军出版社 2000 年 8 月第 1 版，第 32 页。

③ 见中国新四军研究会编：《永恒的记忆·新四军发展史》，山西人民出版社 2005 年 3 月第 2 版，第 346 页。

④ 见中国新四军和华中抗日根据地研究会新四军图书馆馆藏资料，南京军区司令部战史编辑室编：《抗日战争新四军电报汇集》第 3 册，第 5 页。

⑤ 见《中国抗日战争军事史料丛书》编审委员会编：《中国抗日战争军事史料丛书·新四军·参考资料(4)》，解放军出版社 2015 年 12 月第 1 版，第 76 页。

⑥ 见中国新四军研究会编：《永恒的记忆·新四军发展史》，山西人民出版社 2005 年 3 月第 2 版，第 346 页。

## 7月19日

项英致电长江局并中共中央，建议在武汉失守时，在长江以南设南方局。中共中央书记处接电后，于8月5日致电长江局并转项英，"请长江局首先讨论，再告中央决定"。长江局根据中央指示，经过讨论，提出将长江局一分为三，即将长江局领导的东南分局改为东南局；在长江局管辖的长江以北地区设中原局；在长江以南设南方局。9月，中共中央政治局听取秦邦宪关于组织问题的报告后，于9月22日决定设立中原局、东南局和南方局，并于9月25日致电在武汉主持长江局工作的凯丰、叶剑英、董必武，指示组织上依长江局原定之中原局、东南局、南方局、重庆党报委员会及中央代表团五个方向布置。①

同日　新四军第四支队一部在三叉河毙伪军23人，俘12人，缴获步枪83支、驳壳枪2支、轻机枪1挺。②

## 7月20日

新四军第一支队二团二营在下蜀缴敌伪孟杨部机枪2挺，步枪40余支。同日，敌分6路向谢村进攻。③

### 中旬

陈毅派新四军第一支队政治部主任刘炎到管文蔚部，授予丹阳抗日自卫总团"丹阳游击纵队"的番号，任命管文蔚为司令。④

---

① 见安徽省新四军历史研究会编：《项英年谱》(内部资料)，第484页。
② 见《新四军战史》编辑室编：《新四军征战日志》，解放军出版社2000年8月第1版，第33页。
③ 见赖传珠著：《赖传珠日记》，解放军文艺出版社2000年3月第1版，第130页。
④ 见《新四军战史》编辑室编：《新四军征战日志》，解放军出版社2000年8月第1版，第33页。

## 7月23日

第一支队击退梁村之敌。①

新四军苏南鲁迅文艺社于镇江县成立（现镇江市）。②

## 7月24日

新四军军部召开会议成立军政研究会③。

## 7月26日

新四军政治部制定《敌军政治工作纲要》，指出：敌军工作的主要任务，在于提高和加强自己人员的战斗情绪，防止敌人的破坏，并从政治上瓦解敌军。确定新四军应把对敌宣传工作作为"对敌军工作的进攻战"，"敌军工作的进攻战，基本上是从政治上夺取与瓦解敌人军队，解除敌军思想上的武装，把日本帝国主义的侵华战争变为日本人民反对日本帝国主义的革命战争。在目前的中心，则须集中注意瓦解敌人"。④

同日 中共中央东南分局在南昌举行团结抗日招待会，宴请国民党党政军要员及各界著名人士，宣传团结抗日，救亡图存，表达中共对于建立抗日民族统一战线的诚意和抗战到底的决心。⑤

---

① 见赖传珠著：《赖传珠日记》，解放军文艺出版社 2000 年 3 月第 1 版，第 181 页，应为第一支队一团击退当涂梁村之敌。

② 见九江市新四军暨华中抗日根据地历史研究会编：《新四军历史上的今天》，中共党史出版社 2017 年 10 月第 1 版，第 432 页。

③ 见赖传珠著：《赖传珠日记》，解放军文艺出版社 2000 年 3 月第 1 版，第 130 页。编者认为此会系召开成立新四军委员会的会议。

④ 见九江市新四军暨华中抗日根据地历史研究会编：《新四军历史上的今天》，中共党史出版社 2017 年 10 月第 1 版，第 436 页。

⑤ 见九江市新四军暨华中抗日根据地历史研究会编：《新四军历史上的今天》，中共党史出版社 2017 年 10 月第 1 版，第 437 页。

同日　九江沦陷。①

## 7月28日

项英离开皖南前往延安参加中共党的扩大的六届六中全会。②

同日　军部下达命令，8月2日军直属队向泾县云岭出发。项英上午动身离开南陵县土塘，受叶挺委托，给在延安原北伐军独立团一营营长曹渊烈士的儿子曹云屏带去了30块银圆。③

## 7月29日

新四军第一支队第二团第一营在丹阳北之孔家村、东吴桥附近，破坏铁路一段，由镇江开往上海之日军军车一列被颠覆，毙车上日军数十人。④

同日　新四军第四支队第七团一部袭击皖中无为县石涧埠之汉奸武装，将其全歼，缴获长短枪74支。⑤

同日　军部特务营营长叶道志及徐长胜等，因不满其工作职务安排，于凌晨1时出走，欲回八路军工作；叶道志于8月17日被追回，8月30日被错杀；徐长胜时任军部特务营参谋，在被追途中先行错杀。⑥

---

① 见中国新四军研究会编：《永恒的记忆·新四军发展史》，山西人民出版社2005年3月第2版，第347页。

② 见《中国人民解放军历史资料丛书》编审委员会编：《〈中国人民解放军历史资料丛书〉·新四军·综述·大事记·表册》，解放军出版社1993年11月第1版，第171页。

③ 见安徽省新四军历史研究会编：《项英年谱》（内部资料），第484页。

④ 见九江市新四军暨华中抗日根据地历史研究会编：《新四军历史上的今天》，中共党史出版社2017年10月第1版，第440页。

⑤ 见《新四军战史》编辑室编：《新四军征战日志》，解放军出版社2000年8月第1版，第33页。

⑥ 见《赖传珠将军日记》编辑小组编：《赖传珠将军日记》上册，军事科学出版社2005年1月第1版，第181页、第184页、第186页。叶道志、徐长胜于1983年10月21日由中国人民解放军总政治部平反，恢复名誉。

### 7 月 30 日

新四军第一支队第二团第二营袭击南京至镇江间的高资镇之日军绥靖队，击毙日军 15 人，俘伪军 70 余人，破坏铁路 1 段。[①]

同日　新四军第一支队第二团一部 5 时在镇江、丹阳之西山背破坏铁路，适敌车由镇江开来，发生战斗，毙敌十余名，我伤亡相等。[②]

### 7 月 31 日

毛泽东、谭政致电八路军前总和新四军，指出：为了解决许多干部家庭生活困难，指示各部队依据财力，给干部家庭困难的以适当救济，其意义在于表示党和共产主义同情关怀，减除某些干部对家庭问题的顾虑，借以提高其积极性。此项工作由各级政治机关负责办理。[③]

### 7 月下旬

新四军第二支队司令部在当涂大官圩马家桥召开各界代表会议，并派出第三团民运股长陈虹、江阿流等协助地方工作。[④]

月底，新四军军部颁布了减租减息条例，在驻地广大乡村实行二五减租，规定借贷的年利息为一分到一分半，稻谷年利息减为一斗五到二斗。[⑤]

①　见《新四军战史》编辑室编：《新四军征战日志》，解放军出版社 2000 年 8 月第 1 版，第 33 页。

②　见《中国人民解放军历史资料丛书》编审委员会编：《〈中国人民解放军历史资料丛书〉·新四军·参考资料（2）》，解放军出版社 1991 年 11 月第 1 版，第 69 页。

③　见姜思毅主编：《中国人民解放军大事典》，天津人民出版社 1992 年 6 月第 1 版，第 399 页。

④　见九江市新四军暨华中抗日根据地历史研究会编：《新四军历史上的今天》，中共党史出版社 2017 年 10 月第 1 版，第 444—445 页。

⑤　见中共安徽省委党史研究室著：《中国共产党安徽地方史》，安徽人民出版社 2008 年 8 月第 1 版，第 319 页。

## 本月

根据中共中央长江局的指示，皖东军民开始创建抗日根据地。刘顺元赴来安成立皖东省委，并任书记。[①]

中共中央东南分局派吴仲超带领一批干部，以新四军第一支队服务团名义，进入苏南发动群众建立党组织。项英要求中共中央东南分局动员在南昌的进步青年参加新四军战地服务团。下旬，约30位进步青年从南昌出发，8月上旬到达云岭。[②]

中共苏南区工作委员会在丹阳县延陵镇附近成立，吴仲超任书记（9月，改为中共苏南特委）。[③]

陈毅指令管文蔚率部开辟以丹阳北部访仙桥地区为中心的游击区，为新四军向北发展创造条件。[④]

陈毅和副司令傅秋涛、政治部主任刘炎联名发布一支队司令部、政治部布告，号召抗日人民粉碎自治维持会等汉奸组织。[⑤]

新四军第一团政治处在溧水新桥地区岗上村举办抗日救国青年训练班。[⑥]

赣北红军游击大队在岷山张家山集中整训，改编为赣北抗日游击大队，大队长王全应，政委李顺希，下设三个中队，400余人。[⑦]

---

① 见姜思毅主编：《中国人民解放军大事典》，天津人民出版社1992年6月第1版，第400页。
② 见安徽省新四军历史研究会编：《项英年谱》(内部资料)，第485页。
③ 见《中国人民解放军历史资料丛书》编审委员会编：《〈中国人民解放军历史资料丛书〉·新四军·综述·大事记·表册》，解放军出版社1993年11月第1版，第172页。
④ 见九江市新四军暨华中抗日根据地历史研究会编：《新四军历史上的今天》，中共党史出版社2017年10月第1版，第445页。
⑤ 见北京新四军暨华中抗日根据地研究会编：《新四军军史珍典》，党建读物出版社2005年8月第1版，第38页。
⑥ 见九江市新四军暨华中抗日根据地历史研究会编：《新四军历史上的今天》，中共党史出版社2007年10月第1版，第445页。
⑦ 见九江市新四军暨华中抗日根据地历史研究会编：《新四军历史上的今天》，中共党史出版社2007年10月第1版，第445页。

中共苏鲁豫皖边省委决定鲁西南和徐州西北两区合并，建立中共湖西特委，以王文彬、郭影秋、白子明、孙中文、张如组成，王文彬任书记，郭影秋接任鲁南人民抗日义勇队第二总队政委。①

## 8月2日

6时20分军直属队集合，7时30分出发，沿途群众放爆竹敲锣欢迎。10时，新四军军部移至泾县之云岭。② 司令部及直属单位、东南分局、新四军军分会分设在云岭山下叶子河畔的罗里村及其东西约15公里的13个自然村内。③ 军司令部驻罗里村种墨园，军教导总队驻中村，中共中央东南分局和中共皖南特委同时迁驻云岭丁家山和白果树，兵站移驻章家渡。④

同日　新四军在江苏镇江韦岗附近袭击日军独立山炮兵第三联队。⑤

## 本月

新四军政治部在南陵若坑举行民运工作训练班。同时，军部民运部、战地服务团、三支队政治部及中共皖南特委派出宣传队和民运工作队，深入到南芜宣地区做发动群众工作。⑥

为广泛发动群众，深入开展抗日工作，曾如清、胡明、陈洪等奉

---

① 见中国新四军研究会编：《永恒的记忆·新四军发展史》，山西人民出版社2005年3月第2版，第347页。

② 见赖传珠著：《赖传珠日记》，解放军文艺出版社2000年3月第1版，第131页

③ 见北京新四军暨华中抗日根据地研究会编：《新四军军史珍典》，党建读物出版社2005年8月第1版，第38页。

④ 见九江市新四军暨华中抗日根据地历史研究会编：《新四军历史上的今天》，中共党史出版社2017年10月第1版，第455页。

⑤ 见《中国人民解放军历史资料丛书》编审委员会编：《〈中国人民解放军历史资料丛书〉·新四军·参考资料(3)》，解放军出版社1992年10月第1版，第621—622页。

⑥ 见中共南陵县委党史办公室编：《南陵党史集萃》，中国展望出版社1989年8月第1版，第402页。

命来到三里店（现为南陵三里镇所在地），组成南三区工委会，主任
曾如清（后胡明），委员有胡明、陈洪、梁竹吉、方休。此外，还有
工作队员十多人，其任务是：以三里店为中心，向峨岭、童村街、刘
店铺、大格里等地发展，开辟新的工作区。①

---

① 见中共南陵县委党史办公室编:《南陵党史集萃》,中国展望出版社 1989 年 8 月第 1 版,第
402 页。曾如清时任新四军政治部组织科长,胡明时任新四军政治部战地服务团民运科长。

# 附　录

附录收集了新四军军部驻土塘期间，国民党当局有关新四军的电文7篇，国统区、沦陷区对新四军的宣传报道7篇。这些史料从不同侧面反映和反证了抗战初期我新四军在极端复杂困难的条件下，坚决执行党中央东进北上战略，深入挺进敌后作战的英勇事迹；贯彻执行党的统一战线方针，在求同存异中团结友军共同抗敌的典型事例；灵活运用游击战术，取得抗击日寇的赫赫战果。

# 国民党当局有关资料

## 军令部通报新四军韦岗告捷①

### （1938 年 6 月 20 日）

急。洛阳程长官、宜川阎长官、渑池卫副长官、屯溪顾长官、韶关何主任、广州余副长官、福州陈主任、潢川李长官、西安蒋主任、兰州朱副长官、昆明龙主任②：

密。通报：（甲）三区：（一）巧日③在荻港附近登陆之敌千余，被我潘左师击毙二百余，击沉汽艇数艘，刻在扫荡残敌中。（二）叶挺部巧日在镇江附近截获汽车五辆，毙敌少佐、上尉各一，兵十余名。④

---

① 见《中国人民解放军历史资料丛书》编审委员会编：《中国人民解放军历史资料丛书·新四军·参考资料(2)》,解放军出版社 1991 年 11 月第 1 版,第 63 页。

② 即国民党第一战区司令长官程潜,第二战区司令长官阎锡山,第二战区副司令长官卫立煌,第三战区司令长官顾祝同,湘粤绥靖主任何成浚,第四战区副司令长官余汉谋,闽绥靖公署主任陈仪,第五战区司令长官李宗仁,委员长西安行营主任蒋鼎文,第八战区副司令长官朱绍良,滇黔绥靖公署主任龙云。

③ 巧日指 18 日。

④ 6 月 17 日,新四军先遣支队韦岗伏击战,毙日军少佐土井及大尉梅津武四郎等 13 人,伤日军 8 人,击毁日军汽车 4 辆。见《新四军战史》编辑室编：《新四军征战日志》,解放军出版社 2000 年 8 月第 1 版,第 30 页。

（乙）二区：（一）裴昌会部删日①袭击曲沃、侯马之敌，毙敌数十，毁敌炮两门。（二）李家钰部元日攻击安邑，毙敌百余。

鄂②。军令部③。20.18。一元。印。

## 蒋介石为表彰新四军韦岗战斗胜利致叶挺电④

### （1938 年 6 月）

叶军长：

所属粟部，袭击卫岗，斩获颇多，殊堪嘉尚。仍希督饬，继续努力，达成任务。

中正

## 陈诚关于新四军竹子岗伏击战致蒋介石电⑤

### （1938 年 7 月 4 日）

委员长蒋钧鉴：

密。据新四军军长叶挺东未南一电称："职军陈支队⑥张团⑦廖营，于俭辰⑧在句容东昌街北竹子岗伏击敌汽车六辆，生俘敌华中特务军

---

① 删日指 15 日。

② 即湖北省简称。当时国民党政府军事委员会军令部驻湖北省武昌。

③ 军令部是国民党政府军事委员会的一个部，主管陆、海、空军作战等事宜。

④ 见《中国人民解放军历史资料丛书》编审委员会编：《中国人民解放军历史资料丛书·新四军·参考资料(2)》，解放军出版社 1991 年 11 月第 1 版，第 64 页。

⑤ 见《中国人民解放军历史资料丛书》编审委员会编：《中国人民解放军历史资料丛书·新四军·参考资料(2)》，解放军出版社 1991 年 11 月第 1 版，第 66 页。

⑥ 即以陈毅为司令员的新四军第一支队。

⑦ 即以张正坤为团长的新四军第一支队第二团。

⑧ 俭辰为 28 日 7—9 时。

部经理官明缢政南一名，缴获中日币四千余元，文件、军用品一部。明缢政南能操极流利之华语，惟因伤重旋即毙命。该营向后转至竹子岗数里之孔家边后，敌以步骑兵四百余名、炮四门向我来攻，激战□小时，当将敌击溃，杀伤敌二十余名。我亦伤亡各一。"① 等情。谨闻。

职陈诚。支辰②。谍。

## 蒋介石表彰新四军破坏敌交通摧毁伪政权③

### （1938 年 7 月 6 日）

汉口。新四军驻汉办事处钱主任：

七月五日呈件④，经转呈委座⑤。奉谕："该军深入敌后，破坏交通，摧毁伪政权，殊堪嘉尚。仍盼督饬继续努力，以竟全功。"等因，特复。

鄂。军令部。鱼申⑥。一元。

---

①　1938 年 6 月 28 日，新四军第一支队第二团副团长刘培善和参谋长王必成率第二营在江苏省镇江西南竹子岗、孔家边地区（今属镇江市丹徒区）公路两侧有利地形设伏。9 时许，6 辆装载军用物资的日军车队驶入伏击地段，设伏部队迅即开火，汽车中弹起火，押车日军被歼。王必成等预料日军必来增援报复，便率领部队迅速转移徐家边，再布伏击阵地。当日午后，增援日军 300 余人、骑兵 1 个小队，附 4 门火炮，向徐家边扑来。第二营分头予以堵击，激战 3 小时，毙伤日军 20 余人，俘日军特务机关经理官明缢政南，击毁日军汽车 6 辆。见中国新四军和华中抗日根据地研究会编：《新四军在华中》，军事科学出版社 2012 年 5 月第 1 版，第 144 页。

②　支辰为 4 日 7—9 时。

③　见《中国抗日战争军事史料丛书》编审委员会编：《中国抗日战争军事史料丛书·新四军·参考资料(4)》，解放军出版社 2015 年 12 月第 1 版，第 70 页。此件是军令部致新四军驻武汉办事处主任钱之光的代电，转达了蒋介石对新四军的表彰。

④　新四军驻武汉办事处主任钱之光，7 月 5 日向国民政府军令部报告："接叶军长、项副军长 7 月 3 日电，陈毅支队一部，连日将丹阳、金坛间敌新修之桥、丹阳南之东石桥、丹阳北之东三桥全部破坏。一日夜，袭击丹阳城，敌禁闭城门顽抗，连日不敢出城，恐慌异常。陈毅支队又一部，摧毁禄口、朱门伪政权。"

⑤　即国民党政府军事委员会委员长。

⑥　鱼为 6 日，申为 15—17 时。

## 顾祝同关于新四军伏击日军车队致蒋介石电①

### （1938 年 7 月 20 日）

武昌。委员长蒋：

最密。据报新四军陈支队廖营，灰日伏击由南京用汽车九辆载敌二百余向句容前进之敌，击毁敌汽车二辆，毙敌四十余名。我仅伤亡各一。② 谨闻。

屯③。职顾祝同。20. 11。正。印。

## 顾祝同关于新四军破坏宁杭公路致蒋介石电④

### （1938 年 8 月 8 日）

特急。武昌。委员长蒋：

虚密。一、叶挺鱼⑤电：（一）敌近将大批粮秣弹药由沪运京。（二）京沪路⑥镇、常、无⑦段之警备队，江⑧日他调，另以苏州昆山

---

① 见《中国抗日战争军事史料丛书》编审委员会编：《中国抗日战争军事史料丛书·新四军·参考资料(4)》，解放军出版社 2015 年 12 月第 1 版，第 71 页。

② 1938 年 7 月 10 日晨，日军载有 100 余人的 9 辆汽车，由南京向句容县新塘驶来。2 辆在前，其余 7 辆相距数百米在后跟进。新四军第二团第二营在新塘埋伏。当日军进入伏击地域时，伏击部队发起突然袭击，击毁日军汽车 2 辆。日军下车顽抗。经半小时激战，毙伤日军 40 余人。此时句容县城、汤山镇日军 500 余人在飞机、坦克掩护下前来增援，新四军迅速转移。新四军无伤亡，地方武装伤、亡各 1 人。见中国新四军和华中抗日根据地研究会编：《新四军在华中》，军事科学出版社 2012 年 5 月第 1 版，第 145 页。

③ 即安徽省南部的屯溪，当时为第三战区司令长官部所在地。

④ 见《中国人民解放军历史资料丛书》编审委员会编：《中国抗日战争军事史料丛书·新四军·参考资料(2)》，解放军出版社 1991 年 11 月第 1 版，第 68 页。

⑤ 鱼为 6 日。

⑥ 即今宁沪路。

⑦ 即江苏省镇江、常州、无锡。

⑧ 江为 3 日。

警备队接防。（三）镇江有敌第三师团之两连队，南京两师团，但番号不明。又，丹句、金丹公路及天王寺、吴兴段国道，于冬①日被我陈支队彻底破坏完毕。

二、上官云相07.18电：宣湾公路②自上七月被我破坏后，旬日来未通车。等情。

屯③。顾祝同。08.22。声。印。

## 顾祝同关于新四军第一、二两支队游击战绩<br>致蒋介石电④

### （1938 年 8 月 10 日）

武昌。委员长蒋：

邦密。（一）新四军张支队⑤鱼日⑥派队候［炸］毁当涂以南铁桥，并破坏电线一段。

（二）陈支队刘团附⑦率张营，陷夜扑灭南［京］、镇江间之高资镇绥靖队，毙敌十五名，俘敌数名，夺获长短枪十五支，并将铁路破坏，致京、镇交通断绝三天。⑧

（三）艳日陈支队在丹阳北之孔家村、东吴桥破坏铁道一段，镇、

---

① 冬为 2 日。

② 即安徽省宣城至湾沚的公路。

③ 屯指安徽省南部的屯溪，当时为第三战区司令长官部所在地。

④ 见《中国人民解放军历史资料丛书》编审委员会编：《〈中国人民解放军历史资料丛书〉·新四军·参考资料(2)》，解放军出版社 1991 年 11 月第 1 版，第 69 页。

⑤ 即以张鼎丞为司令员的新四军第二支队。

⑥ 即 6 日。

⑦ 即新四军第一支队第二团副团长刘培善。

⑧ 7 月 30 日，新四军第一支队第二团第二营袭击南京至镇江间的高资镇之日军绥靖队，击毙日军 15 人，俘伪军 70 余人，破坏铁路一段。见《新四军战史》编辑室编：《新四军征战日志》，解放军出版社 2000 年 8 月第 1 版，第 33 页。

丹①列车开至即翻，车中敌兵被我射击伤亡甚大。②

该队又于陷日五时在镇、丹之西山背破坏铁路，适敌车由镇开来，发生战斗，毙敌十余名，我伤亡相等。

上三项，谨闻。

顾祝同。10.17。秋。

---

① 即江苏省镇江、丹阳。

② 7月29日，新四军第一支队第二团一部在苏南丹阳北的孔家村、东吴桥附近破坏铁路一段，颠覆日军军车1列，击毙日军数十人。见《新四军战史》编辑室编：《新四军征战日志》，解放军出版社2000年8月第1版，第33页。

# 国统区、沦陷区宣传报道

## 新四军夜袭丹阳城摧毁禄口朱门伪政权 （《大公报》）①

（1938 年 7 月 6 日）

某机关接□□军②叶军长、项副军长三日电：（一）我陈支队③之一部连日将丹阳、金坛间敌新修之濯缨桥、丹阳南东马厂之东石桥、丹阳之东三桥全部破坏，镇江至溧水之公路扒平，并于一日夜袭丹阳城。敌紧闭城门顽抗，连日不敢出城，恐慌异常，宣布前发良民证无效，须重新登记。（二）我陈支队一部摧毁禄口、朱门④伪政权时，该处正征集青年妇女三十余人，准备即送南京，供寇军蹂躏。当经讯明，一一护送回家。民众抗敌情绪，益加兴奋。

---

① 见《中国人民解放军历史资料丛书》编审委员会编：《〈中国人民解放军历史资料丛书〉·新四军·参考资料(1)》，解放军出版社 1992 年 6 月第 1 版，第 44 页。此文原载 1938 年 7 月 6 日汉口出版的《大公报》。

② 应为新四军。

③ 陈支队，指陈毅任司令员的新四军第一支队。

④ 禄口、朱门，属江苏省江宁县。

## 新四军消灭勾结日伪的土匪武装（《大公报》）①

### （1938 年 7 月 11 日）

新□军□军长□副军长八日电云②：江南游击队朱永祥部③纪律最坏，欺凌民众，不亚匪寇，近由战区司令长官部将其撤职。讵朱逆不惟不思悔悟，反派其参谋长林楚才去南京，与敌寇接洽叛国。本月六日敌派伪军二百余人，到朱门附近，接应朱逆叛变。幸本军奉到司令长官电令：对该部严格监视，相机解决。当即派队向伪军迎击，将其全部击溃。一面派队配合民众武装，分途截击追朱逆。当将朱部完全解决，缴获步枪一百五十支，轻机枪七挺，重机枪二挺，迫击炮二门。此项枪械即发当地民众自卫。至朱逆永祥及其副司令韩令〔吉〕昌均已捕获，解送战区司令长官部法办。该地自朱部解决后，民众抗日情绪日益为发扬。

## 新四军挺进江南声势浩大（《文汇报》）④

### （1938 年 7 月 18 日）

据各方情报，担任江南游击战主力之叶挺、项英新四军，自推进

---

① 见《中国人民解放军历史资料丛书》编审委员会编：《〈中国人民解放军历史资料丛书〉·新四军·参考资料（1）》，解放军出版社 1992 年 6 月第 1 版，第 46 页。此文原载 1938 年 7 月 11 日汉口出版的《大公报》。

② 应为新四军叶军长、项副军长八日电云。

③ 南京沦陷后，国民党溃军军官朱永祥率千余人，在江苏江宁和安徽当涂边境，勾结日伪，扰害群众，1938 年 7 月 6 日新四军第一支队在江宁朱门镇附近将其全歼。

④ 见《中国抗日战争军事史料丛书》编审委员会编：《中国抗日战争军事史料丛书·新四军·参考资料（1）》，解放军出版社 2015 年 12 月第 1 版，第 47 页。本文原载 1938 年 7 月 18 日上海出版的《文汇报》。

至常州、无锡及松江、嘉兴①一带各指定地带后，京沪杭两路沿线之各部游击队战斗力，已大见增强。新四军作战策略，分南北中三部。北部系协助溧阳、溧水方面游击队进攻南京。南部协助天目、莫干山②区域之游击队攻袭杭州。中部则联合太湖区及奉贤、南汇、川沙各部游击队以苏嘉铁路及沪杭公路为目标，攻击日军交通线，截断其联络。各部战事，均已相机发展。北部进至句容天王寺。南部进至杭州十余公里之翁家埠一带。中部除吴江平望已为控制外，沪杭公路闵行至平湖沿线，亦已入游击队控制范围以内。濒临东海之日军据点平湖、乍浦两地，二日前曾被攻袭，乍浦且已处四面包围中云。

## 新四军在新塘附近伏击日军（《大公报》）③

### （1938 年 7 月 19 日）

新□军④叶军长、项副军长十七日电云：我陈支队一部十日在南京、句容间之×塘市⑤附近伏击敌南开汽车九辆，内载敌二百余人。正包围解决之际，敌分由南京、句容增援四五百人，在飞机坦克掩护之下，猛烈驰援。我乃转移。计掳毙敌四十余人，毁汽车四辆，获军用品一部。我伤亡各二人。⑥

---

　①　1938 年,新四军未到松江、嘉兴一带。
　②　天目山,莫干山,均在浙江省境内。
　③　见《中国人民解放军历史资料丛书》编审委员会编:《〈中国人民解放军历史资料丛书〉·新四军·参考资料(1)》,解放军出版社 1992 年 6 月第 1 版,第 84 页。此文原载 1938 年 7 月 19 日汉口出版的《大公报》。
　④　应为新四军。
　⑤　应为新塘镇。
　⑥　又说"伏击日军自南京出动的汽军 9 辆及 100 余人,毙伤日军 40 余人,击毁日军汽军 2辆。新四军无伤亡,地方武装伤、亡各 1 人"。见中国新四军和华中抗日根据地研究会编:《新四军在华中》,军事科学出版社 2012 年 5 月第 1 版,第 145 页。

# 新四军消灭汉奸武装（《大公报》）①

## （1938 年 7 月 25 日）

新□军叶军长②、项副军长二十二日电称，我陈支队一部十五日在南京、镇江间之下蜀街附近消灭汉奸武装孟谢两部百余人，③ 缴长短枪六十余支，轻机枪两挺，子弹两千余发④。

# 日本后方和前方的困难⑤

## （1938 年 7 月 27 日）

### ［苏］E. 柏弗洛夫

日本在后方和前方，都有很大的困难。去年秋天，《泰晤士报》曾明显的称日本的"占领"是"名义上"的。到现在，这种事实，自然更真确了。就是那个时候，日本的"占领"也只限于主要铁路线两旁的窄狭地带。接近铁路线的广大的领土，完全在游击队的手中。他们日益加多并且更有效力地袭击日本的交通线、军事运输、军队的分

---

① 见《中国人民解放军历史资料丛书》编审委员会编：《〈中国人民解放军历史资料丛书〉·新四军·参考资料(1)》，解放军出版社 1992 年 6 月第 1 版，第 50 页。此文原载 1938 年 7 月 25 日汉口出版的《大公报》。

② 应为新四军叶军长。

③ 应为第二支队第四团 1938 年 7 月 15 日在苏南镇江以西下蜀街附近歼灭伪军 100 余人。见《中国人民解放军历史资料丛书》编审委员会编：《〈中国人民解放军历史资料丛书〉·新四军·综述·大事记·表册》，解放军出版社 1993 年 11 月第 1 版，第 171 页。

④ 又说"获步枪 60 余支，轻机枪 2 挺，子弹千余发"。见中国新四军和华中抗日根据地研究会新四军图书馆馆藏资料：南京军区司令部战史编辑室编：《抗日战争新四军电报汇集》第 3 册，第 5 页。

⑤ 见《中国人民解放军历史资料丛书》编审委员会编：《〈中国人民解放军历史资料丛书〉·新四军·参考资料(1)》，解放军出版社 1992 年 6 月第 1 版，第 51 页。此文为 E. 柏弗洛夫(E. Pau-lov)写的《中国抗战一年的总结》，原载苏联《莫斯科新闻》。译文据 1938 年 7 月 27 日重庆出版的《新华日报》。全文共 9 节，收入本书的是第 5 节《日本后方和前方的困难》。

队和当地的驻军。在目前尤其是如此，目前，在民族解放运动的影响之下的地区——在日军后方的游击区——已经在组织上得到巩固、发展，并且集合了力量。

第八路军和新四军领导的游击队，已经变成一种强大的力量。他们有系统的每天每夜不仅袭击日本小的据点和驻军，而且袭击大的铁路连接地带和城市，他们已经直接发展到了南京、上海、北平①、天津、青岛以及其他城市的城下。

## 新四军在江南连续战斗（《救亡日报)》②

### （1938 年 8 月 17 日）

活跃中的江南游击队，自经军长叶挺、副军长项英率领下的新编第四军开到以来，更见声势浩大。现敌军越发惊恐万状，南京近郊，草木皆兵。新四军的部分先头部队且已迫近上海。以下为新四军自开始与敌接触起至最近的战斗情况：

（一）五月十三日，第一次接触。敌约一中队由巢湖登陆，向蒋家河口我军进攻，经迎头痛击，敌几全灭。计击毙敌官兵四十四人，俘其受伤兵十七人，缴获敌军旗一面，长短枪共二十支。③

（二）六月十六日，敌三千余人向舒城前进。我军遂于舒桐④间乘

① 北平，今北京市。
② 见《中国抗日战争军事史料丛书》编审委员会编：《中国抗日战争军事史料丛书·新四军·参考资料(1)》，解放军出版社 2015 年 12 月第 1 版，第 53—55 页。此文原载 1938 年 8 月 17 日在广州出版的《救亡日报》。《救亡日报》是上海文化界救亡协会机关报，社长郭沫若，1937 年 8 月 24 日创刊，同年 11 月上海沦陷后，先后迁广州、桂林出版，1941 年 2 月 28 日被国民党政府勒令停刊。
③ 5 月 12 日，新四军蒋家河口伏击战全歼正在登陆的日军坂井支队巢县守备队 20 余人，缴枪 10 余支，新四军无一伤亡。见中国新四军和华中抗日根据地研究会编：《新四军的组建与发展》，中共党史出版社 2019 年 5 月第 1 版，第 112 页。
④ 舒桐，指安徽省舒城、桐城县。

其前进不备之际，向其零落部队施行突袭，待敌回援，迅即撤回。计击毙敌官兵二十二人，生擒其官兵七名，缴获军用品甚多。①

（三）六月十八日，我军原定派一支队于十日晚进攻镇江以西之下蜀街车站，因敌守军工事坚固，戒备严密，且有汉奸告密，乃避免硬攻，将铁路电线彻底破坏，神速的迁途后撤。② 及至卫〔韦〕岗地方，遂在两旁山地埋伏。十八日晨敌由镇江开来载有辎重与敌军汽车五辆，我军趁而袭击将之全数击毁。是役我伤亡五人，缴获敌长枪十一支，驳壳枪一支，手枪一支，夺获敌重要通报一批，卫生药品一部。敌之土井少佐、今井大尉于是役被击毙，另敌士兵与下级官佐死亡十六人，伤九人。③

（四）六月二十八日，我×支队之一部于竹子岗附近伏击敌之汽车五辆，活捉日本之华中特务机关经理官（伤重，旋毙命）。其后续之汽车尚距十余里，闻枪声即返遁。午后，敌步兵三百余人，骑兵一小队，炮四门，由汉奸引路攻我宿营地点之孔家道〔边〕。我军事先已得民众报告，遂分途埋伏，予以痛击，激战三小时，至黄昏，敌放弃死尸，狼狈遁去。是役我军破坏采石间铁桥三座，使敌十日不能通车。又破坏公路约三里，并将南京附近铁桥炸毁，使敌不能通车。即

---

① 6月16日，新四军第四支队第八团在皖中舒城、桐城间的大小关伏击日军，毙日军23人，俘1人。见《新四军战史》编辑室编：《新四军征战日志》，解放军出版社2000年8月第1版，第28页。

② 粟裕率领先遣队和一支部一部于1938年6月15日晚10时始达下蜀街，经指战员4小时半之努力及当地人民之帮助，乃将铁道、电线破坏到40米之长。然后令警戒部队向火车站之敌攻击，因敌固守，我未强攻，乃安全撤退至下蜀以南20里之东谢村宿营。见《中国人民解放军历史资料丛书》编审委员会编：《〈中国人民解放军历史资料丛书〉·新四军·文献（1）》，解放军出版社1988年12月第1版，第221—222页。

③ 6月17日8时许，日军野战重炮兵第五旅团所属30余人分乘5辆汽车，由镇江向句容方向开进。日军进入伏击圈后，新四军突然发起猛烈攻击。经半小时激战，击毁汽军4辆，毙日军少佐土井及大尉梅津四郎以下13人，伤日军8人，缴获长短枪20余支、日钞7000余元和大量军需物资。新四军伤亡5人，连长温国德牺牲。见中国新四军和华中抗日根据地研究会编：《新四军在华中》，军事科学出版社2012年5月第1版，第144页。

击毙敌官兵三十四人，毁敌汽车六辆，夺获日币四千二百元。①

（五）七月一日，我军某支队在秣陵关附近执行如下任务：一、解决朱门伪组织维持会；二、解决禄口伪组织维持会。是役击溃伪保安队，缴获步枪七十三支，驳壳枪一支，轻机枪五挺，手枪五支。②

（六）七月一日，我军某支队袭击新丰车站之敌守军广江部，敌共分五队，颇为顽抗，经我冲击，敌退楼上死战，我军乃派兵进至屋侧，乘风纵火，其全数焚毙，未逃出一人。是役毙敌官五名，士兵五十三名，缴获步枪十三支。③

（七）七月二日，奉令解决匪首朱永祥。朱原系本战区之边区部队，但专敲民诈财并暗派其参谋〔长〕林楚才往南京接洽降敌，于七月二日，林逆引敌伪军来接洽朱部投降，×支队当即进剿击溃之，经追击战斗后，在秣陵关附近朱门将其全部解决，俘获逆首朱永祥，副司令韩吉昌，已解呈上级处理。计是役俘获伪逆官兵三百四十四名，击毙十名，缴获步枪一百五十九支，迫击炮二门，重机关枪二挺，轻机关枪十二挺，迫击炮弹六十发。④

（八）七月七日，我×支队于丹阳附近截击敌汽车十二辆，当即将敌辎重兵五名，下士官三名全数击毙。是役夺获食品、香烟等无数。

---

① 1938 年 6 月 28 日，新四军第一支队第二团副团长刘培善和参谋长王必成率第二营在江苏省镇江西南竹子岗、孔家边地区（今属镇江市丹徒区）公路两侧有利地形伏击。毙伤日军 20 余人，俘日军特务机关经理官明缢政南，击毁日军汽车六辆。见中国新四军和华中抗日根据地研究会编：《新四军在华中》，军事科学出版社 2012 年 5 月第 1 版，第 144 页。

② 又说"6 月 20 日，新四军第一支队一部将宁沪线上的禄口、朱门等地伪政权摧毁，获机枪 4 挺，步枪 60 余支"。见中国新四军研究会编：《永恒的记忆·新四军发展史》，山西人民出版社 2005 年 3 月第 2 版，第 345 页。

③ 7 月 1 日，新四军第一支队第二团第一营在丹北人民自卫团配合下，夜袭沪宁铁路上的新丰车站。全歼日军广江中队一个小队 40 余人，战斗历时一个半小时，缴获步枪 6 支，刺刀 6 把。见中国新四军和华中根据地研究会编：《新四军在华中》，军事科学出版社 2012 年 5 月第 1 版，第 145 页。

④ 又说"7 月 6 日，新四军消灭勾结日伪的土匪武装，缴获步枪 150 支，轻机枪 7 挺，重机枪 2 挺，迫击炮 2 门"。见《中国人民解放军历史资料丛书》编审委员会编：《〈中国人民解放军历史资料丛书〉·新四军·参考资料（1）》，解放军出版社 1992 年 6 月第 1 版，第 46 页。

全游击队指挥员、战斗员遂有竟日之聚餐，大嚼之后，即破坏公路桥梁六座，以资纪念七七抗战。①

（九）七月十二日，我×支队之一部在新堤市②（句京间）埋伏，发现敌汽车两辆驶来，当即击毁之。后敌又续来汽车五辆，顽强抵抗，我军予以相当杀伤后，即神速撤退，半小时后，敌援军飞机二十余架配合坦克车大炮骑兵向我原阵地猛烈袭击，不知我军早已安全远飏矣。是役毙敌官兵四十二人。③

（十）七月十四日，×支队之一部④向南京以南西善桥之敌守备队施行夜袭，毙敌三名，缴获步枪三支，敌仓皇溃走呼援。是役并破坏铁轨约二里。

（十一）七月十四日，×支队在黄池附近，与汉奸部队遭遇，激战之后即加以彻底的歼灭，是役计俘获官兵七十七人，击毙三十名，遗弃伤兵五名，缴获步兵炮二门，步枪四十三支，炮弹十三发，手榴弹一百余个，步枪弹无数，马三匹，军用电话□具，其他用品无数。⑤

（十二）七月十五日，我×支队于下蜀街附近，消灭孟、谢两汉

---

① 7月7日，新四军第一支队第二团一部在苏南丹阳县横塘附近设伏，击毙日军5人，击毁汽车2辆。见《新四军战史》编辑室编：《新四军征战日志》，解放军出版社2000年8月第1版，第32页。

② 新堤市，应为新塘镇。

③ 1938年7月10日晨，日军载有100余人的9辆汽车，由南京向句容县新塘驶来。2辆在前，其余7辆相距数百米在后跟进。新四军第二团第二营在新塘埋伏。当日军进入伏击地域时，伏击部队发起突然袭击，击毁日军汽车2辆。日军下车顽抗。经半小时激战，毙伤日军40余人。此时句容县城、汤山镇日军500余人在飞机、坦克掩护下前来增援，新四军迅速转移。新四军无伤亡，地方武装伤、亡各1人。见中国新四军和华中抗日根据地研究会编：《新四军在华中》，军事科学出版社2012年5月第1版，第145页。

④ 为新四军第一支队第一团一部。

⑤ 又说"7月14日，新四军第四支部一部，在皖中东汤池附近跟汉奸部队一部遭遇，经激战后将其全歼，毙30名，俘获77人，缴获步兵炮1门，步枪40支"。见中国新四军研究会编：《永恒的记忆·新四军发展史》，山西人民出版社2005年3月第2版，第346页。

奸部队，缴获步枪四十支，子弹二千发。①

（十三）七月十七日，敌因我军深入游击，感受极大威胁，尤以交通运输为甚，于十七日派出兵一千六百名由下蜀、能［龙］潭、高宝［资］、汤水［山］、句容共分六路攻我某部之驻地，各路均附有大炮三门，经我痛击，突围而出，转入另有依托地带。是役敌难耐酷暑，病者七十余人，次日大部撤退，仅留六百余人，盘踞东西谢村。

（十四）七月十八日，我×支队在庐无、舒桐地区与三河镇一带解决汉奸托匪之武装某部，并于三河镇袭击伪军，共缴获轻机枪六挺，步枪二百三十五支，舒桐间交通被我切断，巢合路上我极活跃。②

（十五）七月十九日，×支队之一部在三岔河解决黄池溃逃之汉奸部队残余③，计毙敌官兵二十三名，遗弃伤兵十二名，缴获步枪八十三支，驳壳［枪］二支，手提机关枪一支，轻机关枪一架。

十九日以后，新四军活跃更甚，详情容待续。

---

① 又说"新四军第二支队第四团一部 15 日在南京、镇江间之下蜀街附近消灭汉奸武装孟谢两部百余人，缴长短枪 60 余支、轻机枪 2 挺、子弹 2000 余发。"见《中国人民解放军历史资料丛书》编审委员会编：《〈中国人民解放军历史资料丛书〉·新四军·参考资料(1)》，解放军出版社 1992 年 6 月第 1 版，第 50 页。

② 又说"7 月 18 日，新四军第四支队在皖中舒城县三河镇一带歼灭伪军一部，缴获轻机枪 3 挺、步枪 235 支"。见《新四军战史》编辑室编：《新四军征战日志》，解放军出版社 2000 年 8 月第 1 版，第 32 页。庐无，指安徽省庐江、无为县；巢合路，指巢县至合肥公路。

③ 新四军第四支队一部在三岔河毙伪军 23 人，俘 12 人，缴获步枪 83 支、驳壳枪 2 支、轻机枪 1 挺。见《新四军战史》编辑室编：《新四军征战日志》，解放军出版社 2000 年 8 月第 1 版，第 33 页。

# 参考书目

1.《中国人民解放军历史资料丛书》编审委员会编：《〈中国人民解放军历史资料丛书〉·新四军·文献（1）》，解放军出版社 1988 年 12 月第 1 版。

2.《中国抗日战争军事史料丛书》编审委员会著：《中国抗日战争军事史料丛书·新四军·文献（1）》，解放军出版社 2015 年 12 月版。

3.《中国人民解放军历史资料丛书》编审委员会编：《〈中国人民解放军历史资料丛书〉·新四军·参考资料（1）》，解放军出版社 1992 年 6 月第 1 版。

4.《中国人民解放军历史资料丛书》编审委员会编：《〈中国人民解放军历史资料丛书〉·新四军·参考资料（2）》，解放军出版社 1991 年 11 月第 1 版。

5.《中国人民解放军历史资料丛书》编审委员会编：《〈中国人民解放军历史资料丛书〉·新四军·参考资料（3）》，解放军出版社 1992 年 10 月第 1 版。

6.《中国抗日战争军事史料丛书》编审委员会编：《中国抗日战争军事史料丛书·新四军·参考资料（1）》，解放军出版社 2015 年 12 月第 1 版。

7. 《中国抗日战争军事史料丛书》编审委员会编：《中国抗日战争军事史料丛书·新四军·参考资料（4)》，解放军出版社2015年12月第1版。

8. 《中国人民解放军历史资料丛书》编审委员会编：《新四军·综述·大事记·表册》，解放军出版社1993年11月第1版。

9. 《中国人民解放军历史资料丛书》编审委员会编：《〈中国人民解放军历史资料丛书〉·新四军·回忆史料（1）》，解放军出版社1990年1月第1版。

10. 《中国人民解放军历史资料丛书》编审委员会：《〈中国人民解放军历史资料丛书〉·新四军·图片》，解放军出版社1994年12月第1版。

11. 中国新四军和华中抗日根据地研究会新四军图书馆馆藏资料，南京军区司令部战史编辑室编：《抗日战争新四军电报汇集》第3册，影像资料之叶挺将军摄影集。

12. 中国新四军和华中抗日根据地研究会编：《新四军的组建与发展》，中共党史出版社2019年5月第1版。

13. 《新四军战史》编辑室编：《新四军战史》，解放军出版社2000年6月第1版。

14. 《新四军战史》编辑室编：《新四军征战日志》，解放军出版社2000年8月第1版。

15. 中国新四军和华中抗日根据地研究会编：《新四军在华中》，军事科学出版社2012年5月第1版。

16. 新四军和华中抗日根据地研究会编：《新四军和华中抗日根据地·人物辞典》，中共党史出版社2016年9月第1版。

17. 中国新四军和华中抗日根据地研究会编：《新四军组织沿革》，解放军出版社2015年9月第1版。

18. 中国新四军和华中抗日根据地研究会编：《铁的新四军》，军事科学出版社 2010 年 9 月第 1 版。

19. 新四军和华中抗日根据地研究会编：《新四军将领论抗日游击战》，中央文献出版社 2013 年 12 月第 1 版。

20. 中国新四军研究会编：《永恒的记忆·新四军发展史》，山西人民出版社 2005 年 3 月第 2 版。

21. 南京陆军指挥学院、中国新四军和华中抗日根据地研究会编著：《新四军对日作战研究》，军事科学出版社 2015 年 8 月第 1 版。

22. 中共中央宣传部宣传教育局编：《重读抗战家书》，中华书局 2015 年 12 月第 1 版。

23. 北京新四军暨华中抗日根据地研究会编：《新四军军史珍典》，党建读物出版社 2005 年 8 月第 1 版。

24. 北京新四军和华中抗日根据地研究会编：《新四军的传奇故事》，中共党史出版社 2006 年 7 月第 1 版。

25. 北京新四军暨华中抗日根据地研究会军部分会编：《回顾新四军军部》（内部资料），2007 年 4 月 1 日。

26. 《中共中央东南局》编辑组：《中共中央东南局》（上、下卷）。

27. 中共安徽省委党史研究室著：《中国共产党安徽地方史》（第一卷），安徽人民出版社 2000 年 8 月第 1 版。

28. 中共江苏省委党史工作办公室等编：《新四军统战纪实》，中共党史出版社 2007 年 11 月第 1 版。

29. 中共江苏省委党史工作办公室编：《粟裕年谱》，当代中国出版社 2006 年 6 月 1 日版。

30. 江苏省新四军和华中抗日根据地研究会编：《袁国平纪念文集》（上卷），中共党史出版社 2014 年 10 月第 1 版。

31. 江苏省新四军和华中抗日根据地研究会编：《袁国平纪念文集》（下卷），中共党史出版社 2014 年 10 月第 1 版。

32. 江苏省新四军和华中抗日根据地研究会编：《老兵话当年》，中共党史出版社 2007 年 5 月第 1 版。

33. 九江市新四军暨华中抗日根据地历史研究会编：《新四军历史上的今天》，中共党史出版社 2017 年 10 月第 1 版。

34. 安徽省新四军历史研究会编：《安徽新四军人物》第一卷（上），中央文献出版社 2008 年 8 月第 1 次印刷。

35. 安徽省新四军历史研究会编：《项英年谱》（内部资料）。

36. 《热血山河丛书》编辑委员会编：《将领讲述·新四军抗战》，中国文史出版社 2020 年 3 月第 1 版。

37. 芜湖市委组织部、芜湖市档案馆、中共芜湖市委党史和地方志研究室编：《红色芜湖》，安徽师范大学出版社 2021 年 6 月第 1 版。

38. 《赖传珠将军日记》编辑小组编：《赖传珠将军日记》上册，军事科学出版社 2005 年 1 月第 1 版。

39. 中共芜湖市委党史研究室著：《中国共产党芜湖历史》（第一卷），安徽人民出版社 2008 年 10 月第 1 版。

40. 中共芜湖市委党史研究室编：《先驱的足迹》，安徽师范大学出版社 2014 年 12 月第 1 版。

41. 合肥市新四军历史研究会编：《新四军第四支队组建与发展》，安徽人民出版社 2003 年 12 月第 1 版。

42. 中共芜湖市委党史征集小组编：《中江烽火》（内部资料），1987 年 7 月。

43. 赖传珠著：《赖传珠日记》，解放军文艺出版社 2000 年 3 月第 1 版。

44. 姜思毅主编：《中国人民解放军大事典》，天津人民出版社

1992 年 6 月第 1 版。

45. 胡炜著：《征程纪事》，中国文联出版社 2002 年 2 月第 1 版。

46. 王辅一著：《项英传》，中央党史出版社 1995 年 10 月第 1 版。

47. 王辅一主编：《新四军事件人物录》，上海人民出版社 1988 年 8 月第 1 版。

48. 王辅一、张学亮著：《周子昆传》，江苏人民出版社 2018 年 12 月第 1 版。

49. 刘以顺著：《新四军故事》，人民出版社 2018 年 8 月版。

50. 王绍军、张福兴著：《新四军军部》，解放军出版社 2005 年 6 月第 1 版。

51. 阮家新、邢雁主编：《叶挺将军摄影集》，中国人民革命军事博物馆、中国书报出版社、中国摄影出版社 1994 年 9 月版。

52. 徐则浩、宋霖主编：《新四军军部在皖南》，当代中国出版社 2003 年第 1 版。

53. 黄朝军、沈杨、田崇杰著：《东进新四军：新四军抗战影像全纪录》，长城出版社 2015 年 8 月第 1 版。

54. 王苏红、王玉彬著：《新四军抗战秘档全公开》，军事科学出版社 2005 年 8 月第 1 版。

55. 斯简著：《新四军将帅通信记事》，上海人民出版社 2009 年 9 月第 1 版。

56. 马洪才编：《新四军人物志》（上集），江苏人民出版社 1985 年 4 月第 1 版。

57. 石言、望昊等编：《新四军故事集》，江苏人民出版社 1981 年 9 月第 1 版。

58. 殷云著：《皖南骁将》，百花洲文艺出版社 2004 年 8 月第 1 版。

59. 邵凯生、朱强娣编注：《烽火诗情——新四军诗选》，安徽人民出版社 2005 年 8 月版。

60.《南陵县地方志》编纂委员会编：《南陵县志》，黄山书社 1994 年 11 月第 1 版。

61. 中共南陵县委党史办公室编：《南陵党史集萃》，中国展望出版社 1989 年 8 月第 1 版。

62. 江淮文史编辑部编：《江淮文史》2022 年第 3 期。

63. 中共芜湖市委党史研究室编：《日本侵略者在芜湖的暴行》（内部资料），2007 年 9 月。

64. 中共南陵县委党史办公室编：《中共南陵地方史大事记》（1919—2016），2017 年 10 月。

65. 中共泾县县委党史办编：《新四军（1937—1947）》（内部资料），2007 年 10 月。

66. 中共南陵县委党史办公室编：《中共南陵地方史》（第一卷）（内部资料），2007 年 9 月 26 日。

67. 南陵县档案馆馆藏资料：中共南陵县委党史办公室《抗日时期南陵地区的政治经济形势、党组织活动和开展游击战争情况材料》（案卷号 10），《新四军在南陵、繁昌、铜陵等地开展民运工作和抗日斗争情况》（案卷号 17），老照片档案。

68. 中共南陵县委党史资料征集小组办公室编：《南陵党史资料通讯》1983 年第 1 期及底稿、1985 年第 2 期及底稿、1986 年第 1 期及底稿、1986 年第 4 期及底稿。

图书在版编目（CIP）数据

新四军军部在土塘／中共南陵县委宣传部，中共南
陵县委党史和地方志研究室编 . -- 北京：中国文史出版
社，2024.1
ISBN 978 - 7 - 5205 - 4608 - 9

Ⅰ. ①新… Ⅱ. ①中… ②中… Ⅲ. ①新四军 - 史料
Ⅳ. ①E297. 3

中国国家版本馆 CIP 数据核字（2024）第 011383 号

责任编辑：程　凤

出版发行：**中国文史出版社**

社　　　址：北京市海淀区西八里庄路 69 号院　　邮编：100142
电　　　话：010 - 81136606　81136602　81136603　81136605（发行部）
传　　　真：010 - 81136655
印　　　装：廊坊市海涛印刷有限公司
经　　　销：全国新华书店
开　　　本：787 × 1092　1/16
印　　　张：30　插页：28
字　　　数：378 千字
版　　　次：2024 年 4 月北京第 1 版
印　　　次：2024 年 4 月第 1 次印刷
定　　　价：88. 00 元